ILUSIONISMO VERBAL

Purdue Studies in Romance Literatures

PSRL volume 61

ILUSIONISMO VERBAL

en *Elogio de la madrastra* y

Los cuadernos de don Rigoberto

de Mario Vargas Llosa

Guadalupe Martí-Peña

Purdue University Press
West Lafayette, Indiana

∞ The paper used in this book meets the minimum requirements of American National Standard for Information Sciences—Permanence of Paper for Printed Library Materials, ANSI Z39.48-1992.

Printed in the United States of America
Template for interior design by Anita Noble
Template for cover by Heidi Branham
Cover photo: Pere Borrell del Caso (1835–1910), *Escapando de la crítica (Escaping Criticism)*, 1874. Oil on canvas. 76 x 63 cm. From the collection of the Banco de España, Madrid, Spain. Used with permission.

Library of Congress Cataloging-in-Publication Data

Martí-Peña, Guadalupe.
Ilusionismo verbal en Elogio de la madrastra y Los cuadernos de don Rigoberto de Mario Vargas Llosa / Guadalupe Martí-Peña.
pages cm — (Purdue studies in Romance literatures ; 61)
Includes bibliographical references and index.
ISBN 978-1-55753-690-7 (paperback) — ISBN 978-1-61249-347-3 (epdf) — ISBN 978-1-61249-348-0 (epub) 1. Vargas Llosa, Mario, 1936– Elogio de la madrastra. 2. Vargas Llosa, Mario, 1936– Los cuadernos de don Rigoberto. 3. Illusion in literature. I. Title.
PQ8498.32.A65E436 2014
863'.64—dc23 2014006480

Para J.C.—

brújula y pilar de mi vida

Índice

Ilustraciones

Agradecimientos

Quiero expresar mi agradecimiento al señor Fernando de Szyszlo por su generosidad al permitirme reproducir su cuadro *Camino a Mendieta 10* (1977) sin condición alguna. Quisiera también agradecer a Erika Braga y Jesús Pérez-Magallón, editores de *Revista Iberoamericana* y *Revista Canadiense de Estudios Hispánicos*, respectivamente, por permitirme utilizar partes de dos artículos aparecidos entre sus páginas, aunque muy ampliados y modificados. Estos dos artículos son "Egon Schiele y *Los cuadernos de Don Rigoberto* de Mario Vargas Llosa: iconotextualidad e intermedialidad," *Revista Iberoamericana* 66.190 (2000): 93–111, y "El teatro del ser: dualidad y desdoblamiento en la escenificación narrativa de *Los cuadernos de don Rigoberto*, de Mario Vargas Llosa," *Revista Canadiense de Estudios Hispánicos* 28.2 (2004): 355–75. Agradezco también al Department of Spanish, Italian and Portuguese de The Pennsylvania State University por su ayuda en la financiación de esta publicación. Finalmente, mi agradecimiento a Susan Y. Clawson, editora de producción para Purdue Studies in Romance Literatures, por su gran ayuda, buen saber y profesionalismo.

Introducción

Entre los muchos modos de acercarse a la novelística de Mario Vargas Llosa, he escogido la vía del ilusionismo verbal, por ser quizás una de las menos recorridas. No quiero decir con ello que la crítica sobre el conjunto de su obra narrativa haya ignorado ese diálogo—tan fundamental—entre la realidad y la ficción, la vida y la fantasía, que sostiene todo el entramado de la creación artística del escritor hispanoperuano,[1] hoy Nobel de Literatura y también Marqués de Vargas Llosa.[2]

El 7 de diciembre de 2010, en su discurso de aceptación del premio de la Academia sueca, Vargas Llosa reiteraba su fe inquebrantable en la literatura como una forma de vida y un modo de vivir lo que la vida nos niega. Oigamos sus palabras:

> Nada ha sembrado tanto la inquietud, removido tanto la imaginación y los deseos, como esa vida de mentiras que añadimos a la que tenemos gracias a la literatura para protagonizar las grandes aventuras, las grandes pasiones, que la vida verdadera nunca nos dará. Las mentiras de la literatura se vuelven verdades a través de nosotros, los lectores transformados, contaminados de anhelos y, por culpa de la ficción, en permanente entredicho con la mediocre realidad. ("Elogio de la literatura y la ficción," "Mario Vargas Llosa—Nobel Lecture" ["Discurso del Nobel"])

En esta "vida de mentiras" subyace pues una irremediable paradoja, ya que *gracias a* la ficción, fabricamos ilusiones que nos salvan del tedio de la existencia, pero *por culpa de* la ficción, sufrimos el desencanto y la insatisfacción a perpetuidad. En "La realidad y el sueño," Alonso Cueto realza este estrecho e indisoluble lazo que ata la vida a la ficción, la vigilia al sueño, la ilusión a la desilusión, en todas y cada una de las novelas de Vargas Llosa. Cueto se refiere a dicha alianza con estas palabras: "el espíritu de rebelión de sus personajes es inseparable de su capacidad de soñar. Su visión realista está siempre complementada por su vocación por la utopía. Sus personajes, aún en medio de sus luchas contra las injusticias y agravios de la realidad, nunca abandonan sus fantasías" (15).

No obstante, aunque la vida vivida corra por las páginas de sus novelas siempre pareja a la vida soñada, el interés crítico se ha volcado mucho más en el estudio de sus ficciones como una construcción sobre la realidad que como un trabajo sobre la fantasía. Las obras narrativas de Vargas Llosa que más tinta han hecho correr son, principalmente, aquéllas que mejor exhiben la gran maestría del escritor en mutar lo vivido y acontecido en relatos ficticios, completamente autónomos, que llegan a imponerse ante los lectores con tanto o más verismo que la realidad misma. Sus historias novelísticas siempre parten de la realidad para emprender luego una larga andadura a lo largo de la cual la ficción se independiza de su referente real, obedeciendo la única ley de la eficacia narrativa. Es desde esta posición artística libre, emancipada de su vínculo tácito con lo real, que las ficciones de Vargas Llosa logran denunciar con una voz aún mucho más contundente los excesos del poder, el autoritarismo, el fanatismo y los prejuicios e injusticias sociales. Vargas Llosa ha sabido aunar como pocos la destreza técnica con el pálpito vivo y apasionado de sus historias ficticias. "Lo que hay en Mario Vargas Llosa"—escribe Antonio Muñoz Molina—"y lo que su literatura transmite como un contagio instantáneo, es el amor por la narración de historias que se sostengan por sí mismas por su calidad de fábulas y que al mismo tiempo alumbren zonas de la experiencia humana y del paisaje social y político de América Latina" ("El lector en el laberinto"). Es este firme compromiso personal y artístico del escritor con la realidad de su tiempo, lo que distingue la vida y obra de Vargas Llosa. Desde aquellos poemas que con nueve años caligrafió en sus cuadernos para aliviar la pena de tener que dejar atrás su Cochabamba querida, en los que decía cosas tan cursis como "Tiempos aquellos/ en los que paseaba/ por inmensos campos/ tiempos aquellos/ que no volverán" (*Mario Vargas Llosa. La liberté et la vie* 23)[3] hasta el día de hoy, Vargas Llosa no ha parado de opinar y de escribir: novelas, piezas de teatro, ensayos sobre arte y literatura, artículos periodísticos, prólogos, apuntes para clases, discursos, memorias, cartas o diarios. Su entrega total a la escritura y la literatura ha sido reconocida al fin por la Academia sueca, al concederle en 2010 el premio Nobel de Literatura por el conjunto de una obra que—en palabras del portavoz de la Academia—sobresale por "his cartography of structures of power and his trenchant images of the individual's resistance, revolt, and defeat" (Nobelprize.org; "su cartografía de las estructuras del poder y sus mordaces imágenes de la resistencia individual, la revuelta y la derrota").

No hay duda de que dentro de la amplia órbita de criaturas ficticias de Mario Vargas Llosa, los personajes derrotados y fracasados brillan con una luz propia y encandiladora. El protagonista de *Elogio de la madrastra* y *Los cuadernos de don Rigoberto* es uno de ellos. Sin embargo, ni la derrota ni el triunfo son, en sus obras, definitivos. Por lo general, en el universo de sus novelas suele quedar a salvo un reducto de imaginación, esperanza o deseo, que sigue manteniendo en pie a sus personajes a pesar de las fuertes arremetidas de la violencia, la injusticia, el pesimismo o la desilusión.

José María Carrascal nos recuerda que "todos los novelistas escriben en el fondo su autobiografía" y en el caso de Vargas Llosa no podría ser más cierto ("Un Nobel merecido"). Es evidente que cada una de las novelas del escritor responde—de forma más o menos directa—al llamado de lo real. Unas tienen su germen en recuerdos de la adolescencia (*La ciudad y los perros* y *La casa verde*), de sus años universitarios bajo la dictadura del general Odría (*Conversación en la catedral*),[4] de sus viajes a la selva amazónica (*El hablador*), de su aprendizaje amoroso y literario (*La tía Julia y el escribidor*) o de su vagabundear por ciudades europeas como París, Londres o Barcelona (*Travesuras de la niña mala*). Otras de sus obras se inspiran en acontecimientos y sucesos históricos que hicieron mella en la psique del autor como, por ejemplo, la rebelión popular de Canudos en Brasil (*La guerra del fin del mundo*), el establecimiento de burdeles para deshago sexual de las tropas de fronteras (*Pantaleón y las visitadoras*), el silenciado asesinato de un joven aviador de la base aérea militar de Talara (*¿Quién mató a Palomino Molero?*) o la masacre de un grupo de periodistas en Uchuraccay (*Lituma en los Andes*);[5] además de sus narraciones sobre las vidas del trotskista Alejandro Mayta (*Historia de Mayta*), del pintor Paul Gauguin y su abuela Flora Tristán (*El paraíso en la otra esquina*), del dictador dominicano Rafael Leónidas Trujillo (*La fiesta del chivo*) o del cónsul británico Roger Casement (*El sueño del celta*). En su última novela, *El héroe discreto*, Vargas Llosa retorna a Piura y Lima, las dos ciudades que lo vieron crecer, para contarnos las historias paralelas de Felícito Yanaqué e Ismael Carrera, dos discretos rebeldes que tratan de vivir sus vidas de acuerdo con sus principios.

Al enfocarse la lente crítica sobre el lado más realista del *corpus* narrativo del escritor, han quedado fuera de visión sus dos novelas más fantasiosas, librescas e irreverentes, aunque, paradójicamente, las más íntimas y personales: *Elogio de la madrastra* (1988) y su secuela, *Los cuadernos de don Rigoberto* (1997).[6] Estos dos textos se alejan de la referencialidad concreta de sus otros libros, estando mucho más apegados a lo onírico que a lo real. En ellos, el autor y sus personajes se forjan—con la imaginación y la fantasía—vidas ilusorias paralelas donde exhiben, orgullosamente, sus pasiones, manías y excentricidades. En *Elogio* y *Los cuadernos*, Vargas Llosa nos muestra—con mayor luz e intensidad que en ninguna de sus otras historias—cómo la capacidad imaginativa de los personajes los ayuda a sobrellevar las contrariedades de la vida y resistir los continuos azotes de la realidad. Las páginas de *Elogio* y *Los cuadernos* son las lunas de un espejo donde los lectores vemos reflejados con toda nitidez, tanto los mecanismos mediante los cuales el propio autor construye sus ficciones como la concepción que tiene sobre el *qué*, *por qué* y *para qué* del oficio de novelar.

Aunque aún ligada a la poética realista, la escritura de *Elogio* y *Los cuadernos* responde mucho menos a la necesidad de Vargas Llosa (y de sus personajes) de convertir lo vivido en ficción que a la de convertir la ficción en vida. Los protagonistas de *Elogio* y *Los cuadernos* viven para vivir sus sueños. Carlos Granés coincide en destacar la singular disposición soñadora de los protagonistas del drama erótico-familiar que componen estas dos novelas: "Rigo, Lucrecia y Fonchito son los personajes de Mario Vargas Llosa que mejor explotan esa veta de la fantasía y la imaginación que enriquece la existencia, haciéndola más gozosa y compleja y poniéndola a salvo de la rutina" (103). En las páginas de estas novelas Vargas Llosa cristaliza el mundo onírico de sus personajes. Los sueños evanescentes de don Rigoberto, Lucrecia y Fonchito hablan en el lenguaje de la pintura, el teatro y la mística para hacerse ver y sentir con toda la fuerza material de la realidad, tal y como veremos en los capítulos que siguen.

Claro está que las dos novelas objeto de esta investigación no son narraciones fantásticas—como tampoco lo son ninguno de los otros textos novelísticos del autor—, pero en ellas reinan, como en ninguna otra, la ilusión, la fantasía y la imaginación, concepciones estrechamente imbricadas en el arte de novelar de Vargas Llosa, que abarca tanto la producción como la recepción de sus historias ficticias.

"¿Ah, sí? Cuéntame"

Antes de proseguir, me parece conveniente abrir un breve paréntesis para resumir la historia que cuentan *Elogio* y *Los cuadernos* a fin de facilitar la discusión posterior. El relato que articulan estos dos textos tiene como protagonista central a don Rigoberto, gerente de una compañía aseguradora y gran enamorado del arte y la literatura. La historia arranca con *Elogio* el día en que su segunda esposa, Lucrecia, con la que don Rigoberto lleva casado apenas cuatro meses, cumple cuarenta años. La nueva pareja y el niño Alfonso (Foncín, Foncho, Fonchito),[7] nacido de su anterior matrimonio, se instalan en la casa que don Rigoberto ha hecho construir para albergar, sobre todo, su colección de libros y grabados. Con la llegada de Lucrecia, sensual y voluptuosa, el nuevo hogar de don Rigoberto se transforma en un templo de amor, donde cada noche los recién casados ofician sus ritos amatorios sobre el altar sagrado del lecho nupcial. Mientras se consagran al amor, los dos juegan a encarnar distintos personajes de los lienzos predilectos de don Rigoberto. Su colección de cuadros y grabados inspira, también, las fantasías eróticas que lubrifican los escarceos amorosos de la pareja.

Si de noche los dos enamorados se elevan a las cimas más altas del goce compartido, de día don Rigoberto se hunde en un oficio que detesta mientras Lucrecia intenta ganarse con regalos y mimos el cariño de Fonchito, ya que se cierne sobre ella el temor de un mal presagio: "Y pensar que sus amigas le habían vaticinado que este hijastro sería el obstáculo mayor, que por su culpa jamás llegaría a ser feliz con Rigoberto" (*Elogio* I.18). Lo que comienza como un juego inocente de cariño materno-filial termina en seducción amorosa, sin que sepamos los lectores a ciencia cierta si es Lucrecia quien seduce a su hijastro o si es ella la que cae en las redes del niño. Lo cierto es que cuando don Rigoberto se entera por boca de su propio hijo de la infidelidad de su esposa, su felicidad se derrumba como una torre de naipes. Culpándola de lo ocurrido, don Rigoberto expulsa a su mujer del paraíso artificial que los dos habían construido con sus divertimentos eróticos, sumiéndose en una honda depresión de la que saldrá a flote gracias a su gran capacidad imaginativa.

Al inicio de *Los cuadernos,* Fonchito acude a la casa de su madrastra para suplicarle perdón. No obstante, la verdadera motivación del niño es otra: lograr que su padre y Lucrecia se reconcilien. Con este fin, moviliza toda su artillería pesada de ardides y fingimientos. En lugar de asistir a sus clases de pintura, Fonchito visita regularmente a su madrastra cargado de libros sobre el pintor austriaco Egon Schiele. La vida y obra de Schiele constituyen el principal tema de sus conversaciones, además de ser el referente de los juegos a imitar cuadros que el niño, en una de sus visitas, propone divertido a Lucrecia y su sirvienta Justiniana.

Cada uno de estos segmentos, en los que el narrador omnisciente nos relata las visitas del niño a Lucrecia, va seguido de una carta redactada mordazmente por don Rigoberto, donde perorata contra toda institución, religión o práctica que maniate la libertad del individuo. Tras estos textos de la propia pluma del protagonista, Vargas Llosa vuelve a echar mano de su narrador omnisciente para darnos a conocer las fantasías eróticas que secreta la mente de don Rigoberto. Estimulado por la lectura de libros eróticos y por la contemplación de pinturas de la misma índole, don Rigoberto se fabrica una vida paralela, habitando un mundo de ficciones construido bajo el dictado de su propia imaginación. En estos escenarios alucinatorios irrumpe Lucrecia cada anochecer para asistir a la cita pactada con su marido. El discurso atrevido y desenfadado de su esposa lo excita sobremanera, haciéndole revivir aquel antiguo goce que noche tras noche lo sumía en un limbo entre la realidad y la fantasía, la ilusión y la desilusión, la razón y la sinrazón. Seguidas de reproducciones de dibujos y acuarelas de Schiele, las cartas anónimas que Fonchito escribe a sus padres, como parte de su plan reconciliador, ponen el sello final a cada capítulo.[8]

Tanto en *Elogio* como en *Los cuadernos,* el soñar despierto de los personajes se convierte en el motor y sustento de la ilusión novelesca, y en la principal razón de ser de la narración. La fuga hacia lo imaginario no sólo compensa las deficiencias de la vida que viven estos seres de tinta y papel, sino que les capacita también para maniobrar e intervenir dentro de una realidad ficticia a la deriva. Como espero demostrar a lo largo de esta investigación, en Vargas Llosa la función compensatoria o evasiva que ejerce la actividad fantaseadora de sus personajes, nunca arranca del todo el cordón umbilical que los ata a las circunstancias reales de la vida que les toca vivir dentro del mundo novelesco. En otras palabras, las ficciones nos arman—a todos los que formamos parte de la experiencia narrativa—para vivir y entender mejor la vida, extraer de ella momentos gozosos y hermosearla ética o estéticamente, si así lo deseamos.

En *Elogio*, don Rigoberto recurre a la fabulación para avivar su ardor sexual con fantasías eróticas inspiradas en cuadros. En sus delirios de simulación, hace el amor con la reina de Lidia, Diana, Venus, la Dánae del cuadro de Klimt o la Rosaura de *La vida es sueño* de Calderón, entre otras muchas dobles imaginarias de Lucrecia. En este juego de reflejos, don Rigoberto se desdobla también en el rey Candaules, el bueno de Pluto, Fito Cebolla, el jurista Nepomuceno Riga, Narciso, y tantos otros fantasmas que desfilan por su mente. El personaje de don Rigoberto se inventa estas historias ficticias porque, como nos recordó su creador en el discurso que pronunció al recoger el Nobel, "inventamos las ficciones para poder vivir de alguna manera las muchas vidas que quisiéramos tener cuando apenas disponemos de una sola" ("Elogio de la literatura y la ficción," "Mario Vargas Llosa—Nobel Lecture"). Al timorato de don Rigoberto, estas mudas de personalidad le permiten ser lo que no es, ejerciendo de libertino y transgrediendo—con total impunidad—las mismas leyes morales y sociales que acata en la vigilia por conveniencia y cobardía. Aunque estos paréntesis soñadores son efímeros, su poder es infinito. La fantasía siempre juega con ventaja sobre la realidad, y don Rigoberto lo sabe. Conjura la ficción para arreglar los desperfectos de su vida y adornar a su esposa con las imágenes que le procuran los grabados y lienzos de su pinacoteca privada.

Al reaparecer en *Los cuadernos* como triste superviviente del naufragio de su matrimonio con Lucrecia, don Rigoberto vuelve a agarrarse a la fabulación como tabla de salvación. Si en *Elogio* don Rigoberto fantaseaba con su esposa para atizar la llama del deseo, en *Los cuadernos* se refugia en las fantasías "para no volverse loco o suicidarse," según advierte el narrador omnisciente de la historia (*Los cuadernos* IX.345). Rodeado de sus libros y grabados, don Rigoberto pasa horas y horas imbuido en sí mismo, anotando reflexiones en sus cuadernos, escribiendo cartas, releyendo citas, contemplando o rememorando imágenes de cuadros y grabados, que van a servirle de desahogo y de inspiración a la hora de componer ese otro mundo paralelo donde vivir verazmente sus sueños diurnos. En la pintura, el teatro y la literatura mística, don Rigoberto encuentra palabras e imágenes que lo consuelan y le ayudan a dar una presencia real a sus ensueños. Gracias al poder ilusionista que ostenta su imaginación, don Rigoberto no sólo (se) burla (de) la realidad que le asedia, sino que logra transfigurar su anónimo y anodino ser para existir dentro de ella, tal y como veremos en el curso de esta investigación.

El título de este estudio, *Ilusionismo verbal en "Elogio de la madrastra" y "Los cuadernos de don Rigoberto" de Mario Vargas Llosa*, alumbra el lado del escenario donde los sueños eróticos de los personajes cogen cuerpo poniéndose de pie sobre la página escrita. Como exploración de este reducto de la inventiva de Vargas Llosa, este análisis contempla *Elogio* y *Los cuadernos* bajo tres perspectivas distintas pero complementarias. Mi interés radica en dilucidar cómo el teatro, la pintura y la experiencia mística secundan a los personajes en su esfuerzo por vivir con todo verismo las ilusiones que engendra su soñar despiertos, aportándoles los materiales y técnicas con los que dar consistencia real a los fantasmas de su imaginación. Por consiguiente, este análisis no sólo intenta trenzar en una misma mirada interpretativa los varios hilos que forman el entramado narrativo de *Elogio* y *Los cuadernos*, o sea, los discursos pictórico, teatral y místico, sino que desvía también el foco de atención del ámbito de la realidad al de la fantasía, para explorar ese espacio onírico donde los personajes engendran y viven sus ficciones imaginarias: un espacio que sirve de espejo a la propia concepción que tiene Vargas Llosa sobre la ficción y el arte de escribir novelas.

Por lo general, como señalé con anterioridad, la crítica suele coincidir en señalar la tendencia realista de las narraciones de Vargas Llosa, en línea con lo que piensa también Javier Tusell: "La novelística del escritor peruano tiene como eje y como temática siempre la realidad" (43).[9] Es indudable que a ello ha contribuido, también, las frecuentes declaraciones hechas por el autor sobre la importancia del realismo en su forma de concebir y hacer literatura. Ahora bien—como todos sabemos—el realismo de Vargas Llosa no es un realismo servil a la realidad, sino libre y soberano. El escritor goza de completa libertad a la hora de inventar mundos que acaban convenciéndonos profundamente de su autenticidad. Precisamente, el título dado por José Miguel Oviedo a su imprescindible ensayo sobre el novelista, *Mario Vargas Llosa: la invención de una realidad* (1970), cifraba ya los términos de esta forma de realismo—emancipado del poderío de lo real—que hasta el día de hoy sigue definiendo el oficio narrativo del escritor. Retomando el mismo asunto en *Dossier Vargas Llosa* (2007), Oviedo hace dos matizaciones respecto a la inscripción dentro del realismo de las tres primeras novelas de Mario Vargas Llosa, *La ciudad y los perros* (1963), *La casa verde* (1966) y *Conversación en la catedral* (1969), que valen para toda su obra novelística:

> La primera es que el autor nunca quiso ser un realista mimético, un simple testigo y crítico de las contradicciones sociales, sino un experimentador del lenguaje narrativo para alcanzar una representación artística de la realidad, más poderosa y convincente que ella misma; es decir una invención verbal con sus propias leyes y propósitos para hacer de lo real-objetivo algo sustancialmente nuevo, no una copia. [...] Otra paradoja es que, pese a asentar firmemente sus novelas sobre esas referencias inequívocamente reales, su designio se definió primero en un respeto absoluto a la independencia del relato y la imparcialidad del narrador frente a sus propias historias. ("Una transición clave del realista" 20)[10]

Secundando a su autor, don Rigoberto se suscribe también a la idea de la autonomía artística. Proclama su absoluta libertad para inventar sin ninguna traba, saltándose incluso la barrera de lo que pudiera ser considerado creíble o no creíble, en pos siempre de la eficacia narrativa. Oigamos, por ejemplo, lo que piensa el personaje a propósito de una de las muchas historias que inventa su afiebrada fantasía: "¿Era verosímil? No. Pero, sí muy conveniente, pensó don Rigoberto" (*Los cuadernos* III.100).

En el momento de la creación artística, lo que verdaderamente cuenta para Vargas Llosa no es que la ficción imite fielmente la vida sino que la reinvente convincentemente. Importa lo que la ficción añade o sustrae a la realidad, afirmando así su soberanía absoluta.[11] Efraín Kristal realza la primacía que tiene para el escritor la independencia creativa con respecto a los dictados de la realidad: "Vargas Llosa has had no qualms about transforming historical facts or biographical information to suit his literary purposes. His writing method involves the use of raw materials that he will modify in the creative process" (xiii; "Vargas Llosa nunca ha tenido ningún escrúpulo en transformar hechos históricos e información biográfica si así lo requieren sus fines literarios. Su método de escritura conlleva el uso de materias primas que modificará durante el proceso creativo").

Elogio y *Los cuadernos* no son ventanas por las que los lectores nos asomamos al mundo real—ya sean acontecimientos históricos documentados o datos biográficos del autor—sino presencias ficticias que tratan de afirmarse como tales compitiendo con lo real. Vargas Llosa ha destacado en repetidas ocasiones esta condición *sine qua non* de la literatura:

> En verdad, la ficción no es la vida sino una réplica a la vida que la fantasía de los seres humanos ha construido añadiéndole algo que la vida no tiene, un complemento o dimensión que es precisamente lo ficticio de la ficción, lo propiamente novelesco de la novela, aquello de lo que la vida real carece, pero que deseábamos que tuviera—por ejemplo un orden, un principio y fin, una coherencia y mil cosas más—y para poder tenerlo debimos inventarlo a fin de vivirlo en el sueño lúcido en el que se viven las ficciones. (*El viaje a la ficción* 28–29)

Tal concepción de la ficción como *réplica a* la vida y no como *réplica de* la vida, es la que inspira y a la que aspira Vargas Llosa en tanto que fabulador. Lo que le falta a la vida de don Rigoberto es lo mismo de lo que carecemos el resto de los seres humanos: la posibilidad o la capacidad de fundir en un instante de plenitud absoluta, el deseo y la realidad. Estas dos novelas parecen decirnos que el completo y perfecto acuerdo entre lo vivido y lo anhelado sólo puede realizarse en el ámbito de los ensueños y la fantasía. Por lo tanto, la cuestión primordial que vibra bajo la visión estética de *Elogio* y *Los cuadernos*, no es la de cómo acercarse al mundo real mediante la mentira de la ficción, sino la de cómo construir con la utilería de la imaginación otro mundo paralelo y alternativo como suplemento del mundo real—"suplemento" en los dos sentidos derridianos de sustitución y añadidura: la ficción suple, complementa y completa la realidad.[12]

Lo que resulta más atrayente para Vargas Llosa en la narrativa del escritor uruguayo Juan Carlos Onetti, a la que ha consagrado su estudio ensayístico *El viaje a la ficción* (2008), es la caterva de inadaptados que desfilan por sus cuentos y novelas, para quienes el soñar despierto es el único refugio contra el suicidio o la locura. Brausen—el protagonista onettiano de *La vida breve* con quien el mismo don Rigoberto se identifica—conoce bien el poder salvador de la escritura:

> Me convencí de que sólo disponía, para salvarme, de aquella noche que estaba empezando más allá del balcón, excitante, con sus espaciadas ráfagas de viento cálido. Mantenía la cabeza inclinada sobre la luz de la mesa; a veces la echaba hacia atrás y miraba en el techo el reflejo de la pantalla de la lámpara, un dibujo incomprensible que prometía una rosa cuadrada. Tenía bajo mis manos el papel necesario para salvarme, un secante y la pluma fuente. (Onetti, *La vida breve* 43)

El reto de Vargas Llosa y de sus personajes fantasistas está en hacer del reflejo una presencia real y del dibujo de una rosa, la rosa. Empresa que trae resonancias de la promovida en las primeras décadas del veinte por el grupo creacionista liderado por Vicente Huidobro, quien en su "Arte Poética" exhortaba a los poetas a practicar el ilusionismo verbal: "Por qué cantáis la rosa, ¡oh poetas! / hacedla florecer en el poema."[13] La salvación del autor de *Elogio* y *Los cuadernos*—y por ende la de su subalterno, don Rigoberto—depende del éxito de sus números de ilusionismo, es decir, de su maestría para hacer visible lo que se dice y se narra, para dar vida a las palabras y realce a las ideas e imágenes mentales, de manera que lo irreal e inexistente aparezca ante sus propios ojos y los del público lector con toda la fuerza de la realidad.

Para explorar el tema del ilusionismo verbal, esta reflexión se fija especialmente en el lado imaginario de estas ficciones. El lado en el que cunden las historias que secretan las mentes del autor y sus criaturas ficticias; donde la ficción engendra más ficción; donde el poder (y la debilidad) de la fantasía para materializar lo deseado o soñado se exhibe en su estado más (im)puro; donde el escritor no se contenta solamente con "la liberación de la palabra" sino que aspira a su viva encarnación.[14] La pieza poética que Vargas Llosa compone sobre las páginas de ambos textos es pues un himno en loor de la fantasía en cuanto energía creadora. Con ella se celebra el poder ilusivo, transformador, engendrador y salvador del arte y la literatura.

Elogio y *Los cuadernos* ante la crítica

Por lo general, las novelas de *Elogio* y *Los cuadernos* no han recibido la atención crítica que merecen, sobre todo, *Los cuadernos*. Con frecuencia se las ha proscrito a los márgenes de su producción novelística, ya sea porque se las considera un juego lúdico coyuntural y marginal al verdadero compromiso de Vargas Llosa con la realidad histórica y social de su tiempo, ya sea porque los asuntos en los que se vuelca la imaginación del escritor (a)parecen en ellas (como) algo más desligado del marco de sus vivencias personales. Muy distinta es mi valoración. Desde mi perspectiva, *Elogio* y *Los cuadernos* no son pesos pluma dentro del *ring* de la producción literaria del escritor, sino que además de encapsular y exorbitar postulados claves de su visión artística, representan un proyecto estético que se levanta y sostiene por sí mismo gracias al poder ilusionista de la escritura de Vargas Llosa.

"Hay una 'novelita' que ha sido considerada más como un divertimento que como una obra 'de peso,'" constataba Roy C. Boland respecto a *Elogio* ("Parricidio colectivo" 130). La verdad es que nada hay de diminutivo, ligero o intranscendente en *Elogio* y *Los cuadernos*, salvo el divertido "Menú diminutivo" en el que el escritor borda del sufijo *-ito* cada vocablo que se presta a su juego lingüístico. Valgan estas líneas como ejemplo: "Ya sé que te gusta comer poquito y sanito, pero riquito, y estoy preparadita para complacerte también en la mesita. En la mañanita iré al mercado y compraré la lechecita más fresquita, el pancito recién horneadito y la naranjita más chaposita..." (*Los cuadernos* V.191).

Envueltos en un humor delirante y en un lúcido erotismo, siguen palpitando en estas dos novelas—según veremos—temas e inquietudes que han acompañado a Vargas Llosa desde los inicios de su oficio de fabulador: la colisión ineludible de lo vivido con lo soñado, dada la imposibilidad de separar la piel del hombre de la del escritor; su fascinación por quienes se entregan en cuerpo y alma a una causa, por malhadada o descalabrada que ésta sea; el infatigable combate que libran la realidad y la fantasía—la historia y la ficción—por hacerse con el monopolio de la memoria y del deseo humanos; la búsqueda utópica de la libertad que—de radicalizarse—puede llegar incluso a esclavizar en nombre de la libertad misma; la idea de la literatura y el arte como un vasto horizonte sin fronteras por el que transitan libremente tanto el autor como sus personajes; la utilización por parte de este "arquitecto" de la ficción de distintos lenguajes y técnicas narrativas, pictóricas o teatrales, como herramientas para reparar y embellecer la vida con la patina de la ficción (Esteban y Gallego 20).[15] Pero sobre todo y por encima de todo, *Elogio* y *Los cuadernos* nos hablan del poder de la ilusión y de la representación. De ahí, la encantación que producen estas ficciones.

Aunque la recepción de *Elogio* y *Los cuadernos* es hasta hoy muy desigual, la aparición de la primera en 1988 dentro de una colección española de libros eróticos denominada "La sonrisa vertical" sí suscitó en un principio cierta curiosidad por parte de lectores y críticos, intrigados, quizás, por el giro que daba el novelista al emplear su creatividad en temas como el erotismo y la pintura, primordialmente. Sin embargo, lo que más resuena en los juicios de la crítica académica es el descontento. Críticos como Fernando Reati y María Silvina Persino son portavoces de un sentimiento de decepción muy común frente a la fría acogida de una novela tan calenturienta. Oigamos al primero: "*Elogio de la madrastra*, la novela de Mario Vargas Llosa que representa su primera incursión en el género erótico, no ha motivado a partir de su aparición en 1988 el cúmulo de respuestas críticas o incluso de público que se podría esperar tratándose de un escritor de su popularidad" (33). Esta opinión la pronunciaba Reati en 1995 en su excelente artículo "Erotismo e Historia en *Elogio de la madrastra*." Cuatro años más tarde Persino vuelve a destacar la escasez de respuestas sobre *Elogio*, así como la negatividad de algunos juicios: "la novela fue publicada en 1988 y ha sido objeto de pocos estudios hasta el momento. Una parte de la crítica la ha acogido con un silencio indiferente, y otros la rechazaron, argumentando un apartamiento de Mario Vargas Llosa de sus 'intereses de siempre'" ("Mario Vargas Llosa: la mirada erótica" 19). Sin dar nombres específicos, pero declarándolos herederos de críticos como José Luis Martín y José Miguel Oviedo por su proclividad a valorar el contenido humano y la denuncia social en la obra de Vargas Llosa, Persino alude a una primera vertiente de la crítica que ha desvalorizado *Elogio* por considerarla un divertimento trivial y ligero. Conviene recordar que en *Understanding Mario Vargas Llosa* (1990), Sara Castro-Klarén se refería sucintamente a *Elogio* como "slow porno-erotic novelette" (227; "una lenta novelita erótico-pornográfica").[16]

La otra segunda vertiente crítica que, sí aparece con nombres propios como los de Corina S. Mathieu, Fernando Reati, Rafael Lampugnani, Sylvia Carullo, Giuseppe Bellini, Jorge Valdivieso, Concepción Reverte Bernal o Rosemary Geisdorfer Leal,[17] se ha esforzado—según Persino—por redimir apologéticamente la novela, ya sea resaltando su valor estético, ya sea encontrando en su temática profunda el eslabón que la enlaza con el resto de la novelística del autor (la lucha contra la mortalidad, el poder del arte y la ficción, la relación edípica, etc.), desdiciendo de este modo la supuesta naturaleza anómala de *Elogio* ("Mario Vargas Llosa: la mirada erótica" 19–22). El englobar todos estos análisis de índole tan diversa bajo una misma voluntad "redentora," me parece un juicio reductor y desacertado. ¿Por qué ha de ser tachado de "apologético" el acercamiento que hacen estos críticos a *Elogio*, ya sea relacionándola con obras precedentes del autor o señalando temas, lenguaje y técnicas relevantes? ¿No tratamos los críticos y las críticos de transmitir el goce que instila en nosotros la lectura, más allá de las apologías? No cabe duda de que las opiniones críticas sobre la novela fluctúan entre juicios ideológicos, estéticos y éticos.

A partir de 1994 han aparecido algunos ensayos sobre *Elogio*, publicados por lo general como capítulos dentro de libros de una temática más general, que—bajo distintos enfoques—siguen barajando nociones relativas al erotismo y al diálogo de la escritura de Vargas Llosa con las artes visuales. Todos ellos examinan las relaciones que se establecen en *Elogio* entre los tres niveles de la narración: la realidad ficticia, las écfrasis narrativas que vehiculan los sueños—donde las figuras protagonistas de seis lienzos respiran por la voz de los personajes de la novela—y las ilustraciones pictóricas, las cuales vinculan los dos niveles precedentes.[18]

En *Retrato de Mario Vargas Llosa*, Javier Tusell aúna en su comentario sobre *Elogio* los dos polos de contención: la ligereza y el peso ontológico de una novela a caballo entre lo erótico y lo pictórico:

> cuando se escriben estas páginas acaba, en fin, de aparecer *Elogio de la madrastra*, incluida con todo merecimiento en una colección de novela erótica, género al que también ha dedicado una atención de crítico literario Vargas Llosa. Se trata de un divertimento pero que dice mucho de la sabiduría del autor respecto de los rasgos de este tipo de literatura y, aparte de ello, encierra un interrogante sobre la verdad histórica pasada (la relación entre madrastra e hijastro) así como un interesante tipo de referencia culta a la pintura de idéntica significación. (54)

Si la acogida de *Elogio* por parte de la crítica se muestra ambivalente, lo mismo ocurre con *Los cuadernos*, con el agravante de engendrar un *corpus* crítico mucho más reducido que el de su antecesora y promotora. En *Vargas Llosa. El vicio de escribir* (2002), Juan José Armas Marcelo señala la recepción negativa que recibió la novela de *Los cuadernos* entre los críticos latinoamericanos:[19]

> Críticos que, en su derecho y a veces en su defecto, juzgaron el juego erótico de la novela de MVLL como un texto excesivo empeñado en describir lo que llamaron sexo vacío de contenido; un texto que se limitaba exactamente y nada menos que a eso, a construir una serie de juegos malabares, pases de cartas marcadas y trucos de mago novelístico, pero que no acababa de trasladar a los lectores (a los lectores que eran los críticos, quienes tal cosa firmaron en sus reseñas de lectura) la verdadera pasión del erotismo, la pasión sensual y sexual de personajes e historias secretas del amor de la pareja esencial del relato y del niño Fonchito en el vértice de la tentación, que los lectores no iban a terminar de creerse. (431)

A pesar de estas opiniones adversas, Armas Marcelo considera que esta novela, ya esperada desde *Elogio*, abrió expectativas que con el tiempo se fueron consolidando con una mayor aceptación de la novela erótica (431–32). En su reseña "Quijotesco Rigoberto," Javier Agreda considera que *Elogio* fue malentendida por una crítica que desestimó el verdadero alcance de la novela: "Con la aparición de *Los cuadernos de don Rigoberto*, mucho más ambiciosa y compleja que su predecesora, esta propuesta alcanza su cabal desarrollo y podemos finalmente entender esta lúdica conjunción de erotismo, fantasía, arte y prosa esmeradamente trabajada" (309). No obstante, su valoración final resulta menos entusiasta de lo que cabría esperar en un principio: "Extraña mezcla de Cervantes y Nabokov, *Los cuadernos de don Rigoberto* es antes que nada, un complejo y ambicioso ejercicio de estilo, una muestra del peculiar sentido del humor y del dominio de la prosa de su autor. Una novela que, sin llegar a estar entre lo mejor que ha escrito Mario Vargas Llosa, no desmerece en absoluto dentro de su notable trayectoria literaria" (310).

Dentro del reducido *corpus* crítico que existe hasta hoy sobre *Los cuadernos*, cabe destacar algunos análisis que se han centrado tanto en aspectos ideológicos (el pulso entre individualismo y colectivismo o la representación de la masculinidad), como en otros temas ya explorados en *Elogio*, tales como el erotismo y los procesos de creación y recepción del arte y la literatura. En "The Apollinian Machiavelli in *Los cuadernos de don Rigoberto*," sexto capítulo de su libro *Sacred Eroticism*, Juan Carlos Ubilluz revela convincentemente las contradicciones inherentes al catecismo individualista del protagonista. Este análisis muestra cómo el sujeto soberano de don Rigoberto, cobijado dentro de la esfera sagrada de lo privado donde exalta su individualidad, es en realidad un sujeto esclavo, subyugado a las mismas leyes de la sociedad capitalista de la que cree escapar. Ubilluz lo explica así: "It is indeed a cruel irony that the same system that Vargas Llosa elatedly advocates as the bastion of singularity eventually standardizes (read, commodifies) the subject's Desire in a way that totalitarian societies could only dream of" ("The Apollinian Machiavelli" 293; "Es en verdad una cruel ironía que el mismo sistema que Vargas Llosa defiende apasionadamente como bastión de la singularidad, al final estandarice [léase, mercantilice] el Deseo del sujeto de una manera en que las sociedades totalitarias sólo hubieran soñado").

En "Del individuo y de la colectividad: fundamentos y alcance del discurso erótico-ideológico en *Los cuadernos de don Rigoberto*," Roland Forgues examina el modo en que se (re)presenta en esta novela la imbricación entre el individuo y la colectividad, tema siempre vigente en la narrativa de Vargas Llosa. Forgues analiza una serie de binomios que sostienen el edificio ideológico de *Los cuadernos* en un difícil equilibrio, pero necesitándose mutuamente para que la obra no se derrumbe: tolerancia/radicalidad, materia/espíritu, felicidad/frustración, locura/razón, realidad/ficción, campo/ciudad, hombre/mujer, sexo/género, individuo/colectividad, erotismo/pornografía, hedonismo/sacrificio, fe/religión, cuerpo/mente, arte/artesanía y, por último, utopía individual/utopía colectiva.

Bajo el lente de la crítica gay, en "Not between Men. Repudiendo el deseo homosocial en *Los cuadernos de don Rigoberto* de Mario Vargas Llosa," Pedro Koo analiza tres de las cartas que redacta don Rigoberto, deconstruyendo la ideología masculina sobre la que parece asentarse su correspondencia epistolar.[20] En opinión de Koo: "Estos ensayos críticos, por lo tanto, se presentan como textos subversivos que deconstruyen y cuestionan los mismos cimientos en los cuales se forjan y se ponen en práctica los ideales masculinos dominantes prescritos por el sistema" (36). El análisis de Guillermo Lescano Allende, "Elogio de don Rigoberto: un estudio sobre el erotismo en Mario Vargas Llosa," se enfoca específicamente en la función del erotismo en ambas novelas como un impulso liberador.

Para Roger A. Zapata, *Los cuadernos de don Rigoberto* marca un giro significativo en el itinerario novelístico de Vargas Llosa, ya iniciado con la publicación de *Elogio* en 1988. Tras la marca del compromiso sartreano que portaban novelas como *La ciudad y los perros* y *Conversación en la catedral*, donde triunfo moral y fracaso social iban de la mano, y tras la impronta teórica de la novela total que exhibían sus novelas más totalizadoras como *La casa verde*, *Conversación en la catedral* y *La guerra del fin del mundo*, *Los cuadernos de don Rigoberto* se vuelca ahora—según este crítico peruano—en "la exploración del deseo en la sociedad contemporánea," mediante un personaje que defiende su derecho a gozar bajo la tutela ideológica del liberalismo ("*Los cuadernos de don Rigoberto* o la búsqueda del placer" 204).

Bajo un enfoque interartístico, mi artículo "*Elogio de la madrastra* y *Los cuadernos de don Rigoberto*: una *vanitas* contemporánea" examina la relación que entablan ambas novelas con la pintura de *vanitas*. Este tipo de pintura—que alcanzó su apogeo en la pintura europea del siglo XVII—despliega una semiótica de lo efímero, que alegoriza la vanidad y la vacuidad de toda empresa humana frente a un destino común e implacable: la muerte. Como demuestro en dicho artículo, *Elogio* y *Los cuadernos* participan de la naturaleza paradójica de este género pictórico, ya que son, a la vez, una admonición contra los placeres sensoriales y una invitación a su disfrute: *carpe diem* ante la urgencia del *memento mori*. El objetivo del análisis que llevo a cabo en "Egon Schiele y *Los cuadernos de don Rigoberto* de Mario Vargas Llosa: iconotextualidad e intermedialidad," es determinar cuáles son las principales funciones que desempeña la vida y obra pictórica de Egon Schiele dentro de los niveles argumental, formal, temático e ideológico de *Los cuadernos*. Por último, en "*Différance* en Mario Vargas Llosa: Elogio de presencia y cuadernos de ausencia," la lente de la deconstrucción me sirve para desentrañar la manera en que el propio discurso antisocial y anticolectivista que don Rigoberto profiere en ambas novelas, encierra en sí mismo un anti-discurso que lo socava desde dentro. "Deconstruir un discurso," puntualiza Jonathan Culler, "equivale a mostrar cómo anula la filosofía que expresa, o las oposiciones jerárquicas sobre las que se basa, y esto identificando en el texto las operaciones retóricas que dan lugar a la supuesta base de argumentación, el concepto clave o premisa" (*Sobre la deconstrucción* 80). En mi estudio revelo las muchas contradicciones que plagan el discurso individualista y liberal del protagonista, impidiendo de este modo su entronización en el texto como único linaje ideológico.

Para finalizar con esta exposición sobre la opinión crítica tocante a *Los cuadernos* quiero destacar dos artículos de Hedy Habra, que forman la base conceptual de "*Los cuadernos de don Rigoberto:* súper-texto o zona iconotextual heterotópica," segundo capítulo del libro *Mundos alternos y artísticos en Vargas Llosa,* donde Habra analiza la importancia de lo visual en la narrativa vargasllosiana. En el primero, "El arte como espejo: función y trascendencia de la creación artística en *Los cuadernos de don Rigoberto*," esta crítico realiza una lectura freudiana-lacaniana sobre la relación especular que se establece en la novela entre el niño protagonista, Fonchito, y el pintor austriaco, Egon Schiele, la cual también constituye para Habra el "foco central y unificador de la obra" (169). Concluye su análisis con estas palabras: "De la misma manera que el artista vienés logró alcanzar una madurez artística al enfrentarse con imágenes despiadadas de su realidad interior, Vargas Llosa crea un espejo escritural que ofrece de manera fragmentada varias modalidades de acercamiento al arte, enalteciendo tanto la trascendencia del poder creador que prescinde de fronteras espaciales y temporales como su función en el autoconocimiento" (170). En el segundo, "Posmodernidad y reflexividad estética en *Los cuadernos de don Rigoberto*," Habra trae a colación un tema que ha suscitado distintas opiniones respecto a la inscripción de estas novelas dentro de la sensibilidad moderna o posmoderna. La autora ve en *Los cuadernos* varios de los rasgos que caracterizan la escritura posmoderna: la parodia, la intertextualidad, la autorreflexividad, la confluencia del arte culto y la cultura popular, la presencia de un sujeto fragmentado, lo lúdico, etc.

Concordando en gran parte con la interpretación que hace Habra de *Los cuadernos* en este último artículo, discrepo, sin embargo, con el balance optimista que ofrece al final de su lectura. Para Habra, la novela se cierra con la feliz integración al rebaño social del obcecado individualista de don Rigoberto: "La mirada transgresora de su hijo lo obliga a reintegrarse a la sociedad y reconsiderar sus puntos de vista, terminando su aislamiento" (93). Me parece que esta lectura pasa por alto un aspecto muy importante de la novela, si tenemos en cuenta las últimas palabras de don Rigoberto con las que Vargas Llosa pone un tramposo fin a la novela: "—A pesar de todo, formamos una familia feliz ¿no Lucrecia?" (Epílogo 384). Desde mi perspectiva, este final enigmático de *Los cuadernos* escamotea a los lectores cualquier sentencia final respecto al porvenir de don Rigoberto y los otros miembros de su curiosa familia. Al término de *Los cuadernos* el escritor nos deja suspendidos en la cuerda floja de la incertidumbre, posibilitando de este modo que este melodrama prosiga con una tercera entrega. Precisamente, en una conversación con Vargas Llosa en la ciudad de Monterrey,[21] además de admitir que escribiendo *Los cuadernos* se había divertido mucho más que con ninguno de sus otros libros, el escritor anticipó continuar narrando las dichas y desdichas de la familia de don Rigoberto en una tercera novela. De hecho, en la exposición en honor al escritor, "Mario Vargas Llosa: la liberté et la vie," que tuvo lugar en París en noviembre de 2010, se exhibía uno de sus cuadernos abierto por una página donde el escritor había anotado cinco proyectos que realizar entre 2006 y 2011. El tercero de ellos rezaba: "'Las cartas de doña Lucrecia' (que cierra el ciclo de D. Rigoberto)" (*Mario Vargas Llosa: la liberté et la vie* 97). No es de extrañar que el enorme gozo que experimentó Vargas Llosa escribiendo las aventuras y desventuras de don Rigoberto contagie también a sus lectores, quienes esperamos impacientes su continuación.... El hecho de que don Rigoberto, Lucrecia y Fonchito vuelvan a saltar a las páginas de *El héroe discreto* (2013)—su última novela—da testimonio del especial cariño que el escritor siente por estos tres personajes.

Volviendo al debate sobre la modernidad o/y posmodernidad de *Elogio* y *Los cuadernos*, Raymond Leslie Williams, a pesar de haber puesto en duda años atrás la afiliación posmodernista de la obra de Vargas Llosa, destacaba en *Vargas Llosa: Otra historia de un deicidio* (2000) la impronta posmoderna de *Elogio* y *Los cuadernos*:[22]

> Vargas Llosa ya había manifestado algunas tendencias posmodernas en *Pantaleón y las visitadoras* y *La tía Julia y el escribidor*, aunque es discutible hasta qué punto sigue siendo un novelista moderno y hasta qué punto comienza a participar plenamente en la cultura posmoderna. Pero con *Historia de Mayta* (1984), *Elogio de la madrastra* (1988) y *Los cuadernos de don Rigoberto* (1997) la narrativa de Vargas Llosa toma un rumbo marcadamente posmoderno. Son novelas que tratan asuntos relacionados con la literatura, el arte y la verdad, entre otros temas que le habían interesado antes, pero nunca había desarrollado tanto en su ficción. (229)

Como Williams, M. Keith Booker incluye a Vargas Llosa dentro de la gran familia posmoderna latinoamericana en *Vargas Llosa among the Postmodernists* (1994). Ahora bien, esta inclusión no excluye que Booker identifique ciertas contradicciones inherentes en tal clasificación. En el capítulo que le consagra a *Elogio*, "The Reader as Voyeur. Culture, Pornography, and Religion in *Praise of the Stepmother*," Booker observa cómo el deseo de don Rigoberto de crear un enclave perfecto donde escapar de la mediocridad y mortalidad humanas, refleja ciertas aspiraciones del arte modernista que están reñidas con la sensibilidad posmoderna: "this notion of perfection in art runs directly counter to the self-parodic aesthetics of postmodernism, which may be better described by Samuel Beckett's call for an artistic form that can 'accommodate the mess' of reality" (169; "esta noción de perfección en el arte va directamente a contracorriente de la estética autoparódica posmoderna, cuya mejor definición estaría en la demanda que hace Samuel Beckett de una forma artística que pueda 'acomodar el desastre' de la realidad"). Habra coincide también con Williams y Booker en considerar que la escritura de *Elogio* está inmersa en la estética de la posmodernidad. Según Habra, Vargas Llosa crea con *Elogio* "una obra posmoderna compleja que combina el arte pictórico (*high art*), ejemplos del cual se representan fotográficamente en el libro, con el género menor (o popular) que es la novela erótica" ("Revelación anamorfótica" 175).

José Miguel Oviedo pone en cambio el foco sobre la cara modernista de *Elogio* y *Los cuadernos*. Oviedo las distingue de las anteriores porque ninguna se ancla en la realidad del Perú, exhibiéndose ambas como organismos artísticos autónomos y soberanos que las ponen en sintonía con la sensibilidad artística del modernismo:

> la novela erótica *Elogio de la madrastra* y su secuela *Los cuadernos de don Rigoberto* aspiran, aunque no ocurren en Lima, a escapar de todos los condicionamientos de la realidad y a crear una atmósfera de pura fantasía, cargada de referencias al mundo de la pintura y al espíritu insumiso de la vieja novela libertina francesa. Es interesante observar el cambio estilístico que esto introduce y que lo acerca a las formas recargadas y decorativas que distinguieron a la novela decadente del período modernista. *(Historia de la literatura* 340)

¿Modernista o posmodernista? ¿Moderna o Posmoderna? Paula Willoquet-Maricondi opta por una vía intermedia. Esta crítico entiende *Elogio* como el lugar donde entran en conflicto ambas formas del sentir artístico:

> Vargas Llosa thus seems to be commenting both on the fact that the visual arts have historically exerted a great deal of influence on literary texts (Mathieu 43) and on the fact that art in general has increasingly become the source of reality. Vargas Llosa's novel could thus be taken as a postmodernist self-implicating critique of postmodernism's own complicity with, and extension of, the modernist impulse to represent reality truthfully and exhaustively, which is more and more the object of our own making. ("Voyeurism, Totalization, and the Hyperreal" 175)
>
> De este modo Vargas Llosa parece comentar a la vez sobre dos hechos: que las artes visuales hayan ejercido históricamente tanta influencia sobre los textos literarios (Mathieu 43) y que el arte en general se haya ido convirtiendo cada vez más en la fuente de la realidad. La novela de Vargas Llosa podría entenderse como una (auto)crítica posmoderna de la propia complicidad del posmodernismo con el celo modernista—y extensión del mismo—de representar la realidad fiel y exhaustivamente, cuando más y más la realidad es el producto de nuestra propia elaboración.

A mi modo de ver, *Elogio* y *Los cuadernos* participan de ambas sensibilidades, conjugando la búsqueda estética del modernismo con la crisis ontológica de un sujeto escindido dentro de un mundo posmoderno fragmentado, donde los hechos se vuelven interpretaciones y la vida, una cadena infinita de representaciones. Sin embargo, respecto a la opinión de Willoquet-Maricondi, sí es cierto que el impulso por re-presentar la realidad de Lucrecia es el combustible que mantiene viva la ilusión de don Rigoberto. Pero lo que no hay que olvidar, sin embargo, es que tanto don Rigoberto como su autor se ilusionan sabiendo muy bien que lo que persiguen es una entelequia, no disminuyendo por ello su deseo y necesidad de seguir ilusionándose. Es en esta atmósfera de "pura fantasía" de la que hablaba Oviedo, una atmósfera contagiada de simulacros y representaciones, donde pretendo entrar para ver hasta dónde llega el poder de la ficción y hasta dónde nos permiten llegar los sueños.

Como confío mostrar en las páginas que siguen, en los dominios ficticios de *Elogio* y *Los cuadernos* imperan las imágenes y la imaginación: el narrar y el narrarse a uno mismo la vida que uno sueña despierto, reduplican el goce que procura el saberse perpetrador(a) de tal impostura. Bajo las lentes contrastadas de lo pictórico, lo teatral y lo místico, esta investigación intenta aportar una visión de conjunto y conjunta más sistemática, inexistente hasta hoy, que no sólo enlaza los dos textos entre sí sino que los relaciona con el resto de la producción artística de Vargas Llosa, donde—claro está—el diálogo entre la vida y la ficción está siempre presente de forma más o menos explícita y bajo distintos registros y modalidades. Aunque siga latiendo en ellas una poética realista, en *Elogio* y *Los cuadernos* Vargas Llosa coquetea con lo onírico y fantasioso con mayor tenacidad que en ninguna de sus otras obras. Lo que deseo dejar ver en estas páginas es cómo la capacidad imaginativa de sus criaturas ficticias resulta tremendamente útil y productiva a la hora de vivir y sobrevivir al varapalo de la realidad. El fabular y fantasear son para el autor poderosos actos de resistencia contra el maltrato de la vida cotidiana, según coincide en señalar Cueto en "La realidad y el sueño": "Al reemplazarla por otra más justa, coherente y hermosa, soñar es otra forma de rebelarse contra la realidad" (15). La ficción—esa ilusión de realidad que el fabulador de don Rigoberto, como trasunto del autor, vive y nos hace vivir a los lectores—no es una inútil evasión compensatoria, sino un acto voluntario de afirmación, rebeldía y resistencia contra un entorno cultural, social e ideológico que amenaza con disolver su individualidad en el anonimato, según teme el protagonista. El principal afán de don Rigoberto es el de verse en el espejo de sus ensoñaciones transfigurado en otro, ya sea en creador, participante o espectador del drama que brota en su fértil imaginación. Es así como la pintura, el teatro y la literatura vienen al socorro del autor y de sus personajes para concederles el valioso don de alterar sus destinos, de vivir vidas distintas, de amar y ser amados nueva y diferentemente.

En el discurso de aceptación del Nobel, Mario Vargas Llosa reiteró su sólida convicción en la idea de que lo que anima al arte y a la literatura es la insatisfacción: "Quien busca en la ficción lo que no tiene, dice, sin necesidad de decirlo, ni siquiera saberlo, que la vida tal como es no nos basta para colmar nuestra sed de absoluto, fundamento de la condición humana, y que debería ser mejor" ("Elogio de la literatura y la ficción," "Mario Vargas Llosa—Nobel Lecture"). La vida, con sus infinitas limitaciones, nunca puede llegar a abarcar lo ilimitado del deseo humano, de modo que al cotejar la vida tal como es (o creemos que es) con la vida como podría ser o desearíamos que fuera, la realidad lleva siempre las de perder. Por consiguiente, el deseo—siempre y por siempre insatisfecho—actúa de detonador de las historias inventadas por Vargas Llosa, al igual que propulsa las fabulaciones de sus criaturas ficticias.

El concierto de tres pasiones: la literatura, el teatro y la pintura

Además de hacer pinitos como actor dramático y escribir varias piezas teatrales, participando incluso en la adaptación teatral de sus novelas,[23] Mario Vargas Llosa ha disertado extensamente sobre pintura y pintores, por lo que no es de extrañar que sus tres pasiones, la literatura, la pintura y el teatro, impregnen todos sus escritos, tanto de índole ficticia como menos ficticia.[24] Al abundar en *Elogio* y *Los cuadernos* las referencias a libros, cuadros y piezas teatrales, a los lectores se nos invita a salir de los confines de lo puramente literario para emprender la arriesgada pero emocionante aventura de traspasar fronteras artísticas, de viajar de polizones por otras disciplinas distintas a la literaria, emulando el comportamiento tránsfugo de algunas de las criaturas ficticias del autor. La propia vida del escritor es un ejemplo de este espíritu andariego, curioso, y burlador de límites impuestos a la imaginación y a la vida. Vargas Llosa se reinventa constantemente: como amante, marido, padre de tres hijos, abuelo de seis nietos, amigo de sus amigos, profesor, periodista, candidato a la presidencia del Perú, actor de cine y de teatro, ciudadano peruano, español y dominicano, ocupante del sillón L de la Real Academia de la Lengua, coleccionista de hipopótamos, recaudador de numerosos premios y, hoy, Nobel de Literatura… pero sobre todo, como escritor.

Al igual que el personaje del teniente Lituma saltaba airosamente de las páginas de *La casa verde* a las de *¿Quién mató a Palomino Molero?*, *Lituma en los Andes* y *El héroe discreto;* o de las páginas de estas novelas a las tablas del escenario de *La Chunga*, los lectores de *Elogio* y *Los cuadernos* experimentamos también cierta extraña excitación por el tráfico de sensaciones que producen las disímiles experiencias de leer un libro, contemplar un cuadro, presenciar una obra o entreoír una confesión.

Esta transgresión creadora, que ignora fronteras y desafía los límites trazados entre disciplinas y géneros por los puristas del arte y la literatura, testimonia la innegable deuda literaria que, no sólo Vargas Llosa sino muchos otros escritores latinoamericanos—jóvenes y menos jóvenes—han contraído con la concepción cervantina y borgesiana de la escritura como libre ejercicio en un espacio de libertad.

Oviedo resalta la escritura libre de trabas de Jorge Luis Borges, cuyos textos emigran sin esfuerzo alguno de un libro de ensayos a otro de cuentos y viceversa: "no existe una conciencia rígida de los géneros en Borges, que continuamente cruzó esas fronteras y supo filosofar como escritor de ficciones o ser poeta cuando escribía ensayos" (*Historia de la literatura* 16). Esta observación que hace Oviedo sobre la obra de Borges resulta igualmente pertinente para el quehacer literario de Vargas Llosa. Lo narrativo alimenta sus piezas dramáticas—como es el caso en *La señorita de Tacna*, *Kathie y el hipopótamo*, *Odiseo y Penélope*, *La verdad de las mentiras* o *Las mil y una noches*—y lo teatral sus narraciones, como muestra el primer capítulo de esta investigación. Los escritos de Vargas Llosa atraviesan adrede las fronteras entre la realidad y la fantasía, la vida y la ficción, la Historia y las historias, el arte culto y el popular, la literatura y otras manifestaciones artísticas, la escritura y otros medios de expresión. Al igual que—como dice Oviedo—no hay "un Borges cuentista, un Borges poeta y un Borges ensayista, sino uno solo: su voz es esencialmente la misma y cualquier parte del sistema remite al centro, y viceversa" (*Historia de la literatura* 16), tampoco existe un Vargas Llosa novelista, otro ensayista, dramaturgo, cuentista, periodista, político y actor, sino un solo Vargas Llosa, creador y contador de historias: en cada uno de sus escritos suena, con distintas cadencias y bajo diversas modalidades, el mismo son encantador y encandilador que producen sus finas dotes de cuentista e ilusionista. Wilfrido H. Corral subraya esta pulsión ecléctica e híbrida de la escritura de Vargas Llosa:

> [...] sus novelas son en conjunto las de un incansable ecléctico de mente espaciosa. En ellas nunca se encuentra una verdadera ruptura de géneros: lo que sí existe es una hibridización fortuita, una fusión de horizontes que muestra que para él los géneros

> no son entidades que se oponen, sino más bien vehículos hacia una perspectiva revisionista de la forma. (215)

Además de anclarse *Elogio* y *Los cuadernos* en ese puerto libre que son para el escritor los dominios del arte y la literatura, por ambos textos transitan dos conceptos claves del conjunto de la obra de Vargas Llosa: su incesante indagación sobre la razón de ser de esa sinrazón que es la ficción, el arte y la literatura, y el papel de la imaginación como marcapasos de la creación artística. A esa fascinación por el misterio de la escritura se refería en 1983 al hablar del tema de su novela *La tía Julia y el escribidor*:

> En apariencia, se trata de una novela sobre el radioteatro y el melodrama: en el fondo, es una historia sobre algo que siempre me ha fascinado, algo a lo que dedico la mayor parte de mi vida y que nunca he acabado de entender: por qué escribo, qué es escribir. Desde niño he vivido acosado por la tentación de convertir en ficciones todas las cosas que me pasan, al extremo que a ratos tengo la impresión de que todo lo que hago y me hacen—toda la vida—no es más que un pretexto para fabricar historias. ¿Qué hay detrás de esa incesante transmutación de la realidad en cuento? ¿La pretensión de salvar del tiempo devorador ciertas experiencias queridas? ¿El deseo de exorcizar, transfigurándolos, ciertos hechos dolorosos y terribles? Mientras más escribo, la respuesta me parece más difícil de encontrar. ("El país de las mil caras" 43)

En esta incógnita sobre el *qué, por qué* y *para qué* se escribe, está la clave de la fascinación que este poseso de la literatura ejerce sobre todos nosotros, sus lectores. Como bien dice Rosa Montero, el sentido esencial de la escritura es "la búsqueda de sentido. Se escribe pues para aprender, para saber; y una no puede emprender ese viaje de conocimiento llevando previamente las respuestas consigo" (*La loca de casa* 172).

En los tres capítulos que siguen me adentro en la manera en que Vargas Llosa convierte en fuente de productividad textual el arte pictórico, el teatro y la experiencia mística. Para ello, analizo cómo el novelista emplea artificios, técnicas y trucos aprendidos dentro de los ámbitos del teatro, la pintura y la literatura mística, para—con lo que a primera vista parece ser un golpe de efecto siendo, en realidad, fruto de muchas horas de trabajo y una férrea disciplina—dar corporeidad al lenguaje y existencia material al mundo inmaterial de los ensueños. La fuerza plástica y la poderosa presencia de su prosa producen en los lectores la viva ilusión de estar, simultáneamente, leyendo una novela, asistiendo a un espectáculo teatral, contemplando una obra pictórica y participando de una vivencia mística, como ya insinué. Por medio de la prestidigitación verbal y la maestría técnica que la acompaña, Vargas Llosa traspasa los lindes artísticos e infunde vida y vigor a unos personajes que encarnan, también, la necesidad humana de ampliar la geografía vital de la existencia, superando las trabas físicas, sociales y morales que impone la realidad objetiva. *Elogio* y *Los cuadernos* hablan de la fuerza expresiva, plástica y generativa de la palabra y del poder de la ficción para fabricar mundos ilusorios como respuesta a un mundo real que se nos queda pequeño. Sin embargo, la adicción a fantasear que padece don Rigoberto, quien vive huyendo permanentemente de sí mismo y de sus circunstancias reales, le facilita al mismo tiempo una vía de reencuentro consigo mismo y con el "mundo de bellacos semovientes" del que forma parte (*Los cuadernos* I.19). La ficción para Vargas Llosa y sus personajes no se reduce a un simple escapismo, sino que se convierte en una bomba de oxígeno que les permite respirar dentro de un mundo, para ellos, contaminado.

Elogio y *Los cuadernos* bajo tres perspectivas: teatral, pictórica y mística

Aunque el análisis que acometo aquí se enfoca primordialmente en el diálogo interartístico que entablan estas dos novelas, el campo de referencias textuales en el que se enclava la presente indagación se amplía necesariamente al conjunto de la producción novelística, cuentística, ensayística, periodística y teatral de Mario Vargas Llosa. El andamiaje teórico que sostiene esta investigación se caracteriza por su eclecticismo. Para ahondar en la forma y sentido que cobran en *Elogio* y *Los cuadernos* los sueños eróticos de los personajes, que hablan el lenguaje de la pintura, el teatro y la mística, me ceñiré principalmente al análisis textual, sin desatender por ello las voces de teóricos y críticos que han disertado sobre estos discursos, tanto de forma general como con relación a estas dos novelas en particular. Tampoco desoiré esas extrañas intuiciones y emociones que empañan unas veces y aclaran otras nuestra experiencia lectora.

En el primer capítulo, "La creación de la ilusión dramática: el espectáculo de la ficción," examino de qué manera la textualidad de *Elogio* y *Los cuadernos* toma prestada los códigos del teatro para inventar su propia teatralidad. Para ello, a la luz de las teorías de la recepción y la semiótica del teatro,[25] examino los mecanismos de los que se vale Vargas Llosa para hacer de la narración un espectáculo teatral y de nosotros, los lectores, espectadores *voyeurs*, que coparticipamos en el juego lúdico al que nos invita el autor. *Elogio* es una narración auto-consciente de su ser espec(tac)ular. Vargas Llosa se sirve de un narrador conocedor de la retórica teatral y de personajes que se saben actores y acceden a interpretar, diligentemente, los papeles que les asigna la imaginación de su creador, de manera que las escenas que aparecen pintadas en los cuadros y grabados de la pinacoteca de don Rigoberto cobran vida sobre el doble escenario de la mente de los personajes y de la narración, aguijoneándoles el deseo y avivando su deleite y el de los lectores.

Como ocurre en *Elogio*, un aliento teatral anima las páginas de *Los cuadernos*. La ilustración de la carátula del libro en su primera edición de Alfaguara (1997) realza su relación con el teatro (Fig. 12). La disposición de la alcoba de don Rigoberto y su esposa se asemeja al escenario de un drama, haciendo de telón una cortina replegada sobre el marco de la ventana que ilumina la escena. La inclusión en la portada de un cuadro de Egon Schiele, cuya vida y obra estuvo marcada por el ademán teatral, refuerza el papel que juega el teatro en *Los cuadernos*. En el quinto capítulo de su monografía sobre Schiele, intitulado "The Theater of the Self" ("El teatro del ser"), Wolfgang Georg Fischer hace hincapié en la naturaleza existencial e histriónica de los óleos, acuarelas y dibujos del pintor. Fischer define los autorretratos de Schiele como "his odyssey through the vast lands of the self" (147; "su odisea por los vastos territorios del ser") y describe sus obras como un escenario teatral sobre el que el propio pintor representó un amplio reparto de personajes, dobles imaginarios de sí mismo.

También las fantasías de Vargas Llosa y de sus criaturas se convierten en un escenario, sobre el que el autor y sus personajes representan diversas versiones de sí mismos. Este análisis baraja dos elementos indispensables a la hora de trocar la narración en escena. El primero atañe a los efectos ilusorios que producen los trucos y artificios utilizados tanto por el narrador omnisciente como por los personajes en cada una de sus *performances* relatoras.

El segundo alude a las nociones—estrechamente imbricadas—de teatralidad y dualidad o desdoblamiento del sujeto. Lo teatral, inseparable de lo ritual y fingido, hace que los personajes salgan a las páginas de *Elogio y Los cuadernos* para interpretar múltiples papeles y oficiar repetidos ritos. Este capítulo muestra cómo—gracias a la magia de la narración, a los golpes de efecto de la escritura de Vargas Llosa y a la ilusión de presencia que producen sus vivos diálogos—ambas narraciones se transforman en un vivo espectáculo en el que los actores de reparto imaginados por el novelista interpretan sueños propios o ajenos, ante las miradas *voyeurísticas* del narrador omnisciente y del público lector.

En el segundo capítulo, "La creación de la ilusión pictórica: el *trompe l'œil* de la ficción," reflexiono sobre el papel que juega la pintura como tejedora de ficciones y de ilusiones. Para ello, con ayuda de teorías recientes sobre la relación imagen-texto y sobre la écfrasis (o transposición verbal de un artefacto visual), sondeo las distintas funciones que desempeñan dentro del contexto narrativo que las acoge las numerosas referencias pictóricas que urden la tela de ambas narraciones.

Dentro del campo de estudios concerniente a la correspondencia entre diversas manifestaciones artísticas, bautizado en investigaciones internacionales recientes como "Artes comparativas," los debates más antiguos son los tocantes a las relaciones entre textos literarios y pictóricos. Sin embargo, en cuanto parte de la disciplina académica de la teoría literaria, este debate es relativamente más nuevo (Lund 1). En *Elogio* y *Los cuadernos* se abre un espacio artístico donde entran en contacto los sistemas semióticos de la pintura y de la escritura, produciéndose reflejos y refracciones entre los dos que dan lugar a sentidos insospechados.

Con ayuda del esclarecedor trabajo de Murray Krieger sobre la écfrasis, *Ekphrasis: The Illusion of the Natural Sign*, y los indispensables ensayos de W. J. T. Mitchell sobre la relación texto-imagen—*Picture Theory*, *Iconology*, *Language of Images* y *What Do Pictures Want?*—el enfoque que propongo persigue una interpretación que considere la naturaleza intermediática de los *iconotextos*. Este término lo acuñó Peter Wagner para referirse tanto a pinturas que contienen signos verbales como a textos literarios que dialogan con imágenes (16–17). Cuando un escritor o una escritora incorpora obras pictóricas en sus ficciones, estos textos híbridos no suponen únicamente una determinada interpretación de los lienzos recreados, sino que al ser transpuestos a otro medio artístico se les hace significar distintamente. Por lo tanto, además de analizar las cualidades pictóricas de un texto novelístico, identificando los *iconotextos* que de forma patente o latente operan dentro del mismo, es importante determinar las distintas funciones que cumplen con relación al todo narrativo al que se integran.

Según arguyo en este capítulo, la plasticidad del lenguaje y las recurrentes referencias a pintores y cuadros no son mero gesto decorativo ni simple telón de fondo, sino que intervienen activamente en los planos estructural, discursivo, argumental, temático o ideológico de *Elogio* y *Los cuadernos*, contribuyendo no sólo a intensificar la carga erótica de estas novelas sino a crear, también, esa ilusión de realidad y presencia material a la que aspiran tanto la inventiva del escritor como la de sus personajes.

En el tercer capítulo, "La creación de la ilusión mística: la escritura como convers(ac)ión," indago sobre el por qué y para qué de los ejercicios de escritura de don Rigoberto. Si en el primer y segundo capítulo me figuro ambos relatos como una *puesta en escena* y una *puesta en trazo y color* de la narración y de lo narrado, respectivamente, en este último capítulo los considero la *puesta en palabras* de una conversación ilusiva y elusiva que el protagonista entabla con el interlocutor imaginario de sus escritos. En el encierro monástico de su biblioteca, don Rigoberto escribe, lee y relee los apuntes y citas que guardan las páginas de sus cuadernos. Redacta además una serie de cartas incendiarias dirigidas a varios destinatarios vinculados a diversas asociaciones gregarias, por quienes siente una mezcla de lástima y desprecio: entre ellos se encuentran un patriota, un burócrata, una feminista o un miembro del club rotario, ante los cuales este abanderado de la libertad defiende y reclama su derecho inalienable a afirmar su individualidad y excentricidad. Al escribir estas cartas que no piensa echar al buzón, don Rigoberto se desdobla en emisor y destinatario a un tiempo de sus propios escritos. Sus anotaciones y cartas son en realidad monólogos donde el yo de su escritura dialoga con el tú fantasmal del otro, creando la ilusión de una presencia que acude a su conciencia y la interpela, al igual que lo hace el espectro de Lucrecia durante las citas nocturnas que su marido imagina. Si en los capítulos anteriores la discusión se desenvuelve principalmente dentro de la irrealidad de los sueños diurnos de los personajes, en este capítulo abordo una parcela de la realidad de don Rigoberto como escritor, empeñado en dar legitimidad a sus transgresiones imaginarias y en apuntalar con la matraca ideológica su lucha dialéctica contra la sociedad de masas contemporánea, que él considera vacía de imaginación y carente de toda autodeterminación.

El análisis que realizo sobre la función que desempeña lo escrito por don Rigoberto en sus cuadernos, coteja su práctica discursiva con los ejercicios de escritura de ese otro esteta de la existencia que es el anacoreta. Veo ambas prácticas enclavadas dentro de las dos formas descritas por Michel Foucault en "L'écriture de soi" ("La escritura de sí"): *hupomnêmata* (los *hypomnemata* o cuadernos de notas) y *correspondance* (la *correspondencia*). Me interesa observar el modo en que la escritura ascética se asoma burlona por detrás del discurso erótico de *Elogio* y *Los cuadernos*, produciendo un desdoble de sentidos que resulta cómico e irreverente. La práctica anacorética se presenta en estas novelas como un inter-texto con el que la pluma tragicómica de Vargas Llosa mantiene una doble contienda de apropiación y transgresión, de sacralización y profanación: lo erótico contamina el discurso ascético y la ascesis purifica lo erótico.

Como ya mencioné, don Rigoberto se retira a vivir en esa celda que forman las cuatro paredes de su biblioteca, pero a diferencia del anacoreta no lo hace para entregarse en cuerpo y alma a la meditación y penitencia, sino para afanarse en la constante búsqueda del placer. La pluma de Vargas Llosa trueca el ascetismo en erotismo y el erotismo en ascetismo. *Elogio* y *Los cuadernos* esbozan un guiño irónico a la vida y literatura ascéticas, utilizando e invirtiendo sus patrones y pautas. A la vez que la literatura ascética dignifica los impulsos carnales de ese animal racional que es don Rigoberto, la literatura erótica envilece la aspiración de este hedonista seudoasceta a una comunión puramente espiritual con Dios. Mientras el anacoreta trata de hacer de su vida una obra de perfección moral, don Rigoberto trata de hacer de la suya una perfecta obra de arte, que haga gozar y le procure goce.

Esta investigación lía la literatura con la pintura, el teatro y la experiencia mística para reflexionar sobre la fabricación de ficciones y fantasías por medio de un lenguaje que anhela superar los límites mismos del lenguaje. *Elogio* y *Los cuadernos* trazan un espacio mágico donde las más vivas ilusiones se materializan con el *abracadabra* de ese mago de las palabras que es don Rigoberto, en su hábil papel de suplantador del autor. En el personaje de don

Rigoberto, como en Emma Bovary, don Quijote, Hamlet, Segismundo y otros muchos soñadores que nos ha deparado la literatura, se da esa postura vital de la que resultan—según ha declarado el propio autor a propósito de la criatura de Flaubert—"todas las hazañas y todos los cataclismos del hombre: la capacidad de fabricar ilusiones y la loca voluntad de realizarlas" (*La orgía perpetua* 43).

El soplo que anima la escritura de *Elogio* y *Los cuadernos* sigue proviniendo del fuelle de la insatisfacción. En ambos textos, la conjugación de humor y erotismo con una honda reflexión sobre la insatisfacción del ser humano, sus grandezas y miserias, y su incurable mortalidad, hacen que los procesos de creación y recepción artísticas no sólo se conviertan en celebración del placer y viva complacencia en la forja de ilusiones sino que sean, también, un réquiem por una humanidad condenada a la finitud. Sin desprenderse de su naturaleza quimérica, estas ilusiones que el poder de la ficción hace vivir a don Rigoberto en *Elogio* y *Los cuadernos*, son capaces de reparar—momentáneamente—la vida del protagonista con las herramientas que surten el teatro, la pintura y la literatura mística, como espero demostrar en el curso de esta aventura interartística.

En resumidas cuentas, esta investigación subraya la suma importancia de *Elogio* y *Los cuadernos* como declaración poética en defensa de la ficción, la imaginación, la fantasía y el derecho a ilusionarse, celebrando así la libertad creadora y el poder del novelista como constructor de sueños. En su entrevista con Rosa Pereda, el novelista español Luis Landero realza este poderío que ostenta el arte de la ficción: "No es inocente soñar, no es inocente imaginar, porque se crean realidades fortísimas, de hierro, a partir de las palabras que narran los sueños" (Pereda 4).

En virtud de este tratado artístico, las energías plásticas y expresivas del teatro, la pintura y la mística suman fuerzas para consolidar el ilusionismo verbal de la prosa de Mario Vargas Llosa. Con *Elogio* y *Los cuadernos*, el autor no sólo lleva a extremos lacerantes e insospechados esa escritura, libre y en libertad, que caracteriza toda su obra, sino que se libera él mismo de cualquier traba que le impida gozar con sus fantasmas licenciosamente y sin remilgos, compartiendo dicho gozo con todos nosotros, sus lectores. A la manera de la literatura de los libertinos del siglo XVIII francés,[26] Vargas Llosa nos ofrece en *Elogio* y *Los cuadernos* una especie de tratado filosófico sobre la vida y la muerte, sobre la imperiosa necesidad de fabricar embustes para intensificar nuestra dicha y nuestra desdicha, y—en última instancia—sobre la escritura como *vanitas*, es decir, como una ilusión de permanencia que refuta la naturaleza efímera y mortal de todo lo humano.[27]

Capítulo uno

La creación de la ilusión dramática

El espectáculo de la ficción

> Si había algo en el teatro que a mí me atraía era la posibilidad de simular la vida y hacer vivir a los espectadores la ilusión de manera más intensa que cualquier otro género.
>
> Mario Vargas Llosa
> "El viaje de Odiseo"

Uno de los aspectos sobresalientes del mundo ficticio construido por *Elogio de la madrastra* (1988) y *Los cuadernos de don Rigoberto* (1997), es su marcada teatralidad. Aunque en la cita que sirve de epígrafe, Mario Vargas Llosa se refiere, concretamente, a la práctica del arte escénico y a su don especial para hacer pasar por verdad lo que es sólo fingimiento, en estos dos relatos, el novelista hace uso de estrategias teatrales para producir en los lectores un golpe de efecto similar.

El escritor no es un recién llegado al gremio del teatro. Se ha acercado al género desde distintos ángulos, como dramaturgo, como actor y como espectador. Como dramaturgo cuenta en su haber con varias piezas dramáticas que han sido representadas con éxito en teatros de España, Latinoamérica y otros países.[1] En estos últimos años, no conformándose sólo con mirar los toros desde la barrera de la escritura, Vargas Llosa se ha lanzado al ruedo como actor protagonista de sus propios dramas, dando vida sobre las tablas del escenario a historias y personajes de su invención.[2] En el apartado que lleva el título de "El teatro como ficción" retorno a esta doble faceta del escritor. Por consiguiente, considerando el estrecho lazo que ata la imaginación del novelista a la vivencia del teatro, no es de extrañar que la sensibilidad, las técnicas y las estructuras propias del arte de la escena se cuelen, también, en su forma de escribir novelas, condicionando la organización y tratamiento de la materia narrativa. Esta influencia se manifiesta de manera especialmente determinante, tanto a nivel formal como argumental, en las dos novelas que son el centro neurálgico de esta investigación.

Vargas Llosa da forma de guión dramático a la trama novelística de *Elogio* y *Los cuadernos*, escenificando sobre las páginas de estos libros los sueños que sueñan despiertos los personajes. Para crear por medio de la escritura esa misma ilusión de realidad que engendra el teatro, el novelista se sirve en ambas ficciones de un narrador omnisciente, experto conocedor de la retórica, técnicas y recursos característicos del género dramático. Esta voz que planea sobre el mundo de la ficción, describe las acciones de los personajes como actuaciones y las situaciones que las enmarcan como si éstas ocurrieran sobre las tablas de un escenario, prestando suma atención al decorado, la iluminación, la música ambiental, el vestuario, la gestualidad y las dotes interpretativas de los personajes-actores del reparto.

Además de disponer de esta figura narradora que se siente como pez en el agua en su triple función de codirector teatral, escenógrafo y apuntador, el autor cuenta con la generosa colaboración de sus criaturas ficticias para la puesta en escena del texto narrativo. Conscientes de su actuar y del poder de su actuación dentro del melodrama que arman *Elogio* y *Los cuadernos*, Lucrecia, don Rigoberto y su hijo acatan las reglas del fingir que requiere la función. Así como los personajes se prestan gozosos al juego de la representación, los lectores participamos, de igual manera, en el espectáculo de ilusionismo que coreografía Vargas Llosa, mago de la ficción, haciendo *aparecer* ante nuestros ojos como real lo que en realidad es un simulacro de la realidad. ¿De qué depende la verdad de la ficción? (se) pregunta Vargas Llosa en su archiconocido ensayo, "La verdad de las mentiras" (10). Su respuesta revela su firme convencimiento—tantas veces reiterado—de que la verdad en el arte de novelar, como en el arte de la escena, está en saber mentir con la mayor autenticidad posible:

> De su propia capacidad de persuasión, de la fuerza comunicativa de su fantasía, de la habilidad de su magia. Toda buena novela dice la verdad y toda mala novela miente. Porque "decir la verdad" para una novela significa hacer vivir al lector una ilusión y "mentir" ser incapaz de lograr esa superchería. ("La verdad de las mentiras" 10)

Si el éxito del novelista radica en hacer que los lectores nos forjemos y vivamos ilusiones, el gozo de la lectura nace de nuestra voluntaria complicidad en el engaño, como advierte con su reconocida elocuencia, el crítico francés Jean-Claude Vuillemin:

> Il faudrait être fou ou d'une naïveté peu commune pour se laisser prendre par l'illusion théâtrale. Le plaisir—ou l'intérêt—de la représentation ne réside d'ailleurs pas dans le fait d'être effectivement trompé, mais au contraire dans la perception antithétique d'une représentation simultanément comprise dans sa double dimension de signe et de chose. ("Réflexions sur la réflexivité théâtrale" 130)

> Hay que estar loco o ser de una ingenuidad poco común para abandonarse a la ilusión teatral. El placer—o el interés—de la representación no radica, además, en el hecho de verse en efecto engañado, sino, por el contrario, en la percepción antitética de una representación comprendida a la vez en su doble dimensión de signo y de cosa.

Cumpliendo nuestra parte dentro del pacto de la representación teatral, los lectores nos dejamos engañar por los efectos ilusionistas del autor a sabiendas del engaño, sin que por ello disminuya la atracción imanadora del espectáculo. Es a esta paradójica dimensión dúplice del *no saber sabiendo* a la que se refiere Jean-François Marmontel, al afirmar que en el teatro no puede haber más que "une demi-illusion [...], un erreur continue et sans cesse mêlée d'une réflexion qui la dément [...], une façon d'être trompé et de ne l'être pas" ("Illusion" 3: 561; "una media ilusión [...], una equivocación continua e incesante mezclada con una reflexión que la desmiente [...], una forma de ser engañado y de no serlo").

La lectura de *Elogio* y *Los cuadernos* envuelve al público lector en ese halo de media ilusión al que aludía Marmontel, en ese estar a medias entre el sueño y la vigilia, entre la vida y la fantasía, entre la realidad y la ficción. El movimiento de vaivén que ritma la *puesta en escena* de los ensueños eróticos de los protagonistas, oscila entre el encantamiento que producen los números de ilusionismo del escritor y la curiosidad intelectual de los lectores por descubrir los trucos con los que consigue embaucarnos. El acercamiento a las formas teatrales que dan cuerpo y presencia al mundo novelesco de Vargas Llosa, ofrece—con palabras de Corman Power—"a framework for understanding the ways in which theatrical experience is shaped by [...] theatre manipulation of presence. Thinking critically about presence should in no way diminish or negate theatre's 'magic,' but should help us to better appreciate it" (206; "un marco para comprender de qué manera la manipulación de presencia que ejerce el teatro determina la experiencia teatral. El pensar de forma crítica sobre el teatro no tiene por qué disminuir o negar la magia del teatro, sino que debería ayudarnos a apreciarla mejor").

En definitiva, la reflexión que entretengo en las páginas subsiguientes tiene por objeto sacar a relucir los trucos teatrales que emplea Vargas Llosa para suscitar en nosotros, su público lector, la ilusión de estar presenciando en vivo el doble espectáculo del narrar y de lo narrado. Además de alumbrar la utilería teatral que vertebra el cuerpo narrativo de *Elogio* y *Los cuadernos*, examinaré las varias funciones que desempeña lo teatral dentro de los planos compositivo, argumental, temático e ideológico de ambas novelas.

El montaje

Con el fin de ordenar y relacionar los diversos materiales narrativos que componen *Elogio* y *Los cuadernos*, Mario Vargas Llosa recurre a ese montaje dual y alternativo que se ha vuelto seña de identidad,[3] tanto de sus obras novelísticas como teatrales.[4] Al igual que ocurre con el decorado de su pieza teatral *La señorita de Tacna* (1981),[5] el escenario narrativo de *Elogio* y *Los cuadernos* se desdobla: a un lado, se escenifica la realidad ficticia de los personajes y, al otro, el contenido de sus fantasías. Este método compositivo se asemeja al ideado por Larsen, el personaje narrador de la novela de Juan Carlos Onetti, *La vida breve*, tan admirada por Vargas Llosa y por su criatura ficticia, don Rigoberto.[6] Larsen es escritor y para estructurar la novela que tiene pensado escribir baraja, entre otras, la posibilidad de ir alternando hechos reales con otros imaginados, anticipando el efecto grato que tal plan de organización narrativa produciría en sus lectores: "También podría ser un plan el ir contando un 'suceso' y un sueño. Todos quedaríamos contentos" (9). Vargas Llosa adopta el mismo diseño que Larsen a la hora de contar la historia de don Rigoberto y su familia. Sin embargo, la predilección del novelista por el juego de alternancias entre lo vivido y lo soñado, responde menos al deseo de contentar a un amplio lectorado, que al afán de mostrarnos el descontento que anida en sus personajes, y la manera en que tal sentimiento funciona como un trampolín que da impulso al vuelo imaginativo de sus criaturas ficticias.

La sucesión alternativa entre lo real y lo imaginado redunda también en la alternancia entre dos modos distintos de narrar. En *Elogio*, los acontecimientos que discurren en el plano de la realidad de la ficción, son relatados en tercera persona por un narrador omnisciente, cómplice del autor y de los personajes; mientras que el plano de la fantasía lo configura una serie de episodios narrados en primera persona por las figuras protagónicas de varios cuadros, "contrapuntos simbólicos de los personajes" de la novela, según Nohora Viviana Cardona Nuñez (108). Vargas Llosa hermana magistralmente el estilo indirecto libre con el monólogo interior, cortando la distancia que separa narrador y personaje en el primer caso y dejando al personaje solo en la escena narrativa en el segundo. Ambas técnicas contribuyen a crear esa ilusión de proximidad entre el público lector y los personajes, que es propia de la experiencia teatral. La explicación que ofrece el propio escritor en cuanto a la sabia alternancia de estos dos métodos de narrar en la novela de Virginia Woolf, *La señora Dalloway*, cuadra a la perfección con el manejo que él mismo hace de estas dos técnicas narrativas en *Elogio*:

> El estilo indirecto libre, inventado por Flaubert, consiste en narrar a través de un narrador impersonal y omnisciente—es decir, desde una tercera persona gramatical—que se coloca muy cerca del personaje, tan cerca que a veces parece confundirse con él, ser abolido por él. El monólogo interior, perfeccionado por Joyce, es la narración a través de un narrador personaje—el que narra desde la primera persona gramatical—cuya conciencia en movimiento es expuesta directamente (con distintos grados de coherencia o de incoherencia) a la experiencia del lector. Quien cuenta la historia de *La señora Dalloway* es, por instantes, un narrador impersonal, muy próximo al personaje, que nos refiere sus pensamientos, acciones, haciendo suyas sus simpatías y sus fobias, y es, por instantes, el propio personaje cuyo monólogo expulsa del relato al narrador omnisciente. ("La señora Dalloway" 57)

Esta mirada omnisciente e impersonal que se instala en la intimidad de los personajes de Woolf, se asemeja a la del narrador omnisciente de *Elogio*, quien cala las mentes y corazones de los personajes para sacar a flote sus más hondos secretos, temores, sentimientos y deseos. Por ejemplo, este narrador espía y *voyeur* se deleita describiendo, minuciosamente, cada uno de los ritos que componen la ceremonia de aseo personal de don Rigoberto. A la vez que, usando un lenguaje sumamente plástico, visual y sensual, nos hace *presenciar* con nuestros cinco sentidos el vivo espectáculo de los amores clandestinos entre Lucrecia y su hijastro.

Vargas Llosa opta por la mediación del narrador omnisciente para relatar lo que ocurre en el ámbito de la realidad de los personajes. Sin embargo, cede la palabra a cada uno de los protagonistas para que sean, ellos mismos, los que fantaseen en voz alta, haciéndose pasar por los personajes de varios lienzos. Bajo el disfraz de un "yo" impostado, don Rigoberto–Candaules, Lucrecia-Diana y Fonchito-Cupido nos revelan en forma de monólogos sus miedos, obsesiones y deseos, tal y como veremos.[7] Las reproducciones fotográficas de seis cuadros que el autor implícito ha dispuesto a la cabeza de varios capítulos, tienden un puente entre la realidad vivida y la imaginada, entre la rutina familiar y las fantasías de don Rigoberto, Lucrecia y Fonchito.

El criterio compositivo de *Los cuadernos* es semejante al de *Elogio*: la vida real y la soñada suben por turnos al escenario de la ficción. Este patrón dual y alternante se refuerza, igualmente, por la combinación de la narración en primera y tercera persona. Pasajes en los que el narrador omnisciente recurre al—ya mencionado—estilo indirecto libre, alternan con otros pasajes en los que los propios personajes se hacen cargo de su propio discurso. Sin embargo, los discursos en la primera persona gramatical no se presentan en la forma de soliloquio—como sucedía en *Elogio*—sino en el modo epistolar: cartas y anónimos. Mientras en *Elogio* nos asomábamos a la interioridad de los personajes a través de lo que fantaseaban en un estado de duermevela, en *Los cuadernos* lo hacemos por medio de sus escritos: la correspondencia de don Rigoberto, los anónimos que Fonchito envía de forma cruzada a sus padres para propiciar su reconciliación, y una carta que Lucrecia escribe a su marido y que Fonchito hace desaparecer. En su correspondencia, don Rigoberto nos desvela sus filias y fobias; en los anónimos, Fonchito da prueba de su formidable capacidad de disimulo y simulación; también Lucrecia se muestra en su carta como hábil imitadora del estilo huachafo de su marido.[8]

Además de esta distinción respecto a la forma que toma la voz de los personajes, existe otra diferencia importante con relación al modo en que se produce la alternancia en cada una de estas novelas. Si en *Elogio*, el relevo de voces y decorados se producía consecutivamente de capítulo a capítulo, en *Los cuadernos*, en cambio, la muda o salto cualitativo de lo vivido a lo imaginado y de lo fantaseado a lo vivido, ocurre en el interior mismo de cada capítulo. La arquitectura de los nueve capítulos que componen *Los cuadernos* (excluyendo el epílogo) se basa en un idéntico diseño. En la primera parte, un narrador omnisciente relata las visitas que hace Fonchito a su madrastra, mediando las conversaciones que entablan los dos sobre la vida y obra de Egon Schiele, el pintor predilecto del niño. La segunda sección—aún dentro del decorado de lo real—la constituyen las cartas que don Rigoberto escribe y almacena en sus cuadernos, puesto que ninguna de ellas llegará a manos de su destinatario. En el tercer apartado, arraigado de lleno en el marco de la fantasía, Vargas Llosa vuelve a valerse del narrador omnisciente para narrar las citas que don Rigoberto imagina tener con su esposa durante sus noches de insomnio. La mirada *voyeurística* del narrador omnisciente se cuela en la mente del personaje para *poner en escena* el espectáculo de sus fantasías eróticas. Cada capítulo concluye con la transcripción de una de las nueve cartas anónimas que el estratega de Fonchito envía a sus padres con el fin de lograr que se reconcilien. Pone el telón a cada capítulo la reproducción fotográfica de un dibujo o acuarela de Schiele.[9] El escenario de *Los cuadernos* es, obviamente, un escenario bastante más complejo y fragmentado que el de *Elogio*, pero no por ello menos espec(tac)ular e ilusionista.

La creación del espacio de la teatralidad

> El teatro y su imaginería son un género privilegiado para representar el inquietante laberinto de ángeles, demonios y maravillas que es la morada de nuestros deseos.
>
> Mario Vargas Llosa
> *La Chunga*

Como experto escenógrafo, Mario Vargas Llosa dispone de un amplio abanico de tretas teatrales, que le valen para *poner a la vista* de los lectores la historia común que cuentan estos dos textos. Hice alusión anteriormente al hecho de que el autor opta por un narrador omnisciente empeñado en acentuar el carácter histriónico de los personajes y el gusto de éstos por la interpretación. El sabio manejo de los diálogos y monólogos por parte del escritor, al igual que la acusada utilización de técnicas de desdoble y reduplicación interna contribuyen, eficazmente, a la producción de efectos espec(tac)ulares sorprendentes, que comprometen no sólo la mirada de los personajes, sino también la del público lector.

Al hablar de teatro, lo hago consciente de su doblez discursiva, en tanto que texto (texto dramático) y espectáculo (texto espectacular). En *Semiótica del teatro*, Fernando de Toro ha resaltado esta doble naturaleza del discurso teatral como una marca específica que lo distingue de otros discursos no *performativos* y literarios:

> La riqueza semiológica del objeto teatro es inmensa, y de aquí la necesidad de sistematizar cada uno de los niveles que lo integran. Su complejidad esencial viene determinada por no tratarse, como otras prácticas artísticas, de un solo sistema significante, sino de una multiplicidad de sistemas significantes que a su vez operan doblemente: como práctica literaria y como práctica escénica. Al mismo tiempo, esta complejidad se ve aumentada por la naturaleza misma del objeto teatro: no solo es *texto dramático* sino también *texto espectacular*, presentando una dimensión literaria y otra escénica: no se constituye solamente por componentes lingüísticos sino también por componentes paralingüísticos. (21)

Como demuestran los contextos enunciativos en los que hablan y sueñan los personajes de *Elogio* y *Los cuadernos*, la escritura de Vargas Llosa juega con esta doble condición del género teatral: *representa* (texto dramático) a la vez que *presenta* (texto *perfomativo* o espectacular). Retomando ese movimiento ambivalente y oscilante que ritma su pluma, la práctica discursiva del autor se acerca unas veces a la modalidad del texto dramático, primando, por ejemplo, la estructura dialogada que forma su columna vertebral; otras, se vuelve hacia la categoría del texto espectacular, para, mediante referencias a la iluminación, el decorado, la gestualidad o la declamación, remitirnos a esa otra vertiente paralingüística que sostiene la *puesta en escena* y que—en opinión de A. J. Saraiva—constituye uno de los rasgos más específicos del discurso teatral, al contrastarlo con otros discursos literarios y *performativos* ("Message et littérature" 6).

Este ir y venir entre los textos dramático y espectacular repite aquel movimiento de vaivén al que me refería, anteriormente, al aludir a esa "media ilusión" que el teatro hace vivir al público espectador, suspendido entre la fascinación y el deseo de desentrañar los trucos que emplea el novelista para simular la vida. La condición dual del género teatral repercute también en el desdoble de signos, de mensajes, de situaciones, de personajes, de técnicas narrativas y estrategias de reduplicación interna que analizo en estas páginas. Este desdoblamiento inherente a la experiencia teatral, que nos permite experimentar como real la ilusión de ser otro y de ocupar, simultáneamente, distintos espacios y tiempos, supone un acto de rebeldía contra el dictado de esa otra lógica linear y cronológica, que se empeña en ordenar el mundo dentro de un sistema secuencial de causas y efectos.

Además de considerar estos dos niveles constituyentes del discurso teatral (el teatro como texto y como espectáculo), este análisis pone de relieve la función vital que desempeña la mirada como elemento estructurante del espacio de la teatralidad, el cual—como arguye Hedy Habra—es, también, "el espacio del deseo de los protagonistas" ("Revelación anamorfótica" 176). Se trata de un espacio estructurado teatralmente que estructura, a la vez, el deseo de los personajes de *Elogio* y *Los cuadernos*, como veremos en las páginas que siguen.

Con el fin de convertir la narración en una *puesta en escena*, Vargas Llosa recurre a la implantación en la situación narrativa de un juego de miradas entre un sujeto que mira y otro que es el objeto de la mirada. Esta doble instancia relativa a la política de la mirada refleja y reduplica la doble función que ejercen, simultáneamente, los personajes y el público lector: "La teatralidad no se deja atrapar, no puede constituirse sino por el choque de dos miradas, por la sorpresa, por el golpe," acentúa Gustavo Geirola ("Bases" 29).

La mirada como garantía de la teatralidad

El retrato de Herber Rainer que aparece en la ilustración de la carátula de *Los cuadernos* en su primera edición (Fig. 12), nos habla ya del papel central que asume la mirada en la creación y demarcación del espacio de la teatralidad dentro de estas dos novelas.[10] Los ojos saltones del joven Herber que asoman por el lienzo de Schiele, dibujan y delimitan los contornos de un espacio escénico, al transformar la alcoba de don Rigoberto y Lucrecia en ese ámbito que Javier del Prado ha definido como "un decorado donde ocurre algo que se mira" (39). Tanto Geirola como del Prado condicionan la existencia de la teatralidad al establecimiento de una correspondencia o de una red de miradas. La presencia concurrente de un sujeto que mira y de un algo o alguien que es mirado, resulta una combinación básica e imprescindible para la formación de la experiencia teatral dentro del marco de la recepción:

> La teatralidad es, pues, un concepto que emana del receptor y del espacio físico de la recepción de algo que es espectáculo—exterioridad física ofrecida a la mirada—aunque este espectáculo sea una *acción* (drama); y sobre todo, porque este espectáculo es *una acción concreta que se puede ver* y no una entidad abstracta cuya única realidad es verbal. (Geirola, "Bases" 39)

Esta forma de entender la teatralidad, como experiencia anclada en el terreno de la recepción, es la que informa fundamentalmente mi análisis. El montar una obra significa "pensar en quién es el *espectador,*" como advierte Geirola ("Bases" 25–26), quien explica la responsabilidad de actores y espectadores en términos de equidad:

> Podemos pensar que hay un público, formado por un grupo de individuos que asisten a la sala, pero en un espectáculo no se puede pensar que exista una relación disimétrica donde sólo los actores soportan la máscara. ¿Qué máscara es el espectador previsto por el proyecto de puesta? ("Bases" 26)

Al montar estas narraciones sobre el escenario de la página, Vargas Llosa establece la teatralidad construyendo una red de miradas, a través de la cual los lectores-espectadores nos asomamos a otros ojos, por los cuales vemos o con los cuales somos vistos, pero bajo cuya máscara colaboramos en el proyecto de puesta en escena del que habla Geirola. Sin embargo, mientras del Prado se ocupa de la noción de teatralidad dentro del teatro, es mi contención que el concepto de teatralidad no es, paradójicamente, *dentro* sino *afuera* del género propiamente teatral donde alcanza su verdadera pertinencia. La teatralidad se convierte a mi modo de ver en un concepto aún de mayor interés hermenéutico cuando opera dentro de ámbitos ajenos al propiamente teatral. En *The Show and the Gaze of Theatre*, Erika Fischer-Lichte habla de este vuelco del teatro a la teatralidad que promovió el teatro de la vanguardia y el posterior teatro de la posmodernidad, explicando el modo en que lograron tal cambio mediante la apertura de nuevos espacios y miradas teatrales:

> by opening up new theatrical spaces which invited the spectators to let their eyes wander and/or by predominantly employing noncoded signs that allowed the spectators to attribute whatever meaning they chose. In this way, they emphatically stressed theatre's faculty to serve as a field of experimentation where each and every spectator can experience and test her/his possibilities of constructing reality. (*Show* 72)

> inaugurando nuevos espacios teatrales que invitaban a los espectadores a dejar vagabundear su mirada, y/o empleando signos no codificados que les permitían atribuirles el significado que quisieran. De este modo, subrayaron enfáticamente la facultad del teatro para servir como campo de experimentación, donde todos y cada uno de los espectadores pueden experimentar y poner a prueba sus posibilidades de construir la realidad.

Por consiguiente, lo que resulta verdaderamente sugestivo y sugestionador es reflexionar, por ejemplo, sobre la teatralidad de una novela, poema, lienzo, escultura, instalación o coreografía, entre tantas otras correspondencias posibles, para ver cómo estas manifestaciones artísticas se sirven de los modelos y códigos (ya establecidos o por establecer) de la representación teatral para jugar con ellos y ampliar sus horizontes de expresividad y receptividad.

Al establecer la mirada como gesto instaurador del espacio de la teatralidad, es importante que consideremos también el índole de la mirada que sostiene la estructura del mirar y ser mirado, y cómo aparece contextualizada: ¿quién es el sujeto del deseo y quién el objeto deseado?; ¿se trata de una mirada masculina o femenina la que asume esa posición de ver, saber y poder del sujeto foucaultiano, conminando a lectores y lectoras a proyectarse en ella como cómplices mirones del espectáculo?[11]

Volviendo a lo que planteaba unas líneas más arriba sobre el parentesco entre el teatro y la novela, está claro que—a diferencia de una representación teatral en toda regla—el espectáculo que ofrecen *Elogio* y *Los cuadernos* es un espectáculo hecho de palabras, es decir, es "esa entidad abstracta cuya única realidad es verbal" a la que se refería del Prado en la cita anterior. Sin embargo, lo que despierta nuestra fascinación como lectores es percibir la manera en que la magia narrativa del escritor eclipsa, momentáneamente, esa diferencia. Los trucos de prestidigitación que emplea Vargas Llosa al escribir ambas novelas, engendra en el público lector la ilusión de hallarnos, no frente a un mundo inmaterial hecho de palabras o imágenes concitadas por ellas, sino ante situaciones reales, que enredan nuestros cinco sentidos. El ilusionismo de la escritura de Vargas Llosa combina narración, descripción, diálogos, personajes y distintos modos de narrar, para *dar a ver* al público lector cómo, por qué y para qué se forja la ilusión de un mundo inexistente sobre el escenario de estas ficciones. Reiterando la definición de la teatralidad que ofrecía del Prado, Vargas Llosa ha concebido cada una de estas narraciones como un decorado donde ocurre algo a la vista de alguien, donde el narrador actúa de apuntador o director de escena y los personajes se desdoblan, también, en directores y actores de reparto, prestándose voluntariamente al juego de la representación. Tanto las écfrasis narrativas que verbalizan las fugas oníricas de don Rigoberto, Lucrecia y Fonchito en *Elogio*, como los monólogos esquizofrénicos que escenifica don Rigoberto sobre las tablas de su imaginación en *Los cuadernos*, se vuelven espléndidas "performances relatoras," tan afrodisíacas y seductoras como las que ejecuta magistralmente el hermano gemelo que se inventa don Rigoberto, el brillante hablador de Narciso (*Los cuadernos* IV.132).

Las diferentes *puestas en escena* del acto de narrar y de lo narrado vitalizan ambos textos, haciendo cautiva y cómplice la mirada del público lector. Sin la complicidad de todas estas miradas, las de los narradores—ya sean omniscientes o no—, las de los personajes y las nuestras como su público lector, no sería dable hablar de teatralidad en ninguna de estas dos novelas de Vargas Llosa.

La *puesta en escena* del discurso onírico de los personajes

> "¿No me preguntas quién soy?"
> Mario Vargas Llosa
> *Elogio*

Con *Elogio* los lectores asistimos a la *puesta en escena* de los sueños que—inspirados en lienzos—sueñan despiertos los personajes protagonistas:

> A fantasy of perfection animates their relationship, but it is not generated by an unmediated relationship to each other since art performs an important part. They have paintings, both exhibited in the walls of their house and hidden from sight, from which they draw the plots that will give them roles in the play-acting that holds them together in bed. (Borinsky, "Whose Paradise Is It?" 104)

> Una fantasía de perfección anima la relación entre los dos, pero esta relación no se establece de forma directa sino que el arte desempeña un papel mediador importante. Poseen pinturas, exhibidas sobre las paredes de la casa y también ocultas a la vista, con las que urden las tramas de donde saldrán los papeles para una actuación que los mantiene juntos en el lecho.

Encarnando a las figuras protagónicas de varios cuadros, las voces impostadas de don Rigoberto, Lucrecia y Fonchito describen, recreándolas, las escenas pictóricas que lucen sobre dichas telas. De esta manera sus mentes se transforman en un escenario al que se suben ellos mismos para interpretar los papeles que les asigna su propia imaginación. Los lienzos, cuyas reproducciones fotográficas preceden cada uno de los seis soliloquios del trío protagonista, cobran vida discursiva. La imagen fija se vuelve descripción ecfrástica (recreación verbal del lienzo) y la narración, representación. Como deseo mostrar en estas páginas, *Elogio* es, por encima de todo, el elogio de la imagen y del juego de la representación. Es, también, el elogio del poder redentor de la ficción, del drama y del simulacro, tres realidades intercambiables para el autor ("El teatro como ficción" 131).

Recordemos que la historia de *Elogio* se inaugura con la llegada al hogar de don Rigoberto de su segunda esposa, la voluptuosa Lucrecia, quien sirve de combustible y pretexto para las ensoñaciones calenturientas de su marido. Para don Rigoberto, la verdadera vida—la única digna de ser vivida—es aquélla que urde imaginativamente, es decir, esa vida paralela hecha de ficciones y fantasías eróticas, que estimulan y renuevan el deseo amoroso.

"Candaules, rey de Lidia" (*Elogio* II.25–37)

El primero de los sueños que el escritor pone de pie sobre el escenario de esta novela es el sueño en el que don Rigoberto se mete en la piel y cabeza del rey Candaules, otorgando una vida discursiva al lienzo de Jacob Jordaens, *Candaules, rey de Lidia, muestra su mujer al primer ministro Giges* (Fig. 1). Don Rigoberto proyecta en este sueño sus propios anhelos y obsesiones.[12] Tal y como ha observado Habra, cada fantasía ecfrástica provee el escenario sobre el que don Rigoberto, Lucrecia y Fonchito ponen en escena sus deseos más secretos: "cada voz narrativa rebasa las limitaciones de verse reflejada en un cuadro como sujeto determinado y va forjando su propio espejo animado, hecho a su medida y que el autor implícito transcribe a beneficio del lector" ("Revelación anamorfótica" 176).

Fig. 1
Jacob Jordaens (1593-1678).
Candaules, rey de Lidia, muestra su mujer al primer ministro Giges (1648).
Óleo sobre tela. 193 x 157 cm (76 x 61.8 in).
Museo Nacional de Estocolmo, Suecia.

Al borde del éxtasis sexual, Lucrecia cree entreoír a su marido nombrar a la reina de Lidia y siente una enorme curiosidad por saber el papel que le ha asignado la imaginación calenturienta de su marido dentro de su caprichosa visión: "¿Quién soy? —averiguó ciega—. ¿Quién dices que he sido? / —La esposa del rey de Lidia, mi amor —estalló don Rigoberto, perdido en su sueño" (*Elogio* I.23). El fingimiento, la inestabilidad del sujeto, la duplicidad y el desdoblamiento de niveles de significación o sistemas de signos, son condiciones *sinon qua* para esta representación teatral que don Rigoberto monta imaginativamente. Allí, en el interior de su ensoñación, oculto tras los bastidores de la ficción que él mismo labra en su mente, don Rigoberto se multiplica. Escribe, dirige y actúa como ventrílocuo en esta adaptación teatral de sus quimeras, en la que él hace de rey y Lucrecia, de reina de Lidia: "Soy Candaules, rey de Lidia, pequeño país situado entre Jonia y Caria, en el corazón de aquel territorio que siglos más tarde llamarán Turquía" (*Elogio* II.27).

El soliloquio de Candaules–don Rigoberto pone ante los ojos del público lector la fantasía erótica que ocupaba la mente de don Rigoberto momentos antes, mientras hacía el amor con Lucrecia. Así como Vargas Llosa hace que sus personajes se presten al juego de montar un espectáculo de forma más o menos improvisada, don Rigoberto hace que Lucrecia interprete para él, sobre el escenario (meta)teatral de su ensueño, el papel de la reina de Lidia pintada por Jordaens. La muda de identidad y el desdoblamiento, inherentes a la experiencia teatral, hacen posible que don Rigoberto redoble su goce sexual al duplicarse el escenario del placer. Al irrumpir en el sueño de su marido, la imagen de Lucrecia se parte también en dos mitades: mientras la Lucrecia real cumple con su obligación de esposa en el lecho de don Rigoberto, la Lucrecia imaginada enorgullece al rey Candaules–don Rigoberto con la fama de su legendario trasero:

> Digo y repito: grupa. No trasero, ni culo, ni nalgas ni posaderas, sino grupa. Porque cuando yo la cabalgo la sensación que me embarga es ésa: la de estar sobre una yegua musculosa y aterciopelada, puro nervio y docilidad. Es una grupa dura y acaso tan enorme como dicen las leyendas que sobre ella corren por el reino, inflamando la fantasía de mis súbditos. (*Elogio* II.28)

Tanto la reina de Lidia como la propia Lucrecia quedan atrapadas en el corazón de una vaga leyenda que se alimenta de más leyendas, de más imágenes, de más representaciones, de más discursos, que vagan a través de los tiempos para continuar espoleando el deseo sexual masculino. Ante la mirada del público lector, el personaje de Lucrecia se disipa en una miríada de versiones subjetivas que de ella va forjando don Rigoberto, como táctica para espantar sus propios miedos y frustraciones. Habra alude a esta proyección sicológica que vehiculan los cuadros de la pinacoteca de don Rigoberto: "el lienzo funciona como ventana al deseo de los personajes, los cuales pueden verse reflejados más allá del espacio bidimensional y explorar su propio espacio interior" ("Revelación anamorfótica" 177).

Como Geirola, del Prado y de Toro, Fischer-Lichte concibe el proceso de la representación teatral como parte de un sistema semiótico de significación que se basa en el establecimiento de una correspondencia escópica, es decir, de una red de miradas, garante de la creación del espacio de la teatralidad:

> Si el cuerpo no sólo se interpreta como signo, sino que a su vez se presenta ante otros como un signo, se efectúa un proceso teatral. Porque esto no significa otra cosa que A encarna a X mientras S lo presencia. Donde se empleen el cuerpo humano y los objetos de su entorno en su existencia material como signos, se habrá constituido el teatro. (*Semiótica del teatro* 275)

El cuerpo de Lucrecia no sólo es *interpretado* como un signo sino *presentado* como tal a la vista del público lector.[13] Lucrecia encarna a la reina de Lidia mientras el rey (don Rigoberto), su ministro y los lectores *voyeurs* la contemplan. Candaules–don Rigoberto no sólo lee e *interpreta* el texto de las nalgas infranqueables de Lucrecia como un signo de su propia hombría, sino que las *presenta* como tal signo ante los ojos de su ministro y de la audiencia lectora. Para dar prueba de su masculinidad, Candaules–don Rigoberto monta orgulloso a la reina ante el asombro de su ministro. Este pobre mortal de don Rigoberto, entregado a un combate fútil contra el envejecimiento y la despersonalización, se reinventa como triunfador de sí mismo en esta fantasía. En ella vence a su enemigo más temido: esa parte más endeble de su propia naturaleza que podría hacer peligrar su ser masculino. Para afirmarse como un hombre de verdad ante sus rivales, don Rigoberto necesita configurar el espacio de la teatralidad mediante una competición escópica o juego de miradas.[14] Sobre el escenario de su fantasía, Candaules–don Rigoberto nos hace contemplar las nalgas de Lucrecia como una fortaleza impenetrable, que sólo él es capaz de franquear. Las proezas que más lo enorgullecen no son las realizadas con su espada, sino las acometidas con su verga, según nos confiesa él mismo: "a la hora del asalto amoroso. Penetrarla no es fácil; doloroso más bien, al principio, y hasta heroico por la resistencia que esas carnes rosadas oponen al ataque viril. Hacen falta una voluntad tenaz y una verga profunda y perseverante, que no se arredran ante nada ni nadie, como las mías" (*Elogio* II.28).

Sin Lucrecia, la virilidad de don Rigoberto se derrumbaría. La degradante humillación que sufre la reina Lucrecia por parte del esclavo Atlas en esta fantasía de don Rigoberto–Candaules, cuyo espectáculo se nos brinda a los lectores con toda su crudeza, sirve para afirmar y exaltar la fuerza masculina del protagonista, además de encender su deseo sexual. Siguiendo la lógica de la reduplicación interna, tanto para el fantasista de don Rigoberto como para ese fantasma de su imaginación que es Candaules cualquier discurso o representación que tenga por objeto inflamar el deseo, por muy vejador que resulte para el objeto deseado, se reviste de indiscutible legitimidad. Recordemos que para don Rigoberto todo es lícito para el logro del placer—la meta sagrada de su vida—siempre que los participantes acepten de mutuo acuerdo las reglas del juego. En este ensueño erótico, sin embargo, la reina queda al margen de la decisión de su marido.

Lo que garantiza la teatralidad de esta fantasía ecfrástica de don Rigoberto es la presencia en ella del mirar y el ser mirado. El tráfico de miradas que circulan tanto por el lienzo de Jordaens como por el escenario del sueño de don Rigoberto dibujan ese espacio teatral donde algo ocurre a la vista de otros.[15] El rey Candaules–don Rigoberto observa a su ministro Giges mirar a la reina Lucrecia, quien aparenta saber que la miran. Los ojos de la reina se clavan en los del espectador o espectadora como una invitación a entrar, también, en la escena del cuadro y de la ficción maquinada cautelosamente por el rey. Al proyectarse en Candaules y Giges, don Rigoberto conjuga su mirada con las miradas del soberano y su súbdito, gozando por partida triple de la visión (ficción) de Lucrecia, ya que como constata Javier Agredas, "la mujer debe ser trasladada al universo ficticio para ser amada" (309).

El decorado de esta pieza teatral que monta el ensueño erótico de don Rigoberto–Candaules lo constituyen los aposentos de la reina:

> Desde esa esquina, tenía una visión perfecta del hermosísimo lecho de columnas labradas, con escalinatas y cortinas de raso rojo, recargado de almohadillas, sedas y preciosos bordados, donde la reina y yo libramos cada noche nuestros encuentros amorosos. Y apagué todos los mecheros de manera que la habitación quedó apenas iluminada por las lenguas crujientes del hogar. (*Elogio* II.35)

La iluminación y el decorado están listos. El espectáculo que se ofrece a la vista es el de los redondos hemisferios de las nalgas de Lucrecia. Todo está dispuesto para que—con el beneplácito del rey—ese espectador privilegiado que es su ministro (y el público lector y espectador también), contemple la grupa de la reina y admita sin ambages su superior belleza, comparada con las hermosas posaderas de la esclava egipcia que Giges acaba de comprar. El cuerpo desnudo de Lucrecia llena el espacio escénico, ofreciéndose (¿a sabiendas?) como espectáculo ante los ojos de Giges y del rey, a quien le enardece sobremanera el ver a su súbdito compartir con él el gozo de tan admirable exhibición: "La tuve así un buen rato, gustándola con los ojos y regalándole a mi buen ministro ese espectáculo para dioses. Y mientras la contemplaba y pensaba en que Giges lo hacía también, esa maliciosa complicidad que nos unía súbitamente me inflamó de deseo" (*Elogio* II.35).

Con este montaje que aúna contemplación y exhibicionismo, Vargas Llosa regala al público lector un maravilloso espectáculo de ilusionismo: una función, no obstante, orquestada para el gozo masculino. Las miradas consolidativas de la teatralidad en el discurso ecfrástico de Candaules–don Rigoberto, son las del rey y su ministro, a quien Candaules esconde tras el cortinaje de una ventana para que pueda contemplar la escena con total disimulo. La excitación que le produce a Candaules–don Rigoberto ver a su esposa atravesada por los ojos deseantes de su rival, le lleva a trocar su papel de observador por el de actor. Candaules salta impulsivo al escenario y se encarama sobre Lucrecia para cabalgarla ante la mirada cómplice de Giges. Para incrementar su placer, necesita de esa audiencia que le facilita el espectáculo de sus fantasías, según confiesa en su soliloquio: "Sin decir palabra avancé sobre ella, la hice rodar sobre el lecho y la monté. Mientras la acariciaba, la cara barbada de Giges se me aparecía y la idea de que él nos estaba viendo me enfebrecía más, espolvoreando mi placer con un condimento agridulce y picante hasta entonces ignorado por mí" (*Elogio* II.35–36).

En este escenario, sobre el que don Rigoberto monta su primer ensueño erótico, la presencia de la mirada cómplice (incluyendo la del público lector), no sólo resulta esencial para la fundación del espacio de la teatralidad, sino que se convierte en un eficaz acicate del deleite sexual. La mirada espectadora y expectante con la que el público lector se identifica, convierte en dominio público el espacio de la clandestinidad y privacidad en que don Rigoberto vive sus ficciones eróticas, provocándole y provocándonos un regusto perverso y placentero.

Sin embargo, a diferencia de la representación pictórica que hace Jordaens de la leyenda, destacando en primer plano la mirada esquiva y reclamadora de Lucrecia, la recreación imaginaria de don Rigoberto nos invita a identificarnos con la mirada de un observador varón, como recién mencioné. En la ficción que elabora la imaginación y el deseo de don Rigoberto con la complicidad del narrador y, por ende la de su autor implícito, la mirada de Lucrecia pasa casi desapercibida y sólo actúa como fricción y estímulo sexual. Su voluntaria complicidad en esta escena inspirada por el cuadro de Jordaens es vagamente sugerida por las preguntas que se hace al vuelo Candaules–don Rigoberto: "¿Y ella? ¿Adivinaba algo? ¿Sabía algo? Porque creo que nunca la sentí tan briosa como esa vez, nunca tan ávida en la iniciativa y en la réplica, tan temeraria en el mordisco, el beso y el abrazo. Acaso presentía que, aquella noche, quienes gozábamos en esa habitación enrojecida por la candela del deseo no éramos dos sino tres?" (*Elogio* II.36).

Ese mirar de reojo con que el pintor alumbra el rostro de la reina de Lidia en su lienzo y las preguntas que se hace don Rigoberto para sugerir la lujuria de la reina, acentúan el carácter ambiguo que adquiere en ambas interpretaciones la mirada de Lucrecia. ¿Objeto o/y sujeto de contemplación? Resulta difícil posicionar a Lucrecia dentro del tráfico de miradas que se instaura sobre la tela de Jordaens y sobre la mente de don Rigoberto.[16] En el lienzo, la mirada de Lucrecia invita subrepticiamente a quien lo contempla. Establece con los observadores una secreta complicidad que contiende con las miradas secretas de los otros dos cómplices, Giges y el rey, al mismo tiempo que se suma a ellas. En el espectáculo que monta la mente lúbrica de don Rigoberto, la posición de poder de ese *sujeto que mira* la ocupa, primordialmente, un personaje masculino. Tanto en el escenario del lienzo de Jordaens como en el de la ficción de don Rigoberto, la teatralidad se establece dentro del marco de la recepción, establecido por la correspondencia visual entre unos ojos que miran sabiéndose objeto de la mirada de otro(s).

En "Ojos como luciérnagas" vuelve a resplandecer la mirada como garantía de la teatralidad. Son ahora los ojos de Foncín (Fonchito) los que—confabulados con la mirada omnipresente del narrador—dibujan el contorno teatral donde discurre esta escena. En este capítulo correspondiente al nivel de la realidad ficticia de los personajes, Justiniana le hace saber a Lucrecia que Fonchito la espía cada noche mientras se baña. El relato de este episodio es un excelente ejemplo de esos diálogos telescópicos que tan magistralmente despliega la escritura de Vargas Llosa:

> —¿Dónde lo pescaste? ¿Haciendo qué cosa?
>
> —Espiándola, señora.
>
> Un instinto advirtió a doña Lucrecia lo que iba a oír y se puso en guardia. Justiniana señalaba el techo del cuarto de baño y ahora sí parecía confundida de verdad.
>
> –Hubiera podido caerse al jardín y hasta matarse —susurró, moviendo los ojos en las órbitas. —Por eso se lo cuento, señora. Cuando lo reñí, me dijo que no era la primera vez. Se ha subido al techo muchas veces. A espiarla.
>
> —¿Qué dices?
>
> —Lo que has oído —contestó el niño, desafiante, casi heroico. —Y lo seguiré haciendo aunque me resbale y me mate para que lo sepas. (*Elogio* IV.57)

En el interior del diálogo entre Lucrecia y Justiniana que discurre en el presente de la narración, el escritor injerta el diálogo ocurrido entre la criada y el niño en el pasado de la narración. Por medio de los diálogos insertados en su sistema de las cajas chinas, Vargas Llosa hace saltar la atención de los lectores del presente de la narración al pasado de los hechos narrados de forma casi imperceptible. Lo que "iba a oír" Lucrecia de boca de su sirvienta y lo que "vamos a ver" los lectores sobre el escenario de lo que cuenta Justiniana se confunden en un mismo plano narrativo. Ante la osadía del niño, ese "¿Qué dices?" conjuga en una única voz y en un único tiempo las expresiones de sorpresa de Lucrecia en el ahora de la narración y de Justiniana, en el pasado. Se aúnan de este modo sutil dos situaciones narrativas distantes en el espacio y en el tiempo: la confrontación entre la sirvienta y el niño, y la posterior revelación que hace Justiniana a Lucrecia de lo sucedido.

Por medio de este señuelo efectista de los vasos comunicantes, Vargas Llosa hace que el pasado (a)parezca (como) presente, que la situación descrita se envuelva en ese aura de presencia e inmediatez propia de la experiencia teatral. Al saltar bruscamente de la puesta *en palabras* del acontecer a la puesta *en escena* de lo acontecido, el texto y su recepción se desdoblan, convirtiendo al público lector en espías y cómplices de las secretas maniobras de este estratega de la escritura que es Vargas Llosa.

Aunque Lucrecia decide poner fin a los juegos peligrosos de su hijastro, sus acciones contradicen sus intenciones. Cuando a la noche vuelve a solazarse en las aguas del baño, Justiniana irrumpe alarmada para avisarle de la presencia del niño. Sabiéndose objeto de la mirada de su hijastro, Lucrecia se regodea exhibiendo su desnudez con deleitante parsimonia:

> Súbitamente se incorporó. Sin cubrirse con la toalla, sin encogerse para que aquellos ojitos invisibles tuvieran sólo una visión incompleta y fugaz de su cuerpo. No, al revés. Se incorporó empinándose, abriéndose, y, antes de salir de la bañera, se desperezó, mostrándose con largueza y obscenidad, mientras se sacaba el gorro de plástico y se sacudía los cabellos. (*Elogio* IV.63)

La mirada furtiva de Fonchito crea y demarca el espacio de la teatralidad. El cuarto de baño de la madrastra se transmuta en el decorado de una representación teatral en la que su cuerpo monologa sin necesidad de pronunciar ninguna palabra. Doña Lucrecia se exhibe desnuda ante su hijastro para que tanto él como nosotros, los lectores, gocemos del erógeno espectáculo que nos regala su cuerpo sensual y voluptuoso. "De lo que se trata —recalca Miguel Ángel Zapata— es de configurar un mundo del cual el lector, junto con el narrador-personaje, son partícipes del placer. Acá se trata de una concepción de la literatura como voyeurismo en donde las imágenes son el *mecanismo disparador* del deseo y el placer" (206).

"Diana después de su baño" (*Elogio* V.67–76)

Tras la actuación de don Rigoberto en el papel de Candaules, le toca a Lucrecia subirse al escenario de "Diana después de su baño" para representar a la diosa protagonista del lienzo de François Boucher que vemos en Fig. 2. Este delirio erótico de Lucrecia viene a prolongar la sensación de placer experimentada por la madrastra

Fig. 2
François Boucher (1703-1770).
Diana después de su baño (1742).
Óleo sobre tela. 56 x 73 cm (22 x 28.7 in). INV2712.
Fotografía: René-Gabriel Ojéda.
Museo Nacional del Louvre, París, Francia.
© RMN-Grand Palais / Art Resource, NY.

en el capítulo precedente recién mencionado, al saberse acariciada por los furtivos ojos de su hijastro: "Cuando, por fin, pudo dormirse, tuvo un sueño voluptuoso que parecía animar uno de esos grabados de la secreta colección de don Rigoberto que él y ella solían contemplar juntos en las noches buscando inspiración para su amor" (*Elogio* IV.65).

La escena pintada a óleo sobre la tela del cuadro de Boucher (Fig. 2) cobra vida sobre la mente soñadora de Lucrecia: "Ésa, la de la izquierda, soy yo, Diana Lucrecia. Sí, yo, la diosa del roble y de los bosques, de la fertilidad y de los partos, la diosa de la caza [...]. A mi derecha, inclinada, mirándome el pie, está Justiniana, mi favorita. Acabamos de bañarnos y vamos a hacer el amor" (*Elogio* V.69). Desde las tablas del escenario de este sueño, la voz desdoblada de Lucrecia-Diana Lucrecia, nos interpela, se dirige a nosotros, su público lector, para sumar nuestra complicidad a la de los ojitos acechadores de Foncín, el pastor de cabras que—como Giges en el sueño anterior—contempla a las amantes desde su escondite, encarnando al malhadado Acteón, el joven cazador imprudente que selló su trágico destino al sorprender a la casta Minerva (Diana) bañándose en las aguas de un río:[17] "El personaje principal no está en el cuadro. Mejor dicho, no se le ve. Anda por allí detrás, oculto en la arboleda, espiándonos [...]. Saberlo nos regocija y añade malicia a nuestros juegos" (*Elogio* V.70).

La complicidad mirona de Foncín vuelve a ser un elemento indispensable para la creación del espacio de la teatralidad dentro de la narración de este sueño. Los escarceos lésbicos de las dos amantes forestales son descritos por la diosa como un simulacro (*Elogio* V.72), una puesta en escena, en la que ella y su favorita representan sus números teatrales para ese único espectador de excepción que es Foncín: "No hay ejercicio o función, desenfreno y ritual del cuerpo o del alma que no hayamos representado para él, privilegiado propietario de nuestra intimidad desde sus escondrijos itinerantes" (*Elogio* V.74). Este baño de Diana, desdoblado en la imagen que pinta Boucher, en el mito de Acteón y la diosa Minerva, y en el discurso de Diana-Lucrecia que discurre en el sueño de la diosa, refleja también la escena en que—dentro ahora del marco real de la ficción—Fonchito espía a su madrastra mientras se baña. La manera en que Lucrecia recrea imaginativamente dicha escena mitiga la naturaleza infractora de la desobediencia del niño, según recalca Persino: "el sueño de Lucrecia ha escenificado así la escena voyeurística-exhibicionista desarrollada en el baño de su casa pero despojándola de todo carácter transgresivo" ("Mario Vargas Llosa: la mirada erótica" 40).[18]

El pacto teatral que sella la mirada de Foncín enzarza al niño en la escena de amor que representan en honor suyo la diosa y su favorita: "Ahora, en este mismo instante, Justiniana y yo vamos a actuar para él y Foncín, simplemente permaneciendo allí, detrás, entre el muro de piedra y la arboleda, actuará también para nosotras" (*Elogio* V.74). Las escenas y los personajes se multiplican al igual que las significaciones. El sentido del verbo *actuar* es doble, al aludir no sólo al hecho de que la presencia de Fonchito actúa como afrodisíaco para las dos amantes, sino también a la realización del acto masturbatorio con que se autocomplace el niño, es decir, a su papel activo como espectador en la escena del placer. La mirada de Foncín, además de abrir el espacio de la teatralidad compromete la participación del niño en ese juego de fingimientos que entretienen los tres participantes en esta ensoñación de la madrastra: Foncín (Fonchito) juega a ver sin ser visto mientras que Diana-Lucrecia (Lucrecia) y su protegida (Justiniana) juegan a ser vistas sin ver.

Al igual que excitaba a Candaules el saber que, desde su escondite, Giges compartía el gozo del rey y su esposa, el sentirse objeto de la mirada de Foncín y el saberse inspiradora del disfrute del niño, aviva el deseo sexual de la diosa: "Aumenta mi éxtasis saber que mientras gozo bajo las diligentes manos de mi favorita, él goza también, a mi compás, conmigo" (*Elogio* V.73). El placer teatral y el placer sexual se aúnan en la experiencia del pequeño pastor y en la experiencia de los lectores, al vernos involucrados en la acción dramática, no sólo como observadores pasivos sino como gozosos participantes de la ilusión teatral.

"Venus con amor y música" (*Elogio* VII.95–106)

En "Venus con amor y música," el tercero de los seis decorados donde los protagonistas materializan en la forma de un soliloquio la sustancia inmaterial de sus sueños, toma el relevo la voz del niño. Fonchito, disfrazado del diosecillo Amor, se sale del cuadro de Tiziano Vecellio, *Venus recreándose con el Amor y la Música* (Fig. 3),[19] para presentar al público lector a los actores principales de su drama imaginario: "Ella es Venus, la italiana, la hija de Júpiter, la hermana de Afrodita la griega. El tañedor del órgano le da lecciones de música. Yo me llamo Amor. Pequeñín, blando, rosáceo y alado, tengo mil años de edad y soy casto como una libélula" (*Elogio* VII.97). El humorismo corrosivo e irónico de Vargas Llosa triunfa en *Elogio* y *Los cuadernos* al lado del sensualismo.[20] Es posible que este pequeñín alado "tenga mil años de edad," pero la castidad no se nos revelará como una de sus cualidades más admirables, dada la función que su señor don Rigoberto les tiene reservada a él y al joven músico con quien comparte el papel estelar en esta fantasía: excitar la pasión de Venus-Lucrecia con el néctar afrodisíaco de la música del órgano, la mirada y el verbo, de manera que esté lista para la entrada en la escena amorosa de su expectante marido:

> El joven profesor y yo no estamos aquí disfrutando sino trabajando, aunque, es verdad, todo trabajo hecho con eficacia y

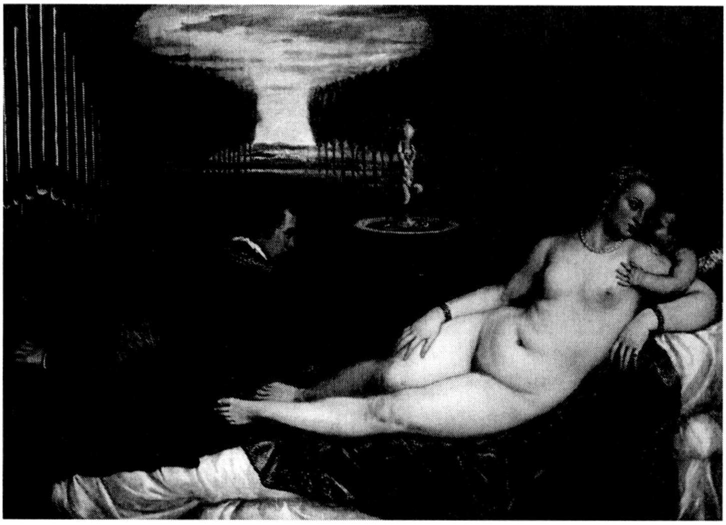

Fig. 3
Tiziano Vecellio di Gregorio (1490–1576).
Venus recreándose con el Amor y la Música (hacia 1555).
Óleo sobre lienzo. Alto: 150,2 cm. Ancho: 218,2 cm.
© Museo Nacional del Prado, Madrid, España.

> convicción muda en placer. Nuestra tarea consiste en despertar la alegría corporal de la señora, avivando las cenizas de cada uno de sus cinco sentidos hasta volverlas llamarada y en poblar su rubia cabeza de sucias fantasías. Así le gusta a don Rigoberto que se la entreguemos: ardiente y ávida, todas sus prevenciones morales y religiosas suspendidas y su mente y cuerpo sobrecargados de apetitos. (*Elogio* VII.98)

La presencia del joven músico en el papel de espectador principal vuelve a consolidar la mirada como sostén de la teatralidad en este relato onírico de Fonchito. El mirar del organista convierte a Venus-Lucrecia en un objeto de contemplación, a la vez que los ojos deseantes del muchacho inflaman el deseo sexual de la diosa (*Elogio* VII.101). Una vez más, la fuerza seductora de la teatralidad se instala en el ámbito de la recepción mediante la experiencia del goce escópico compartido: el doble placer de mirar y de sentirse acariciado por la mirada del otro. A diferencia de la recreación ecfrástica que realiza Vargas Llosa del lienzo del pintor italiano, la representación pictórica de Tiziano excluye a Venus de esa red cómplice de miradas que se teje entre el músico y los observadores del cuadro. La desnudez de Lucrecia aparece sobre la tela para ser vista por el joven y quienes contemplen el cuadro, pero en esta representación los ojos de Venus-Lucrecia rehúyen el encuentro con otras miradas, salvo la del diosecillo Amor. Al no comprender cuál es la fuerza misteriosa que ata la mirada del joven organista al espectáculo del pubis de su señora Lucrecia, el niño alado se hace (y nos hace) esta pregunta retórica: "'¿Qué lo imanta de tal modo en ese triángulo de piel transparente, circulado por venillas azules como riachuelos, al que sombrea el depilado bosquecillo del pubis?' Yo no sabría decirlo y creo que él tampoco" (*Elogio* VII.101). La pregunta del diosecillo es la misma que hacemos y nos hacemos los lectores de *Elogio* y *Los cuadernos*: ¿qué nos imanta de tal modo en las páginas de estas dos novelas? En *Venus recreándose con el Amor y la Música*, el cuerpo desnudo de Lucrecia se ofrece como vivo espectáculo, a la par que se escenifica la propia mirada voyeurística del observador u observadora, demarcadora del espacio de la teatralidad: una representación orquestada por la imaginación de don Rigoberto para su propio disfrute, para disfrute del joven músico *voyeur* y para el de todos nosotros, su público lector y mirón. Tal y como afirma Persino, "en esta elaborada puesta en escena del *voyeurismo*, al lector—Voyeur de Voyeur—no le faltan lugares en los cuales reconocerse mirando: don Rigoberto contemplador de arte erótico, don Rigoberto–Candaules, el organista, el mismo Foncín" ("Mario Vargas Llosa: la mirada erótica" 61).

Sin embargo, en la recreación ecfrástica del lienzo de Tiziano que realiza Vargas Llosa, una línea divisoria, invisible e infranqueable, se alza entre el deseante espectador y el cuerpo deseado de la diosa, entre la permisión de ver y la prohibición de palpar. Recordemos que en esta fantasía el joven organista ha de refrenar su deseo de tocar el cuerpo de Venus so pena de perder la vida. En este lienzo las únicas miradas que se encuentran son las de la diosa y el diosecillo, quienes comparten un momento de secreta complicidad. La pequeña cabeza de la diosa se torna hacia Cupido, mientras los ojos del joven se clavan en el fruto prohibido: el pubis de Venus. La figura vestida de negro del joven músico, inclinado hacia el cuerpo de Venus sin llegar a tocarlo, se prolonga en la línea diagonal que traza la forma alargada del desnudo reclinado: un cuerpo que atrae hacia él las miradas del músico y de los observadores, no sólo por sus formas voluminosas sino por la luminosidad que irradia su rosácea desnudez.

En esta función de ambiente cortesano, la mirada nos hace cómplices de la representación, nos adjudica el papel de espectadores, tal y como advierte Geirola: "el modelo escenográfico construye ese ojo, diseña la imagen del espectador cuando dispone los lugares en los que se va a ubicar el público" ("Bases" 26). Observando la manera en que somos observados, acatamos las reglas del juego que impone el pintor y director de escena. Como es el caso del joven organista, nos va en ello el placer y hasta la vida. Dentro de esta red de miradas que teje la fantasía de los personajes de *Elogio*, los lectores-espectadores avanzamos por la cuerda floja de una lectura donde la ilusión conduce a la desilusión, la dicha a la desdicha, corriendo todos nosotros el mismo riesgo que amenaza a los personajes de la novela: el peligro de vernos expulsados de ese paraíso artificial que hemos ido construyendo mediante un sentimiento de identificación o proyección, semejante al que despiertan las expresiones artísticas populares, y una toma de distancia más propia del arte culto. Alicia Borinsky explica así esta paradoja:

> Pleasure is in transgression. We may create suspense by the steps leading to the defiance of taboos in a world in which the differences between high and low culture when viewed intimately, are a mirror that gives us back our desires. That we cannot tell one from the other is one of the questions opened up by a representation of fantasy always on the brink of parodying itself out of existence. ("Whose Paradise Is It?" 106)

> El placer está en la transgresión. Podemos crear suspense por medio de pasos que nos conduzcan a enfrentarnos a los tabúes, en un mundo en el que las diferencias entre las culturas popular y elitista, vistas en su intimidad, son un espejo donde se reflejan nuestros deseos. El que no podamos diferenciar una de otra es una de las cuestiones planteadas por una representación de la fantasía que está siempre a punto de desaparecer en la autoparodia.

No obstante, regresando a los ensueños eróticos de los protagonistas de *Elogio*, en los que los lectores—simultáneamente—nos reconocemos y desconocemos, la voluptuosidad del cuerpo femenino no es la única fuente de placer de la que beben don Rigoberto y su bella Lucrecia. En la fealdad se esconde, también, los secretos del más profundo gozo para quienes saben bucear en sus aguas malolientes, como lo hacen los enamorados de la figura monstruosa pintada por Francis Bacon en *Cabeza I* (Fig. 4).

"Semblanza de humano" (*Elogio* IX.119–25)

La segunda escena imaginada por don Rigoberto en "Semblanza de humano," está inspirada en el lienzo de Bacon que se ve en Fig. 4. El decorado de la escena lo constituye una caja de paredes de vidrios "antibalas, antigérmenes, antirradiaciones e insonoros," según la descripción del monstruoso protagonista (*Elogio* IX.122). Dentro de este cubo blindado e insonorizado, el personaje fabricado por la imaginación de don Rigoberto se siente a salvo. Desde su interior la cabeza deforme del cuadro de Bacon puede ver lo que pasa afuera de las tablas del escenario, sin miedo a ser visto y abucheado. Con solo una oreja y un ojo, sin brazos ni piernas y lleno de protuberancias y forúnculos, este ser mutilado y grotesco tiene, curiosamente, su sexo intacto. La capacidad de gozar y hacer gozar de este ser inhumano lo vuelve humano y es, además, su atributo de excelencia. Con su discurso en primera persona la figura antiestética del lienzo de Bacon nos entrega su ética y su intimidad, y don Rigoberto—metido en ella—nos ofrece el espectáculo de sus propios temores, deseos, dichas y desdichas. Don Rigoberto y el monstruo fusionados en uno nos hacen entrar dentro de su cubo anti-todo menos anti-imaginación, para enseñarnos—como lo hace el monstruo con sus amantes—el poder mágico y transformador del amor:

> Ellos y ellas me agradecen haberlos instruido en las refinadas combinaciones de lo horrible y el deseo para causar placer. Conmigo aprendieron que todo es y puede ser erógeno y que, asociada al amor, la función orgánica más vil, incluidas aquéllas del bajo vientre, se espiritualiza y ennoblece. (*Elogio* IX.124)

En el transcurso de las cinco páginas que ocupa esta fantasía, chocante y conmovedora a la vez, la voz del monstruo se alza sobre el escenario del sueño de don Rigoberto, para declamar las líneas de su desgracia y de su triunfo: "He sobrevivido y, a pesar de las apariencias, formo parte de la raza humana. Mírame bien, amor mío. Reconóceme, reconócete" (*Elogio* IX.125). Los lectores, como interlocutores de las confidencias de este personaje patibulario y patético pero orgulloso de sus anomalías e imperfecciones, nos miramos en su espejo viendo en él el reflejo de nuestra latente monstruosidad: ese otro rostro velado tras el telón de la conformidad, la pacata moralidad, las ideas recibidas y las falsas apariencias.

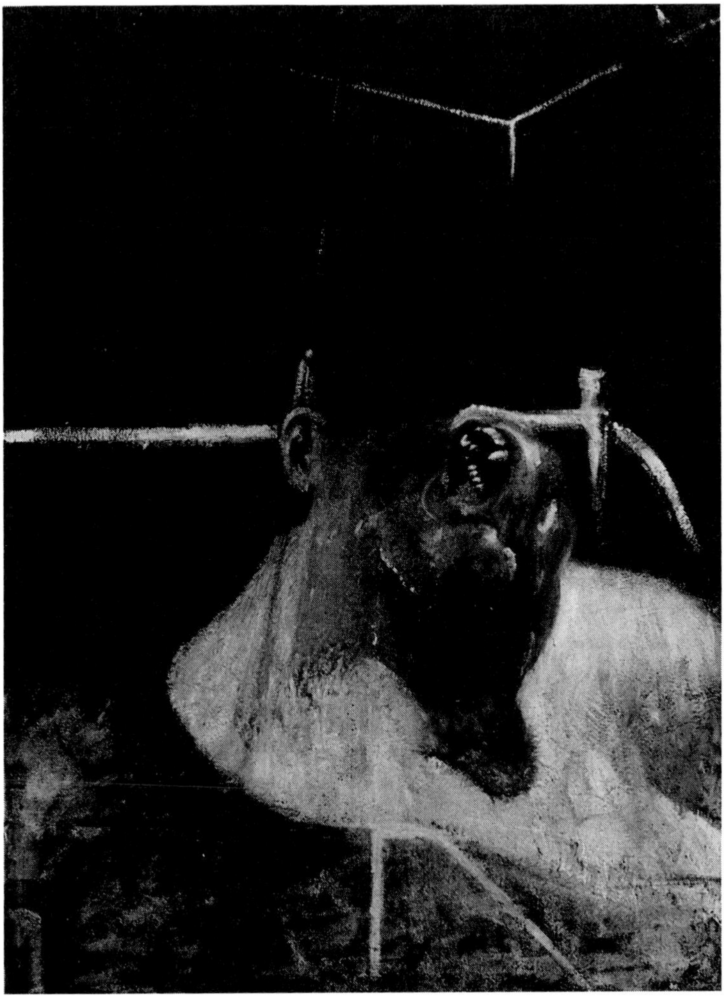

Fig. 4
Francis Bacon (1909–1992).
Cabeza I (1948).
Óleo y témpera sobre tabla. 100,3 x 75 cm.
Colección Metropolitan Art Museum, Nueva York.
Crédito fotográfico: fotografiado por Prudence Cuming Associates Ltd.

En "Semblanza de humano," don Rigoberto y el público lector compartimos con el personaje inquietante de Bacon el papel de espectadores de nuestro propio yo en lucha consigo mismo: cuerpo y alma, asco y gozo, vergüenza y orgullo, miedo y valentía, aceptación y rechazo, bajezas y grandezas. Como los amantes del monstruo, aprendemos de este mago del placer—destacado alumno de Sade y Bataille—los trucos que hacen desaparecer esas falsas antinomias, al descubrir la posibilidad de gozar hasta con las formas y funciones corporales más mezquinas y repugnantes.[21]

"Laberinto de amor" (*Elogio* XII.155–61)

La tela de la pintura abstracta de Fernando de Szyszlo, *Camino a Mendieta 10* (Fig. 5), con la que Fonchito identifica a Lucrecia en "El laberinto de amor," se transforma en el siguiente espacio escénico que se configura sobre las páginas de *Elogio*.[22]

Al igual que Fonchito reclamará luego en *Los cuadernos* la atención de su madrastra para que se fije en la fotografía en que aparece Schiele de pie frente a un espejo—foto sometida a escrutinio por el chico "como si quisiera arrancarle algún secreto" (VIII. 272)—sobre el vivo escenario del lienzo de Szyszlo se eleva la voz de Lucrecia reclamando, también, la atención que conlleva una forma particular de mirar: "Al principio, no me verás ni entenderás pero tienes que tener paciencia y mirar. Con perseverancia y sin prejuicios, con libertad y con deseo, mirar" (*Elogio* XII.157). Quizás estas palabras reflejen, además, el reclamo que hace el propio autor a los lectores de esta díscola e inusual novela: al principio no entenderán pero tengan paciencia y lean. Con perseverancia y sin prejuicios, con libertad y con deseo, lean.

Disimulada entre las manchas de oscuros morados y violetas que cubren la superficie del cuadro, Lucrecia le describe a su marido el escenario donde ella misma acaba de ser inmolada:

> esa silueta plana de paquidermo de tres patas es un altar, un ara, o, si tienes el espíritu alérgico al simbolismo religioso, un decorado teatral. Acaba de oficiarse una ceremonia excitante, de reverberaciones deliciosas y crueles y lo que ves son sus vestigios y sus consecuencias. Lo sé porque he sido la dichosa víctima; también, la inspiradora, la actriz. (*Elogio* XII.157)

Fig. 5
Fernando de Szyszlo (1925–)
Camino a Mendieta 10 (1977).
Acrílico sobre lienzo.
Colección Privada.

Como público lector, hemos llegado tarde a la función. Lo que encontramos al llegar no es sólo un escenario en ruinas sino también un escenario de ruinas. Lo que entrevemos entre las manchas cromáticas del lienzo son los despojos de una contienda amorosa que ya tuvo lugar. Nuestros ojos se topan con el cuerpo desmembrado de Lucrecia, quien se proclama a sí misma como la víctima ofrendada sobre el altar de la pasión por el sumo sacerdote de don Rigoberto: "esa hechura viscosa de llagas malvas y tenues membranas, de negras oquedades y glándulas que supuran grises, soy yo misma. Entiéndeme: yo, vista de adentro y de abajo, cuando tú me calcinas y me exprimes" (*Elogio* XII.158). De esta sangrienta ceremonia sólo sobrevive la voz de Lucrecia para dar testimonio del desastre, y para implantar en la escena de su soliloquio una mirada que transforme su altar sacrificial en escenario, delineando así el espacio de la teatralidad: "Porque tú estás allí también, carísimo. Mirándome como autopsiándome, ojos que miran para ver y mente alerta de alquimista que elucubra las recetas fosforescentes del placer" (*Elogio* XII.158). Don Rigoberto está allí encarnado en esos "ojos que miran" para ver y devorar el objeto de su deseo, pero también lo está la huella derridiana (*trace*) de la mirada de su hijo, Fonchito.[23]

Habra ha señalado la importancia de esta narración ecfrástica generada en la conciencia de Lucrecia: "Esta sección es clave, ya que sigue a la consumación del incesto, a raíz del cual culmina la iniciación sexual del joven" ("Revelación anamorfótica" 180). Al igual que en la mente de Lucrecia el cuerpo de don Rigoberto se confunde con el de su hijastro, enriqueciendo "su relación matrimonial, sobresaltándola y renovándola" (*Elogio* XI.145), la mirada de don Rigoberto se confunde con la de su hijo;[24] con esos ojos infantiles—supuestamente inocentes—que minutos antes de que Lucrecia fabricara este ensueño, habían escudriñado las formas abstractas del cuadro de la sala para ver en ellas a su madrastra, es decir, para *hacer figurativa* una abstracción o hacer de la abstracción un instante extático de infinito placer, según insinúa la voz de Lucrecia: "hemos ganado magia, misterio y fruición corporal. Éramos una mujer y un hombre y ahora somos eyaculación, orgasmo y una idea fija" (*Elogio* XII.160).

El teatro es el reino del presente y de la inmediatez. Las escenas más íntimas de ese sacrificio amoroso se exponen sobre el altar mágico de este laberinto de amor, como ofrenda al público lector, testigo de esa insólita fusión de los amantes que—en palabras de Lucrecia—"sólo puede expresarse adecuadamente traumatizando la sintaxis: yo te me entrego, me te masturbas, chupatemémonos" (*Elogio* XII.161). Este traumatismo sintáctico redunda irónicamente en el traumatismo psicológico que sufrirá don Rigoberto al descubrir la infidelidad de su esposa en el capítulo siguiente, titulado "Las malas palabras" (*Elogio* XIII.163–77).

Al leer la composición que Fonchito ha escrito para el colegio con el título homónimo de "Elogio de la madrastra," don Rigoberto descubre la infidelidad de Lucrecia. Ve con espanto el escenario privado de "sus entreveros conyugales" reduplicado en un meta-escenario orquestado por su hijo, en el que Fonchito representa el mismo papel que su padre (*Elogio* III.41). Como torre de naipes, su mundo imaginario se desploma con la revelación del niño, según nos revela el narrador omnisciente mediante su acostumbrado estilo indirecto libre, es decir, desde una tercera persona gramatical que se coloca tan cerca del personaje que parece confundirse con él:

> Alcanzó a pensar que el rico y original mundo nocturno de sueño y deseos en libertad que con tanto empeño había erigido acababa de reventar como una burbuja de jabón. Y, súbitamente, su maltratada fantasía deseó, con desesperación, transmutarse: era un ser solitario, casto, desasido de apetitos, a salvo de todos los demonios de la carne y el sexo. Sí, sí, ése era él. El anacoreta, el santón, el monje, el ángel, el arcángel que sopla la celeste trompeta y baja al huerto a traer la buena noticia a las santas muchachas. (*Elogio* XIII.176–77)

Zaherida su fantasía por la realidad, don Rigoberto huye de su adolorido cuerpo disfrazándose con la inmaterialidad del arcángel San Gabriel en "El joven rosado," el último de los guiones que monta imaginativamente dando vida a la imagen del fresco de Fra Angelico, *La Anunciación*, que se ve en Fig. 6.[25]

Fig. 6
Fra Angelico (1400–1445).
La Anunciación (c. 1437).
Fresco del Monasterio de San Marco, Florencia, Italia.

"El joven rosado" (*Elogio* XIV.179–98)

A diferencia de las anteriores puestas en escena, en las que el soñador se encargaba de montar su propia ensoñación, en "El joven rosado" ocurre algo distinto. Persino alude a este quebranto de nuestras expectativas como lectores: "el protagonista desaparece ahora del texto como perspectiva narrativa, pues el narrador ya no vuelve a exponer la intimidad ni de los juegos amatorios ni de la imaginación" ("Mario Vargas Llosa: la mirada erótica" 58). Don Rigoberto cede la voz protagónica a María, dejando que sea ella quien narre este sueño desde su propia perspectiva. Las palabras de María revelan el desconcierto que siente la joven ante la aparición—como por arte de magia—del bello arcángel, y el lento despertar de su propia sexualidad:

> ¡Qué hermoso era! No debería decirlo así, pero lo cierto es que nunca había visto a un ser tan armonioso y suave, de formas tan perfectas y voz tan sutil. Apenas sí podía mirarlo; cada vez que mis ojos se posaban en sus tiernas mejillas, en su limpia frente o en las largas pestañas de sus grandes ojos llenos de bondad y de sabiduría, sentía en mi cara un amanecer caluroso. ¿Eso será, magnificado a todo el cuerpo, lo que sienten las muchachas cuando se enamoran? (*Elogio* XIV.182)

La mezcla de sentidos que acarrea la sinestesia empleada para describir la llama con que los ojos del mensajero encienden el rostro de la muchacha, redunda en la sensación de confusión que experimenta María ante la aparición del joven rosado.

En la figura del arcángel, con la que se identificaba don Rigoberto en una de las citas anteriores—"que sopla la celeste trompeta y baja al huerto a traer la buena noticia a las santas muchachas"—, la narración opera un desdoble interno (*Elogio* XIV.176–77). *La Anunciación* del arcángel San Miguel reduplica el anuncio que el pequeño arcángel de Fonchito acaba de hacerle a su padre, al revelarle sus amores incestuosos con la madrastra. De esta manera Vargas Llosa encarna la paradójica unión del padre y del hijo en la figura del bello arcángel: caída en la materialidad en el caso de Fonchito y huida de ella en el de don Rigoberto, según subraya Persino: "la asexualidad, la santidad, la castidad sobrenatural, en la personalidad ficticia que don Rigoberto ha elegido esta vez" ("Mario Vargas Llosa: la mirada erótica" 58).

Esos ojos deseantes de la muchacha, que miran sabiéndose mirados, configuran el espacio de la teatralidad. La figura del arcángel en la que confluyen don Rigoberto y su hijo, se torna un radiante espectáculo ante los ojos de esa modesta muchacha que encarna Lucrecia. Pero don Rigoberto, Fonchito y el joven rosado (tres personas distintas y un solo dios verdadero) constituyen además de un espectáculo, un texto por descifrar. Las palabras que pronuncia el joven arcángel son incomprensibles para María, quien se pregunta: "¿Sería un mago, tal vez? ¿Estaría con esas palabras formulando un conjuro a favor o en contra de algo, de alguien?" (*Elogio* XIV.184). La falta de comprensión y la incredulidad hacen de la muchacha (Lucrecia) y de don Rigoberto dos almas gemelas. Por lo cual no es de extrañar que más tarde el narrador de *Los cuadernos* aluda nuevamente a la figura del arcángel, comparando el efecto cegador que había producido en don Rigoberto la fugaz visión de un pie femenino apenas vislumbrado sobre una página de la revista *Time*, con el deslumbramiento que provoca en María la resplandeciente aparición del mensajero de Dios: "Fue una visión de unos segundos, pero, tan iluminadora y rutilante, tan convulsiva y frontal, como debió de ser, para aquella muchacha de Galilea, la del alado Gabriel anunciándole la nueva que tantos desaguisados traería a la humanidad" (*Los cuadernos* VIII.297).

Según Persino, don Rigoberto encarna la estampa del arcángel "portador de la buena noticia de la maternidad santa" ("Mario Vargas Llosa: la mirada erótica" 59). Sin embargo, a diferencia de esta opinión de Persino, creo que lo que constituye la base de esta analogía es la afinidad que existe entre las almas desamparadas de don Rigoberto y la joven María, quien confiesa perpleja: "siento, de pronto, miedo, como si se abriera súbitamente la tierra y divisara a mis pies un abismo erizado de monstruos espantosos al que me quieren obligar a saltar"; "¿Qué está sucediendo? ¿Qué va a ser de mí a partir de esta visita?," se interroga perpleja la joven María (*Elogio* XIV.184 y 186). Ante un futuro incierto, el corazón de don Rigoberto se hermana con el sentir de la muchacha, compartiendo sus dudas y su desazón frente al abismo que se abre al paso de los dos, tal y como sugieren también estas palabras de Habra: "la voz, supuestamente de la Virgen, proviene del señor limeño que comparte el estupor de María al oír las revelaciones del arcángel" ("Revelación anamorfótica" 181).

Es muy probable que al término de *Elogio* don Rigoberto se haga esa misma pregunta—recién citada—que susurra la joven protagonista del fresco de Fra Angelico: "¿qué va a ser de mí a partir de ahora?" al mismo tiempo que los lectores nos preguntamos también sobre el destino del protagonista más allá de esta novela: "¿qué va a ser de don Rigoberto sin su idolatrada Lucrecia a partir de ahora?"

La puesta en escena de la narración: las ensoñaciones de don Rigoberto como *performances* relatoras

> Encontrar una técnica de expresión teatral—una corporización—para esta operación tan universalmente compartida, la de enriquecer la vida mediante la fabricación de imágenes, de ficciones, debería ser un estimulante desafío para quienes quieren que el teatro se renueve y explore nuevos caminos [...].
>
> Mario Vargas Llosa
> "La Chunga"

Separado de su esposa Lucrecia, don Rigoberto reaparece sobre el escenario de *Los cuadernos* como "un esqueleto vivo," "un animado muerto" (IX.347). Combate la soledad fantaseando con su esposa, cuya ausencia aviva su mente febril. Don Rigoberto llena el vacío dejado por Lucrecia con fantasías compensatorias que ve representadas en el teatro de su imaginación. Por el día vegeta como gerente de una compañía de seguros, pero por las noches da vuelo a sus fantasías para fraguar la ilusión de verse con Lucrecia.

La vivencia vicaria que le procura la ficción apea la realidad y suple las carencias de la existencia de don Rigoberto. Por estos escenarios alucinatorios va desfilando—como fugaces figurantes—una comparsa de actores y actrices que da vida a los guiones eróticos que secreta la fértil imaginación del protagonista:

> Y una vez más sintió en el fondo de su corazón brotar, como un surtidor de agua clara, un tierno sentimiento de gratitud hacia esas profundidades de la memoria de las que inagotablemente estaban manando sorpresas, imágenes, fantasmas, sugerencias, para *dar cuerpo*, escenario y anécdota a los sueños con que se de-

> fendía de la soledad, de la ausencia de Lucrecia. (*Los cuadernos* IX.340; énfasis mío)

Como advierte Geirola, en el trabajo de la puesta en escena "se trata de producir signos a partir de significantes cualesquiera" ("Bases" 27). En la puesta en escena de *Los cuadernos*, Lucrecia constituye, por consiguiente, el signo de ese vacío por llenar con significantes espec(tac)ulares, que se irán desplazando sin fin, en busca de una plenitud que don Rigoberto—como veremos—nunca logrará alcanzar.

Como arma de combate contra la tristeza y la soledad, don Rigoberto se escuda en su rica imaginación. Instituye el ritual de enclaustrarse cada noche entre las cuatro paredes de ese "cubo de vidrio" que es ahora su biblioteca, para fantasear con Lucrecia, transformando—con un golpe de efecto—la inmaterialidad de sus sueños en (el espejismo de) una presencia corporal y tangible. Para crear esa ilusión de presencia e inmediatez, tanto el escritor como su personaje recurren al teatro.

A cada una de sus fantasías las envuelve una atmósfera teatral que muda en excitantes mini-dramas las ficciones que a don Rigoberto le va dictando su infatigable imaginación ("Su fantasía trabajaba como una mecanógrafa," observa el narrador), a la vez que hace de nosotros, los lectores, su público espectador y expectante (*Los cuadernos* III.91). De manera muy similar a lo que ocurría en el sueño de don Rigoberto–Candaules, donde el rey invitaba a su ministro Giges a contemplar furtivamente el maravilloso espectáculo del trasero de su esposa, don Rigoberto deja entrar en el recinto de su mente calenturienta la mirada del narrador omnisciente y, con ella, la de los lectores también. El narrador omnisciente—en su función de escribidor al servicio de don Rigoberto—escucha el dictado de su mente para pasarlo a la página, entremezclado con los diálogos de los personajes que actúan sobre el escenario de sus fantasías. Por lo tanto, don Rigoberto cuenta con la complicidad del narrador omnisciente para envolver en el espectáculo de sus sufrimientos y gozos, las emociones y sensaciones del público lector.

Para atrapar a los lectores en la ilusión de presencia e inmediatez que generan los soliloquios de don Rigoberto, Vargas Llosa se vale de muchos de los trucos ya empleados en *Elogio*. Para hacer de la narración una *puesta en escena*, el escritor implanta sobre el escenario de los hechos narrados una mirada que garantice la teatralidad. Esta mirada va acompañada además por los recursos dramáticos del desdoblamiento y la reduplicación interna, por el uso vivaz del diálogo y el soliloquio, y por el empleo de una retórica e iconografía teatral, que ponen el foco sobre la concepción de un arte *performativo* que anima la ficción.

En su análisis de la seducción como matriz de la teatralidad en tanto que lucha escópica o de miradas, Geirola arguye que "la causa de la mirada X (*don Rigoberto en este análisis*) es justamente Z (*Lucrecia*), o mejor Z es la representación de la causa perdida en X" ("Bases" 29). Siguiendo con este razonamiento en clave de ecuación matemática, en el caso en que la reciprocidad de la mirada entre los dos sujetos, X y Z, fuera sustituida por la distancia quedando la mirada de uno fuera del radio de la mirada del otro, tendríamos—según Geirola—"el fin de la seducción y el comienzo del Anhelo, de la Nostalgia, de la Ausencia" ("Bases" 30). Correspondiendo con este modelo, el gran empeño de don Rigoberto por representar mentalmente a Lucrecia presupone su ausencia, es decir, la necesidad de restablecer la seducción en tanto que "motor de la teatralidad" (Geirola, "Bases" 30).

La ausencia de Lucrecia—combustible que alimenta el fuego de la imaginación de don Rigoberto y del público lector-*voyeur*—abre ese espacio escenográfico que llenarán las representaciones oníricas de su marido. Geneviève Rodis-Lewis precisa al respecto: "la douleur est le signe à combler" (218; "el dolor es el signo por llenar"). Don Rigoberto se parapeta entre las paredes de su estudio para cubrir con un espejismo de presencia e inmediatez, el desgarrón que la expulsión de Lucrecia ha abierto en el tejido de su vida. El protagonista fabrica este simulacro como pieza dramática hecha a la justa medida de sus deseos.

Al igual que en *Elogio* las escenas de los cuadros cobraban vida sobre el escenario de la imaginación de don Rigoberto, Lucrecia y Fonchito, las escenas de las citas eróticas que don Rigoberto concierta, imaginativamente, con su esposa van a cobrar vida sobre las páginas de *Los cuadernos*. Si en *Elogio*, el fantasear con su esposa salpimentaba la vida amorosa de la pareja, en *Los cuadernos* los espectáculos eróticos que monta su fantasía le sirven para compensar la ausencia de Lucrecia con la ilusión de su presencia. Gracias a la magia del teatro, su figura fantasmal aparece ante él como una presencia verdaderamente real.

Solo sobre el decorado de su biblioteca, el ventrílocuo de don Rigoberto brilla en el arte de jugar con el timbre de su voz para imitar los registros de los personajes que protagonizan sus fantasías, actuando distintos papeles que encarnan sus propios deseos. Cuando la madrastra le pregunta a Fonchito por don Rigoberto, la respuesta del niño revela lo mucho que le preocupa el extraño comportamiento de su padre, cuyas acciones despiden destellos de una personalidad escindida y alucinada:

> —¿Cómo está don Rigoberto? ¿Haciendo su vida de siempre?
>
> —De la oficina a la casa y de la casa a la oficina, todos los días —asintió Fonchito—. Metido en el escritorio, oyendo música, contemplando sus grabados. Pero, es un pretexto. No se encierra ahí para leer, ver pinturas ni oír sus discos. Sino, para pensar en ti.
>
> —¿Cómo lo sabes?
>
> —Porque habla contigo —afirmó el niño, bajando la voz y echando una mirada al interior de la casa, por si aparecía Justiniana—. Lo he oído. Me acerco despacito y pego la oreja a su puerta. Nunca falla. Está hablando solito. Y te nombra a cada rato. Te lo juro. (*Los cuadernos* VI.202–03)

Bajo el foco que ilumina la escena nocturna de su biblioteca, las voces participantes en los soliloquios esquizofrénicos de don Rigoberto se corporeizan y el mundo inmaterial y suprasensible de sus anhelos y fantasías eróticas cobra presencia física ante los ojos atónitos del protagonista y de nosotros, los lectores, quienes—cómplices del narrador—espiamos lo que ocurre en la mente acalorada del protagonista.

Son nueve los montajes eróticos que orquesta don Rigoberto sobre el escenario imaginario de *Los cuadernos*. En "La noche de los gatos" don Rigoberto fantasea con su esposa retozando sobre un lecho de mininos para regocijo de un viejo amante zoológico (I.19–20). En la segunda fantasía erótica del protagonista—que abarca los segmentos titulados "El sueño de Pluto" y "La semana ideal"—Lucrecia, ante los ruegos de su marido, condesciende a emprender un viaje de siete días a Nueva York, París y Venecia con Modesto (Pluto), un antiguo e incondicional enamorado suyo (II.43–50 y 51–74). En "Borrachera con carambola," don Rigoberto asiste a un espectáculo lésbico similar al que viven la diosa Diana-Lucrecia y Justiniana, su favorita, en la fantasía urdida por la madrastra en *Elogio*. Tras salvar a su criada Justiniana de las garras de Fito Cebolla, el ama termina explayándose sexualmente con su sirvienta (III.88–111). En "Los hermanos corsos," Lucrecia, don Rigoberto, Narciso (hermano gemelo suyo) y su mujer Ilse, son copartícipes en una excitante velada orgiástica (IV.129–30). En "El olor de las viudas," don Rigoberto trata de hacer que su mujer ceda al irreprimible capricho del castrado Manuel de oírla y verla orinar (V.171–92). Lucrecia aparece metamorfoseada en profesora de leyes de Virginia en "El calzoncito de la profesora" y corrompe al jurista Nepomuceno Riga, amigo de don Rigoberto (VI.214–30). En "¡Maldito Onetti! ¡Bendito Onetti!," Lucrecia y la embajadora de Argelia se solazan haciendo el amor mientras se toman un baño de vapor (VII.253–68). "Un piececito" recoge el ensueño erógeno de don Rigoberto, en el que los pies de su mujer enloquecen a un fetichista francés del siglo XVIII (VIII.292–308)—el zapato rojo de fino tacón, que aparece en la ilustración de la carátula del libro en la primera edición de Alfaguara, remite a este episodio (Fig. 12). En el último de sus montajes imaginarios, "El sueño es la vida," don Rigoberto y Lucrecia se revuelcan en un prostíbulo con una mulata que, enamorada de las orejas de don Rigoberto, casi le arranca una de ellas de un fuerte mordisco (IX.335–53).

En cada una de estas "performances relatoras" que son las fantasmagorías de don Rigoberto (*Los cuadernos* IV.132), el protagonista—igual que hacía fantaseando con cuadros en la novela anterior—hace subir al escenario de sus sueños a una caterva de personajes que son, en realidad, proyecciones de sí mismo, como lo son las figuras que pinta Schiele sobre sus lienzos. Don Rigoberto se desdobla imaginariamente en esos figurantes que intervienen en sus montajes eróticos: el amante zoológico de su mujer, Pluto, Fito Cebolla, Narciso, Manuel o Nepomuceno Riga. Gracias al poder ilusionista de su imaginación, don Rigoberto aparece y desaparece entre los papeles de guionista, director teatral, escenógrafo, espectador y participante amatorio, que representa al mismo tiempo sobre el teatro de su mente.

Lucrecia como narradora y actriz estelar sobre el escenario de *Los cuadernos*

Sobre el escenario de las fantasías de su marido, Lucrecia hace el doble papel de narradora y actriz estelar. El escenario narrativo se desdobla. En un primer nivel, el narrador omnisciente nos cuenta desde afuera (pero sin perder mucha distancia) las fugas oníricas de don Rigoberto, mientras que, en un segundo nivel, la propia Lucrecia hace de narradora para contarle a su marido las infidelidades que ha cometido en su ausencia. Utilizando la técnica de las cajas chinas (o de reduplicación interna), el escritor inserta escenas del pasado en el interior de la escena que presenciamos, es decir, la que protagonizan don Rigoberto y Lucrecia en el presente de la narración. Diálogos y acciones de uno y otro escenario (del aquí y del allá), y de uno y otro tiempo (del presente y del pasado), se reflejan, se mezclan y se superponen, creando una buena dosis de confusión en el público lector, obligado a experimentar dos espacios y dos tiempos de manera simultánea. La fricción y la promiscuidad de reflejos que resultan de este montaje acrecientan el erotismo del relato. La doble función que opera Lucrecia dentro de las fantasías eróticas de su marido, referencial (al narrar) y *performativa* (al actuar lo narrado), redobla el placer que experimenta don Rigoberto ante el espectáculo que le ofrece su viva imaginación, y establece esa "consciousness of doubleness" ("conciencia de lo doble") que—según Richard Bauman—está implicada necesariamente en cualquier *performance* ("Performance").[26] El actuar y la conciencia de estar haciéndolo es vital para instaurar un espacio *performativo*, enclavado asimismo en el juego de miradas garante de la teatralidad.

Por encima de los dos niveles recién mencionados planea siempre el narrador omnisciente, interviniendo en la dirección de las escenas y controlando los saltos de un estrato de la narración al otro, tal y como veremos a continuación.

"Lo lento, lo formal, lo ritual, lo teatral, eso es lo erótico" (*Los cuadernos* II.63)

"La noche de los gatos" (I.19–29) es la primera de las nueve piezas imaginarias que el protagonista monta en el teatro de su mente. El guión de esta fantasía establece un modelo que se repetirá en subsecuentes ensoñaciones: Lucrecia irrumpe en los ensueños de don Rigoberto para hacerle gozar con el relato afrodisíaco de sus escapadas amorosas, unas instigadas por su marido, otras resultado del azar. Esta estructura repetitiva, que cohesiona sus varias ensoñaciones, remite a la noción del rito y lo ritual como germen del teatro y de la experiencia teatral, según sugieren estas palabras de Fischer-Lichte: "a ritual is not only a thing done, but a thing *re-done* or *pre-done*, which is to say that the acts performed are meaningful mimetic acts which are intended to re-present and not to represent something: regarding this latter aspect, ritual is compared to art—which includes theatre" (41; énfasis mío; "un ritual no es únicamente algo hecho, sino algo *re-hecho* o *pre-hecho*, lo que quiere decir que los actos representados son actos miméticos significativos que tratan de re-presentar, es decir, volver a presentar y no de representar algo; con relación a esto último, el ritual se compara con el arte—que incluye el teatro"). Para don Rigoberto la re-presentación de sus ensoñaciones es fuente de placer no sólo por su carácter repetitivo sino también por el sentimiento de anticipación que crea en él la celebración de una ceremonia—ya conocida pero renovada constantemente—en la que la observancia de las formas a la hora de hacer el amor es condición indispensable de su carga erótica: "Lo lento, lo formal, lo ritual, lo teatral, eso es lo erótico," proclama el gran esteta y ritualista de don Rigoberto (*Los cuadernos* II.63).

Las nueve fantasías erógenas del protagonista son, por consiguiente, nueve *puestas en escena* de un mismo guión: la incansable persecución por parte de don Rigoberto de esa "fantasmita" evasiva e inalcanzable—personificación de su propio deseo –, quien, divertida y traviesa, describe así sus juegos invisibles con el iluso de don Rigoberto: "Entro en tu casa por el tubo de la chimenea, aunque no sea Santa Claus. Voy flotando hasta tu dormitorio y, pegadito a tu cara, imito el zumbido del mosquito. Entre sueños, tú comienzas a dar manotazos en la oscuridad contra un pobre zancudito que no existe" (*Los cuadernos* VII.269). En cada uno de sus ensueños, don Rigoberto conversa con Lucrecia, una pobre fantasmita que no existe pero que crea en él la ilusión de una existencia muy real.

Al inicio de "La noche de los gatos," el narrador omnisciente y cómplice nos hace partícipes de la entrada de Lucrecia en el escenario de las fantasías de su marido: "Fiel a la cita, Lucrecia entró con las sombras hablando de gatos" (*Los cuadernos* I.19). Lucrecia entra en la escena para estimular con el relato de sus amores adúlteros el deseo sexual de su esposo y del público lector. La calidad dramática se sostiene por el uso extensivo del diálogo y por la presencia de una mirada que instaura y sostiene la teatralidad de cada acto.

Venciendo sus escrúpulos, Lucrecia accede a la petición que le hace su amante zoológico de yacer junto a una caterva de mininos:

> —¿Untarte el cuerpo con miel de abejas del monte de Imeto? —repitió don Rigoberto, deletreando cada palabra.
> —Para que los gatitos me lamieran, date cuenta. Con el asco que me dan esas cosas, con mi alergia a los gatos, con el disgusto que me produce mancharme con algo pegajoso ("Nunca mascó chicle," pensó don Rigoberto agradecido), aunque sea la punta de un dedo. ¿Te das cuenta?
> —Era un gran sacrificio, lo hacías sólo porque...
> —Porque te amo —le cortó ella la palabra—. Me amas también, ¿no es cierto? (*Los cuadernos* I.23)

El papel excitador que cumplen "los mininos, micifuces, michis" en esta escena diseñada por don Rigoberto—esos mismos gatitos erógenos que previamente le habían lubrificado la mente durante sus ablaciones nocturnas[27]—, será el mismo que cumplían el diosecillo pagano y el joven organista dentro de la fantasía inspirada por el lienzo de Tiziano, *Venus recreándose con el Amor y la Música* (Fig. 3): templar con las caricias de sus lenguas hambrientas el cuerpo de Lucrecia, entonándolo para el concierto amoroso que—acto seguido—interpretarán Lucrecia y su amante zoológico ante el rijoso mirón de su esposo. Nos encontramos nuevamente en presencia de esa mirada imprescindible para la configuración del espacio de la teatralidad.

Don Rigoberto se deleita con cada palabra y con cada imagen espectral que le regala su fantasía. El decorado de "La noche de los gatos" es doble, como lo era también el decorado de *La señorita de Tacna* ya aludido.[28] Al igual que en la antedicha pieza teatral de Vargas Llosa, el escenario de *Los cuadernos* se desdobla y las escenas se bifurcan ante nuestros ojos, haciéndonos asistir, simultáneamente, a dos actuaciones que, distanciadas espacial y temporalmente, se van aunando hasta acabar fundiéndose. Dentro del primer plano escénico de "La noche de los gatos," el narrador omnisciente relata el encuentro virtual de don Rigoberto con la figura espectral de su esposa. Lucrecia le cuenta con toda suerte de detalles la aventura sexual vivida con su amante zoológico, pespunteada la narración de ella con el diálogo entre los esposos y alguna intromisión que otra por parte del narrador omnisciente de la novela. En el segundo plano, se narra el encuentro erótico de Lucrecia y su amante, enclavada también su conversación en el curso de la narración. El discurso narrativo consiste, pues, en un constante vaivén entre ambas situaciones dramáticas y perspectivas narrativas, un movimiento oscilante que

Habra interpreta metafóricamente como expresión del conflicto interior de don Rigoberto: "el juego continuo entre los distintos planos consiste en una oscilación entre el gozo de los álter ego de don Rigoberto y su propio deseo frustrado" ("Postmodernidad" 85). El escritor plasma este vaivén entre dos planos distintos por medio de diálogos intercalados y superpuestos. Su pericia en este método estructural de reduplicación interna, denominado como técnica de las cajas chinas, hace que estos saltos temporales pasen casi desapercibidos para los lectores. He aquí una muestra de dicho procedimiento:

> [...] Un olor a almizcle bañaba la atmósfera y la música barroca, de bruscos diapasones, venía del mismo rincón del que salió la dominante, seca voz:
> —¡Desnúdate!
> —Eso sí que no —protestó doña Lucrecia—. ¿Yo ahí, con esos bichos? Ni muerta, los odio.
> —¿Quería que hicieras el amor con él en medio de los gatitos? —Don Rigoberto no perdía una sola de las evoluciones de doña Lucrecia por la mullida alfombra...
> —Imagínate —murmuró ella, parándose un momento y retomando su paseo circular [...]. (*Los cuadernos* I.20)

La voz del amante se confunde con la de don Rigoberto al mismo son que las palabras hipnotizadoras de Lucrecia sumen a su marido en un estado alucinado y alucinatorio, en el que él y el otro hombre se hacen uno. Vargas Llosa escenifica maravillosamente esta unión al abrir en el tejido del diálogo un roto entre los dos planos espacio-temporales recién mencionados, que se salda con la imprevisible fusión de ambos niveles:

> —¿Y para qué había llevado los frascos de miel? —preguntó (don Rigoberto), temiendo un juego, una broma.
> —Para untarte —dijo el hombre, dejando de besarla. (*Los cuadernos* I.24)

La situación dramática protagonizada por don Rigoberto y su esposa va evolucionando siguiendo las pautas de esa otra meta-situación actuada por Lucrecia y su amante, de forma que lo narrado por Lucrecia se convierte en un nuevo guión que ella y su marido ensayan como reduplicación, multiplicándose las escenas sobre las tablas-espejo del escenario de *Los cuadernos*, como si fueran ecos de una misma voz o reflejos de una misma imagen:

> —Abre las piernas, amor mío —pidió el hombre sin cara.
> —Ábrelas, ábrelas —suplicó don Rigoberto. (*Los cuadernos* I.27)

Los dos planos espacio-temporales, destellos de las imágenes que pasan por la mente de don Rigoberto, se confunden al final de este episodio gatuno cuando don Rigoberto ve confluir las dos escenas en una y se ve a sí mismo infiltrado en el cuerpo del amante de su esposa:

> —Quítate el abrigo —imploró—. Ven, ven a mis brazos, reina, diosa mía. Pero lo distrajo el espectáculo que en ese preciso instante se había duplicado. El hombre invisible ya no lo era. En silencio, su largo cuerpo aceitoso se infiltró en la imagen. Estaba ahora allí él también. Tumbándose en la colcha rojiza, se anudaba a doña Lucrecia. La chillería de los gatitos aplastados entre los amantes, pugnando por escapar, desorbitados, fauces abiertas, lenguas colgantes, hirió los tímpanos de don Rigoberto. (*Los cuadernos* I.28)

Como experimentado mago, don Rigoberto consigue triplicar su ser en guionista de la escena que su fantasía le dicta, en personaje observador del espectáculo alucinatorio que se desenvuelve ante sus ojos, y en personaje partícipe de la acción dramática que se desarrolla sobre el escenario de su imaginación. No es de extrañar, por lo tanto, que experimente cierta perplejidad frente a la maleabilidad de su propio ser, tal y como observa el narrador omnisciente de la novela: "La historia se le escurría, lo extraviaba, creía estar dentro y se encontraba fuera. Don Rigoberto no sabía qué pensar" (*Los cuadernos* I.22).

Además de recurrir al diálogo teatral, la voz narradora dramatiza esta fantasía erótica de don Rigoberto combinando los cuatro elementos básicos con que, según Geirola, se articula el concepto de la teatralidad (el cuerpo, la mirada, el tiempo y la luz): "tenemos así configurado un campo donde se deja visualizar fácilmente el otro (un cuerpo mirante), la mirada, otro cuerpo (el mirado), la luz y el tiempo a través de un movimiento que lo hace visible espacializándolo" ("Bases" 28). Como del Prado y de Toro, Geirola posiciona la mirada en el centro neurálgico de la teatralidad.

Tanto el foco de luz que alumbra la escena, como ese movimiento que hace visible el tiempo delimitando el escenario, se definen en forma de círculo. El "paseo circular hipnotizante" con que Lucrecia acompaña su relato gatuno (*Los cuadernos* I.27), redunda en el espectáculo de ese "manojo de felinos que, anudados, disforzados, revolviéndose y lamiéndose, se exhibía en el obsceno círculo amarillo que los aprisionaba en el centro de la colcha llameante" (*Los cuadernos* I.21); y vuelve a repercutir en "el cono de luz" que ilumina la cama, bajo el cual el amante zoológico deposita el cuerpo de Lucrecia, retrocediendo luego unos pasos para examinarlo como si se tratara de una obra de arte: "Como don Rigoberto, la contemplaba también desde la oscuridad. El espectáculo era insólito y, pasado el desconcierto inicial, incomparablemente bello" (*Los cuadernos* I.26). Como ocurría con las escenificaciones de cuadros en *Elogio*, el cuerpo femenino es *puesto en escena* para ser contemplado y devorado por los ojos del público lector y espectador.[29]

La repetición de este encuadre circular se relaciona con la idea de la perfección a la que tanto aspira el ritualista de don Rigoberto. El narrador de *Elogio* hace alusión a ello cuando describe la operación de evacuación—tan envidiada por don Rigoberto—que realizaban los jóvenes novicios de un monasterio budista de la India: "Tenía la simplicidad y claridad de los objetos y los actos perfectos, como el círculo y el coito" (*Elogio* VI.83). No olvidemos que para don Rigoberto las ceremonias y los rituales acercan a los seres humanos a la felicidad, la cual—según leemos en *Elogio*—"estaba escondida, perla en su concha marina, en ciertos ritos o quehaceres ceremoniosos que ofrecían a los seres humanos ráfagas y espejismos de perfección" (*Elogio* III.47).

En la escenografía radial de la escena recién aludida, en la que Lucrecia acompasa el relato sobre su amate zoológico girando alrededor de su hechizado esposo—moción comparable al "movimiento circular y metódico" con que don Rigoberto acariciaba las nalgas de su esposa en las páginas de *Elogio* (1.22)—se refleja y reproduce la ceremonia del rito, cuya estructura la describe Geirola en estos términos:[30]

> La distancia hasta el centro, desde el perímetro, es infranqueable, se hace densa, y es por esto que podemos reconocer la seducción como distancia regulada imposible de reducir a cero. Esta infranqueabilidad genera el deseo de fusión, y también el deseo mismo de poder. Ser el punto central, ocupar el lugar de

> lo Otro. Construcción masoquista, perversa, cuya aspiración es sacrificial, esto es, donde la víctima accede al lugar privilegiado pero a consta de ser atravesada por todas las miradas (exhibicionismo). Obsérvese que para "ser el poder," primero hay que padecerlo (mitos de iniciación); y otra vez la seducción impone su lógica: el seductor ha sido ya antes seducido por aquello que quiere dominar. ("Bases" 33)

En esta disposición radial todo tiende hacia el lugar central que ocupa don Rigoberto. Sin embargo, aunque el protagonista se sitúa en el centro de ese mundo de fantasías eróticas que él mismo ha erigido, en la realidad de la ficción es desplazado a los márgenes por su hijo. En *Elogio*, este "actor consumado" que es Fonchito echa del lecho nupcial a su padre para ocupar su lugar junto a la madrastra (*Los cuadernos* III.80). En *Los cuadernos*—como veremos—el niño vuelve a desalojar a don Rigoberto de su posición céntrica al usurparle el protagonismo que aquél tenía en los juegos con su esposa a encarnar personajes pictóricos. Como antes había hecho para su marido, Lucrecia imita ahora para su hijastro las pinturas de Schiele, *Desnudo reclinado con medias verdes* (Fig. 7) y *Dos jovencitas yaciendo entreveradas* (Fig. 10): "Trató de imitar la reproducción que Fonchito había desplegado y que le señalaba, como un director teatral instruyendo a la estrella del espectáculo" (*Los cuadernos* III.78). Como apuntilla Geirola, "El centro tiende a visualizarse, a jerarquizarse y finalmente a descentrarse" ("Bases" 34).[31] Don Rigoberto ocupa el trono sobre el teatro de sus fantasías pero en el dominio de la realidad, es destronado por su hijo.

"Lo importante, lo central, tú y yo, solitos en el escenario" (*Los cuadernos* II.59)

La escisión de la instancia narradora, del protagonista, de la situación dramática y de los diálogos que hemos resaltado en el montaje de "La noche de los gatos" es un procedimiento recurrente en la *puesta en escena* de las ensoñaciones eróticas de don Rigoberto. Reaparece en "El sueño de Pluto" y "La semana ideal" (II.43–50 y 51–74), un viaje de aventuras eróticas en dos etapas, para el que Lucrecia cuenta con la colaboración artística de Modesto (Pluto), antiguo enamorado suyo con quien se aviene a compartir una semana de placer por varias ciudades extranjeras, Nueva York, París y Venecia, con el beneplácito de don Rigoberto. Pluto planifica el programa de actividades de esos días de idilio como si se tratara de una pieza teatral, en la que varían los decorados, pero no los personajes de reparto: Lucrecia y él, los dos "solitos en el escenario" de los ensueños eróticos de don Rigoberto:

> —Me he preparado para este viaje como para un examen de fin de carrera, Lucre. Consultado libros, mapas, agencias, interrogado a viajeros. Yo no junto estampillas, ni crío perros, ni juego al golf. Hace años, mi único *hobby* es preparar esta semana.
> —¿Siempre estuve yo en ella?
> —Un paso más en el paso de las coqueterías —advirtió don Rigoberto.
> —Siempre tú y sólo tú —se ruborizó Pluto—. New York, París, Venecia, las óperas, restaurantes y lo demás eran el *setting*. Lo importante, lo central, tú y yo, solitos en el escenario. (*Los cuadernos* II.59)

El relato de este lance amoroso por parte de esta otra narradora improvisada que es Lucrecia, redobla el goce de don Rigoberto. Estimulado por el efecto afrodisíaco que ejercen sobre él las confidencias que le hace su mujer, don Rigoberto procura intensificar su deleite jugando a reduplicar las acciones de Pluto:

> Don Rigoberto se había deslizado al pie de la cama, y, adivinándolo, doña Lucrecia se sentó al borde para que, como Pluto en el Orient Express, su marido le besara los empeines, aspirara la fragancia de cremas y colonias que refrescaba sus tobillos, mordisqueara los dedos de sus pies, lamiera las oquedades tibias que los separaban.
> —Te amo y te admiro —dijo don Rigoberto.
> —Te amo y te admiro —dijo Pluto.
> —Y, ahora, a dormir —ordenó doña Lucrecia. (*Los cuadernos* II.65)

Presenciamos de nuevo un proceso circular y cíclico en el rito mental de las fantasías de don Rigoberto: de la realización del acto a su narración-interpretación, y de la narración-interpretación a la repetición del acto. El contar historias como actividad primordial de la vida y el vivir como alimento de la ficción se conjugan así al infinito. Este rito de la existencia humana se cierra y se repite indefinidamente sobre el escenario de ambas novelas.

Fito Cebolla, otro de los actores clon de don Rigoberto, participa en "Borrachera con carambola" (III.88–111), el tercero de los nueve montajes en los que don Rigoberto escenifica sus propios deseos. En esta cita Lucrecia relata a su marido los pormenores del intento de violación que la pobre Justiniana ha sufrido a manos del ebrio Fito (*Los cuadernos* III.92). El incidente se describe como una escena de horror ante la cual Lucrecia queda momentáneamente petrificada—"el espectáculo la paralizó"—, recuperando su movilidad sólo segundos después para reaccionar con furia en defensa de su criada (*Los cuadernos* III.99). Una vez solas, Lucrecia y Justiniana tratan de borrar el terrible recuerdo del asalto de Fito con el elixir del alcohol. Recostadas sobre una *chaise longue* al arrullo de la música de arpas paraguayas y un coro guaraní, protagonizan una de esas escenas de amor lésbico que tanto encandilan a don Rigoberto. Dentro de la compleja red de sistemas semióticos que entreteje el teatro, la música es uno más de los muchos sistemas de signos portadores de significado (la iluminación, el vestuario, el decorado, la gestualidad… son otros). Como explica Fischer-Lichte, la música como signo teatral es capaz de realizar distintas funciones simbólicas: "Tales funciones simbólicas están dirigidas sobre todo a constituir significados que se pueden describir de forma más detallada como el carácter, estado de ánimo o emoción del personaje X" (*Semiótica del teatro* 252). Las arpas paraguayas y el coro guaraní, con los que la imaginación de don Rigoberto acompaña la danza amorosa de Lucrecia y su criada, aluden al efecto apaciguador que sus notas dulces y armoniosas causan en el ánimo sobrecogido de las amantes, a la par que las inscriben en el ámbito (para don Rigoberto "femenino") de la cultura popular—paraguaya o guaraní—que contrasta con el de la cultura más universal y elitista que frecuenta el fantasioso protagonista.

El "chin chin" de los vasos de whisky que enarbolan Lucrecia y Justiniana, redobla el roce de sus cuerpos entreverados bajo las sábanas de la cama. Don Rigoberto contempla admirado este espectáculo que su promiscua mente segrega, situándose a la vez fuera y dentro del mismo:

> Don Rigoberto no perdía detalle de sus amagos y arremetidas; se enredaba y desenredaba con ellas, estaba junto a la mano que embolsaba un pecho, en cada dedo que rozaba una nalga, en los labios que, luego de varias escaramuzas, se atrevían por fin a hundirse en esa sombra enterrada, buscando el cráter del placer, la oquedad tibia, la latiente boca, el vibrátil musculillo. Veía todo, sentía todo, oía todo. (*Los cuadernos* III.109–10)

Todos los sentidos de don Rigoberto se confabulan con él en la busca del placer, siendo la imaginación la que le permite desdoblarse y meterse de intruso en el espectáculo de sus propios sueños, confundiendo rostro con reflejo como le ocurre al Narciso mítico.

En la fantasía erótica de "Los hermanos corsos" (IV.129–48)—una de las más sugestivas respecto al entrelazamiento de los temas de la teatralidad y la dualidad—, don Rigoberto comparte cartel con Lucrecia, con un hermano gemelo de nombre Narciso y con Ilse, la esposa de éste último. Como doble de don Rigoberto, su hermano Narciso—gran experto en afrodisíacos—es también un ávido narrador de historias en las que resulta imposible distinguir lo cierto de lo inventado, convirtiéndose en el centro de atención en cenas de gala, bodas o cócteles, "escenarios de sus grandes performances relatoras" (*Los cuadernos* IV.132). Las ficciones que inventan estos dos exhibicionistas de la narración que son don Rigoberto y su hermano Narciso, se transforman en un espectáculo en vivo. La creación del doble imaginario de Narciso le permite a don Rigoberto escenificar mentalmente una comedia de errores, bautizada por los dos hermanos como el juego de "las cambiaditas." Preso de la embriaguez, curiosidad y excitación que le suscita este juego transgresor, don Rigoberto acaba cediendo a la proposición que le hace su hermano de intercambiarse a sus respectivas esposas. Al acercarse sigilosamente al dormitorio de su hermano, don Rigoberto ve enredados entre las sábanas del lecho los cuerpos desnudos de su mujer y Narciso. La descripción de la cama acentúa el carácter teatral que toma la escena, encuadrada—como es habitual—dentro del espacio circular que la iluminación delimita: "Era ancha y teatral. En la cónica luz que descendía de una bombilla empotrada en el cielorraso, vio a su hermano corso y Lucrecia fundidos, moviéndose a compás. Hasta él llegó su suave, dialogante jadeo" (*Los cuadernos* IV.145). Es ahora el mirar de don Rigoberto el que abre el espacio de la teatralidad, ese "espacio sagrado" (el lecho conyugal) donde se esconde para el protagonista el secreto de la eterna felicidad.

Ilse entra en la escena imaginada por don Rigoberto para asistir también a la función que les ofrecen Narciso y Lucrecia. Contemplan el entrevero de sus cuerpos desde un lugar privilegiado: "un largo sofá lleno de cojines, dispuesto de tal modo que la persona sentada allí no perdiera detalle del espectáculo" (*Los cuadernos* IV.145). A la par que don Rigoberto e Ilse presencian la representación desde el palco privilegiado que les ha reservado la imaginación de don Rigoberto, los lectores de *Los cuadernos* presenciamos los sueños diurnos del protagonista desde el lugar de excepción que nos ha reservado la imaginación de Vargas Llosa.

De este modo el escenario de las fantasías de don Rigoberto se desdobla en otro meta-escenario, sobre el cual aparecen don Rigoberto y Lucrecia como sujetos que miran sabiéndose a su vez objeto de la mirada del otro:

> Don Rigoberto percibió un movimiento de sorpresa, allá en la cama. La habían oído, por supuesto; ya no podrían continuar fingiendo que no se sabían espiados. Quedaron inmóviles; el perfil de doña Lucrecia se volvió hacia el muro calado que los resguardaba, pero Narciso volvió a besarla y envolverla en la lucha amorosa. (*Los cuadernos* IV.146–47)

La teatralidad vuelve a establecerse por consiguiente como una contienda óptica. El lance amoroso de Lucrecia y Narciso redunda en esa otra "lucha de miradas" de la que habla Geirola, que funciona como "una estrategia de dominación": "hay teatralidad allí donde se juega a sostener la mirada, o bien, para ser más precisos, donde se trata de dominar la mirada del otro (o del Otro)" ("Bases" 28).

El joven Narciso juega igualmente a sostener y dominar la mirada del otro, pero su contienda resulta ser una contienda consigo mismo. Al estar enamorado de su propia imagen, la lucha amorosa de Narciso se vuelve un imposible combate interior por lo imposible. A Narciso, Eco y don Rigoberto les une un mismo lazo: el del amor no correspondido. Al estar fuera de su alcance el objetivo de sus deseos, Narciso "fue languideciendo de pasión insatisfecha hasta morir [...]. Fue metamorfoseado en una flor, el narciso, símbolo entre los antiguos de la muerte prematura" (R. Martin 305). Eco, enamorada de Narciso sin ser tampoco correspondida, comparte un destino parejo: "fue marchitándose día a día y adelgazó hasta tal punto que sólo quedó de ella su voz doliente" (R. Martin 143). La alusión al mito de Narciso subraya la naturaleza auto-refleja y auto-contemplativa de *Los cuadernos*. Tal como escribe Randolph Pope, "There is a narcissist element in these mirrors of ink" (22; "Hay un elemento narcisista en estos espejos de tinta"). Este elemento narcisista transflora en la fascinación que ejercen sobre don Rigoberto las imágenes reflejadas en el espejo de su propia imaginación, en el placer de verse a sí mismo como espectáculo, en el desdoblamiento y en la soledad, o mejor dicho, en la soledad que es desdoblamiento, como sugieren las palabras del narrador de *Los cuadernos*: "En verdad, aun en sus momentos más puros, su soledad había sido un desdoblamiento, una cita a la que Lucrecia nunca faltó" (*Los cuadernos* IV.130). Tampoco faltaron a la cita los actores figurantes de los que se sirve don Rigoberto para la puesta en escena de cada una de sus fantasías eróticas.

En "El calzoncito de la profesora" (VI.214–30), don Rigoberto va a contar con la colaboración de un viejo profesor de facultad, Nepomuceno Riga, para llevar a la escena el contenido de sus fantasías. Nepomuceno, de paso por la Universidad de Virginia, vive una aventura voyeurística casi mística gracias a su anfitriona, la profesora Lucrecia (*Los cuadernos* VI.229). Sobre uno de los peldaños de la escalera que conduce a la alcoba de Lucrecia, Nepomuceno descubre el calzoncito de la doctora, no sabiendo si interpretar dicho signo como simple olvido o como requerimiento sexual. Nepomuceno vislumbra por entre la puerta a medio abrir de la alcoba el cuerpo desnudo de su anfitriona expuesto sobre la superficie del lecho como ofrenda a los ojos del jurista: "Lo que el venerable maestro de Filosofía del Derecho vio desde aquel umbral alfombrado, cambió sus ideas sobre el mundo, el hombre—seguramente el Derecho—y arrancó un gemido de desesperado placer a don Rigoberto" (*Los cuadernos* VI.223–24).

Esta fantasía de don Rigoberto repite, aunque con distintas tonalidades, la dramatización del lienzo de Jordaens que había fabricado su imaginación en las páginas de *Elogio* (Fig. 1). Recordemos que allí Giges y el rey Candaules–don Rigoberto admiraban ensimismados el maravilloso espectáculo del trasero de la diosa Diana-Lucrecia; aquí los ojos de Nepomuceno (que don Rigoberto ve reduplicados en su mente) "se inmovilizaron […] en el espectáculo que por sí solo constituía el esférico trasero" de la profesora Lucrecia (*Los cuadernos* VI.226). La mirada se presenta una vez más como germen y sostén de la teatralidad; el cuerpo femenino vuelve a ser objeto de contemplación, espectáculo erógeno que excita y estimula el placer sexual del sujeto que mira la escena. Un espacio escénico que aparece, una vez más, demarcado por un haz de luz circular que la alumbra y circunscribe: "Una luz oro y azul añil […] que enviaba desde el estrellado cielo de Virginia una luna redonda y amarilla, caía en pleno, dispuesta por un excelente escenógrafo o diestro iluminista, sobre la cama, con la única intención de destacar el cuerpo desnudo de la doctora" (*Los cuadernos* VI.223–24).

Como en los escenarios anteriores, la narración se desdobla en dos cursos narrativos que se alejan unas veces y confluyen otras. En uno de estos niveles dramáticos, la voz narradora relata el guión erótico que don Rigoberto escenifica en su mente, a fin de compensar la soledad de sus noches con esa ilusión de presencia y cercanía que le procura la experiencia teatral. En el segundo nivel, la perspectiva narrativa da un salto espacio-temporal para dar vida a los personajes de Nepomuceno y Lucrecia, secretados por la imaginación de don Rigoberto. La sintaxis reproduce este incesante vaivén entre ambos niveles dramáticos y perspectivas narrativas por medio de la oscilación de tiempos verbales (pasado/presente) y el uso de los deícticos (ese, este), tal como lo ejemplifica este pasaje donde se narra la excitación que cunde en Nepomuceno al recoger del suelo el calzoncito de la profesora:

> En el segundo peldaño se detuvo, se inclinó, sus agarrotados dedos asieron el precioso objeto—¿de seda?, ¿de hilo?—se lo llevó a la cara y lo husmeó, como un animalito averiguando si ese objeto desconocido *es* comestible […]. Su corazón latía tan fuerte que le cruzó la idea de lo importuno, además de estúpido, que sería caer derribado por un ataque cardíaco en *este* preciso momento. (*Los cuadernos* VI.223; énfasis mío)

Repitiendo el mismo procedimiento de amalgama que vimos anteriormente entre el soñador de don Rigoberto y su personaje soñado, la fusión final entre Nepomuceno y su creador se hace patente en la arquitectura del siguiente diálogo, donde se religa la compungida petición de perdón proferida por Nepomuceno con las palabras balsámicas que Lucrecia dirige a su marido:

> (Nepomuceno) Dejó la cabeza en la orilla de la cama y siguió llorando, siempre arrodillado, suspirando, sintiéndose triste y alegre, acongojado y dichoso: "Perdóname, perdóname," balbuceaba […].
>
> —Cálmate, don Rigoberto. No llores más, amor mío, alma mía. Ya está, ya pasó, nada ha cambiado. ¿No has hecho lo que querías? Entraste, me viste, te acercaste, lloraste, te perdoné. ¿Me puedo enojar yo, contigo? Sécate las lágrimas, estornuda, duérmete. Arrorró, mi niño, arrorró. (*Los cuadernos* VI.229)

Las habilidades adquiridas por Vargas Llosa en el ejercicio de las artes escénicas, se concretizan aquí en las mañas que emplea para hacer que el narrador construya teatralmente la fantasía de Nepomuceno Riga sobre la mente de don Rigoberto y sobre el escenario de la novela: la presencia de una mirada fundadora de la teatralidad, el desdoblamiento y la disolución de los perfiles de Nepomuceno y don Rigoberto en un único rostro.

El escritor vuelve a utilizar estos trucos en la puesta en escena de "¡Maldito Onetti! ¡Bendito Onetti!" (VII.253–68), para producir el efecto de presencia y contigüidad que distingue al espectáculo teatral de otras experiencias artísticas. En esta nueva ensoñación de don Rigoberto la narración obra de nuevo otro desdoblamiento. Por una vertiente discurren los pensamientos que brotan en la mente del protagonista al conjuro de las anotaciones garabateadas en sus cuadernos sobre la novela de Juan Carlos Onetti, *La vida breve*, en cuyo personaje protagonista—el escritor Brausen—don Rigoberto cree reconocerse.[32] Por la otra, el espectro de Lucrecia acude a la cita imaginada por su marido. En esta ocasión su mujer le habla de la reconstitución de uno de los pechos de su amiga, la esposa del embajador de Argelia, con quien Lucrecia ha compartido un sensual baño de vapor, reavivando la escena pictórica de *El baño turco* de Ingres (Fig. 21).[33]

Palabras e imágenes de la novela de Onetti ensucian los sueños de don Rigoberto al inocularle una terrible inquietud: "la aprensión de que algún día, los deliciosos, los dulces pechos de su nueva esposa, pudieran ser víctimas de una afrenta quirúrgica [...] semejante a la que describía, o, aún mejor, inventaba, en las primeras páginas, Brausen, el narrador de esa novela desasosegadora del maldito Onetti" (*Los cuadernos* VII.255). Don Rigoberto se defiende de ese "maldito Onetti"—que le ha dado a Brausen como compañero del alma en la soledad y el pesimismo—recurriendo al bendito Onetti, quien les ha mostrado también, tanto a él como a Brausen, que existe una vía posible de escape a las miserias humanas: la imaginación. El poder ilusionista de la ficción obra el milagro de abrir un espacio escénico imaginario sobre el que don Rigoberto va a desdoblarse, actuando papeles distintos sobre escenarios diferentes. Mientras asiste a su acostumbrada cita nocturna con su mujer, participa, simultáneamente, como actor y espectador, en el espectáculo de amor lésbico que Lucrecia y la esposa del embajador habían protagonizado en un *hamman* de su residencia en Orrantia. Los ojos de don Rigoberto perfilan los contornos de la teatralidad en el espacio de su mente:

> Don Rigoberto contempló los dos cuerpos desnudos a través de los ondulantes movimientos de las nubecillas calientes de vapor. Era mejor que *El baño turco* de Ingres, pues, en ese cuadro, el amontonamiento de desnudos descontrolaba la atención —"la maldición colectivista," blasfemó— en tanto que, aquí, su percepción podía focalizarse, abarcar de una mirada a las dos amigas, escrutarlas sin perder el más mínimo de sus gestos, poseerlas en una visión integral. (*Los cuadernos* VII.263)

Los cuerpos desnudos de Lucrecia y la embajadora, entrelazados como lo están las figuras que aparecen en los dibujos de Schiele, brindan a don Rigoberto un espectáculo erótico en exclusividad. En esta función las dos mujeres actúan sólo para él, para hacerle gozar mientras ellas gozan, inadvertido don Rigoberto de que por detrás de los bastidores se asoma, también, la mirada furtiva de los lectores. El narrador de *Los cuadernos* nos cuela en el teatro de los sueños eróticos de don Rigoberto para hacernos gozar también con el protagonista. Don Rigoberto es consciente de su naturaleza escindida, idéntica a la de Brausen: "Estoy allí, salvándome, y estoy en mi escritorio, pensó, como Juan María Brausen en su departamentito de Buenos Aires, desdoblándose en el cafiche Arce que explota a su vecina Queca y que se salva desdoblándose en el doctor Díaz Grey, de la inexistente Santa María" (*Los cuadernos* VII.262). Don Rigoberto se refugia en sus ensueños eróticos como el joven Vargas Llosa lo hacía en los libros y la escritura, según confesaba el autor en su discurso del Nobel:

> Mi salvación fue leer, leer los buenos libros, refugiarme en esos mundos donde vivir era exaltante, intenso, una aventura tras otra, donde podía sentirme libre y volvía a ser feliz. Y fue escribir, a escondidas, como quien se entrega a un vicio inconfesable, a una pasión prohibida. La literatura dejó de ser un juego. Se volvió una manera de resistir la adversidad, de protestar, de rebelarme, de escapar a lo intolerable, mi razón de vivir. Desde entonces y hasta ahora, en todas las circunstancias en que me he sentido abatido o golpeado, a orillas de la desesperación, entregarme en cuerpo y alma a mi trabajo de fabulador ha sido la luz que señala la salida del túnel, la tabla de salvación que lleva al náufrago a la playa. ("Elogio de la literatura y la ficción," "Mario Vargas Llosa: Nobel Lecture")

El desdoblamiento imaginativo al que es proclive don Rigoberto, hace de escudo protector contra los sentimientos de aislamiento y soledad que le sitian. Le permite salir de su encierro, vivir otras vidas, representar otros papeles, ocupando a la vez distintas posiciones de sujeto (saber y poder) en la secuencia del discurso dramático y narrativo.

Vargas Llosa subraya la teatralidad de *Los cuadernos* con la referencia a una de las obras de teatro vistas por don Rigoberto, *La vida es sueño* de Calderón de la Barca. Esta obra le sirve de inspiración al protagonista a la hora de escenificar la última de sus fantasías eróticas, "El sueño es la vida" (IX.335–53). En este montaje con decorado mexicano, lo teatral y lo dual adquieren una importancia capital. Una vez más la situación narrativa se bifurca en dos espacios y tiempos. En el primer estrato de la narración, el fantasma de Lucrecia se doblega a la voluntad de don Rigoberto e interpreta el papel de la Rosaura calderoniana que éste le asigna en su ensoñación: "Don Rigoberto había tenido el capricho de disfrazar a doña Lucrecia de varón e ir con ella así vestida a un cabaret de fulanas" (*Los cuadernos* IX.335). Sobre la pista (el escenario) de ese local nocturno prostibulario (de ese teatro), el protagonista contempla absorto y excitado la actuación de su mujer. Vestida de hombre, Rosaura-Lucrecia y la mulata Estrella se besan y manosean sin remilgos mientras bailan al ritmo de un mambo de Pérez Prado. En la puesta en escena que diseña la imaginación de don Rigoberto intervienen elementos extralingüísticos que—como indica Fischer-Lichte—actúan como signos dentro del plano espectacular: el vestuario, el decorado, la música, y esa "media luz" que baña la escena del "cabaret de fulanas" donde Rosaura-Lucrecia se frota con Estrella ante la mirada excitada de don Rigoberto (*Los cuadernos* IX.336).[34] Ante tan magnífico espectáculo, don Rigoberto aprueba gozoso las dotes dramáticas de su mujer: "Rosaura-Lucrecia interpretaba su papel bastante bien" (*Los cuadernos* IX.355). Momentos después, el decorado cambia de la pista de baile a una cochambrosa habitación del hotel "Cielito Lindo" donde don Rigoberto, Rosaura-Lucrecia y Estrella se entregan a uno de esos *ménage a trois*, que según el catecismo ético-estético de don Rigoberto, se acerca peligrosamente a las odiosas y odiadas prácticas colectivistas: "Para saborear ese espectáculo de su mujer desnuda junto a Estrella, en ese chusco camastro de cubrecama azulado, en la aceitosa medialuz, don Rigoberto cerró los ojos"

(*Los cuadernos* IX.349). Los cierra para ver mejor con los ojos de su imaginación la viva función que le ofrece su visión fantasmagórica. En este relato erótico, peligrosamente cómico, el interés de Estrella por Rosaura-Lucrecia queda eclipsado por la irresistible atracción que ejercen sobre la mulata las orejas y nariz de don Rigoberto. Lo único que excita a la mulata "otorrinolaringóloga" son los apéndices nasales y olfativos de gran tamaño (*Los cuadernos* IX.349). De manera que, durante el trance amoroso del trío protagonista, don Rigoberto ha de luchar por salvar una de sus orejas de dumbito de ser cercenada por los dientes de la mulata. En el segundo estrato de este mini-drama erótico y socarrón, don Rigoberto vuelca todos sus esfuerzos en tratar de dar con la respuesta a un enigma que le ronda el pensamiento: "¿Por qué, entonces, en su sueño, sus fantasmas habían estructurado esta historia prestándose los nombres de Rosaura y de Estrella y el disfraz masculino de aquel personaje de *La vida es sueño*?" (*Los cuadernos* IX.344). Del fondo de su memoria resurgirán los ecos de una función entre mala y cómica de dicha pieza, que el matrimonio había visto en un teatro de Madrid poco después de casarse (*Los cuadernos* IX.340). El espectáculo virtual que se desarrolla en la habitación del hotel entre don Rigoberto, Rosaura-Lucrecia y Estrella, se yuxtapone al contenido de las citas y reflexiones que don Rigoberto ha escrito en sus cuadernos sobre esa función de *La vida es sueño*.

El sueño para don Rigoberto es, en términos derridianos, no la vida sino el *suplemento* de la vida. Los simulacros que orquesta su fantasía *suplen* el vacío de la ausencia de Lucrecia en *Los cuadernos* con fantasmas que le permiten gozar del exceso en la impunidad de lo imaginado (pederastia, sodomía, onanismo, animalismo, adulterio, lesbianismo, escatología o fetichismo), al mismo tiempo que señalan una carencia que garantiza que el fuego del deseo—de la necesidad de fantasear e ilusionarse—no llegue a extinguirse jamás. Si el maquiavélico de Fonchito cuenta con la coartada de su corta edad para no tener que rendir cuentas de las fechorías que organiza en el ámbito real de la ficción, don Rigoberto cuenta con la coartada de la imaginación para transgredir las leyes morales con total impunidad. No obstante, tras la bruma de los sueños, los lectores conseguimos vislumbrar el doble rostro de don Rigoberto: rebelde y valiente Robin Hood de causas perdidas en su fantasear, pero cobarde y aburguesado en su vivir cotidiano, contradicción que lo enorgullece en lugar de desalentarlo (*Los cuadernos* V.170).

Como ya he mencionado, la observancia de las formas al hacer el amor es condición indispensable del erotismo para el gran ritualista y esteta de don Rigoberto (*Los cuadernos* II.63). Sin embargo, los montajes teatrales que realiza para escenificar sus fantasías, muestran que, además de la mirada y del rito—fundamentales para la creación del espacio dramático—, técnicas como las del desdoblamiento, la repetición y la reduplicación interna contribuyen considerablemente al sostenimiento de la teatralidad.

El desdoblamiento que exige el hacer teatro favorece "esa transposición, esa muda, esa elucubración, ese recurso a lo ficticio" que pone a salvo a don Rigoberto de la locura o del suicidio (*Los cuadernos* VII.260 y IX.343). El juego de fingimientos que despliega la (meta)teatralidad de *Elogio* y *Los cuadernos* posibilita que el protagonista se desdoble (al igual que lo hace al escribir el autor), volviéndose espectador de sí mismo para vivir de forma vicaria la vida deseada, sin miedos ni sanciones. En *El metateatro y la dramática de Vargas Llosa: hacia una poética del espectador*, Óscar Rivera-Rodas realza la enorme importancia de esta operación de reduplicación interior (el teatro dentro del teatro), como reflexión interna sobre los mecanismos de desdoblamiento inherentes a la experiencia de la teatralidad:

> El personaje de la ficción teatral, en su paso a la metaficción y su transformación en otro personaje (sea *alter ego* o sea cualquier otra *persona*), es decir, otra *máscara*, deviene en el espectador del segundo personaje que proyecta. Si el *espectador implícito* se identifica con el *espectador real* del espectáculo teatral, este ser pragmático no deja de observar la capacidad del personaje para desdoblarse en dos "personas" o "máscaras"; el *otro* y el *mismo*; no deja de espectar la condición y la capacidad esencial del ser humano de ser otro y el mismo. Éste es, en definitiva, el espectáculo esencial del teatro, pero que el metateatro lo explicita, analiza y explica: la posibilidad de que toda persona se refleje sobre sí misma, se perciba, reflexione sobre sí, en una dimensión que siendo *sí misma* es *otra*. (197)

Sobre los escenarios de *Elogio* y *Los cuadernos,* don Rigoberto siempre escenifica sus propios anhelos, aunque los personajes que los encarnan lleven otros nombres o porten otras máscaras: Candaules, la cabeza deforme de Bacon, el arcángel San Gabriel, el joven enamorado de los gatos, el tímido Pluto, el castrado Manuel o el jurista Nepomuceno, no son sino reflejos espec(tac)ulares del deseo de don Rigoberto. El cuerpo, como portador de goce, y la imaginación, como soplo que lo aviva, son los verdaderos protagonistas de *Elogio* y *Los cuadernos*. Por ello, la función de los relatos fantasiosos, tanto de don Rigoberto como de los otros protagonistas, se asimila a la función del carnaval, según la entiende el propio autor:

> esa respuesta desvergonzada, irreverente, ferozmente sarcástica, a los patrones establecidos de la moral y la belleza [...] que fulmina temporalmente los prejuicios y las distancias, y establece, en un paréntesis de ilusión, en un espejismo con sexo y música a granel, aquel "mundo al revés" del poema de José Agustín Goytisolo [...] donde los "frescos racimos" de la carne cantados por Rubén Darío son universalmente exaltados como la más valiosa de las aspiraciones humanas. ("La erección permanente" 287–88)

El conflicto que lidian don Rigoberto y sus dobles ilusorios entre el deseo y el miedo, el sueño y la vida, la fantasía y la realidad, el cuerpo y el alma, la transgresión y la ley, es un conflicto sin tregua donde las pequeñas victorias de la imaginación son tan efímeras como las representaciones mentales de don Rigoberto.

Don Rigoberto se preguntaba por qué los personajes del drama de Calderón se le habían colado en su fantasear, como mencioné unas líneas más arriba (IX.344). Pregunta para la cual el narrador, fundiéndose con la mente del protagonista por medio del estilo indirecto libre, nos avanza una posible respuesta: "Tal vez, porque su vida se había vuelto puro sueño desde la partida de Lucrecia" (IX.344–45). Lo realmente digno de ser vivido en *Elogio* y *Los cuadernos* está "domiciliado en lo imaginario," tomando prestadas las palabras que escribió el propio autor con relación al universo narrativo de Onetti (*El viaje a la ficción* 199). La fantasía desaloja la realidad objetiva. Lo onírico ocupa la mayor parte de las escenas de este drama en dos actos que forman *Elogio* y *Los cuadernos*, quedando la realidad arrinconada detrás de los bastidores. Una realidad tan indeseada como necesaria, ya que sólo ante la pequeñez del mundo real puede erigirse la grandeza de esa otra realidad soñada. Sin embargo, lo onírico en la vida de don Rigoberto no es sinónimo de irracionalidad, aunque sus continuos retornos a la desalentadora realidad lo acerquen en ocasiones al peligroso abismo de la locura o del suicidio. Como Adolf o como Brausen, don

Rigoberto se deja engañar por los efectos ilusionistas de sus propias elucubraciones, pero—a diferencia de ellos—lo hace a sabiendas del engaño. Como creador y espectador de sus propias funciones de ilusionismo don Rigoberto experimenta esa "media ilusión" a la que aludí con anterioridad, que funciona como espoleta del goce artístico pero no lo divorcia por completo de la realidad: "Don Rigoberto estaba todavía lo bastante lúcido para saber que no podía contrabandearse en las ficciones, brincar al sueño. No era Brausen todavía" (*Los cuadernos* VII.268). Como aclara el escritor en una entrevista con la novelista y periodista española, Rosa Montero, la razón de don Rigoberto no se eclipsa en el total delirio porque sus invenciones alucinatorias son, únicamente, un refugio pasajero contra la mediocridad e infelicidad de su vida, sin llegar a romper del todo con el cordón umbilical que le une con la realidad ("Los truenos verbales" 6).

El soñar despierto, a diferencia del soñar dormido, es fruto de una voluntad de establecer un espacio imaginario dentro de los márgenes de la vida. Responde al deseo de abrir ese "paréntesis de ilusión" en la narrativa de la vida al que ya me referí. Y a esa voluntad de querer ser otro, de querer vivir otras vidas, de querer ser feliz fantaseando, la acompaña, según el escritor, un largo cortejo de humores inquietantes: "Soñar vidas distintas a la que tenemos es una manera díscola de comportarse, una manera simbólica de mostrar insatisfacción con lo que somos y hacemos y, por lo mismo, significa introducir en nuestra existencia dos elementos sediciosos: el desasosiego y la ilusión" (*El viaje a la ficción* 30). Ésta es la factura que don Rigoberto está dispuesto a pagar por esos efímeros instantes de felicidad.

La *puesta en escena* de la narración: la ensoñación de Lucrecia como *performance* relatora

Como mencioné en el apartado anterior, Lucrecia es la actriz fetiche en las representaciones oníricas de don Rigoberto: "—En realidad, te has acostado con muchas personas todo este año —dijo él. / ¿Ah, sí? —ronroneó ella, como hablando con el vientre, desde alguna secreta glándula —¿Cuántas? ¿Quiénes? ¿Dónde?" (*Los cuadernos*, Epílogo 375). He aquí la lista recapitulativa de los papeles estelares, recién comentados, que don Rigoberto ha hecho interpretar a Lucrecia sobre el escenario de sus ensueños eróticos:

—Un amante zoológico, que te acostaba con gatos [...] Un amor de juventud, un científico que te llevó a París y a Venecia y que se iba cantando... [...] Estuvo a punto de violarte el cacaseno de Fito Cebolla y, también, a Justiniana. Tú la salvaste de su furia rijosa. Y terminaste haciendo el amor con ella, en esta misma cama. [...] Con un hermano gemelo que me inventé, un hermano corso, en una orgía. Con un motociclista castrado. Fuiste una profesora de leyes, en Virginia, y corrompiste a un jurista santo. Hiciste el amor con la embajadora de Argelia, tomando un baño de vapor. Tus pies enloquecieron a un fetichista francés del siglo XVIII. La víspera de nuestra reconciliación, estuvimos en un prostíbulo de México, con una mulata que me arrancó una oreja de un mordisco. (*Los cuadernos,* Epílogo 375–76)

La imagen de Lucrecia es modelada y remodelada incesantemente por su esposo. Ella sube al escenario de las fantasías de don Rigoberto para interpretar cada uno de los papeles que el secreto deseo de éste le asigna, como cuando le adjudica el papel de esa Rosaura imaginaria: "el nombre postizo seguía allí, adherido a Lucrecia [...], una vez que él preguntó a Lucrecia si accedería a materializar su fantasía y ella —"como siempre"— dijo sí" (*Los cuadernos* IX.337). En cada uno de los montajes teatrales del deseo de don Rigoberto, éste actúa a la vez como director de escena y juez de las *performances* de Lucrecia.

En *Performance: A Critical Introduction*, Marvin Carlson alude a varios de los usos que suele dársele a la noción de *performance*. Dicho término se emplea comúnmente en un sentido teatral, al ser el teatro una de las artes *performativas* por excelencia. Pero además de aplicarse a las artes *performativas* en general (teatro, danza, circo, conciertos, etc.), el término *performance* designa, también, la demostración pública de una habilidad específica o la *puesta en escena* de un determinado patrón de conducta (4–5).[35] Carlson destaca un tercer uso de carácter valorativo, que es el que atañe al papel enjuiciador de don Rigoberto: "the general success of the activity in light of some standard of achievement that may not itself be precisely articulated. Perhaps even more significantly, the task of judging the success of the performance [...] is in these cases not the responsibility of the performer but of the observer" (5; "el éxito general de la actividad a la luz de algún nivel de realización que puede que no sea en sí articulado con precisión. Incluso aún más significativo es el hecho de que la tarea de juzgar el éxito de la actuación no recaiga en el actor sino en el observador"). Como director escénico y espectador, don Rigoberto hace las veces de juez aprobando con mayor o menor entusiasmo las *performances* de su actriz estelar: "Don Rigoberto había tenido el capricho de disfrazar a doña Lucrecia de varón e ir con ella así vestida a un cabaret de fulanas. [...] Rosaura-Lucrecia interpretaba su papel bastante bien" (*Los cuadernos* IX.334).

Aunque Lucrecia sea la actriz estelar en el escenario de los ensueños de su marido, ella carece sin embargo de un espacio onírico propio en el dominio masculino de *Los cuadernos*. Doña Lucrecia interpreta generosa los deseos secretos de su marido e hijastro, siendo ellos los que ejercen el monopolio de la imaginación. No obstante, al inicio del capítulo noveno de *Los cuadernos*, el autor implícito introduce una peculiaridad muy significativa. El relato que lo inaugura, "La cita del Sheraton," traiciona las expectativas de los lectores al romper con el patrón establecido. Si hasta aquí, cada capítulo arrancaba con un relato ubicado en el ámbito de la realidad de la ficción, narrando las visitas de Fonchito a su madrastra, lo que se nos cuenta en "La cita del Sheraton" está anclado en el terreno de la fantasía. Y no se trata tampoco de una ensoñación más de don Rigoberto, sino de Lucrecia, a quien por primera vez en el guión de esta novela se le permite soñar en lugar de ser el objeto de sueños ajenos. Habra remarca esta entrada insólita e inesperada de Lucrecia en el escenario de sus propios ensueños: "Doña Lucrecia acepta subordinarse a la creatividad de sus hombres y vivir en mundos creados por ellos, pero al mismo tiempo les sigue las huellas, concibiendo una fantasía aún más delirante que las de su cónyuge [...]" ("Postmodernidad y reflexividad estética" 88). En el guión de esta fantasía con firma propia y personal, Lucrecia encarna el papel de Aldonza: "Yo soy Aldonza, la andaluza de Roma. Puta, estrellera y zurcidora, a sus órdenes" (*Los cuadernos* IX.320).

Veamos las circunstancias que dan lugar a este sueño tan deleitable. Su germen está en una carta anónima que doña Lucrecia ha recibido, en la que su autor le pide que acuda al Hotel Sheraton haciéndose pasar por una prostituta. La sola idea de plegarse al capricho de un desconocido le causa tal excitación que esa misma noche sueña con la supuesta cita, despertándose con el regusto placentero del orgasmo en que ha culminado su sueño:

> Fuera como fuera, doña Lucrecia se había ido, venido o terminado [...] soñando que había acudido a la misteriosa cita del

> anónimo, cumpliendo con todas las extravagantes instrucciones, al cabo de lo cual, [...] había sido—con los ojos vendados, desde luego—ingresada en una casa cuyo olor reconoció, subida por unas escaleras a una segunda planta [...] desnudada y tumbada en una cama que identificó asimismo como la suya de siempre, hasta que se sintió ceñida, abrazada, invadida y colmada por un cuerpo que, por supuesto, era el de don Rigoberto. (*Los cuadernos* VIII.273)

Para la *puesta en escena* de esta aventura onírica de la madrastra, el autor se sirve del mismo tipo de narrador y de las mismas técnicas empleados para narrar los sueños diurnos de don Rigoberto recién comentados. De manera que la fantasía narrada en "La cita del Sheraton" se convierte en un escenario al que se sube Lucrecia para interpretar dos papeles, simultáneamente: el papel de narradora y el de actriz estelar, al igual que hacía sobre el teatro de las ensoñaciones de su marido. Pero ahora el sueño es *su* sueño y es su sirvienta Justiniana la que hace de interlocutora en vez de don Rigoberto: "Tú estabas ahí, desvergonzada —la reprendió doña Lucrecia—. Excitadísima con lo que podía pasar. Sirviendo tragos, ayudándome a ponerme el disfraz y riéndote a tus anchas mientras me convertía en una de ésas" (*Los cuadernos* IX.311). Actuar como "una de ésas" para seguirle el juego al autor del anónimo excita sobremanera a Lucrecia: "'Estás encantada de jugar a la puta por una noche' pensó, contenta de sí misma" (*Los cuadernos* IX.313).

Obedeciendo las líneas del guión, Lucrecia se disfraza de fulana para ir a la cita. Cuando se dispone a salir de la casa, Justiniana se queda estupefacta al verla: "—No es usted, señora, es otra, otra. ¿Va a salir así de verdad?" (*Los cuadernos* IX.312). La *performance* de Lucrecia le permite desdoblarse y ser otra: "Yo soy Aldonza, la andaluza de Roma. Puta, estrellera y zurcidora, a sus órdenes," le dice al joven con quien se da cita en el bar del hotel Sheraton (*Los cuadernos* IX.320). Pero mientras le espera en el bar, a Aldonza-Lucrecia se le acerca Adelita (pura copia de una de las jovencitas de Schiele) y, para colmo de sorpresas, hija de la madrina de Fonchito. Adelita trabaja de buscona en el hotel. El juego de reflejos y contrareflejos continúa con la entrada en escena de un doble irrisorio de su marido, un narco cincuentón afligido de eyaculación precoz, quien hace a las dos jovencitas una proposición indecente tasada en "cien verdes por cabeza ¿okey? Pago por adelantado" (*Los cuadernos* IX.316). El sueño del narco se configura como una puesta en escena de los lienzos eróticos del pintor austriaco, Egon Schiele:

> —[...] Voy a realizar un capricho que me tiene curcuncho, hace días. [...] Empalarme a una mientras me como a la otra. Viéndolas por el espejo, manoseándose y besándose, sentaditas en el trono. Ese trono que seré yo.
>
> "El espejo de Egon Schiele," pensó Lucrecia. Se sentía menos disgustada por la vulgaridad del hombre que por el brillo desalmado de sus pupilas mientras describía su capricho. (*Los cuadernos* IX.317)

Poco después de que Lucrecia reúne sobre las tablas del escenario de su sueño nocturno a los dobles de don Rigoberto y Schiele, salta a la escena Fonchito, reencarnado en la figura del joven con quien está citada: "En la mediocre luz del recinto, doña Lucrecia vio que era joven, algo rubio, de facciones aniñadas, con un vago parecido ¿a quién? ¡A Fonchito¡ Un Fonchito con diez años más, cuya mirada se había endurecido y, el cuerpo, elevado y ahilado" (*Los cuadernos* IX.319). Las imágenes de Fonchito, Egon Schiele y el joven aniñado terminan fusionándose en un único reflejo: "—Es que, me ha dejado muda el parecido —reconoció doña Lucrecia examinándolo—. No es sólo la cara. También, el cuerpecito largo, raquítico. Las manos tan grandes. Y la manera con que juegas con tus dedos, ocultando el pulgar. Igualito, idéntico a todas las fotografías de Egon Schiele. ¿Cómo es posible?" (*Los cuadernos* IX.321). De esta manera, Lucrecia congrega sobre el escenario de su sueños a sus amados demonios: don Rigoberto, Fonchito y un Egon Schiele jovencito, que a fin de cuentas es el guión de unión entre padre-hijo: "entregarse a ese esbelto joven de expresión fría y algo cruel, sería como hacer el amor con un Fonchito-joven-casi-hombre, o con un Rigoberto-joven-casi-niño. La ocurrencia la hizo sonreír" (*Los cuadernos* IX.322).

Lucrecia compone la escenografía de la pieza soñada según las pautas artísticas del pintor austriaco. Según le había explicado Fonchito, Schiele jugaba con sus modelos al pintarlas y ellas actuaban al posar para él: "—Las hacía ponerse esas medias de colores que le gustaban tanto —rematό el relato Fonchito—. Echarse en el sofá, en el suelo. Solas o de dos en dos. Entonces, se subía en una escalera, para mirarlas desde arriba. Trepado ahí, en lo alto, hacía un boceto, en unos cuadernos que se han publicado" (*Los cuadernos* V.155).

Al escenificar e interpretar su sueño, Lucrecia entra en uno de los decorados de Schiele. Cuando la madrastra abre la puerta de la alcoba donde la aguarda el joven, lo que hace en realidad es entrar en la sala de un teatro. El espectáculo que aparece ante sus ojos es el de los cuerpos "calatos" de Adelita y el narco soñador entreverados en la cama (*Los cuadernos* IX.323). De nuevo, la iluminación aísla del resto del decorado el detalle principal de la escena: "la luz circular, enrojecida por la gran pantalla color alacrán, sólo alumbraba con total claridad a la pareja tendida y entreverada sobre la bituminosa colcha, con manchas color lúcuma oscuro, que cubría la cama de dos plazas" (*Los cuadernos* IX.323). Reclamada por el narcotraficante, Lucrecia sube al escenario para tomar parte en la representación, viendo a Schiele en lo alto de una escalera pintándolos, tal y como solía hacer el pintor con sus modelos. Es ahora la mirada de Schiele la que demarca el espacio de la teatralidad donde se desarrolla el espectáculo protagonizado por Lucrecia, Adelita y el narcotraficante. Además, la descripción de este *ménage à trois* repite la escena en la que Lucrecia, Justiniana y Fonchito jugaban a imitar cuadros. Pero ahora la voz narradora añade un detalle anteriormente escamoteado: la erupción del deseo sexual en el niño, en tanto que reencarnación de Schiele:

> la pintaba, los pintaba, furiosamente, con un largo carboncillo, en una cartulina blanquísima. En efecto, parecía un ave de presa, agazapado en lo alto de la escalera de tijeras, observándolos, midiéndoles, retocándolos con trazos largos, enérgicos, y esos ojillos feroces, vivísimos, que saltaban de la cartulina a la cama, de la cama a la cartulina, sin prestar atención a nada más, indiferentes a las luces de Lima desparramadas al pie de la ventana y a su propia verga, que se había abierto camino fuera del pantalón haciendo saltar los botones y se estiraba y crecía como un globo que llenan de aire. Ofidio volador, se balanceaba ahora sobre ella, contemplándola con su ojo de gran cíclope. No le sorprendió ni le importó. Cabalgaba, colmada, ebria, agradecida, embotellada, pensando, ora en Fonchito, ora en don Rigoberto. (*Los cuadernos* IX.326)

El momento culminante de este relato espec(tac)ular que el ama regala a su criada Justiniana, ocurre cuando don Rigoberto y Fonchito suben con ella al escenario del autorretrato de Schiele, *Schiele dibujando a una modelo desnuda frente al espejo* (Fig. 24) (*Los cuadernos* IX.310):

> Y por fin, los encontró, reflejados en un gran espejo de luna donde se vio ella también, repetida como una modelo de Egon Schiele. La medialuz no los disolvía; más bien, daba al padre y

> al hijo, sentados uno junto a otro —aquél observándolos con benevolencia afectuosa y, éste, sobreexcitado, la angelical carita congestionada de tanto gritar "Pégales, pégales" —en un sillón que parecía un palco encaramado sobre el proscenio de la cama. (*Los cuadernos* IX.327)

La entrada de don Rigoberto, Fonchito y Lucrecia en la escena espec(tac)ular de Schiele como imágenes reflejadas sobre la superficie de un espejo, da al traste con la verosimilitud de la historia que cuenta Lucrecia, como constata Justiniana: "Esto sí que no hay quien se lo crea" (*Los cuadernos* IX.326). Lo cual no impide que Lucrecia goce, y haga gozar a Justiniana, con la (re)presentación del espectáculo que discurre por su mente.

La fantasía de Lucrecia es comparable en ardor imaginativo a las de su marido y a las de su hijastro. Sin embargo, a diferencia de sus dos compañeros de reparto masculinos, el sueño de Lucrecia no es un sueño propio. "La cita del Sheraton" no es la puesta en escena de su propio guión, sino la del guión que escribe el autor del anónimo. "La cita del Sheraton" no es la escenificación de sus propios deseos—aunque puedan colarse algunos durante la representación—sino la escenificación del deseo del otro. Acepta interpretar esa "truculenta farsa para dar gusto a don Rigoberto," a quien sospecha ser el autor de los anónimos, pero no para satisfacer su propio deseo (*Los cuadernos* IX.322). O tal vez su deseo sea el deseo del otro. En este terreno no hay leyes que valgan. Aún soñando, Lucrecia sigue interpretando el papel que otros escriben para ella. Aunque goce con sus *performances* relatora y teatral sobre el escenario de su sueño, su placer brota de su sacrificio, obediencia y generosa entrega, de interpretar los papeles de musa y artífice del placer de los otros.

El guión de Fonchito: la *puesta en escena* de un plan secreto

Compitiendo con su padre en los terrenos de la creación artística, de la imaginación y del erotismo, Fonchito escribe también su propio guión teatral en las páginas de *Elogio* y *Los cuadernos*. Este guión podría resumirse en estas líneas: niño de apariencia angelical y mente diabólica urde un plan para deshacerse de su madrastra. Temiendo que su padre enloquezca alejado de Lucrecia, revierte la estrategia para conseguir que sus padres se reconcilien. Mientras don Rigoberto disfruta fantaseando y jugando a imitar cuadros con Lucrecia, Fonchito actúa (en el doble sentido de la palabra) para seducir a su madrastra. Mientras don Rigoberto hace y rehace a su antojo los hilos de sus fantasías, Fonchito manipula los hilos de la realidad ficticia de los que penden como marionetas su padre y la madrastra. Mientras don Rigoberto recurre a la escenografía teatral para convertir la ilusión en realidad, materializando sobre las tablas de la imaginación sus deseos irrealizables, Fonchito exhibe su talento de actor haciendo de la vida un simulacro que le facilite la consecución de sus fines, tal como sospecha Justiniana: "¿Hiciste todo eso de a mentiras? ¿Sólo para que ella te quisiera y después poder ir a acusarle a tu papá que te estaba corrompiendo?" (*Elogio* XIV.194).

Como Alberto, el joven cadete de *La ciudad y los perros*, Fonchito ve la vida como un juego, como una obra teatral. Imita modelos de la vida real ("el jugar a los cuadros" de su padre), de la literatura (el estilo huachafo de Corín Tellado y de algunos escritos de don Rigoberto) y del arte (Schiele).[36]

Emulando a su padre, Fonchito escribe su propio texto dramático, dirigiendo la puesta en escena y actuando asimismo en la función, pero, a diferencia de don Rigoberto, lo hace sin la coartada de los sueños. Sus actores y actrices de reparto no son figurantes fantasmales que se esfuman una vez terminada la representación, sino los miembros de su propia familia, quienes participan sin saberlo en la función teatral que monta juguetona y malignamente el niño: "—No eres un diablito sino un payaso —exclamó—. Deberías dedicarte al teatro, más bien," le dice bromeando la madrastra (*Los cuadernos* VII.243). Y es, en verdad, al teatro, al fingimiento y a la duplicidad, a lo que se dedica el diabólico querubín de Fonchito sobre el decorado de ambas novelas. Lucrecia trata de aliviar el malestar que le produce el lado oscuro del niño minimizando con el uso del diminutivo (diablito) el comportamiento travieso de su hijastro y tildándole de "comediante." Ya sea hablándole a la madrastra sobre la vida de Schiele, ya sea comentando sus cuadros o encarnando él mismo al pintor, las *performances* relatoras y teatrales de Fonchito están a la altura de las de Narciso, aquel hermano gemelo inventado por don Rigoberto que hechizaba a la audiencia con el poder afrodisíaco de su labia.

Al referirse a los distintos tipos de prácticas tildadas de "performance" o "performance art" dentro de la escena cultural contemporánea, Carlson explica que, aunque la demostración pública de una destreza técnica específica es importante para entender la noción tradicional de "performance," aún más central es "the sense of an action carried out for someone, an action involved in the peculiar doubling that comes with consciousness and with the elusive 'other' that performance is not but which it constantly struggles in vain to embody" (6; "la sensación de una acción que se realiza para alguien, una acción envuelta en ese peculiar desdoblamiento que viene con la conciencia del yo y con el 'otro' elusivo que no es actuación o *performance*, pero que constantemente lucha en vano por encarnar").

La vida de Fonchito es pura actuación. La pasión del niño por la vida y obra de Schiele se va mudando en una mayor identificación con el pintor. Fonchito hace todo lo posible por parecerse más y más al pintor, imitando sus ademanes y su comportamiento histriónico. Sus acciones se vuelven *performativas* al operar en ellas (implícita o explícitamente) esa doble conciencia (de ser y de actuar) de la que hablaba Carlson e instaurar, también, una red de miradas que garantiza la teatralidad. Ante los ojos de la madrastra y de Justiniana, Fonchito interpreta a Schiele. Ensaya las poses, los gestos y las posturas de manos que solía representar maniáticamente en todos sus lienzos, fueran o no autorretratos, como observa el niño: "Pintaba siempre sus propias manos, aunque el personaje del cuadro fuera otro, hombre o mujer" (*Los cuadernos* VII.236). La vida y las obras pictóricas de Schiele constituyen el guión dramático que Fonchito escenifica durante sus visitas a la madrastra.

"Jugar a los cuadros": la *puesta en escena* de los lienzos de Schiele

En "El juego de los cuadros" (*Los cuadernos* III.75–83), el teatrero de Fonchito hace uso de la biografía personal y artística de Schiele como guión con el que montar un simulacro. De la misma manera en que Schiele, como artista, necesitaba modelos para sus lienzos (*Los cuadernos* V.154), Fonchito—como encarnación del pintor—necesita que Lucrecia y su criada Justiniana actúen de modelos para él dentro de la función que éste trata de improvisar en el salón de la casa de la madrastra. Sin embargo, sus métodos de trabajo son de índole inversa. Según había explicado el niño a su madrastra, el pintor austriaco arreglaba los cuerpos de sus modelos en poses diversas, haciendo un bosquejo en sus cuadernos como preludio a la composición y creación del lienzo final. Mientras Schiele procede desde el modelo original a la recreación artística o la copia, Fonchito, en cambio, utiliza la copia como modelo. El niño se sirve de las reproducciones fotográficas de los lienzos de Schiele para trasladarlos al escenario de su vida. Dirige a sus dos actrices predilectas para que representen lo que es ya una representación. De este modo, Fonchito se libra al mismo juego de la ilusión al que se libra su padre, ya sea jugando a imitar cuadros o fantaseando con su esposa. Tanto Fonchito como su padre coreografían una danza de significantes de vocación derridiana, en la que las imágenes se suceden conjurándose unas a otras indefinidamente. Este continuo desplazamiento de imágenes y referencias en pos de un ideal o modelo original que es, constantemente, escamoteado y aplazado, es—en mi opinión—el movimiento que ritma el pulso narrativo de ambas ficciones. La lectura de *Elogio* y *Los cuadernos* produce la misma sensación de transitoriedad y provisionalidad que suscita el fenómeno teatral, pese a su aplastante presencia y sensación de inmediatez.

La madrastra se sorprende cuando su hijastro repara en la semejanza que existe entre las medias que ella lleva puestas y las de la figura femenina que aparece en el óleo de Schiele, *Desnudo reclinado con medias verdes* (Fig. 7): "—Qué chistoso, madrastra —dijo Fonchito—. Tus medias verdeoscuras son exactas a las de una modelo de Egon Schiele" (*Los cuadernos* III.75). Fonchito ve a su madrastra como signo icónico por el parecido que ella guarda con las imágenes pintadas por Schiele. Lucrecia se vuelve reflejo y

Fig. 7
Egon Schiele (1890–1918).
Desnudo reclinado con medias verdes (1917).
Aguada y lápiz sobre papel. 29,4 x 46 cm (11 5/8 x 18 1/8 in).
Colección Privada. © ArtGalleryABC.com 2010

representación, confundiéndose su persona con las imágenes de las modelos del pintor: "—Qué coincidencia, madrastra —decía Fonchito, mientras ojeaba el libro de reproducciones de Schiele que acababa de sacar del bolsón—. Yo me parezco a él y tú te pareces a sus modelos" (*Los cuadernos* III.75).

Fonchito no sólo logra que Lucrecia escuche embaucada sus disertaciones sobre Schiele y sus cuadros, sino que consigue que la madrastra se preste también, al "juego de los cuadros" que le propone como pasatiempo (*Los cuadernos* III.75-83): "Ponte como la señora del *Desnudo reclinado con medias verdes* —entonó la meliflua vocecita—. ¡Sólo un ratito, madrastra!" (*Los cuadernos* III.77).

La vida imita al arte. Mientras Lucrecia trata de calcar la postura de la figura femenina pintada por Schiele, que se ve en Fig. 7, los ojos de Fonchito y Justiniana reproducen el deambular de la mirada del pintor, del modelo a la tela y de la tela al modelo: "Los ojos de Justiniana y Fonchito iban de ella a la cartulina, de la cartulina a ella, rientes los de la muchacha y los del niño con profunda concentración" (*Los cuadernos* III.78). Las miradas del niño y la criada sobre el cuerpo de la madrastra actúan como caricias afrodisíacas. Al rozar los dedos de Fonchito el muslo de Lucrecia en su afán por colocarle debidamente la media verde, Lucrecia revela su excitación: "'Sabe cómo estoy,' pensó, avergonzada" (*Los cuadernos* III.78). Esos instantes en que Lucrecia se transfigura en lienzo actúan sobre ella con la fuerza de un sortilegio, sacándola del tiempo, eternizándola:

> —¡Ahora sí, madrastra! ¿No está exacta, Justita? Quédate así un segundito, por favor.
>
> Desde la alfombra, sentado con las piernas cruzadas como un oriental, la miraba arrobado, la boca entreabierta, sus ojos un par de lunas llenas, en éxtasis. La señora Lucrecia dejó pasar cinco, diez, quince segundos, quietecita, contagiada de la solemnidad con que el niño tomaba el juego. Algo ocurría. ¿La suspensión del tiempo? ¿El presentimiento del absoluto? ¿El secreto de la perfección artística? (*Los cuadernos* III.79)

La vida se transforma en obra de arte. La realidad ficticia en *Elogio* y *Los cuadernos* vive del arte y para el arte. Esta escena sirve, también, para recalcar la identificación de Fonchito con Egon Schiele. Recordemos lo que el niño le decía a su madrastra en una de sus visitas: "—Me he leído todo lo que hay sobre él en la biblioteca de mi papá. Montones posaron para él desnudas. Chicas de colegio, mujeres de la calle, su amante Wally. Y, también, su esposa Edith y su cuñada Adele" (*Los cuadernos* II.35). Con su juego a hacer de la vida una obra artística, Fonchito no sólo emula a Schiele sino que, además de reduplicar el fervor esteticista de don Rigoberto, suplanta a su padre en el papel de director escénico, al igual que lo hizo acostándose con la madrastra. Fonchito vuelve a desobedecer la Ley del Padre ocupando su lugar dentro del triángulo de Edipo que gestan ambas narraciones.[37] Y lo hace con toda impunidad. Cuando Lucrecia actúa para Fonchito en estos espectáculos orquestados por el niño—como antes lo había hecho para su marido—Fonchito sustituye a don Rigoberto en el papel de esposo y maestro de ceremonias. Por consiguiente, la figura de Schiele no sólo contribuye a realzar ciertos rasgos de la personalidad del niño, como pueden ser la doblez de su carácter o sus grandes dotes de actor ("Era un actor consumado," *Los cuadernos* III.80), sino que sirve, también, para estrechar en la mente de Lucrecia (y en la de los lectores) el lazo que ata al padre con el hijo: "Es igualito a don Rigoberto. Ha heredado su fantasía tortuosa, sus manías, su poder de seducción. Pero por suerte, no su cara de oficinista, ni sus orejas de Dumbo, ni su nariz de zanahoria" (*Los cuadernos* III.79). Volveré a este asunto un poco más adelante, pero ahora retornemos a los juegos de Fonchito, Lucrecia y Justiniana a escenificar los óleos y acuarelas de Schiele.

Tras la actuación de la madrastra, les toca "jugar a los cuadros" al niño y Justianiana. Según Fonchito, las dos obras de Schiele que mejor se prestan a ser emuladas por ellos son *Madre e hijo* (Fig. 8) y *Desnudo de hombre y mujer reclinados y entreverados* (Fig. 9). De estas dos acuarelas la madrastra desecha la segunda (Fig. 8), dada la poca credibilidad que entrañaría—a su modo de ver—el que el niño imitara la pose de ese hombre maduro que protagoniza la obra:

> Descartó la última, porque ¿qué verosimilitud podía tener que un niño imberbe hiciera de ese barbado pelirrojo identificado por el autor del libro como el artista Félix Albrecht Hara, que desde la foto del óleo, la observaba con expresión boba, indiferente al desnudo sin rostro, de medias rojas, que representaba como sierpe amorosa bajo su pierna flexionada? En *Madre y niño* había al menos una desproporción de edad semejante a la de Alfonso y Justiniana. (*Los cuadernos* III.79–80)

Fig. 8
Egon Schiele (1890–1918).
Madre e hijo (1910).
Aguada, acuarela y lápiz sobre papel.
36 x 56 cm (14.3 x 21.9 in).
Colección Privada.
©2002–2013 www.egon-schiele.net

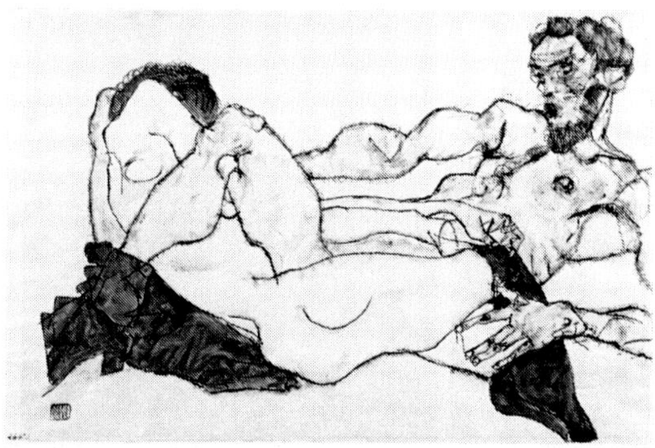

Fig. 9
Egon Schiele (1890–1918).
Desnudo de hombre y mujer reclinados y entreverados (1913).
Aguada, acuarela y lápiz. 31,8 x 48,2 cm.
© Graphische Sammlung Albertina,Viena, Austria.
26669

Ante la mirada de Lucrecia, aprobadora unas veces y desaprobadora otras, Fonchito y Justiniana se esfuerzan por emular la pose de las figuras del lienzo: "—Empecemos —dijo Alonso—. Tú boca abajo, la cabeza sobre tus brazos, cruzados como una almohada. Tengo que pegarme a tu derecha. Las rodillas en tu pierna, mi cabeza a tu costado. Sólo que, como soy más grande que el del cuadro, te llego al hombro. ¿Nos parecemos algo, madrastra?" (*Los cuadernos* III.81). La imagen de la madre y el niño, que constituye uno de los temas obsesivos del pintor, conjura en la mente de los lectores el abrazo incestuoso entre la madrastra y Fonchito al que aludía también la *Alegoría del Amor* de Bronzino, que decora la portada de *Elogio* en la primera edición de Tusquets (Fig. 11).

Al igual que Schiele representa numerosos papeles sobre el escenario de sus lienzos, los personajes de *Elogio* y *Los cuadernos* juegan a desdoblarse e intercambiarse papeles. En el espectáculo que montan Fonchito, Lucrecia y Justiniana en torno a la obra de Schiele, *Madre e hijo*, Fonchito suplanta a su padre, Justiniana suplanta a Lucrecia y Lucrecia suplanta a Fonchito, al ser ahora ella la que ocupa el puesto de observador(a) que detentaba con anterioridad el niño, convirtiéndose éste y la sirvienta en la obra de arte observada: "Ellos permanecían quietos jugando con toda seriedad" (*Los cuadernos* III.81). Por unos instantes, el estatismo reemplaza al movimiento, lo atemporal sustituye el devenir del tiempo, la representación y el simulacro suplantan la vida: "La atmósfera se había espesado, los ruidos del Olivar apagado, el tiempo escurrido, y la casita, San Isidro, el mundo, evaporado" (*Los cuadernos* III.81). El sortilegio del instante es roto por la voz de Fonchito, quien quiere que sean ahora Lucrecia y Justiniana las que interpreten un tercer lienzo de Schiele: *Dos jovencitas yaciendo entreveradas* (Fig. 10). Se repite de este modo aquel otro escenario en el que el pintor había hecho posar juntas para él a su esposa, Edith y a su cuñada, Adele (*Los cuadernos* II.35).

Fig. 10
Egon Schiele (1890–1918).
Dos jovencitas yaciendo entreveradas (1915).
Aguada y lápiz. 32,5 x 49,5 cm.

31173

Fonchito vuelve a asumir su papel de director escénico para instruir y coreografiar los movimientos de las dos actrices que protagonizan su espectáculo seudo-pornográfico:

> No te muevas, Justita. Date la vuelta, nomás. Échate a su lado, madrastra, de espaldas sobre ella. La mano así, bajo la cadera. Tú eres la del vestido amarillo, Justita. Imítala. Este brazo aquí, y, el derecho, pásaselo a mi madrastra bajo las piernas. Tú, dóblate un poquito, que tu rodilla choque con el hombro de Justita. Levanta esa mano, pónsela a mi madrastra en la pierna, abre los dedos. Así, así. ¡Perfecto! (*Los cuadernos* III.82)

Según los libros que Fonchito lee sobre Schiele en la biblioteca de su padre, el pintor solía jugar con sus modelos antes de pintarlas, como indiqué anteriormente: "Se las quedaba mirando horas. Jugaba con ellas como si fueran muñecas. Hasta que le venía la inspiración. Entonces las pintaba" (*Los cuadernos* II.38). Emulando a Schiele, Fonchito juega con Lucrecia y Justiniana a avivarles el deseo. Sobre el lienzo de la narración se estampan los cuerpos engarzados del ama y su sirvienta, formando esa madeja de miembros dislocados tan característica de la iconografía del pintor: "Las había dejado solas, tendidas, entreveradas, abandonadas, perdidas en una fantasía de su pintor favorito" (*Los cuadernos* III.83). Una vez dado el visto bueno a la *performance* de Lucrecia y Justiniana, Fonchito se retira de la escena sabiendo que la fuerza irresistible del deseo, aunada al vigor imaginativo del público lector, completarán la obra de seducción que él mismo ha puesto en marcha con el jueguito de los cuadros.

El teatro como ficción

El romance de Vargas Llosa con el género teatral cuenta con una larga historia. Comenzó a la edad de siete u ocho años cuando acudió por primera vez al teatro, según nos cuenta en "El viaje de Odiseo," donde el autor traza el itinerario de su propio viaje por el territorio dramático.[38] Envuelto en la penumbra del teatro Achá de la ciudad boliviana de Cochabamba, el pequeño Marito experimentó maravillado la magia teatral: esa extraña sensación de salirse de uno mismo y del tiempo de los relojes, para entrar en ese otro tiempo paralelo y atemporal de la representación, del simulacro o de la ficción. El autor explica así el embrujo del momento:

> de pronto se apagaron las luces, se alzó el telón y en el escenario unos personajes de carne y hueso comenzaron a vivir una historia. No eran títeres, ni dibujos animados, ni imágenes suscitadas por las palabras de un libro, sino seres humanos quienes encarnaban aquellos sucesos que iban haciéndose y deshaciéndose a medida que ocurrían. Yo los veía y escuchaba fascinado, aunque sin entender gran cosa de lo que decían. ("El viaje de Odiseo" 119)

La emoción se adelantó a la razón, plantando la semilla de esa pasión que iría creciendo al compás de su adolescencia en Lima, donde solía disfrutar con comedias en los teatros Segura y Municipal, demarcándose de los gustos de sus amigos de secundaria más aficionados al cine que a las artes escénicas ("El viaje de Odiseo" 120). Con Arthur Miller se produjo su conversión definitiva. Según confiesa el autor, impulsado por la fuerza dramática irradiada por *La muerte de un viajante* se puso a escribir, con apenas dieciséis años, su primer drama, *La huida del inca* (1951):

> la escribí y reescribí, varias veces, y en vez de romperla la guardé. Tenía un prólogo y un epílogo que ocurrían en la época actual y tres actos situados en el lejano Tahuantinsuyo. Para entonces, por culpa de Arthur Miller, había llegado al convencimiento de que el teatro era la forma suprema de la ficción y que lo que quería ser en el futuro no era poeta ni novelista, sino dramaturgo. ("El viaje de Odiseo" 121)

El hechizo de Miller encendió en este adolescente imberbe el deseo de convertirse en hombre de teatro. Sin embargo, la desesperanzadora situación del género en Lima desmontó pronto la ilusión del joven dramaturgo, como explica el propio autor en el prólogo de la antología *Teatro. Obra reunida* (2006), un libro que recoge las cinco piezas teatrales escritas por Vargas Llosa entre 1981 y 1996:[39]

> Si en la Lima de los años cincuenta, donde comencé a escribir, hubiera habido un movimiento teatral, es probable que, en vez de novelista, hubiera sido dramaturgo. [...] Pero, escribir teatro, en la Lima de aquellos años, era peor que llorar: condenarse, o poco menos, a no ver nunca lo que uno escribía, de pie en el escenario, algo todavía más triste y frustrante que, para un poeta o novelista, morir inédito. (9)

Pese a esta realidad descorazonadora, el joven Mario sí consiguió "ver de pie en el escenario" del Teatro Variedades de Piura su primer experimento teatral ya mencionado, *La huida del inca*. Su puesta en escena fue auspiciada por el Colegio San Miguel donde el dramaturgo aprendiz cursaba los estudios secundarios, y él mismo se encargó de la dirección y del reclutamiento de actores y actrices entre sus amigos del colegio. Durante esos años de extrema sequía en el campo teatral limeño compensó la carencia con la lectura de textos dramáticos de Valle-Inclán, Lorca, Camus, Sartre, Anouilh, Miller, Tennessee Williams, Chéjov, Pirandello, Shakespeare, Ibsen, Strindberg y los clásicos del siglo de oro español. En 1958 partió hacia España con la ilusión de poder ver sobre los escenarios madrileños las obras de los clásicos españoles que con tanto interés había leído en Perú. Pero su paso por Madrid fue enormemente decepcionante por la situación de letargo en que se hallaba, también, el teatro español de la época.[40] Su escala posterior en la capital francesa resultó, en cambio, mucho más gratificante en cuanto a la experiencia teatral se refiere, dada la gran vitalidad, creatividad y modernidad de la escena teatral parisina de los años sesenta: Ionesco, Beckett, Adamov, Claudel, Chéjov, Kleist, Sartre, los clásicos de la Comédie Française y Brecht, entre otros ("El viaje de Odiseo" 125–29).[41] Aunque Vargas Llosa no dejó de ver y leer mucho teatro en Francia y en Londres en los sesenta y luego en Lima, Barcelona, Londres, Puerto Rico y Nueva York en la década siguiente, su energía creadora se volcó por entero en la novela. Su vuelta a la escritura teatral se produjo en los años ochenta con la publicación de tres piezas: *La señorita de Tacna* (1981), *Kathie y el hipopótamo* (1983) y *La Chunga* (1986). En los noventa aparecieron, también, *El loco de los balcones* (1993) y *Ojos bonitos, cuadros feos* (1996). En sus proyectos teatrales más recientes, el escritor ha sumado a su experiencia de dramaturgo la de actor de teatro. El espectáculo dramático *La verdad de las mentiras* es especialmente significativo por ser la primera vez que el autor se subió a un escenario para dar vida a un texto propio.[42] Vargas Llosa repitió la experiencia en 2007 con la puesta en escena en el Teatro de Mérida (España) de su pieza teatral, *Odiseo y Penélope*, en la que acompañado nuevamente por la actriz española Aitiana Sánchez Gijón (Penélope) daba vida al personaje de Odiseo.[43]

Por unas cinco décadas el teatro ha sido el perro fiel de este Odiseo contemporáneo que es Vargas Llosa. Lo ha acompañado en la doble faz de su viaje por la vida, en general, y por el arte y la literatura, en particular. De él ha aprendido los trucos del ilusionismo y el malabarismo verbal, para simular la realidad de manera convincente y persuasiva mediante la ficción. En *El arte de la fuga* Sergio Pitol nos recordaba que "Uno [...] es los libros que ha leído, la pintura que ha visto, la música escuchada y olvidada, las calles recorridas. Uno es su niñez, la familia, unos cuantos amigos, algunos amores, bastantes fastidios" (9). Nutriéndose la obra de todo escritor o escritora de las propias vivencias, no sólo las vividas con fecha de verificación sino también las soñadas e imaginadas, no es de extrañar que *Elogio* y *Los cuadernos* expresen la nostalgia de aquel primer amor, tantas veces recordado y reinventado por el autor con cada página escrita tras aquel día en que, de pantalón corto y en compañía de su madre y abuelos, asistió al teatro Achá, sellando allí mismo y en aquel instante un futuro prometedor todavía desconocido.

El ilusionismo teatral del novelista

Mario Vargas Llosa tiene en el teatro un estupendo aliado en su afán de crear ilusiones que desbanquen la realidad real, porque el teatro, según ha certificado el propio escritor: "es, de todos los géneros que se proponen crear una ilusión de vida, el que está más cerca de la vida de verdad, sin las mediaciones que a los otros (la palabra, la imagen), no importa cuán admirables sean, los mantiene a raya, sin permitirles salvar esa frontera que los separa de la vida real, de la vida vivida" ("El viaje de Odiseo" 132).

Además, su teatro, o el teatro que más le interesa, es aquél capaz de poner de pie sobre el escenario, no sólo la realidad real de los personajes sino también su realidad ficticia, sus sueños y sus fantasías. Como ha confesado el autor, la representación de esta conjunción de la subjetividad y objetividad humanas es su principal objetivo como dramaturgo:

> Igual que en mis dos obras de teatro anteriores—*La señorita de Tacna* y *Kathie y el hipopótamo*—he intentado en *La Chunga* proyectar en una ficción dramática la totalidad humana de los actos y los sueños, de los hechos y las fantasías [...]. Uso la expresión de "totalidad humana" para subrayar el hecho obvio de que un hombre es una unidad irrompible de actos y deseos, y, también, porque esta unidad debería manifestarse

> en la representación, enfrentando al espectador con un mundo integrado, en el que el hombre que habla y el que fantasea—el que es y el que inventa ser—son una continuidad sin cesuras, un anverso y reverso confundibles, como esas prendas de vestir que se pueden usar por ambos lados de tal modo que resulta imposible establecer cuál es el derecho y cuál su revés. ("La Chunga" 258)

Éste es el desafío que asume Vargas Llosa–dramaturgo al escribir y montar sus piezas teatrales, en las que lo real y lo imaginario cobran forma humana sobre un mismo decorado, ocupando un tiempo y espacio comunes, dialogando entre sí. Belisario, escritor-protagonista de *La señorita de Tacna,* comparte las tablas del escenario con fantasmas del pasado. En *Kathie y el hipopótamo*, los personajes fantasmagóricos de esa otra vida que se inventa Kathie, conviven con la protagonista de este drama y con el amanuense a quien ha contratado, para que le ayude a re-escribir su vida diferentemente. El escenario en que se mueven los cuatro inconquistables de *La Chunga* coexiste con ese otro imaginado por ellos a fin de inventar la escena del posible asesinato de Meche, con quien la Chunga había pasado la noche anterior a su desaparición.

Aunque, el escenario que se ilumina ante nuestros ojos aparece poblado de personajes que entran y salen de escena en escena, en realidad, es uno o son muy pocos los personajes que de verdad suben al escenario de estos dramas; la mayoría de ellos son visiones fantasmagóricas que encarnan recuerdos o anhelos. Y algo muy similar ocurre, también, en *Elogio* y *Los cuadernos*. A pesar de que las páginas de estos libros se llenen de personajes, la mayoría de ellos sólo existen en los sueños y fantasías de la tríada protagonista: don Rigoberto, Lucrecia y Fonchito.

Con el tratamiento narrativo de sus dramas y con el tratamiento teatral de sus novelas, Vargas Llosa vuelve a desafiar las fronteras artísticas. Mientras el montaje de sus obras teatrales producen en el público lector—o al menos, en la lectora que escribe estas líneas—la sensación de estar leyendo una novela, la lectura de sus novelas, *Elogio* y *Los cuadernos*, crean la viva ilusión de estar presenciando una pieza teatral. Mientras que en *La señorita de Tacna*, *Kathie y el hipopótamo*, *La Chunga* u *Odiseo y Penélope*, la narración ocupa las tablas del escenario, en *Elogio* y *Los cuadernos*, las tablas del escenario ocupan la narración. Con respecto a las dos primeras, Rosemary Geisdorfer Feal señala que su originalidad radica en el empleo por parte del autor "de un protagonista-escritor que intenta articular en forma de novela lo que se presenta en escena" (137).[44] En el ámbito narrativo de *Elogio* y *Los cuadernos*, Vargas Llosa emplea un protagonista fabulador que intenta dar presencia escénica a los guiones fantasiosos que escribe su imaginación.

Claro está que el teatro y la novela manufacturan la ilusión mediante procedimientos afines a su medio artístico singular, tal y como matiza el propio autor:

> El teatro no es la vida, sino el teatro, es decir, otra vida, la de mentiras, la de ficción. Ningún género manifiesta tan espléndidamente la dudosa naturaleza del arte como una representación teatral. A diferencia de los personajes de una novela o de un cuadro, los del escenario son de carne y hueso y viven ante nuestros ojos los roles que protagonizan. Los vemos sufrir, gozar, enfurecerse, reír. Si el espectáculo está logrado, esas voces, movimientos, sentimientos, nos convencen profundamente de su realidad. Y, en efecto, ¿qué hay en ellos que no se confunda con la vida? Nada, salvo que son simulacro, ficción, teatro. ("El teatro como ficción" 132)

A pesar de que la novela cuenta la vida y no la encarna como hace el teatro, ambas fabrican ilusiones. La reversibilidad que muestra la escritura de Vargas Llosa, al actuar su teatro como ficción y su ficción como teatro, remite a ese centro neurálgico de donde manan sus piezas teatrales y sus novelas: la necesidad de contar historias, de simular la vida, poniendo en el banquillo a los lectores como testigos y cómplices de la magia de la ficción. Oigamos lo que dice el propio autor respecto al arte de contar "mentiras" verazmente como meta común del novelista y del dramaturgo:

> Siempre consideré el teatro el reverso de la novela, es decir, otra manera de contar historias, más íntima e inmediata, algo que establecía entre ambos géneros una consanguinidad irrenunciable, y desde entonces pensé que lo más difícil de lograr—el mayor triunfo de un novelista o un dramaturgo—era contar una historia bien contada, es decir, de manera tan contagiosa que no pareciera ficción sino la vida atrapada y expuesta en un libro o sobre las tablas. ("El viaje de Odiseo" 126)

Las tablas sobre las que se monta esa vida atrapada en los libros de *Elogio* y *Los cuadernos*, funcionan además como un espejo cargado de reflejos y contra-reflejos, como hemos visto en las páginas precedentes. Pero además, las novelas de *Elogio* y *Los cuadernos* vuelven la mirada hacia sí mismas para verse en el espejo de la propia ficción. Este movimiento de repliegue del texto sobre sí exhibe el andamiaje teatral que sostiene su construcción. Como señala pertinentemente el crítico francés, Jean-Claude Vuillemin, a pesar de que la teatralidad de un texto dramático sólo se manifiesta verdaderamente en su dimensión escénica eventual, del plano textual puede emanar, también, la esencia teatral, mediante la operación de desdoblamiento auto-referencial que un texto obra al replegarse sobre sí mismo: "il n'en demeure pas moins théoriquement correct de parler d'une théâtralité inhérente au seul texte si… il prend soin d'opérer un retour réflexif sur lui-même afin de souligner, sans arrêt, son code d'émergence dans ses tours, ses ruses et ses artifices" ("Du texte dramatique au texte spectaculaire" 139; "teóricamente, es correcto hablar de una teatralidad inherente al texto si… éste opera un vuelco reflexivo sobre sí mismo con el fin de subrayar, sin cesar, su código de producción en sus vueltas, trucos y artificios"). De los textos de *Elogio* y *Los cuadernos* se desprende la teatralidad inherente al texto de la que habla Vuillemin, al darse en ellos una serie de desdoblamientos, pliegues y repliegues, tanto temáticos como estructurales, que producen un juego de ecos y reflejos muy revelador de su naturaleza espec(tac)ular. Esta condición refleja se manifiesta, primordialmente, por la utilización que hace Vargas Llosa en ambas novelas de su famosa técnica de las cajas chinas. Este mecanismo de reduplicación interna actúa en *Elogio* mediante la inserción en el interior de la novela de una composición con título homónimo que Fonchito escribe para el colegio:

> —¿No tienes tareas para mañana? —preguntó (*don Rigoberto*)
> —Ya las hice —contestó el niño—. Sólo tenía una, papi. Composición de tema libre.
> —¿Ah, sí? —insistió don Rigoberto—. ¿Y qué tema escogiste?
> Al niño se le volvió a encender la cara con una alegría candorosa y don Rigoberto repentinamente sintió un miedo cerval. ¿Qué pasaba? ¿Qué iba a pasar?
> —Sobre ella, pues, papi, sobre quién iba a ser —palmoteaba Fonchito—. Le he puesto como título: "Elogio de la madrastra." ¿Qué te parece?
> —Muy bien, es un buen título —contestó don Rigoberto. Y casi sin pensarlo, con una risotada falsa, añadió—: Parece el de una novelita erótica. (*Elogio* XIII.172)

La ironía y el humor de este gesto auto-referencial por parte del novelista es evidente. No olvidemos que la novela la publicó la editorial Tusquets en su serie "Sonrisa vertical" de pastas rosas, perteneciente a la colección erótica dirigida por Luis G. Berlanga. La novelita erótica de Fonchito reproduce en escala reducida los contornos de la propia novela erótica de Vargas Llosa, con algunas alteraciones que sirven de contrapunto. Su inserción introduce una peculiar visión en profundidad como sucede con las muñecas rusas o las cajas chinas, las cuales contienen varias piezas idénticas en su interior que van disminuyendo de tamaño. La historia de los amores lícitos del matrimonio contiene en su interior la historia de amores ilícitos de Lucrecia y su hijastro. La inocencia del iluso de don Rigoberto redunda en la perversidad de su hijo. La novela de Vargas Llosa y la novelita de Fonchito injertada en ella, se miran en el mismo espejo de la ficción erótica, dando pie a preguntas sobre la naturaleza del propio género:

> —¿Qué quiere decir erótica? —averiguó el niño, muy serio.
> —Relativo al amor físico —lo ilustró don Rigoberto [...] ciertas palabras como ésta, sólo cobran sentido con el tiempo, gracias a la experiencia, algo que importa más que las definiciones. (*Elogio* XIII.172–73)[45]

Lo que aún ignora don Rigoberto es que Fonchito—a pesar de su corta edad—ha acumulado ya una rica experiencia en el arte de amar, aunque le falten las palabras para nombrarla.

La composición que escribe Fonchito sobre la madrastra, además de contribuir al desarrollo de la trama poniendo al descubierto la infidelidad de Lucrecia, sirve también para poner en escena el proceso mismo de la recepción. Tras leer lo que Fonchito ha escrito sobre la madrastra, don Rigoberto, incrédulo, piensa que todo son invenciones del niño:

> —¿Qué significa esto, Alfonso? —balbuceó. Le dolían las muelas, la lengua, la mandíbula. No reconocía su propia voz.
> —¿Qué cosa papi?
> Lo miraba como si no entendiera qué le ocurría.
> —¿Qué significan estas... fantasías —tartamudeó, desde la espantosa confusión que le atenazaba el alma—. ¿Te has vuelto loco, chiquito? ¿Cómo has podido inventar unas suciedades tan indecentes? (*Elogio* XIII.175–76)

Con estas preguntas con las que don Rigoberto condena la escritura malsana de Fonchito, Vargas Llosa alude juguetonamente a su propia escritura. Sin duda podríamos plantearle al novelista las mismas preguntas: ¿qué significan estas fantasías? ¿Se ha vuelto usted loco? ¿Cómo ha podido escribir suciedades tan indecentes en las páginas de *Elogio* y *Los cuadernos*?

Vargas Llosa cuenta con la coartada de la ficción, mientras que el gran fantaseador de don Rigoberto, confrontado a la traición de su esposa y a la perversa inocencia de su hijo, se da de bruces con la trágica realidad de su vida ficticia: "Pero qué invenciones, papi. Si todo lo que cuento es verdad, todo pasó así, pues," recalca Fonchito dinamitando el mundo de ilusiones donde se había parapetado don Rigoberto (*Elogio* XIII.176).

En *Los cuadernos*—al igual que en *Elogio*—Vargas Llosa utiliza la técnica de *mise en abîme* o de las cajas chinas, para reproducir de forma reducida y por homología el conjunto de las estructuras de la obra. Dicho procedimiento de reduplicación interna se evidencia en *Los cuadernos* por la repetida mención que se hace en la novela a los propios cuadernos que escribe don Rigoberto entre las cuatro paredes de su estudio, y que serán objeto de análisis en el último capítulo de esta investigación. Recordemos que a fin de sobrellevar su soledad, don Rigoberto se ampara en la fantasía y en la escritura. Se encierra al atardecer en su biblioteca para invocar la presencia fantasmal de su esposa al conjuro de sus escritos. Autor y personaje compiten por la palabra. Compiten por el poder que el escritor detenta para concretizar lo abstracto, materializar lo inmaterial, hacer posible lo imposible. Ambos compiten por lograr que la palabra se encarne y se convierta en estrategia de salvación y supervivencia. De la misma manera en que los cuadernos que redacta don Rigoberto se alimentan de un conjunto disímil de escritos (cartas, transcripción de citas, reflexiones, proverbios y comentarios), *Los cuadernos* engrana textos de muy diversa índole (narraciones, cartas, anónimos, ilustraciones) con los que el autor monta este drama.

Los mini-textos contenidos en los macro-textos de *Elogio* y *Los cuadernos* funcionan como dobles conceptuales, reflexiones auto-conscientes y reflejos especulares que producen la ilusión de estar ante una realidad que, en realidad, no es real sino vivamente imaginada.

El fenómeno de reduplicación interna se ve propiciado, también, por la relación que se establece entre el autor y el protagonista de este melodrama erótico-familiar. Según Albert Bensoussan todo novelista posee el poder omnímodo de un dios creador de dramas de tinta y papel: "El novelista—demiurgo y titiritero—es el amo todopoderoso de sus criaturas, es él quien arma su pequeño teatro, libremente, animando sus demonios, y nosotros, los lectores, somos sus espectadores divertidos, fascinados, convencidos, entusiastas" (8). Este escenario recién descrito por Bensoussan se desdobla en *Elogio* y *Los cuadernos* en una suerte de meta-escenario, sobre el que el personaje engendrado por la imaginación de Vargas Llosa encarna y suplanta al autor. Don Rigoberto le usurpa a su creador el papel de demiurgo al inventarse una vida paralela y escenificar múltiples visiones de sí mismo sobre las tablas de su imaginación. A pesar de sentirse esclavo de esa realidad objetiva que lo condena a vivir la vida de un mediocre burócrata, al soñar despierto se emancipa de ella. En esa otra vida que monta el propio personaje sobre el evanescente escenario de lo onírico, don Rigoberto reina con todos los poderes que le confiere su propia fantasía, imponiendo su voluntad caprichosamente, como categóricamente hace saber al tan odiado burócrata en una de las cartas que escribe: "En esa otra realidad, usted no existe. Existen sólo la mujer que amo y amaré siempre —la ausente Lucrecia— mi hijo Alfonso y algunos movibles y transitorios figurantes que aparecen como fuegos fatuos, el tiempo de serme útiles. Sólo cuando estoy en ese mundo, en esa compañía existo, pues gozo y soy feliz" (*Los cuadernos* IX.333–34). Al igual que el autor, don Rigoberto acapara el poder soberano del novelista durante el tiempo que dura su fantasear. En esta pieza teatral en dos actos que componen *Elogio* y *Los cuadernos,* don Rigoberto hace los papeles de autor, director, actor y espectador de su propio drama imaginario. Gracias a la corporeidad que adquieren las palabras, al malabarismo de los diálogos y a la pirotecnia teatral que emplea Vargas Llosa al escribir *Elogio* y *Los cuadernos*, las páginas de estos libros se convierten en un vivo escenario sobre el que los personajes creados por la imaginación del escritor se prestan al juego de la representación ante las miradas voyeurísticas y cómplices del narrador omnisciente, de otros personajes y de nosotros, su público lector. Estas miradas se instalan en *Elogio* y *Los cuadernos* para garantizar y demarcar el ámbito de la teatralidad en el que se desenvuelven las escenas eróticas imaginadas por el autor y sus personajes. El irresistible impulso de imaginar y dramatizar la vida soñada acucia no sólo al escritor y protagonistas de *Elogio* y *Los cuadernos*, sino también a todos nosotros, sus lectores, en tanto que copartícipes en la orgía erótica y humorística a la que nos invita su lectura: una empresa histriónica tan necesaria como pasajera.

Las dudas que despierta en la muchacha la identidad del arcángel San Gabriel anteriormente citadas: "¿Sería un mago, tal vez? ¿Estaría con esas palabras formulando un conjuro a favor o en contra de algo, de alguien?" (*Elogio* XIV.184), me parecen muy válidas también para nosotros, los lectores de *Elogio* y *Los cuadernos:* ¿es un mago Vargas Llosa? ¿Está con la *puesta en escena* de estas narraciones formulando un conjuro a favor o en contra de algo, de alguien?

Como le ocurre a la joven María, tampoco yo me atrevo a responder. Pero de lo que sí estoy convencida es de que, con las palabras encarnadas y descarnadas de *Elogio* y *Los cuadernos*, Vargas Llosa formula un conjuro a favor de la ilusión y la sed insaciable de ilusionarnos que sentimos los seres humanos. Con un golpe de efecto, este mago de la escritura que es Vargas Llosa, hace brotar de las páginas de *Elogio* y *Los cuadernos* una miríada de visiones quiméricas ante cuyo espectáculo el escritor, sus personajes y nosotros, su público lector, somos libres de vivir gozosa y dolorosamente la vida de los sueños, sin otros límites que los que nos imponga nuestra propia imaginación. "Amar lo imposible tiene un precio que tarde o temprano se paga," piensa don Rigoberto. Los lectores de *Elogio de la madrastra* y *Los cuadernos de don Rigoberto* también estamos dispuestos a pagar el elevado coste de la ilusión.

Cae el TELÓN

Capítulo dos

La creación de la ilusión pictórica

El *trompe l'œil* de la ficción

> La peinture ne trompe qu'en détrompant puisqu'elle démonte les apparences en se montrant en train de les produire par l'artifice du tableau: pour le dire sous forme de paradoxe, elle ne trompe que l'œil averti du trompe-l'œil.
>
> Patrick Vauday
> *La peinture et l'image*

> (La pintura no engaña sino desengañando, puesto que desmonta las apariencias al mostrarse produciéndolas por medio del artificio del cuadro: para decirlo en forma de paradoja, no engaña sino al ojo advertido del trampantojo.)

Al comienzo de su prefacio al *Laocoön*, Gotthold Ephraim Lessing nos cuenta una deliciosa fábula: "The first person to compare painting with poetry was a man of fine feeling who observed that both arts produced a similar effect upon him. Both, he felt, represent absent things as being present and appearance as reality. Both create an illusion, and in both cases the illusion is pleasing" (3; "La primera persona que comparó la pintura con la poesía fue un hombre sensible, quien observó que ambas producían en él efectos similares. Las dos crean una ilusión, y en ambos casos la ilusión es placentera"). Cito estas palabras de Lessing porque, de forma clara y sencilla, condensan varias de las ideas que formarán la base de estas reflexiones sobre la relación texto-imagen: la voluntad comparatista que anima los estudios interartísticos, el papel fundamental que ocupa en ellos la instancia receptora y por último, su énfasis en el poder ilusionista de la representación y el enorme placer que procura. Sin embargo, si el famoso ensayo de

Lessing tenía como meta determinar los límites de la pintura y de la poesía, esta investigación tiende en cambio a explorar sus ilimitadas posibilidades. En el tráfico de ilusiones que generan *Elogio* y *Los cuadernos* no sólo circula a sus anchas la ilusión teatral, como vimos en el capítulo anterior, sino también la ilusión pictórica. Por medio de una escritura que opera como pincel, un lenguaje plástico que concretiza formas conceptuales aportando los colores y tesituras de una variada paleta, y un mundo referencial rico en alusiones a pintores y cuadros, Mario Vargas Llosa transforma el mundo narrado en un mundo contemplado. El escritor nos hace entrar en estos libros como entramos en un museo. Los acontecimientos se presentan ante nuestros ojos como escenas pictóricas y los personajes novelescos encarnan figuras pintadas sobre lienzos.

Junto con la magia teatral, los golpes de efecto pictóricos ayudan al autor y a los personajes a dar consistencia material a sus deseos y fantasías. El acento pictórico modula el discurso del narrador omnisciente de *Elogio* y *Los cuadernos*, así como el de los personajes-narradores en ambos textos, haciendo que—ante los ojos de los lectores—(a)parezca (como) real lo ficticio, concreto lo abstracto, presente lo ausente y visible lo invisible. Al ir los dos textos acompañados de ilustraciones, al bordar el novelista con múltiples referencias pictóricas la tela discursiva de ambas narraciones, Vargas Llosa nos invita a habitar al mismo tiempo los dominios semióticos del lenguaje y de la pintura. Nos incita a dar sentido(s) a ambos textos narrativos estableciendo enlaces entre los dos sistemas de representación, la literatura y la pintura, que—aunque se rigen por códigos distintos—comparten una misma meta: la de simular la vida sin disimular la simulación. La ilusión o *trompe l'œil* y el deseo de ilusionarse resultan ser inagotables fuentes de placer, tanto para el novelista y sus criaturas ficticias como para los lectores de este díptico narrativo.

Por medio del mundo imaginario e imaginativo de don Rigoberto, Lucrecia y Fonchito, Vargas Llosa nos muestra, asimismo, la manera en que somos habitados por las redes de signos culturales que entretejen los libros que leemos, los cuadros que contemplamos o las imágenes que caprichosamente se van archivando en nuestra memoria. Nos enseña, en definitiva, cómo ese gran caudal imaginario riega nuestra árida realidad de cada día, haciéndola mucho más vividera. Las imágenes pictóricas, las escenas de una función teatral, las citas de un libro o la melodía de una canción, constituyen un rico manantial al que acuden los personajes de *Elogio* y *Los cuadernos* cuando tienen sed de fantasear, de imaginar otra existencia distinta de la que viven, en la que poder materializar sus deseos.

Frente a los pequeños cataclismos de la vida cotidiana, los protagonistas de este drama familiar buscan guarida en la ficción, el arte y la imaginación. Como afirma Carlos Granés con mucho acierto, *Elogio* y *Los cuadernos* son "dos novelas en las que Mario Vargas Llosa explora de lleno la manera en la que la fantasía y la imaginación permiten construir un universo privado, donde la existencia es adornada y erotizada, transformada en juego y en ritual, como compensación a los sacrificios que deben hacerse para vivir en sociedad" (103). Los personajes de *Elogio* y *Los cuadernos* recurren a un vasto inventario de imágenes pictóricas para construir ese enclave íntimo del que hablan tanto Granés como don Rigoberto, donde campea libremente la fantasía (*Los cuadernos* IX.330). Sin embargo, el protagonismo de la pintura no se limita exclusivamente al ámbito de lo imaginario, sino que salpica por igual la esfera de la realidad ficticia de los personajes. Según veremos en este capítulo, las ensoñaciones de don Rigoberto, Lucrecia y Fonchito se erigen sobre modelos pictóricos, pero la realidad de estos personajes se cementa, también, con representaciones visuales que son una bomba de oxígeno para los grandes y pequeños naufragios de su existencia cotidiana.

La pintura no funciona en estos dos textos como juego frívolo ni como pincelada decorativa, sino que juega una baza muy significativa en la inventiva del escritor a la hora de componer el lienzo que pintan ambas narraciones, retratar a los personajes y esbozar sus historias. Este "arquitecto" de la ficción—como han bautizado a Vargas Llosa Ángel Esteban y Ana Gallego (20)—construye el entramado de ambas ficciones con técnicas, materiales y artefactos provenientes de la doble cantera de la pintura y la literatura, y lo hace para conseguir efectos artísticos particulares. En estas dos novelas, el texto va acompañado de ilustraciones y en ambas, la naturaleza visual de su prosa y las muchas referencias a pintores y cuadros que la decoran, hacen confluir en la mente y en la sensibilidad de los lectores las experiencias de leer un texto y contemplar un cuadro.

En el capítulo anterior indagué la manera en que el aura teatral que envuelve ambas narraciones, contribuye a corporeizar los deseos y ensueños de los personajes y a fabricar (la ilusión de) esa presencia o sensación de inmediatez, que la experiencia del teatro procura. Ahora le toca el turno a la pintura. Vargas Llosa encuentra en su arsenal un rico filón de imágenes con las que representar pictóricamente lo que imaginan sus personajes y una estética modernista, visual, colorista y preciosista, que adorna su prosa sin condenarla a la vacuidad. Como veremos en las páginas que siguen, el arte pictórico (estilos, obras y artistas) influye en el diseño compositivo de ambos textos, en la caracterización de los personajes, el desarrollo de la trama, el lenguaje y la temática que se plantea. Vargas Llosa se sirve del pincel de su escritura para pintar la vida imaginaria de sus personajes, dando color, forma, luz y volumen a la inmaterialidad de sus fantasías y deseos. La magia de su lenguaje crea en nosotros, los lectores, la ilusión de estar contemplando un cuadro mientras leemos la página escrita, como señalé con anterioridad. La sobrecarga sensorial, sensual y plástica de la prosa que utiliza el escritor en estas novelas hace que la narración y lo narrado se ofrezcan a la vista del público lector como si estuvieran dibujados sobre un lienzo.

Relaciones imagen-texto

Como bien es sabido, las reflexiones filosóficas, pictóricas y literarias sobre la relación texto-imagen cuentan ya con una larguísima historia, que remonta a la Antigüedad Clásica. Dentro de las artes comparativas o los estudios interartísticos, los debates más antiguos son los tocantes a la correspondencia entre la literatura y la pintura. Sin embargo, en el marco de las disciplinas académicas de la teoría y crítica literarias, este diálogo es algo más reciente—tal y como advierte Hans Lund en la introducción a su libro *Text as Picture* (1).

Por lo general, suelen ser tres las posiciones más frecuentes entre quienes investigan las relaciones texto-imagen. La primera, la representan aquellas investigaciones que tienden a primar las semejanzas entre las artes por encima de las diferencias. El interés radica aquí en determinar los denominadores comunes, relacionando los signos que tienen en cada sistema de significación igual sentido o función. El segundo enfoque deshermana las—así llamadas—artes hermanas de la poesía y la pintura, siendo su empeño dilucidar qué es lo que *específicamente* hace que una obra pictórica sea pictórica, y una obra literaria, literaria. La tercera posición reconoce la singularidad de cada medio artístico, pero ve en la pintura y la literatura la misma capacidad de *representar*, aunque la representación se lleve a cabo mediante métodos, materiales y prácticas particulares. En todas estas posiciones se baraja, irremediablemente, el concepto de la écfrasis como la concretización y *puesta en palabras* de una imagen, según puntualiza Victoria Pineda:

> La ékfrasis es un recurso que muchos poetas utilizan porque tiene la virtualidad de dar cuerpo y concreción a una idea, y porque, al traer al presente de la página el objeto ausente de la imagen, convoca relaciones entre el ahora y el pasado, entre la presencia y la ausencia. (9)

Écfrasis, iconotexto e intermedialidad: tres conceptos clave

Siendo la écfrasis uno de los mecanismos principales para relacionar el texto y la imagen, o sea, el lenguaje verbal y su referente visual, la mayor parte de los análisis interartísticos consideran lo que es o no es la écfrasis (creación) y lo que puede o no puede hacer (recepción). W.J.T. Mitchell arguye en *Picture Theory* que la falta de claridad que empaña la noción de la écfrasis se debe, por lo general, al hecho de confundir las diferencias técnicas que existen entre los medios artísticos (verbal y visual) con las diferencias en los contenidos que transmiten:

> One lesson of a general semiotics, then, is that there is, semantically speaking (that is, in the pragmatics of communication, symbolic behavior, expression, signification) no *essential* difference between texts and images; the other lesson is that there are important differences between visual and verbal media at the level of sign-types, forms, materials of representation, and institutional traditions. The mystery is why we have this urge to treat medium as if it were the message, why we make the obvious, practical differences between these two media into metaphysical oppositions which seem to control our communicative acts, and which then have to be overcome with utopian fantasies like ekphrasis. (*Picture Theory* 161)

> Una lección de semiótica general es, entonces, que—semánticamente hablando (es decir, en la pragmática de la comunicación, conducta simbólica, expresión, significación)—no hay ninguna

> diferencia esencial entre textos e imágenes; la otra lección consiste en que hay diferencias importantes entre los medios de comunicación verbales y visuales al nivel de tipos de signos, formas, materiales de representación y tradiciones institucionales. Lo que resulta un misterio es por qué sentimos esos fuertes deseos de tratar los medios como si fueran el mensaje, por qué convertimos las obvias diferencias prácticas en oposiciones metafísicas que parecen controlar nuestros actos comunicativos, y que luego han de ser superadas con fantasías utópicas como la écfrasis.

Mitchell recurre a la fenomenología para avanzar ciertas hipótesis que nos ayuden a entender el papel que asume la écfrasis dentro de este escenario, donde la jerarquía de los medios artísticos establece sus propias oposiciones binarias (texto/imagen; sujeto que ve y habla / objeto visto y mudo; el yo / el otro). La relación texto-imagen repite la ambivalente relación que nuestro "yo" establece con el/lo "otro," la cual se proyecta en el campo de la representación verbal o visual: "Perhaps ekphrasis as 'literary principle' does the same thing, thematizing 'the visual' as other to language, 'a threat to be reduced' (ekphrastic fear), 'a potential same-to-be' (ekphrastic hope), 'a yet-not-the-same' (ekphrastic indifference)" (*Picture Theory* 163; "Quizás la écfrasis en tanto que 'principio literario' haga lo mismo, tematizando 'lo visual' como lo otro para el lenguaje, 'una amenaza que hay que aplacar' [miedo ecfrástico], 'algo que potencialmente puede llegar a ser lo mismo' [la esperanza ecfrástica] y 'un todavía no lo es' [indiferencia ecfrástica]").[1] Esta estructura social de la écfrasis personifica nuestra propia ambivalencia al entrar en contacto con los otros y con lo otro. En el tercero de estos modos de la écfrasis, el de "la indiferencia ecfrástica"—que opera dentro de la ambivalencia resultante de toda convivencia interartística—se encuentra, para Mitchell, el terreno más fértil donde cultivar un diálogo productivo entre el texto y la imagen.

Tras relacionar el binomio texto-imagen con el sujeto que mira y el objeto que es mirado, Mitchell añade un tercer elemento que transforma este modelo de comunicación bidireccional en un *ménage à trois*, en el que participa también la instancia observadora.

> The "working through" of ekphrasis and the other, then, is more like a triangular relationship than a binary one; its social structure cannot be grasped fully as a phenomenological en-

> counter of subject and object, but must be pictured as a *ménage à trois* in which the relations of self and other, text and image, are triply inscribed. If ekphrasis typically expresses a desire for a visual object (whether to possess or praise), it is also typically an offering of this expression as a gift to the reader. (*Picture Theory* 164)

> Este vérselas de la écfrasis con el otro constituye, entonces, una relación triangular más que binaria; su estructura social no puede entenderse plenamente como un encuentro fenomenológico entre sujeto y objeto, sino que debe verse como un *ménage à trois*, en el que las relaciones entre ser y otro, texto e imagen tienen una triple inscripción. Si típicamente la écfrasis expresa un deseo por un objeto visual (ya sea para poseerlo o elogiarlo), también es, típicamente, una ofrenda de esta expresión como regalo al lector.

Si bien los razonamientos de Mitchell identifican las oposiciones ontológicas binarias que fundamentan el poderío de los *medios* dentro de los estudios interartísticos (texto/imagen, sujeto/objeto, espectador(a)/imagen, etc.), Peter Wagner va a avanzar este cuestionamiento de la mano de Derrida, para socavar una hegemonía mediática que está basada—según él—en la semejanza. Wagner propone un cambio de óptica para salir de la práctica hegemónica de la analogía, de manera que los estudios interartísticos puedan dar cuenta de los conflictos y diferencias que se producen en el interior mismo de un medio creativo, al igual que en su relación con otros medios de expresión artística. Su acercamiento persigue sustituir la habitual operación analógica entre texto e imagen por el juego derridiano de las diferencias:

> The main reason for the absence of studies in *intermediality* is, of course, the reluctance of many scholars to work in what they consider to be alien territory. [...] But if we are to overcome the "correspondence-of-the-arts approach" that assumes a "mutual illumination" (which still rules the fields of both literary criticism and art history) in the study of iconotexts while turning a blind eye to the warfare involving difference and différance in each medium and between the media, we should move from the theoretical ground prepared by Bal, Bryson, Hansen-Löve, Zander, Reader, Plett, and Fowler, to practical interpretations that take into account the intermedial nature of iconotexts. I propose a name or tag to such enterprises—let us call them studies in *intermediality*. (18)

> La razón principal que explica la ausencia de estudios en intermedialidad es, claro está, la renuencia de muchos estudiosos a trabajar en lo que consideran territorio ajeno. [...] Pero si superamos el enfoque basado en la correspondencia entre las artes (el cual rige aún los campos de la crítica literaria y de la historia del arte), que asume una "iluminación" mutua en el estudio de los iconotextos mientras hace caso omiso del conflicto entre *différence* y *différance* en cada medio y entre uno y otro, deberíamos trasladarnos del terreno teórico preparado por Bal, Bryson, Hansen-Löve, Zander, Reader, Plett, y Fowler, a interpretaciones prácticas que tengan en cuenta la naturaleza intermediática de los iconotextos. Propongo un nombre o etiqueta a tal empresa—llamémoslas estudios en intermedialidad.

Se trata, para Wagner, de introducir un elemento de discordia dentro del discurso reconciliador que caracteriza la práctica comparatista, el cual tiende a borrar lo dispar en beneficio de lo parejo. Por consiguiente, el tipo de análisis interartístico que propone Wagner pretende curar al ojo crítico de esa miopía que consiste en ver objetos artísticos distintos a través del mismo lente homogeneizador. En este punto es conveniente aclarar lo que Wagner entiende por *iconotexto*. El término de *iconotexto* refiere a un espacio en el que entran en contacto los signos de dos sistemas semióticos distintos, produciéndose en su interior resultados artísticos insospechados: "iconotext refers to an artifact in which the verbal and the visual signs mingle to produce rhetoric that depends on the co-presence of words and images" (16–17; "iconotexto refiere a un artefacto donde se combinan los signos verbales y visuales para producir una retórica que depende de la co-presencia de palabras e imágenes"). Para Wagner, el diálogo entre distintos medios de expresión artística—lo que él llama *intermedialidad*—constituye una subdivisión de la intertextualidad. Al igual que los textos, las imágenes son también retóricas. Pertenecientes a un sistema semiótico de significación, tanto el texto como la imagen emplean signos (verbales o/e icónicos) para generar y propagar sentido(s). *Intermedialidad* remite, por tanto, al uso de un medio de expresión artística (por ejemplo: la pintura) dentro de otro (la literatura) y viceversa (17).

Con respecto a la teoría de la "mutua iluminación" a la que se opone Wagner, Antonio Monegal hace algunas matizaciones. Para el crítico español, el carácter analógico de los análisis interartísticos no tiene por qué conducir necesariamente a una ceguera analítica frente a lo que es distinto. Refiriéndose al archiconocido "*ut pictura poesis*" horaciano (—como la pintura, así es la poesía—) y a la también conocida identificación de Simónides: "la pintura es poesía muda," Monegal puntualiza:

> Es evidente que, en el tan citado fragmento, Horacio emplea un símil y que Simónides aprovecha el poder de sugerencia de la metáfora. Se trata, por lo tanto, de enunciados que proponen la semejanza sin borrar la diferencia. Dicho de otro modo, son comparaciones analógicas de las que no se puede deducir una equivalencia literal entre los sistemas artísticos, que son objetiva y materialmente distintos: salta a la vista que la literatura y la pintura no son lo mismo. Toda la teoría de las "artes hermanas" (otra metáfora) se basa en un paralelo entre *las capacidades respectivas de la pintura y la pintura para representar*, no en una identificación entre los recursos utilizados. (11; énfasis mío)

La relación texto-imagen que promueve Mitchell, en cuanto relación tripartita que entiende el fenómeno de la écfrasis más como interpretación que como imitación, los conceptos de *iconotexto* e *intermedialidad* de Wagner y el énfasis de Monegal en la capacidad representativa de la literatura y la pintura, son planteamientos teóricos que guiarán esta aventura interartística. También basaré algunos de mis argumentos en los aportes de Murray Krieger al estudio de la écfrasis. Sus reflexiones en *Ekphrasis: The Illusion of the Natural Sign* sobre las fuerzas contradictorias que desata la práctica de la écfrasis me parecen muy estimulantes:

> What is at stake in all these diverse attempts at ekphrasis is the semiotic status of both space and the visual in the representational attempt by the verbal art—an ultimately vain attempt—to capture these within its temporal sequence, which would form itself into its own poetic object. Ekphrastic ambition gives to the language art the extraordinary assignment of seeking to represent the literally unrepresentable. Yet every tendency in the verbal sequence to freeze itself into a shape [...] is inevitably accompanied by a counter-tendency for that sequence to free itself from the limited enclosure of the frozen, sensible image into an unbound temporal flow. Is it any wonder that I insist on words like "elusive" and "taunting" to characterize ekphrasis as a subject for theoretical placement? (9–10)
>
> Lo que está en juego en todos estos diversos acercamientos a la écfrasis es la condición semiótica del espacio y lo visual en el

> intento representacional—vano intento a fin de cuentas—por parte del arte verbal de atraparlos dentro de su secuencia temporal, que constituiría su propio objeto poético. La ambición de la écfrasis asigna al arte del lenguaje la extraordinaria tarea de tratar de representar lo que es literalmente irrepresentable. Aún así, cada tendencia de la secuencia verbal a solidificarse en una forma [...] va acompañada irremediablemente de una tendencia contraria para que la secuencia se libre del enclave limitado de la imagen lógica y congelada hacia un flujo temporal sin límites. ¿Por qué sorprenderse de que insista en palabras como "elusiva" y "desconcertante" para caracterizar la écfrasis como tema que ubicar teóricamente?

Esta relación paradójica que, según Krieger, sostiene el modo de operar de la écfrasis, la traslada a un espacio intermedio que recuerda ese otro ámbito fronterizo e indefinido entre culturas y lenguajes, al que Homi Bhabha en sus reflexiones sobre la cultura e identidad poscolonial ha calificado de *unhomely.* [2] Se trata de un espacio donde se producen contactos muy fértiles entre elementos disímiles y, supuestamente, irreconciliables; un espacio "in between" (765; "entre medio") donde hacer realizables otras posibilidades.

Algo que no pretendo hacer aquí es enredarme en disquisiciones sobre qué es lo que determina *específicamente* la naturaleza de una obra narrativa o pictórica, porque me parece una discusión bastante estéril y reductora. Mi interés radica sobre todo en explorar las posibilidades que crea el diálogo entre las artes, dentro del marco de la creación y recepción artísticas. El tan comentado empeño de Lessing por determinar la *especificidad* de los lenguajes pictórico y poético, utilizando como instrumento de análisis los conceptos de espacio y tiempo, resulta hoy día bastante inoperante, como explica Monegal:

> vivimos cada vez más en un entorno cultural que contradice a Lessing: donde las artes ya no pueden dividirse en temporales y espaciales, porque tanto el cine como otros medios audiovisuales han acabado con tal distinción, y donde los artistas persiguen justamente la rotura de las barreras entre las artes y se entregan a las formas híbridas e impuras, experimentando con todas las posibles variedades de contaminación. (10)

Al ubicar el diálogo entre el texto y la imagen dentro del marco de los estudios literarios, el campo de investigación se abre a la colaboración de la literatura y las artes visuales con otras disciplinas, cada una de ellas con una tradición, metodología y discurso propios. Monegal menciona, por ejemplo, la contribución a los estudios interartísticos de algunas disciplinas que se enmarcan dentro de los llamados estudios culturales (estética, semiótica, iconología, literatura comparada), además de la historia y la crítica de arte, e incluso, la antropología cultural, la psicología cognoscitiva, la historia de las ideas y la religión (13). La investigación presente participa de esta óptica interdisciplinaria.

Elogio y *Los cuadernos* como iconotextos

Al entreverar la mente y comportamiento de los personajes con imágenes pictóricas, Vargas Llosa da a los textos de *Elogio* y *Los cuadernos* una calidad visual singular, además de influir lo pictórico en el color y consistencia de su prosa, en el desarrollo de la acción narrativa y en la caracterización de los personajes. Las novelas de *Elogio* y *Los cuadernos* son iconotextos al coexistir en sus páginas texto e imagen, palabras e ilustraciones. Por medio de una retórica mixta, verbal y visual, Vargas Llosa nos anima a aventurarnos por los sistemas semióticos de significación y representación de la pintura y la literatura. El ir y venir del texto a la imagen, de lo verbal a lo visual, establece la misma dinámica descrita por Mitchell: "language's entry into (or exit from) the pictorial field itself, a field understood as a complex medium that is already mixed and heterogeneous, situated within institutions, histories, and discourses" (*Picture Theory* 154; "la entrada del lenguaje en el campo pictórico mismo (la salida del lenguaje de dicho campo), un campo entendido como un complejo medio que ya es mixto y heterogéneo, ubicado dentro de instituciones, historias y discursos"). Rosemary Geisdorfer Feal nos recuerda que el compromiso que supone para los lectores la aceptación de este tipo de invitación, tendida por escritores que—al igual que Vargas Llosa—vinculan los lenguajes pictórico y literario, es un compromiso que exige complicidad y creatividad: "they invite readers to function also as viewers, and even to become cocreators in a joint interartistic venture" ("In Ekphrastic Ecstasy" 197; "invitan a los lectores a funcionar también como observadores, e incluso a hacerse co-creadores en una aventura interartística conjunta"). Con *Elogio* y *Los cuadernos*, Vargas Llosa nos anima a traspasar fronteras artísticas y a reflexionar sobre la solidez y fragilidad de las mismas. Nuestra participación no puede reducirse a la simple identificación, clasificación o comentario de los elementos pictóricos presentes en los iconotextos de *Elogio* y *Los cuadernos*, ya que—como advierte Lund— raras veces un texto literario transformador de otro pictórico, tiene como fin prioritario la lectura o interpretación de una pintura *per se*, como suele ser el caso de los escritos de historiadores y críticos de arte. No basta con identificar y describir los iconotextos, es necesario analizar su función dentro del contexto particular en el que entran en contacto los signos verbales e icónicos: "picture-transforming texts have not only a descriptive function but also interpretative, commenting, and supplementary functions" (Lund 17; "los textos que transforman pinturas no sólo desempeñan una función descriptiva sino interpretativa, comentadora, y suplementaria también").

Respecto a las dos novelas que son objeto de esta investigación hay quienes han asumido este reto. Rosemary Geisdorfer Feal, María Silvino Persino, Diane E. Marting, Robert W. Gaston, Hedy Habra y Juan Carlos Ubilluz han analizado la función de las écfrasis narrativas en *Elogio*, vinculándolas con las pinturas que las inspiran y la realidad ficticia de los personajes.[3] A diferencia de *Elogio*, la novela de *Los cuadernos* ha merecido poca atención crítica en general, y todavía mucho menos en cuanto a su relación con la pintura se refiere. Mi análisis ya aludido, junto con los de Roy Charles Boland y Hedy Habra examinan las diversas funciones que desempeña en la novela la figura del pintor Egon Schiele.[4] A éstos y otros trabajos me remitiré en el curso de la presente investigación.

Como muestran todos estos estudios, la retórica, imágenes y técnicas pictóricas adquieren en *Elogio* y *Los cuadernos* un protagonismo indiscutible. Las numerosas referencias a pintores y pinturas hacen que la vida ficticia esté constantemente en careo con representaciones artísticas, para embellecerla unas veces y para suplantarla otras. Estas alusiones pictóricas contribuyen a esbozar el retrato psicológico de los personajes y a impulsar la trama novelística, además de propiciar la reflexión sobre cuál es la función del arte en la vida y cómo son los procesos de creación y recepción artísticas en los que nos vemos envueltos a diario. El pincel lingüístico de Vargas Llosa proporciona a la superficie discursiva de estos lienzos una pátina modernista, que abrillanta y acentúa la presencia material y maleable del lenguaje, no sólo como medio de expresión sino como materialidad expresiva en sí misma.[5] Por una parte, el ilusionismo verbal en *Elogio* y *Los cuadernos* produce en los lectores un efecto similar al producido por un cuadro de *trompe l'œil* en quien lo contempla. Engaña de tal modo nuestros sentidos que tomamos por real lo ilusorio, y por transparente la opacidad del lenguaje. Por otra, la visibilidad que concede Vargas Llosa a su prosa, una prosa calificada de "fetichista" por Ricardo Senabre,[6] desmonta la ilusión, al exhibir el artificio que sostiene la ilusión. Las telas narrativas de *Elogio* y *Los cuadernos* crean la misma sensación de doblez y ambivalencia que produce la écfrasis, según explica Krieger:

> In the conflict between these two impulses, between the attraction to ekphrasis and the aversion to it, what we are feeling is, on the one side, what I call the semiotic desire for the natural sign and, on the other, the rejection of any such claim to the "natural," for fear of the deprivation it would impose on our freedom of internal movement, the freedom of our imagination and its flow in its arbitrary signs. This is the doubleness in language as a medium of the verbal arts. And there is another: language in poems can be viewed as functioning transparently, sacrificing its own being for its referent; and it can be viewed as functioning sensuously, insisting upon its own irreducible there-ness. (*Ekphrasis* 11)

> En el conflicto entre estos dos impulsos, entre la atracción por la écfrasis y la aversión por ella, lo que sentimos es, por una parte, lo que doy en llamar el deseo semiótico por el signo natural y, por otra parte, el rechazo de tal pretensión de "natural," por miedo a la privación que impondría sobre nuestra libertad de movimiento interno, la libertad de nuestra imaginación y su fluir en sus signos arbitrarios. Esta es la doblez del lenguaje como un medio de las artes verbales. Y hay otro: podemos considerar que el lenguaje en los poemas funciona transparentemente, sacrificándose por su referente; o podemos considerar que funciona sensualmente, insistiendo en el allí de su propia e irreductible presencia.

Estas palabras de Krieger describen a la perfección el movimiento de vaivén entre ilusión y desilusión, vida y ficción, triunfo y derrota de la imaginación, que marca el pulso narrativo de *Elogio* y *Los cuadernos*, como confío mostrar en el curso de esta investigación.

Como gran ilusionista, Vargas Llosa transforma en arte la vida de don Rigoberto y su familia, mediante trucos pictóricos que crean en nosotros, sus lectores y cómplices, la ilusión de *ver* lo que sólo es sugerido con la palabra. Ante el lienzo que componen *Elogio* y *Los cuadernos*, los lectores-espectadores sentimos un placer redoblado al abandonarnos a la ilusión *a sabiendas* de que es una ilusión, es decir, al experimentar esa "media ilusión" a la que aludí con anterioridad. El verdadero placer está en caer y no caer del todo en el timo de sus ficciones, que nos venden al precio de la realidad lo que sólo es un magnífico simulacro.

Tal y como veremos en el curso de este segundo capítulo, Vargas Llosa se sirve del gran poder de simulación del arte pictórico, para fabricar mundos ilusorios que engañan nuestros cinco sentidos con la apariencia de lo real, exhibiendo al mismo tiempo su propio artificio.

Los estudios entre las artes son una emocionante aventura a través de una cartografía llena de cruces y vericuetos; un espacio donde entran en fricción dos o más sensibilidades, dos o más formas de representación y de recepción: "an intertextual or intermedial venture" según define Wagner, metafóricamente, esta experiencia (10; "una aventura intertextual o intermediática"). Por consiguiente, antes de iniciar esta aventura de tránsfuga entre texto e imagen, ilusión y desilusión del signo natural como diría Krieger, quiero detenerme a comentar brevemente la manera en que Vargas Llosa organiza los materiales que componen los iconotextos de *Elogio* y *Los cuadernos*.

Composición del lienzo narrativo de *Elogio*

Ante la masa de publicaciones que languidecen en los estantes de las librerías, bien conocemos la función de reclamo que ejerce la carátula de un libro. Entendiendo estas convenciones editoriales, los lectores generalmente asumimos que la imagen que figura sobre la cubierta ha de estar estrechamente vinculada con el contenido o técnicas que emplea el autor. *Elogio* y *Los cuadernos* no son ninguna excepción.

El detalle de *Alegoría del Amor* (c. 1560) de Bronzino (Fig. 11), que decora la tapa de la primera edición de *Elogio*[7] en la editorial Tusquets, anuncia la preeminencia que tendrá lo pictórico en los niveles estructural, lingüístico, argumental y temático de la novela. El abrazo sensual que enlaza los cuerpos de Venus y su hijo

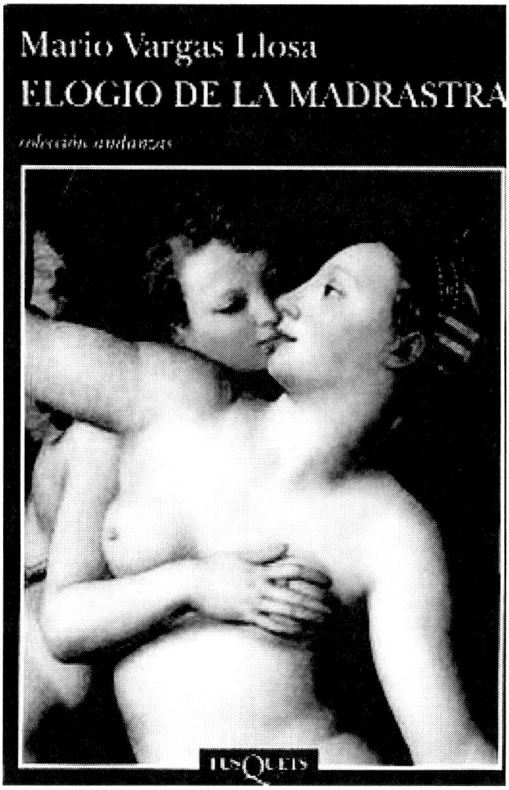

Fig. 11
Ilustración de la tapa de la primera edición de
Elogio de la madrastra de Mario Vargas Llosa (Barcelona: Tusquets, 1988).
Con detalle de *Alegoría del Amor* de Bronzino (hacia 1560).
Óleo sobre tela. 146 x 116 cm.
The National Gallery, Londres, Inglaterra.

Cupido en esta tela, es el primer esbozo de los amores incestuosos que luego pintará el novelista sobre las páginas de *Elogio*. El crítico Robert W. Gaston alude a este repliegue especular entre la imagen de Bronzino y el texto de Vargas Llosa en "Pictorial Representation and Ekphrasis in *Elogio de la madrastra*":

> the events of the first chapter are in fact foreshadowed to the reader by the dustjacket showing Bronzino's Cupid being passionately aroused by his mother, Venus, who slips her tongue between his lips while he grasps one of her breasts. In chapter eight, when Lucrecia finally gives way to the force of Fonchito's

> desire, Vargas Llosa's close observation of the tongue-play in the London picture is fully exploited, as is Cupid's single hand caressing and squeezing one of Venus-Lucrecia's breasts. (218–19)

> los eventos del primer capítulo son de hecho anunciados al lector por la carátula, que muestra al Cupido de Bronzino siendo estimulado apasionadamente por su madre, Venus, quien desliza su lengua entre los labios del niño mientras él le agarra uno de los senos. En el capítulo ocho, cuando Lucrecia claudica al fin ante el imperioso deseo de Fonchito, se explota al máximo la estrecha observación que hace Vargas Llosa del jueguito de lenguas en el cuadro de Londres, así como de la manita de Cupido que acaricia y aprieta uno de los senos de Venus-Lucrecia.

El episodio al que alude Gaston—en el que el escritor recrea verbalmente la representación visual de Bronzino—ejemplifica el modo en que por medio de la écfrasis, el discurso narrativo transforma el texto pictórico y el texto pictórico transforma el discurso narrativo. Veamos a continuación la manera en que el novelista recrea, narrativamente, la imagen pictórica de Bronzino en el capítulo octavo de *Elogio*:

> Cuando la boca del niño buscó la suya, no se la negó. Entrecerrando los ojos se dejó besar y le devolvió el beso. Luego de un momento, envalentonados, los labios del niño insistieron y empujaron y entonces ella abrió los suyos y dejó que una nerviosa viborilla, torpe y asustada al principio, luego audaz, visitara su boca y la recorriera, saltando de un lado a otro por sus encías y sus dientes, y tampoco retiró la mano que de pronto sintió en uno de sus pechos. Reposó allí un momento, quieta, como tomando fuerzas, y después se movió y, ahuecándose, lo acarició en un movimiento respetuoso, de presión delicada. (*Elogio* VIII.115)

Al pintar con palabras la escena del lienzo de Bronzino, el embrujo de la narración crea en los lectores una fuerte ilusión de temporalidad. Mediante la sucesión de marcadores temporales como "luego de un momento," "entonces," "luego," "de pronto," "después," la voz narradora dibuja el transcurrir, devolviendo al tictac de los relojes los acontecimientos que el pincel de Bronzino había dejado suspendidos en la intemporalidad del instante, capturados e inmortalizados sobre la superficie del lienzo. Cada frase es una pincelada y su ilación, la combinación de pigmentos que se mezclan y van cubriendo la superficie de la página o del lienzo, provocando su textura o textualidad una sensación enormemente placentera, erótica y sensual. Como ilustrarán las citas que rondan los argumentos presentados en este capítulo, el lenguaje de *Elogio* y *Los cuadernos* está saturado de verbos de percepción que ponen el acento en lo sensual y lo sensorial, en la materialidad de las palabras, con el doble fin de concretizar y avivar el erotismo: sentir, rozar, ver, oír, palpar, etc. *Elogio* y *Los cuadernos* se tornan Naturaleza muerta, género pictórico en el que el pintor pinta escenas alusivas a los cinco sentidos.[8]

Vargas Llosa nos hace entrar en *Elogio* por la puerta de la representación visual de *Alegoría del Amor* (Fig. 11), sumando a nuestro trabajo de interpretación el bagaje conceptual y artístico que porta dicha imagen mitológica, como argüiré un poco más adelante. Según vamos dando vuelta a las páginas del libro, los lectores nos topamos con otras seis reproducciones pictóricas, cuyo contenido iconográfico inspira las fantasías que forjan los personajes en los capítulos contiguos:

Cap. 2: "Candaules, rey de Lidia"
[1] (Fig. 1) Jacob Jordaens, *Candaules, rey de Lidia, muestra su mujer al primer ministro Giges* (1648), óleo sobre tela, Museo Nacional de Estocolmo

Cap. 5: "Diana después de su baño"
[2] (Fig. 2) François Boucher, *Diana después de su baño* (1742), óleo sobre tela, Museo del Louvre, París.

Cap. 7: "Venus con Amor y Música"
[3] (Fig. 3) Tiziano Vecellio, *Venus recreándose con el Amor y la Música* (hacia 1555), óleo sobre lienzo, Museo del Prado, Madrid.

Cap. 9: "Semblanza de humano"
[4] (Fig. 4) Francis Bacon, *Cabeza I* (1948), óleo y témpera, colección Metropolitan Art Museum. Nueva York.

Cap. 12: "Laberinto de amor"
[5] (Fig. 5) Fernando de Szyszlo, *Camino a Mendieta 10* (1977), acrílico sobre tela, colección particular.

Cap. 14: "El joven rosado"
[6] (Fig. 6) Fra Angelico, *La Anunciación* (c.1437), fresco, Monasterio de San Marco, Florencia.

Aunque Vargas Llosa acompañe el texto con estas seis láminas pictóricas, su principal instrumento de trabajo es, incontestablemente, la palabra. Rosemary Geisdorfer Feal recalca la importancia del lenguaje verbal como trampolín hacia la imaginación visual:

> Vargas Llosa has chosen to use paintings as illustrations for six of the fourteen chapters in the book, chapters which in reality contain ekphrastic fantasies, imaginary tales based on the content of pictorial images reproduced on the pages of the novel. Vargas Llosa's dialogue with the language of images becomes central to his representation of eroticism in the novel: yet even when the writer acts as the painter of desire, he naturally must use the artistic implements particular to the verbal sign system. ("The Painting of Desire" 88)

> Vargas Llosa ha escogido usar cuadros como ilustraciones para seis de los catorce capítulos del libro, capítulos que contienen en realidad fantasías écfrasticas, relatos imaginarios basados en el contenido de las imágenes pictóricas reproducidas sobre las páginas de la novela. El diálogo de Vargas Llosa con el lenguaje de las imágenes se vuelve central para su representación del erotismo en la novela: aún incluso cuando el escritor actúa como el pintor del deseo, debe utilizar, naturalmente, los implementos artísticos particulares al sistema de signos verbales.

El salto del lienzo a la página, del discurso pictórico al narrativo, exige irremediablemente el uso del *verbo*, aunque éste trate por todos los medios de dotarse de los atributos de la materia pictórica. En cada una de las seis fantasías que irrumpen en la mente de los protagonistas, cobran vida las figuras protagónicas de los cuadros citados—con las que los personajes de la novela se fusionan e identifican. Esta doble figura (personaje del lienzo y de la novela) se sale del marco para hablarnos de lo pintado sobre la tela del cuadro, tal como lo haría un(a) historiador(a) o crítico de arte. El lienzo de *trompe l'œil* o trampantojo del pintor catalán Pere Borrell del Caso que ilustra la cubierta de este libro, *Escapando de la crítica*, evoca a la perfección este reto que Vargas Llosa pone a los lectores-espectadores, y a sus personajes también, de discernir si lo que vemos es simplemente una ilusión o no lo es.

A este respecto, conviene señalar que para que un cuadro pueda ser contemplado de forma óptima, el sujeto observador debe colocarse a la distancia justa. Para poder observar y comentar las imágenes pintadas sobre las telas de Jordaens, Tiziano y los otros pintores de la pinacoteca de don Rigoberto, el personaje-observador—sujeto también del discurso en el que relata sus fantasías—ha de salirse del lienzo para lograr situarse a la debida distancia. Don Rigoberto, Lucrecia y Fonchito escapan del marco pictórico por medio del desdoblamiento narrativo y figurativo. En cada una de estas écfrasis narrativas que son sus ensueños eróticos, la voz del sujeto fabulador se reduplica: don Rigoberto finge ser Candaules (Fig. 1): "Soy Candaules, rey de Lidia" (*Elogio* II.27); Lucrecia se metamorfosea en Diana cazadora (Fig. 2): "Ésa, la de la izquierda, soy yo, Diana Lucrecia" (*Elogio* V.69); Fonchito se transforma en el alado Cupido (Fig. 3): "Yo me llamo Amor" (*Elogio* VII.97); don Rigoberto reaparece metido en la monstruosa cabeza de Bacon que se ve en Fig. 4 (*Elogio* IX.121–25); y Lucrecia se funde con la víctima del altar abstracto de Szyszlo (Fig. 5): "Sí, vida mía, aquello que yace sobre la piedra ceremonial [...], esa hechura viscosa de llagas malvas y tenues membranas, de negras oquedades y glándulas que supuran grises, soy yo misma" (*Elogio* XII.158); en la voz de la joven María del fresco de Fra Angelico que vemos en Fig. 6 vuelven a palpitar las dudas de Lucrecia sobre Fonchito: "Pero el joven rosado decía que yo soy la elegida, que entre todas las mujeres, me han señalado a mí" (*Elogio* XIV.186).

Cada uno de estos yos hermana al personaje de la ficción con el personaje pictórico de sus fantasías. El discurso que profiere cada uno de estos sujetos—desdoblados y fundidos a la vez en uno—asume tres funciones principales, que delinearé sucintamente a continuación matizándolas a lo largo de esta investigación.

Écfrasis, *performance* y narración

Al describir verbalmente un objeto visual, el discurso proferido por el sujeto hablante ejerce la clásica función de la écfrasis. Sin embargo, el discurso de estos personajes bicéfalos sobrepasa el uso descriptivo tradicional del género, en cuanto—con palabras de Krieger—"a literary genre, or at least a topos, that attempts to imitate in words an object of the plastic arts" (*Ekphrasis* 10; "un género literario, o al menos un topos, que trata de imitar con palabras un objeto de las artes plásticas"). El sujeto discursivo no sólo describe la escena pictórica que contempla en sueños, sino que se sube al escenario mismo del lienzo para interpretar el papel de su *sosia* pictórica (*performance*) y relatar al público lector su propia (y apropiada) leyenda pictórica, recreándola libremente y transformándola (*narración*). No ciñéndose a la descripción de ese huidizo presente que el pintor se esforzó por fijar sobre la tela, la voz del sujeto hablante disuelve la materia del tiempo, como hiciera Dalí, pictóricamente, al derretir la masa que (de)forma sus famosos relojes de la serie *Persistencia de la memoria*.[9] La voz del sujeto hablante discurre sobre el lienzo narrativo evocando su pasado y prefigurando el porvenir.

No conformándose con detallar lo visible, la écfrasis discursiva del personaje-narrador repara igualmente en lo invisible y secreto, tal como sugieren las palabras con las que Lucrecia/Diana verbaliza las imágenes del lienzo de Boucher, *Diana después de su baño* (Fig. 2): "El personaje principal no está en el cuadro. Mejor dicho no se le ve. Anda por allí detrás, oculto en la arboleda, espiándonos" (*Elogio* V.70). Se refiere al pastorcillo de cabras que observa a escondidas los juegos amorosos de la diosa con su favorita. La mirada soterrada del niño excita la lujuria de la diosa de la misma manera que esos "Ojos como luciérnagas" de Fonchito encendían cada poro del cuerpo de la madrastra, al saberse espiada por el niño mientras se bañaba (*Elogio* IV.49–65). Los ojos del pastorcillo en quien se proyecta Fonchito y de tantos otros personajes mirones que espían tras los bastidores de *Elogio* y *Los cuadernos*, reflejan la mirada voyeurística de los lectores, quienes escondidos tras los cortinados de la ficción espiamos, también, ese gozar haciendo gozar al que se consagran los personajes de estas dos novelas, compartiendo con ellos la dicha y el placer sexual/textual que procura la experiencia contemplativa o lectora.

La écfrasis se transforma así en ese *ménage à trois* del que hablaba Mitchell: el triple encuentro entre el sujeto que ve, el sujeto objeto de esa mirada y el sujeto lector que los contempla, sintiéndose quizás objeto también de la mirada de otro(s). La escritura de Vargas Llosa pone de relieve la importante baza que juega la recepción artística dentro del marco de la creación, tanto literaria como pictórica. La mirada del público—espectador, observador o lector—se vuelve consustancial con el objeto artístico en el acto de crear, es decir, en la ilusión de dar sentido(s) a los signos verbales o plásticos que nos impelen, que exigen de nosotros una lectura o interpretación. Los dedos de Cupido, que exprimen suavemente el pezón de Venus, brindan a los lectores-contempladores el néctar de su pecho. Nos invitan a amamantarnos de la ilusión de una realidad que es, a fin de cuentas, un simulacro. La imagen pictórica y la recreación verbal que de ella hacen los personajes, nos invitan a participar en el juego sin fin de la interpretación y re-interpretación.

La libertad creativa y lúdica con que el novelista transpone al lenguaje de la ficción tanto la obra pictórica de Bronzino, *Alegoría del Amor*—cuyo detalle ilustra la tapa de la novela (Fig. 11)—como las escenas de los cuadros recién citados, sugiere una paradójica relación: si, por una parte, el escritor proclama su soberanía con respecto al tratamiento de los materiales que escoge para dar vida a sus ficciones; por otra, necesita de la pintura como proveedora de un rico surtido de materias primas para el proceso creativo de la escritura.

Mientras que en las seis écfrasis narrativas recién mencionadas, Vargas Llosa materializa los cuadros a través de la experiencia onírica de los propios personajes, en los ocho capítulos restantes (más el epílogo) lo hace a través de la experiencia de un narrador omnisciente. Su mirada abre otra ventana por la cual los lectores seguimos asistiendo de mirones, tanto a la seducción amorosa que juegan a escondidas Fonchito y su madrastra como a los ritos de aseo personal que cada noche oficia don Rigoberto como preludio a la celebración del amor con Lucrecia: "(Después de la pintura erótica, la limpieza corporal era su pasatiempo favorito)" (*Elogio* I.15).

Composición del lienzo narrativo de *Los cuadernos*

Al igual que el detalle de *Alegoría del Amor* de Bronzino grabado sobre la tapa de *Elogio* (Fig. 11) profetizaba la relación amorosa de Lucrecia con su hijastro, *El retrato de Herbert Rainer* que aparece sobre la cubierta de *Los cuadernos* (Fig. 12), anuncia el realce que adquirirá la figura de Egon Schiele en la segunda parte de este melodrama familiar. Como en *Elogio*, el texto de *Los cuadernos* va acompañado de reproducciones, esta vez en blanco y negro, de varias obras que el pintor austriaco realizó con técnicas y materiales mixtos:

pág. 30: *Autorretrato agachado* (aguada y lápiz, 1913)
pág. 74: *Desnudo de dos muchachas abrazadas* (carboncillo, 1918)
pág. 112: (Fig. 10) *Dos jovencitas yaciendo entreveradas* (aguada y lápiz, 1915)

pág. 149: *Muchacha durmiendo* (carboncillo, 1918)
pág. 192: *Retrato de Erich Lederer, en cuclillas* (lápiz, 1912)
pág. 231: *Autorretrato doble* (aguada, acuarela y lápiz, 1915)
pág. 270: *Desnudo de mujer tumbada* (carboncillo, 1916)
pág. 310: (Fig. 24) *Schiele dibujando a una modelo desnuda frente al espejo* (lápiz, 1910)
pág. 354: *Hombre y Mujer* (carboncillo, 1917)
pág. 384: *Desnudo masculino, de pie y con taparrabo rojo* (aguada, acuarela y lápiz, 1914)

Vargas Llosa coloca la mayoría de estas reproducciones al pie de los anónimos que Fonchito escribe secretamente a sus padres, con los que se cierra cada uno de los capítulos de la novela.[10] El autor implanta ilustraciones en ambas ficciones, pero su función y el modo en que coexisten con el texto difiere en ellas. Según mencioné con anterioridad, en *Elogio* las reproducciones fotográficas de los lienzos aparecen en la página que precede las fantasías *ecfrásticas* tramadas por la subjetividad de los personajes a partir de dichas obras. En *Los cuadernos*, en cambio, las ilustraciones aparecen insertadas al final de cada capítulo. Mientras que en *Elogio* las reproducciones de los cuadros ocupan casi toda una página o la mitad superior de la misma, sin que aparezca texto alguno junto a ellas, en *Los cuadernos* las imágenes aparecen al pie de los anónimos, coexistiendo el texto y la imagen. Mientras que en *Elogio* las imágenes reproducidas quedan enmarcadas dentro de un formato rectangular, en *Los cuadernos* los dibujos de Schiele se reproducen desprovistos de marco. En realidad, son los límites del texto y los bordes de la página los que los encuadran. Paradójicamente, estos dibujos que parecen flotar libremente en el blanco de la página suscitan una profunda sensación de encierro y confinamiento. Las reproducciones de estos dibujos de Schiele, los trazos que definen esos cuerpos entrelazados y dislocados, en posturas desencajadas tan propias de su pintura, parecen ir a la deriva en el mar solitario de la página en blanco. Quizás sea una manera de representar pictóricamente el sentir de don Rigoberto al inicio de *Los cuadernos.* Como mencioné con anterioridad, don Rigoberto entra en la segunda tabla de este díptico narrativo como ser a la deriva en el mar solitario de su biblioteca.

Este gesto del escritor de emplazar los dibujos de Schiele al pie del cuerpo narrativo evoca también otro gesto: la mímica de firmar

Fig. 12
Ilustración de la tapa de *Los cuadernos de don Rigoberto* de Mario Vargas Llosa (Madrid: Alfaguara, 1997).
Con detalle de *Retrato de Herbert Rainer* de Egon Schiele (1910).
Óleo sobre tela. 101 x 102 cm.
Museo Belvedere, Viena, Austria.

una obra artística. En su monografía sobre Egon Schiele, Frank Witford subraya la compleja personalidad de Schiele y su aguda tendencia a la neurosis, haciendo alusión a la importancia que otorgaba el pintor a la firma de sus cuadros:

> Schiele's attitude to himself is also reflected in the almost neurotic attention he paid to his signature and handwriting. Even as a child he signed almost everything he drew, often writing

> his name in a very mannered fashion. For some time he experimented with a variety of eye-catching signatures. This was no doubt partly due to the attention paid to their signatures by all the Secession artists, but it was equally the result of Schiele's deep involvement with himself. There is scarcely painting or drawing in which Schiele's signature is not prominently placed or so positioned that it becomes an essential part of the design or composition. (41)
>
> La fijación de Schiele consigo mismo se refleja también en la atención casi neurótica que prestaba a su firma y a su escritura. Incluso de niño firmaba casi todo lo que dibujaba, escribiendo a menudo su nombre de modo muy manierista. Por algún tiempo experimentó con una variedad de firmas muy llamativas. Indudablemente esto se debía en parte al cuidado con el que firmaban los artistas de la Secesión, pero era igualmente el resultado de una honda preocupación consigo mismo. No hay apenas pintura o dibujo donde la firma de Schiele no ocupe un lugar predominante o esté colocada de tal modo que constituye una parte esencial del diseño o composición.

La función que desempeñan las reproducciones fotográficas de los dibujos y acuarelas de Schiele injertadas al final de lo escrito en cada capítulo, se asemeja a la función que cumple la firma del pintor sobre su lienzo: actúan como sello del autor. Sin embargo, si entendemos el valor de toda firma como garantía de singularidad y autenticidad, este gesto autógrafo pierde su aura sagrada con la reproductividad técnica masiva que multiplica estas ilustraciones, tal y como arguye Walter Benjamin en sus análisis sobre el arte en las sociedades post-industriales modernas.[11] El comentario de Santos Zunzunegui en *Pensar la imagen* ahonda en este mismo fenómeno:

> La reproducción técnica hace que su valor cultural sea progresivamente dominado por su valor exhibitivo, cambiando la relación del público con aquéllas, de tal forma que la cantidad puede convertirse en calidad y el crecimiento masivo del número de espectadores [...] muestra el surgimiento, por primera vez, de las posibilidades de una recepción simultánea y colectiva. A través de la reproducción tecnológica—que borra la antigua distinción entre original y copia—la fugacidad y la repetición sustituyen a la singularidad y la duración, típica de las imágenes únicas. (108)

Aunque don Rigoberto defiende la autoría como garantía de autenticidad artística frente al anonimato del arte popular ("no hay arte impersonal, señor patriota," *Los cuadernos* VI.251) y como un gesto que simula además, las proezas de los héroes románticos ("Morir firmando con nombre y apellido propios, tener una muerte personal," *Los cuadernos* VII.251), la concepción artística que transflora de *Los cuadernos* es de índole contradictoria. Como veremos en el curso de estas reflexiones, *Elogio* y *Los cuadernos* se alían con fuerzas supuestamente contrarias: el modernismo y el posmodernismo, la modernidad y posmodernidad. La sensibilidad modernista late en el deseo de don Rigoberto de transformar su vida en una obra de arte, así como en la prosa cromática, sensual y preciosista con que Vargas Llosa deslumbra a sus lectores, sobre todo en *Elogio*. Pero también, armoniza con el *pop-art* y otras manifestaciones artísticas posmodernas, para poner en tela de juicio esta misma noción de originalidad y singularidad en cuanto imperativos estéticos desde el Romanticismo.

Conviene destacar, también, que todos los dibujos y acuarelas de Schiele se reproducen en blanco y negro aunque los originales contengan color. Mientras el discurso verbal de *Los cuadernos* se vuelve cromático al colorearse con la retórica pictórica, los dibujos y acuarelas de Schiele—al verbalizarse—reducen su gama de colores al blanco y negro de las letras sobre la página. Respecto a don Rigoberto, la inclusión de estas reproducciones en el libro puede conducir a ciertas implicaciones significativas de índole contradictorio. Por una parte, la antigua concepción de la obra de arte como "manifestación irrepetible de lejanía" (Benjamin 27), da paso en esta era del simulacro y la copia a ese "acercamiento espacial y humano" del que hablaba Zunzunegui, que hace que don Rigoberto llegue a sentir tan cercano el cuerpo distante de su mujer. Por otra parte, la reproductividad técnica masiva hace que la recepción del arte se convierta en uno de esos tipos de experiencias colectivas contra las que don Rigoberto lanza sus diatribas más violentas.

Otra distinción importante con respecto a la inclusión de reproducciones pictóricas en ambas narrativas visuales, atañe al hecho de que Vargas Llosa no identifica las obras de Schiele reproducidas en las páginas de *Los cuadernos*, como hiciera en *Elogio* al listar en la "Pinacoteca" los lienzos referidos. Al desproveer de sus títulos a los dibujos y acuarelas, a los lectores y lectoras de la novela se nos insta a (h)ojear los catálogos de obras del pintor con el fin de identificarlos. La contemplación de sus 334 pinturas, 2503 dibujos y acuarelas, 21 libretas de dibujos y sus 17 gráficos,[12] nos convierte en puros *voyeurs*. Compartimos con don Rigoberto y su mujer el mismo goce que a éstos les procura su pasatiempo favorito de (h)ojear los libros y grabados eróticos de la colección de don Rigoberto. Y experimentamos por igual el placer que sienten Fonchito y Lucrecia al contemplar las figuras lujuriosas de los dibujos y acuarelas de Schiele.

Con relación al criterio compositivo que obra en ambos *iconotextos*, me gustaría retomar sucintamente un aspecto ya abordado en la sección intitulada "Montaje" del capítulo precedente, que hacía referencia al ensamblaje de discursos y materiales narrativos.[13] Las ilustraciones a las que acabo de referirme se insertan en un cuerpo compuesto por fragmentos narrativos de muy distinta índole, enclavados—como se recordará—dentro de los ámbitos de lo real y de lo imaginario. Como es habitual en la forma de estructurar sus obras, Vargas Llosa organiza la materia narrativa de *Los cuadernos* de acuerdo a su típico patrón dual, aunque bastante más complejo y fragmentario en esta novela que en su predecesora.

Como apunté en la introducción y el capítulo precedente, cada uno de los nueve capítulos que componen *Los cuadernos* se dispone en cuatro secciones. Dos se enfocan en la problemática de Fonchito y las otras dos en la de don Rigoberto, figurando Lucrecia como una suerte de carta comodín en los juegos de imaginación e ingenio que entretienen el padre y el hijo. En el interior de cada capítulo, las secciones que se centran en la vida del niño son la primera, donde un narrador omnisciente relata sus visitas a la madrastra, y la última, donde se transcribe el contenido de los anónimos que Fonchito escribe a sus padres. Al pie de cada carta aparecen—como ya señalé—las reproducciones en blanco y negro de las obras de Schiele arriba citadas. Las secciones restantes atañen a las circunstancias de don Rigoberto e incluyen una serie de cartas que escribe a distintos destinatarios, y la narración de varios escenarios eróticos que construye imaginativamente para poblar su soledad. De esta manera Vargas Llosa combina en alternancia el discurso escrito en primera persona de Fonchito, don Rigoberto y Lucrecia (anónimos y cartas), con el discurso en tercera persona a cargo de un narrador omnisciente que modera las conversaciones entre los personajes.

Como precisé con anterioridad, al combinar texto e imagen, Vargas Llosa obliga a sus lectores a un continuo trasiego entre los ámbitos de la literatura y la pintura. Al colgar sobre las páginas de *Elogio* y *Los cuadernos* ilustraciones y alusiones a pintores y cuadros, Vargas Llosa urde una tupida red de referencias e inferencias entre textos visuales y verbales; entre la manera en que el escritor y el pintor simulan o (re)crean la realidad con las materias y materiales a su alcance (o al alcance de su imaginación), y el modo en que la mirada lectora y observadora vuelve a (re)crearla. No obstante, aunque el texto y la imagen cohabitan dentro del mismo universo ficticio de *Elogio* y *Los cuadernos*, las ilustraciones y alusiones pictóricas cumplen distintas funciones en cada uno de estos libros, como veremos en las páginas que siguen.

El papel de la pintura como medio de caracterización de los personajes adquiere una relevancia capital en ambas ficciones. Los cuadros y pintores que admiran los personajes, así como los modelos pictóricos con los que se identifican, nos dicen mucho sobre la personalidad de cada uno de los protagonistas. Algunos cuadros desempeñan también una función muy significativa en el desarrollo de la intriga. Además, al dibujar Vargas Llosa en estos lienzos narrativos a personajes que contemplan e interpretan cuadros, los lectores vemos representados ante nuestros ojos los procesos de creación y recepción de una obra artística.

Las historias que urden imaginativamente don Rigoberto, Lucrecia y Fonchito inspirándose en cuadros y libros de arte, así como la irrupción en sus mentes de imágenes pictóricas que dan forma y sentido a sus propias experiencias vitales, son trazos que pintan el retrato de los personajes sobre la tela de estas dos ficciones: un retrato siempre ambivalente e inacabado.

El retrato de don Rigoberto

Como ya sabemos, el protagonista de *Elogio* y *Los cuadernos* es un apasionado del arte pictórico. Además, este gran aficionado a la pintura tiene la manía de entreverar su vida con las imágenes de los lienzos que le sobrecogen y admira. Con él, Vargas Llosa da vida a un personaje fantasista, cuya verdadera vida discurre en los ámbitos de la imaginación, el arte y la literatura. La otra, la que vive como gerente de una compañía aseguradora es, para él, una condena imprescindible para asegurarse el bienestar económico.

En realidad, la principal razón de ser y existir para don Rigoberto es hacer de su vida cotidiana una hermosa obra de arte. Gracias a su concepción esteticista y estilista de la vida, don Rigoberto transforma en experiencia artística todo lo que le rodea. Como experto ilusionista, hace desaparecer a su esposa Lucrecia para hacerla reaparecer en forma de imagen pictórica, transmutada en las figuras femeninas de diversos cuadros, como veremos. Seguro que don Rigoberto compartiría la opinión de Bert O. States cuando dice en *The Pleasure of the Play*: "First, there is art; then the pleasure. We could scarcely have the pleasure if the art weren't there to provide it" (11; "Primero, hay arte; luego, el placer. Apenas sentiríamos placer si el arte no estuviera allí para procurárnoslo").

Para el gran epicúreo de don Rigoberto las artes son una fuente inagotable de placer y el placer es, exclusivamente, estético e individual. Por esa razón, se autoexilia del mundo que le rodea para vivir su utopía individual, hedonista y estética dentro del coto privado de su fantasía. Como le ocurría al ser monstruoso que figuraba en el cuadro de Bacon (Fig. 4), con cuyos lamentos y gozos se identificaba el protagonista en su sueño erótico ya referido—, don Rigoberto sólo se siente a salvo de los embates de la vida, dentro de ese otro "cubo de vidrio" que es su mente fantasiosa: "El cubo de vidrio donde estoy es mi casa," nos dice la voz del monstruo, "veo a través de sus paredes pero nadie puede verme desde el exterior: un sistema muy conveniente para la seguridad del hogar, en esta época de tremendas asechanzas" (*Elogio* IX.122).[14] Sólo en el interior de ese recinto, tan transparente e impenetrable como el lenguaje, la febril fantasía de don Rigoberto puede convertir en realidad sus deseos, en placer su sufrimiento y en rebeldía su rancio conformismo de pequeño burgués. Para don Rigoberto la realidad "real" no es sino un mal cuadro, mientras que la vida, verdaderamente verdadera, es esa obra maestra que trata de componer con historias inventadas que riman con *deseo*, "la palabra más bella del diccionario" (*Los cuadernos* V.168).

En la carta que le escribe a su arquitecto, don Rigoberto deja claro su antihumanismo radical: "No es el mundo de bellacos semovientes del que usted y yo formamos parte el que me interesa, el que me hace gozar y sufrir, sino esa miríada de seres animados por la imaginación, los deseos y la destreza artística, presentes en esos cuadros, libros y grabados que con paciencia y amor de muchos años he conseguido reunir" (*Los cuadernos* I.19). Por consiguiente, don Rigoberto va a emplearse a fondo en el oficio de la felicidad, es decir, en el oficio de la ficción, en el oficio de fabricar ilusiones. Para procurarse unos breves paréntesis de dicha dentro de la triste narración de su existencia, don Rigoberto cuenta con la ayuda de su viva imaginación y su gran memoria pictórica. Cada uno de los cuadros que inspiran los *tablaux vivants* de *Elogio* y cada uno de los escenarios eróticos que inventa su fantasía son una *puesta en écfrasis*: écfrasis discursiva a cargo de los propios personajes en *Elogio* y écfrasis narrativa a cargo de un narrador omnisciente en *Los cuadernos*. En el primer caso, las verbalizaciones de los lienzos de Jordaens, Boucher, Tiziano, Bacon, Szyszlo y Fra Angelico, corresponderían al primer modo de operar de la écfrasis referido por Krieger en *Ekphrasis: The Illusion of the Natural Sign* (6–7).[15] Se trata de un uso más restringido del término que atañe a la imitación con palabras de un cuadro o una obra de arte. Este uso mimético presupone la dependencia del discurso verbal de la representación pictórica, poniendo en tela de juicio la capacidad que tienen las palabras de crear imágenes.

Ahora bien, como veremos en las páginas que siguen, a la hora de traspasar las escenas de los lienzos a la página escrita, Vargas Llosa transgrede este restrictivo modelo de operar del discurso verbal respecto al pictórico. Su transgresión proclama la libertad de la recreación narrativa *vis-à-vis* el referente visual, y desvela la ilusión de la écfrasis en su inútil búsqueda de un signo natural, "having given the verbal arts the impossible task of painting pictures with their non-pictorial signs," como argumentaba Krieger (*Ekphrasis* 23; "habiendo asignado a las artes verbales la imposible tarea de pintar imágenes con sus signos no pictóricos," en Monegal, *Literatura y pintura* 155).

En el segundo caso, *la puesta en palabras* de las imágenes visuales que proyecta la fantasía de don Rigoberto, se relacionaría más bien con el segundo de los usos ecfrásticos mencionados por Krieger. Un empleo más extensivo del término que abarca cualquier intento de verbalizar una imagen visual, no sólo pictórica. Ambos usos están abocados al fracaso. El afán de reproducir la imagen con palabras es a fin de cuentas un afán frustrado de antemano, puesto que exige del lenguaje verbal lo imposible. Dicho con otras palabras, la ilusión de la écfrasis reside en el fútil intento de hacer que los signos arbitrarios del sistema lingüístico funcionen como sustitutos de los signos naturales (Krieger, *Ekphrasis* 9). A pesar de la extensión de la siguiente cita, me parece importante transcribir las palabras de Krieger en su integridad, pues describen maravillosamente las condiciones del desafío que asume el novelista—en su papel de ilusionista— a la hora revestir el lenguaje de una imposible materialidad:

> Lo primero es pedirle al lenguaje que, a pesar de su carácter arbitrario y de su temporalidad, se detenga en una forma espacial. Pero el lenguaje retiene una conciencia de la incapacidad de las palabras de reunirse en un instante (*tout à coup*) mediante un brochazo de inmediatez sensual como en un impacto *no* mediado. Su *incapacidad* es precisamente lo que debe ser destacado, porque las palabras *son* mediaciones: las palabras no pueden tener capacidad, no pueden ser capaces, porque carecen, literalmente de espacio. Así que el alborozo deriva del sueño y—de la búsqueda—de un lenguaje que pueda a pesar de sus límites, recuperar la *in*mediatez de una visión ciega inserta en nuestro hábito de deseo perceptual desde Platón. Ésta es la aventura romántica de realizar el sueño nostálgico de un lenguaje de la presencia corporal original, anterior a la caída, aunque nuestro único medio de alcanzarlo sea el lenguaje caído que nos rodea. Y es la función del poeta ecfrástico elaborar la transformación mágica. (Krieger, "El problema de la écfrasis" 142–43)

Éste es el difícil predicamento de la écfrasis y la medida del reto de Vargas Llosa. Según pretendo mostrar en este capítulo, la ambición ecfrástica del discurso narrativo de Vargas Llosa, con el que aspira a recuperar la inmediatez de lo visual y corpóreo, es una misión imposible, aunque del todo admirable. El origen de la écfrasis en *Elogio* y *Los cuadernos* está en el deseo semiótico del signo verbal. Es decir, el discurso persigue recuperar la inmediatez de una presencia original, del mismo modo que don Rigoberto persigue la presencia inmediata de Lucrecia, solicitando un referente tangible y real que haga de signo transparente. Sin embargo, en su búsqueda de inmediatez, dicho discurso sólo encuentra representaciones y mediaciones, que le impiden alcanzar ese "sueño nostálgico de un lenguaje de la presencia corporal original," del que hablaba Krieger en la cita anterior. Ambas ficciones muestran, no sólo la desventaja del signo lingüístico cuando intenta emular al signo natural, sino la ilusión y falacia del propio signo natural. Ese "referente tangible y 'real'" tan anhelado por el protagonista se revela también como falso simulacro: la representación de otra representación que representa… .

Gracias a su poderosa capacidad fantaseadora, don Rigoberto logrará infundir (el milagro de la) vida a las figuras femeninas que aparecen en los grabados eróticos de su colección de arte. Gracias a su poder imaginativo, este declarado defensor de la monogamia, hará el amor con la reina de Lidia, con Venus, con la profesora de leyes de Virginia o con la Dánae de Klimt (Fig. 22), entre otras amantes, sin serle infiel en un ápice a su esposa. Gracias a su poderosa capacidad de soñar despierto, las citas imaginarias a las que acude "la fantasmita enamorada" de Lucrecia (*Los cuadernos* VI.270), se volverán tan vívidas que don Rigoberto creerá hallarse realmente en presencia de su esposa, cuya visión aparece ante los ojos internos del protagonista, "tan nítida, la definición de la imagen tan explícita, que don Rigoberto temió: 'Puedo quedarme ciego'" (*Los cuadernos* I.25). Gracias a su fantástica capacidad ensoñadora, don Rigoberto trocará en verdad la mentira de sus ensueños y en ilusión la gran desilusión de su vida: la infidelidad de su esposa.

Al esbozar Vargas Llosa el retrato de don Rigoberto sobre un lienzo partido en dos planos confrontados, el de la realidad y el de la fantasía, el pintor realza la naturaleza contradictoria de su modelo: rebelde y transgresor en el escenario de sus sueños diurnos, pero obediente y acomodaticio en el de su vida cotidiana. Únicamente en el ámbito de la ensoñación, don Rigoberto encuentra ese enclave de libertad en el que vivir su soñada vida de libertino, sin hacer peligrar con ello su bienestar de pequeño burgués, tal como confiesa en una carta al director del Rotary Club: "es verdad: soy antisocial en la medida de mis fuerzas, que por desgracia son flaquísimas, y resisto la gregarización en todo aquello que no pone en peligro mi supervivencia ni mis excelentes niveles de vida" (*Los cuadernos* V.165).

La pasión por el arte de este gran soñador condenado a existir en el pellejo de un pequeño oficinista explica, por tanto, su entrega total al placer de imaginar y a la imaginación como fuente de placer: "toda actividad que no contribuye al placer es despreciable" (*Los cuadernos* V.167). Al preparar el retrato de don Rigoberto, Vargas Llosa borra de su bosquejo inicial cualquier trazo que disuelva al personaje en la rutina y lo ate a su mediocre existencia. A la hora de retratar a don Rigoberto, Vargas Llosa se inspira en Hölderlin y Montaigne, cuya vocación fantaseadora transflora en los epígrafes que encabezan el texto de *Los cuadernos*: "El hombre, un dios cuando sueña y apenas un mendigo cuando piensa" (Hölderlin); "No puedo llevar un registro de mi vida por mis acciones; la fortuna las puso demasiado abajo: lo llevo por mis fantasías" (Montaigne). *Elogio* y *Los cuadernos* son el registro de las fantasías eróticas de don Rigoberto y por ende, las del propio autor, que con tanta desenvoltura las proyecta en su personaje.

Las pinceladas con las que Vargas Llosa esboza el retrato de don Rigoberto enaltecen la vena creadora y fantaseadora del personaje. En realidad, poco sabemos los lectores de su entorno social, de la rutina de su trabajo en la compañía aseguradora, de sus amigos o de cualquier otra relación interpersonal y familiar que no se reduzca al trato con su mujer y su hijo. El perfil humano que le bosqueja su autor es el de un individuo quijotesco, que lidia a diario una cruenta batalla en dos frentes, uno real y el otro imaginario. Por un lado, la vida de don Rigoberto se convierte en una lucha sin cuartel contra la temida desindividualización que—en su opinión—amenaza con poner fin al reinado del hombre libre y soberano. Por otro lado, sentenciado a la finitud de su ser mortal, don Rigoberto se bate sin tregua por frenar el natural deterioro físico de su cuerpo: "Este cuidado tan laborioso de su cuerpo no tenía por objeto volverlo más apuesto o más feo [...], sino hacerle sentir que, de este modo, atajaba en algo la cruenta zapa del tiempo, que así combatía contra la decadencia de su cuerpo en nombre de su esposa. 'Como el Amadis por Oriana,' pensó" (*Elogio* VI.93).

Como caballero quijotesco en el feudo burdo de la sociedad de masas del siglo veinte, el más valioso galardón al que aspira don Rigoberto es lograr la dicha plena al lado de su dulcinea Lucrecia, quien constituye la única razón de su existencia:

> Todo lo que él hacía, incluidas las estúpidas operaciones gerenciales que de lunes a viernes lo maniataban las ocho horas en una compañía de seguros del centro de Lima, tenía que ver profundamente con Lucrecia y con nadie más. Pero, sobre todo, y de manera aún más esclava, le estaban dedicadas con fidelidad caballeresca, sus noches y las exaltaciones, ficciones y pasiones que las poblaban. (*Los cuadernos* VIII.294)

Tanto en *Elogio* como en *Los cuadernos* las claves referenciales a que acude el protagonista para fraguar esas "exaltaciones, ficciones y pasiones" que le permitan vislumbrar la felicidad, provienen primordialmente—como ya sabemos—del arte pictórico y literario, aunque la música también contribuye a proporcionar a sus sueños el clima adecuado. La pintura y la literatura se coligan con don Rigoberto en su combate diario contra la robotización de la especie humana y contra su propia condición mortal. Cada vivencia suya apadrina un sueño. Cada sensación evoca en la mente de don Rigoberto la visión de una imagen contemplada en uno de los grabados de su colección o el recuerdo de una frase leída en alguno de los libros de su biblioteca. Para vivir y gozar con mayor intensidad, este consumado hedonista bucea en la memoria, el arte y la ficción, a fin de sacar a flote tesoros verbales y pictóricos que coloreen su pálida existencia y le ayuden a conquistar el reino del placer, el único reino por el que este hiperbólico personaje está dispuesto a combatir y morir, simbólicamente: "Toda actividad humana que no contribuya, aun de la manera más indirecta, a la ebullición testicular, es despreciable. [...] Lo es todo lo que distrae del objetivo verdaderamente esencial de la vida humana, que consiste, a mi juicio, en la satisfacción de los deseos" (*Los cuadernos* V.167).

Para alcanzar esta meta, en verdad inalcanzable, el Tántalo de don Rigoberto cuenta con el apoyo incondicional de Lucrecia, quien—siempre servil a los deseos de su marido—se presta a satisfacer cualquiera de sus caprichos. Tanto los *tableaux vivants* que se suceden en las páginas de *Elogio* como las citas con Lucrecia que trama la imaginación de don Rigoberto en *Los cuadernos,* abren un espacio mágico en el que sus fantasías cobran la fuerza visual de lo real a medida que la realidad va perdiendo sus contornos.

El servicio que le brinda Lucrecia a don Rigoberto en *Elogio* y en *Los cuadernos* es, sin embargo, de distinto signo en cada uno de estos libros. Mientras que en *Elogio*, la presencia de Lucrecia le sirve a don Rigoberto de trampolín para lanzarse hacia las cumbres de ese soñar despierto que tanto le place, en *Los cuadernos* es la ausencia de su esposa la que obra como elemento impulsor de la ficción. Como ya he reiterado en páginas anteriores, don Rigoberto se enclaustra en su biblioteca para fantasear con las visitas nocturnas de su esposa, para suplir la ausencia de su mujer con una invención, con una mentira. Entre las paredes de su estudio se construye imaginariamente una vida paralela, en la que sigue repitiendo los mismo ritos amorosos del pasado y gozando con la engañosa pero poderosa visión fantasmal de Lucrecia.

En el capítulo precedente interpreté la narración de los sueños diurnos de don Rigoberto como una *puesta en escena*. En este apartado me fijaré en el modo en que la imaginación de don Rigoberto pinta sus ensueños. Analizaré cómo lee e instrumentaliza las imágenes de los lienzos en que se inspira para fraguar sus fantasías eróticas y fraguarse asimismo otra identidad. La manera en que don Rigoberto transforma en relato onírico las imágenes pictóricas que le regalan sus libros de arte retrata oblicuamente al personaje, reflejando también su propia concepción sobre la naturaleza y la función del arte. Lo que don Rigoberto añade o elimina de las escenas pictóricas en las que basa sus fantasías ecfrásticas, certifica su voluntad artística y revela su afán de crear algo diferente a partir de lo mismo, o algo similar a partir de lo distinto. Las representaciones pictóricas con las que compara incesantemente a Lucrecia comunican sus gustos estéticos y sus fobias en el terreno de la creación artística, así como nos dejan ver sus fantasmas personales y sus deseos más secretos.

La ilusión de soberanía de don Rigoberto

En la fantasía de "Candaules, rey de Lidia" ya comentada, el sentimiento de fraternidad hacia el rey que abriga don Rigoberto, responde a la avenencia que se da en este ensueño pictórico entre la soberanía a la que aspira el protagonista novelístico y la soberanía que ostenta el personaje del lienzo (Fig. 1). El rey Candaules simboliza el poder soberano que don Rigoberto ostenta únicamente en el ámbito de sus ensoñaciones. Al igual que Candaules, quien reina sobre Lidia, "pequeño país situado entre Jonia y Caria, en el corazón de aquel territorio que siglos más tarde se llamará Turquía," don Rigoberto reina sobre su pequeño mundo imaginario (*Elogio* II.27). Al igual que para el rey, el trasero legendario de su esposa se convierte en su posesión más valiosa, para don Rigoberto, Lucrecia se vuelve la obra de arte más estimada de su colección privada. Doña Lucrecia, reina y vasalla, es cosificada en ambos ámbitos de la ficción.

En "The Practice of Power and Belief in Nature," la crítico francesa del materialismo feminista, Colette Guillaumin, ve en la cosificación de la mujer una forma más de opresión. Esta apropiación o "reduction of women to the estate of material objects" que constata Guillaumin (74; "reducción de las mujeres a la condición de objetos materiales"), adquiere en las páginas de *Elogio* una dimensión no sólo material sino también simbólica.[16] Para el rey Candaules–don Rigoberto, (el) poseer a Lucrecia simboliza virilidad, mando y poderío. Conquistar, penetrar y adueñarse de la fortaleza inquebrantable que (re)presenta el trasero de la reina exige tal proeza viril, que el éxito en tamaño desafío procura mayor orgullo al rey que ninguna de sus otras gestas, como él mismo confiesa:

> Cuando le dije a Giges, hijo de Dáscilo, mi guardia y ministro, que yo estaba más orgulloso de las proezas cumplidas por mi verga con Lucrecia en el suntuoso bajel lleno de velámenes de nuestro tálamo que de mis hazañas en el campo de batalla o de la equidad con que imparto justicia, él festejó con carcajadas lo que creía una broma. Pero no lo era: lo estoy. (*Elogio* II.29)

Dentro del territorio de la imaginación, los sentimientos de soberanía y heroicidad que enaltecen a don Rigoberto compensan, con creces, la humillación que sufre cada día en su existencia cotidiana. Al orgullo de regir sobre su vida imaginaria, se suma el morboso placer que experimenta don Rigoberto controlando la vida de los otros. En su vivir cotidiano don Rigoberto se siente un gusano deleznable pero en su soñar nocturno, don Rigoberto–Candaules dispone a su antojo de la suerte de sus súbditos. El esclavo Atlas y el joven organista, ya mencionados en páginas anteriores, son dos víctimas de la tiranía que don Rigoberto–Candaules exhibe en el museo de sus fantasías. Con absoluta arbitrariedad manda decapitar a Atlas, "el mejor armado de los esclavos etíopes," tras su fallido intento de montar a la reina por orden explícita del rey (*Elogio* II.29). En el caso del organista, es Fonchito quien encarnando al Cupido alado de *Venus recreándose con el Amor y la Música* (Fig. 3), nos revela la delicada situación en que se encuentra el joven músico pintado por Tiziano (*Elogio* VII.97–106). Al igual que le ocurría a Atlas, sobre la cabeza del organista pende también una amenaza de muerte: "El profesor no puede dejar un solo instante de tañer el órgano: le va en ello la cabeza. Don Rigoberto lo ha prevenido: 'Si aquellos fuelles dejan de soplar entenderé que cediste a la tentación de palpar. Entonces te clavaré esta daga en el corazón y echaré tu cadáver a los sabuesos. Ahora sabremos qué es más fuerte en ti, doncel: si el deseo de mi hermosa o el apego a tu vida'" (*Elogio* VII.100–01). ¡Qué grande el gozo de este gusano burócrata de don Rigoberto de poder aplastar de un pisotón a los súbditos de sus fantasías sin otra ley que la de su propio capricho!

Del lienzo imaginario de *Los cuadernos*, don Rigoberto sigue borrando a su antojo las figuras pintadas por su imaginación que terminan siendo incómodas o innecesarias. Una vez que sus criaturas ficticias dejan de servirle en su incesante búsqueda del placer, no duda en sentenciarlas a muerte: "En esa otra realidad, usted no existe," le dice a su corresponsal burócrata refiriéndose al recinto privado de su fantasía, y continúa explicándole: "Existen sólo la mujer que amo y amaré siempre —la ausente Lucrecia— mi hijo Alfonso y algunos movibles y transitorios figurantes que aparecen como fuegos fatuos, el tiempo de serme útiles" (*Los cuadernos* IX.333–34).

Don Rigoberto gobierna con idéntico despotismo e idéntica arbitrariedad sobre las obras de su colección. Condena a la pira de su chimenea libros y grabados caídos en desgracia, con el fin de mantener inalterable el número inflexible de cuatro mil libros y un centenar de grabados que ha estipulado, caprichosamente, como cifra límite de su colección, lo cual resulta enormemente contradictorio en alguien que alardea de flexible y aperturista en los dominios del placer:

> Nunca tendré más, para evitar la superabundancia y el desorden, pero nunca serán los mismos, pues se irán renovando sin cesar, hasta mi muerte. Lo que significa que, por cada libro que añado a mi biblioteca, elimino otro, y cada imagen—litografía, madera, xilografía, dibujo, punta seca, mixografía, óleo, acuarela, etcétera—que se incorpora a mi colección, desplaza a la menos favorecida de las demás. (*Los cuadernos* I.17)

La sensación embriagadora que don Rigoberto experimenta al cometer el "sacrilegio cultural" o "trasgresión ética" de "reemplazar con un hermoso Szyszlo [...] una reproducción de la multicolor lata de sopa Campbell's de Andy Warhol" (*Los cuadernos* I.17–18), es comparable a la que siente al pintar sobre la tela de su mente los deseos y placeres prohibidos que destila su febril imaginación (adulterio, onanismo, animalismo, escatología, lesbianismo, fetichismo, etc.). Don Rigoberto se rebela contra las modas artísticas y contra los modos santificados de la sexualidad. La impunidad con que actúa su imaginación díscola lo absuelve de su cobarde sumisión a los dictados de esa sociedad en la que vegeta y medra como vil burócrata, tendiendo un puente fraternal entre él y Segismundo, según le imputa al personaje calderoniano: "te tomaste las libertades que uno se toma cuando goza de la impunidad de los sueños. Diste rienda a tus deseos, desbarrancaste por el balcón a un hombre, casi matas al viejo Clotaldo y al mismísimo rey Basilio" (*Los cuadernos* IX.347).

Como Segismundo, don Rigoberto se escuda en la imaginación para arremeter contra toda ley que amordace el placer. Por esto, resulta sumamente irónico oír a don Rigoberto moralizar sobre su odio a la hipocresía en la carta que escribe al rotario: "estoy contra la hipocresía de no reivindicar este derecho a cara descubierta, de buscar el placer disimulado bajo la coartada profiláctica de la acción cívica" (*Los cuadernos* V.166). ¿No es esto mismo, precisamente, lo que hace don Rigoberto? ¿No busca el placer bajo la coartada de la imaginación para no tener que pagar por sus transgresiones?

Si en el ámbito de sus fantasías don Rigoberto luce como valiente libertino, en el marco de la realidad desluce como apocado conformista. Si en el teatro de sus fantasías don Rigoberto manipula los hilos de las criaturas creadas por su imaginación, en el marco de la realidad es manipulado por Fonchito, quien asume el papel simbólico de parricida, como indiqué anteriormente. Esta rivalidad entre padre e hijo aparece esbozada en el lienzo de Jordaens mediante la contienda que entablan el rey y su ministro. Recordemos que la apuesta que hacen entre ellos consistía en dilucidar cuál de los dos traseros, el de la reina o el de la esclava egipcia de Giges, era el más hermoso y prominente, tal y como propone el rey Candaules a su ministro: "—Muéstramelo y yo te mostraré otro. Compararemos y decidiremos cuál es el mejor, Giges" (*Elogio* II.32). Este duelo entre hombres que estructura el lienzo de Jordaens reproduce la rivalidad latente entre don Rigoberto y su hijo. La circulación de miradas que recorre el lienzo ilustra el pensamiento de Luce Irigaray respecto al lugar de deshonor que suele ocupar la mujer dentro de la economía visual o escópica del patriarcado: el poder investido en la mirada masculina y la mujer como moneda de cambio en el comercio del deseo masculino.[17] A este tema volveré al analizar la caracterización de Lucrecia en páginas posteriores.

Tanto en el lienzo de Jordaens como en la fantasía ecfrástica de don Rigoberto el cuerpo femenino aparece cosificado e instrumentalizado. Ese sujeto doble, pictórico y narrativo, que es Candaules–don Rigoberto, utiliza el cuerpo de la reina-Lucrecia para defender y reafirmar su propio poderío frente a sus competidores varones. Lo hace estableciendo las reglas del juego, reglas que su ministro Giges acata (como lo hicieran el pobre esclavo Atlas y el joven organista del lienzo de Tiziano) y que la reina padece. Tal y como constata Lois Tyson, "patriarchy is a man's world: men invent the rules of the game, they play it only with one another, and women are merely to be found among the prizes" (102; "El patriarcado es un mundo de hombres: los hombres inventan las reglas del juego, lo juegan sólo entre ellos, y las mujeres se encuentran meramente entre los premios").

Lucrecia es usada por el poder patriarcal y dejada al margen de las estructuras de dicho poder. Pictóricamente hablando, a pesar de llenar como objeto estético la superficie de la tela con sus voluminosas y voluptuosas formas, la reina-Lucrecia "desaparece" en la versión o recreación que hace don Rigoberto del lienzo de Jordaens. Se convierte en una abstracción o imagen ideal y en un objeto de placer al mismo tiempo. Sin embargo, la mirada (¿cómplice o complaciente?) que Jordaens esboza sobre el rostro de la reina, y que tampoco pasa desapercibida ni para don Rigoberto–Candaules ni para quienes contemplamos el lienzo, introduce un elemento desestabilizador dentro de la visión hegemónica masculina con la que tiende a identificarse el público lector y observador. Al igual que Nepomuceno Riga—otro de los muchos dobles imaginarios de don Rigoberto—no sabía bien cómo interpretar el signo dejado por la profesora Lucrecia sobre el peldaño de una escalera (¿era o no era ese calzoncito una invitación a entrar a su alcoba?), quienes contemplamos el lienzo de Jordaens podríamos preguntarnos, también, si la mirada de la reina nos invita o no a entrar en la escena del ensueño de su marido para competir o para compartir con él la satisfacción de nuestro deseo.

La reelaboración verbal que la imaginación de don Rigoberto realiza del texto pictórico, sobrepasa y excede lo visual. Lo mismo sucede con las otras narraciones ecfrásticas que secretan las mentes fantasiosas de don Rigoberto, Lucrecia y Fonchito. La écfrasis funciona menos como imitación que como un lenguaje por descifrar. En este sentido Krieger se refiere a la écfrasis como "itself a text in need of interpretation, so that we welcome and depend upon the words as the literal code, spelling out as its own what is only hinted at in the opaque pictorial signs of another, figured code" (*Ekphrasis* 19; "un texto a la espera de interpretación. De manera que las palabras son bienvenidas y dependemos de ellas como el código hecho de letras que enuncia como propio aquello que está sólo insinuado en los opacos signos pictóricos del otro código figurado del emblema," en Monegal, *Literatura y pintura* 150). Habra habla también de esta práctica—textual y hermenéutica—del desborde:

> Partiendo de una representación bidimensional como telón de fondo, se proyecta otra que cobra plasticidad y que se extiende en el tiempo y el espacio. Por ende, cada voz narrativa rebasa las limitaciones de su propio espejo animado, hecho a su medida y que el autor implícito transcribe a beneficio del lector. ("Revelación anamorfótica" 176)[18]

Las nuevas pinceladas de don Rigoberto añaden al lienzo de Jordaens otra escena: el asalto amoroso de Candaules–don Rigoberto a su esposa ante la mirada expectante de su ministro. Por lo tanto, la práctica ecfrástica del sujeto-hablante suplementa y complementa lo pintado por Jordaens con otros retoques de su propia imaginación. El acto creativo se exhibe así como un ejercicio de colaboración que implica continuación y ruptura, copia y renovación, modelado y remodelado entre los signos de estas prácticas hermanas, la pintura y la literatura. La reelaboración que hace don Rigoberto–Candaules del cuadro de Jordaens, ofreciéndole a Giges no sólo el espectáculo de la desnudez de Lucrecia sino también su cabalgar frenético sobre el potro dócil y salvaje de la reina, subraya con trazo gordo el perfil psicológico del personaje protagonista. La necesidad que tiene don Rigoberto de exhibir ante los ojos de sus rivales varones, no sólo la belleza espectacular y el espléndido espectáculo de su esposa sino su propia virilidad también, funciona como un signo que revela no obstante su inseguridad.

Presenciamos el mismo tipo de exhibicionismo en *Los cuadernos* cuando, soñando despierto, don Rigoberto le regala al amante zoológico de su esposa, otro de sus muchos dobles imaginarios, la visión del cuerpo desnudo de Lucrecia: "Como don Rigoberto, la contemplaba también desde la oscuridad. El espectáculo era insólito y, pasado el desconcierto inicial, incomparablemente bello" (*Los cuadernos* I.26). Al exhibir a Lucrecia como se exhibe un lienzo o un objeto artístico, don Rigoberto parece lanzar la siguiente exclamación ante esa caterva de competidores a quienes infunde vida sus fantasías: ¡contemplad y admirad la hermosura inigualable de mi esposa y, al hacerlo, contempladme y admiradme a mí, beneficiario soberano de tanta belleza! Don Rigoberto se apropia de Lucrecia, dispone de su cuerpo y lo muestra como un trofeo, para afirmar su virilidad, valía y soberanía ante los miembros del club varonil del patriarcado.

Lucrecia actúa como "potro" que pone a prueba la resistencia y virilidad de su jinete ("potro" en sus dos acepciones, animal e instrumento de tortura). Don Rigoberto depende de Lucrecia en cuanto objeto deseado y de la mirada de Giges en cuanto sujeto deseante, no sólo para gozar y hacer gozar, sino como prueba fehaciente de su propia masculinidad y hombría. La superior impenetrabilidad de esa fortaleza que (re)presenta el trasero de la reina comparado con el de la esclava egipcia de su ministro, pregona y exalta la virilidad del rey. El atributo de su masculinidad armoniza a la perfección con la resonancia "viril" de su nombre, según proclama la autora de uno de los anónimos que recibe el protagonista: "Tengo el fetichismo de los nombres y el tuyo me prenda y enloquece. ¡Rigoberto! Es viril, es elegante, es broncíneo, es italiano" (*Los cuadernos* I.29).

En realidad, la soberanía que don Rigoberto se precia de ostentar dentro de su reino imaginario, en su vida real se revela como un puro espejismo. La gloria soñada por don Rigoberto muestra en el anverso la pequeñez e inseguridad del personaje. Su hombría y su virilidad viven a cuenta de la fama legendaria de la reina-Lucrecia y de la mirada testimonial de Giges. Proyectados en la mirada del ministro, los lectores entrevemos las primeras grietas que van a ir apareciendo en ese cubo de vidrio donde se refugia don Rigoberto, idéntico al pintado por Bacon en su lienzo (Fig. 4): un espacio supuestamente blindado e infranqueable, donde se parapetan las fantasías de don Rigoberto con respecto a las excelencias de ese individuo libre y soberano que imagina (y desearía) ser él.

"Mírame bien amor mío. Reconóceme, reconócete" (*Elogio* IX.125)

En "Semblanza de humano" la cabeza fantaseadora de don Rigoberto se desdobla en la cabeza monstruosa que aparece en el cuadro de Bacon recién aludido, *Cabeza I* (Fig. 4). En este relato imaginario, don Rigoberto desaparece para reaparecer transfigurado en ese ser grotesco, mitad humano y mitad animal, que grita su desesperación desde la masa informe y deforme que lo constituye pictóricamente. Nos encontramos de nuevo dentro de un espacio intermedio, fluctuante entre dos realidades, entre dos sueños. Es decir, como lectores-contempladores, volvemos al ámbito indefinido e indefinible de la "media luz," que deja en media penumbra el escenario de los ensueños de don Rigoberto, o de la "media ilusión"—ese ilusionarse a sabiendas—donde reside la clave de nuestro gozar con *Elogio* y *Los cuadernos.*

Esta nueva transformación del protagonista remite de nuevo a su espíritu combativo y competidor. Pero a diferencia de la fantasía anterior, donde don Rigoberto—contraviniendo la leyenda original—ganaba el duelo con su ministro Giges, en esta fantasía ecfrástica sale mal parado de su lance, como explica la voz del monstruo con quien se funde don Rigoberto en este ensueño: "Perdí la oreja izquierda de un mordisco, peleando con otro humano, creo" (*Elogio* IX.121). Estas palabras del monstruo–don Rigoberto evocan otro episodio de *Los cuadernos* en el que acude a la mente del protagonista la imagen escalofriante de este lienzo de Bacon. Se trata del *ménage à trois* que don Rigoberto coprotagoniza en un cabaret mexicano con Lucrecia-Rosaura y la mulata Estrella, quien excitada por la espléndida nariz del protagonista está a punto de arrancársela de cuajo. La imagen del cuadro de Bacon se le cuela en el pensamiento ante el terror que siente don Rigoberto de salir desnarigado y desorejado del lance con la mulata:

> Así estuvieron un buen rato, dóciles, enganchados, mientras la mulata se encabritaba y gemía, lengüeteando con desenfreno el adminículo nasal de don Rigoberto y éste, entre brumas ansiosas, recordaba el monstruo de Bacon, *Cabeza de hombre*, óleo estremecedor que durante mucho tiempo lo había obsesionado, ahora sabía por qué: así lo iban a dejar las fauces de Estrella, luego del mordisco. (*Los cuadernos* IX.346)

Don Rigoberto proyecta en la figura monstruosa de Bacon su propia imagen de desconsuelo, soledad y excentricidad. Comparte con él virtudes y defectos, gozos y sufrimientos. Veamos algunas de estas correspondencias. Por ejemplo, la cabeza monstruosa del lienzo presume de su extraordinario sentido olfativo: "Tengo un olfato muy desarrollado y es por la nariz por donde más gozo y sufro" (*Elogio* IX.122). Por su parte, don Rigoberto cuenta también con un fino olfato. Es capaz de percibir, por ejemplo, "el olor azucarado" de la miel con la que el amante zoológico de Lucrecia le unta la piel (*Los cuadernos* I.26) o el asqueroso olor a ratas que, en una de sus pesadillas nocturnas, se le mete en el cuerpo corroyéndoselo desde dentro ("'Estoy embutido de olor a ratas,' se asustó" (*Los cuadernos* V.172). Su portentosa nariz se deleita, también, con el olor de virtud que desprenden las viudas castas, aunque este deleite vaya acompañado de inquietud al pensar don Rigoberto en Lucrecia: "Ese aroma de viudas castas, impalpable melancolía de los cuerpos condenados al soliloquio físico, exhalación nostálgica de sus deseos insatisfechos, lo inquietó" (*Los cuadernos* V.173).

La tela discursiva que pintan, conjuntamente *Elogio* y *Los cuadernos*, está urdida por imágenes que convocan otras imágenes, por notas musicales que congregan otras melodías, por olores que suscitan otros olores, por alusiones pictóricas y referencias literarias que se entreveran, creando todas estas redes asociativas un laberinto inagotable de representaciones.

La reelaboración verbal que hace don Rigoberto de la imagen pintada por Bacon arranca con un impulso ecfrástico pero su discurso va más allá de la esfera descriptiva para sumergirse en el *pathos* del personaje. Una vez dibujadas las líneas exteriores de su figura deforme, el discurso de este sujeto bicéfalo bucea en el interior de su alma para sublimar lo escatológico y mostrarnos lo bello de su apariencia grotesca. Como don Rigoberto, el monstruo de Bacon elogia el maravilloso don olfativo de esa protuberancia suya que oficia de nariz, por la que sufre y goza, según declara él mismo:

> Me refiero al bulto grisáceo, con costras blancas, que empieza a la altura de mi boca y baja, creciendo, hasta mi cuello de toro. No, no es la hinchazón del bocio ni una manzana de Adán, inflada por la acromegalia. Es mi nariz. Sé que no es bella ni útil, pues su excesiva sensibilidad la torna un indescriptible tormento cuando se pudre una rata en la vecindad o pasan materias fétidas por las cañerías que atraviesan mi hogar. Aun así, yo la venero y a veces pienso que mi nariz es el aposento de mi alma. (*Elogio* IX.122)

La desconexión del monstruo con el exterior por la pérdida de su oreja izquierda, de un ojo, de sus manos y pies—como la desconexión de don Rigoberto con el mundo por la pérdida de Lucrecia—abre las puertas de un mundo interior, extremadamente singular, perceptivo y rico en rituales y experiencias placenteras, al que los lectores podemos acceder de mirones. La reinterpretación que hace don Rigoberto del cuadro de Bacon nos habla indirectamente de su propia condición, de sus miedos y deseos. Los amantes del monstruo—la bella y el jovencito—son puros reflejos de Lucrecia y Fonchito, planeando así sobre la fantasía de don Rigoberto el fantasma del incesto: "Las mujeres llegan a amarme, incluso, y los chicos a enviciarse con mi fealdad. En el fondo de su alma, a la bella la fascinó siempre la bestia, como recuerdan tantas fábulas y mitologías, y es raro que en el corazón de un apuesto jovenzuelo no anide algo perverso" (*Elogio* IX.124). Este pulso irresoluto entre "la bella y "la bestia," es decir, entre el bien y el mal, que se entabla en las páginas de *Elogio* y *Los cuadernos*, remite a ese frágil equilibrio que soporta el pensamiento de Georges Bataille sobre la unión de los contrarios, analizado por Roy C. Boland en "The Erotic Novels: *In Praise of the Stepmother* and *The Notebooks of Don Rigoberto.*" Boland propone una lectura de este lienzo de Bacon como alegoría de esta idea de Bataille sobre la unión del bien y del mal, de lo social y de lo privado. Un matrimonio de impulsos contrarios bajo unos votos de convivencia y confidencialidad, de manera que las transgresiones individuales en el ámbito de lo privado hagan posible el vivir en una sociedad:

> The Head and its repulsive sexual practices symbolize Evil, which may be pursued with impunity inside the glass cage within which the monster is contained. For greater security, the Head is attached to its enclosure by a wire and steel bracket. The restraints symbolize Good, which is also manifested by the aesthetic discipline evident in the composition of the painting and the ekphrastic text. The message inherent in the dialectic between image and world echoes Bataille's warning that so long as Evil is carried out within well-defined parameters, individual transgression may coexist with civilization; but if Evil breaks out of the cage, the inevitable result will be conflict and misery, as happens when Doña Lucrecia is unable to control her illicit desires. The painting also contains a playful irony, for while the monster believes that his cage is impenetrable to outside eyes, the reader/viewer can see him and relate the existential dilemma he embodies to the situation of the novel's protagonist. (112)

> La Cabeza y sus prácticas sexuales repulsivas simbolizan el Mal, el cual puede perseguirse con impunidad en el interior de la jaula de vidrio, dentro de la cual se contiene al monstruo. Para mayor seguridad, la Cabeza está atada a ésta por un soporte de alambre y acero. Las restricciones simbolizan el Bien, que

> es manifestado también por la disciplina estética evidente en la composición del lienzo y el texto ecfrástico. El mensaje inherente en esta dialéctica entre la imagen y el mundo, se hace eco del aviso de Bataille de que mientras el Mal se lleve a cabo dentro de unos parámetros bien definidos, la transgresión individual puede coexistir con la civilización; pero si el Mal se sale de la jaula, el conflicto y la miseria serán el resultado inevitable, como ocurre cuando Doña Lucrecia es incapaz de controlar sus deseos ilícitos. El cuadro contiene también una ironía juguetona, pues aunque el monstruo cree que la jaula lo blinda de la mirada exterior, el lector/observador puede verlo y relacionar el dilema existencial que encarna con la situación del protagonista de la novela.

Con estos dos ensueños inspirados en los lienzos de Jordaens (Fig. 1) y de Bacon (Fig. 4), don Rigoberto conjuga la hermosura de Lucrecia con su propia fealdad, ennoblecida sin embargo por la capacidad que tiene su figura monstruosa de gozar y hacer gozar. Recordemos el retrato tan poco agraciado que el narrador hace de don Rigoberto el día en que a Lucrecia le presentaron "a ese señor de carota lúgubre, grandes orejas y beligerante nariz, camino a la calvicie" (*Los cuadernos* V.160). La confidencia que nos hace el monstruo de Bacon de preferir incrustar sus afilados dientes en "tetillas y muslos de gallinas y capones o gargantas de pajarillos" más que en piedras (*Elogio* IX.124), nos revela entre líneas el sentimiento de venganza que anida en don Rigoberto por el engaño de Lucrecia y su hijo, esa avecilla cuyos "besos de pajarillo" picotean a menudo el rostro de su madrastra y cuya voz resuena como trino en sus oídos (*Los cuadernos* I.10 y 14).

Como el grotesco ser que figura en el lienzo de Bacon (Fig. 4), don Rigoberto compensa su falta de encantos físicos con el señuelo de su imaginación. La irresistible atracción que ejerce el poder sexual de la figura monstruosa sobre la que se proyecta don Rigoberto, convirtiendo en seductora su monstruosidad, refleja el poder de la imaginación de don Rigoberto, por la cual aprendemos—como aprenden los amantes del monstruo—"que todo puede ser erógeno y que asociada al amor, la función orgánica más vil, incluidas aquéllas del bajo vientre, se espiritualiza y ennoblece" (*Elogio* IX.124). El erotismo en *Elogio* y *Los cuadernos* funciona, por tanto, como la pátina que da lustre, abrillanta y ennoblece la burda tela de la existencia.

Embellecer la realidad con el barniz de la imaginación es la principal misión de don Rigoberto. Como sugieren las dos fantasías que destila la mente efervescente de don Rigoberto en las páginas de *Elogio,* la presencia material y tangible de Lucrecia no le basta. Para atizarse el deseo en sus lances amorosos, don Rigoberto suplementa y suple la presencia real de Lucrecia con imágenes procedentes de cuadros archivados en su memoria. Al desear que Lucrecia sea otra ("Hoy no serás Lucrecia sino Venus," *Elogio* VII.103), don Rigoberto expresa su anhelo de ser otro, de verse reflejado en el otro, como insta la voz del monstruo al amante: "Mírame bien amor mío. Reconóceme, reconócete" (*Elogio* IX.125).

Con *Elogio,* Vargas Llosa elogia la representación. En la busca que persigue don Rigoberto de un ideal inalcanzable, la imagen de Lucrecia se multiplica en infinitas representaciones, impidiéndole estampar su rostro en un único y último retrato. La afirmación que hace Paula Willoquet-Maricondi con respecto a *Elogio* vale para *Los cuadernos* también: "to praise through representation, this novel seems to suggest, is an act of erasure and of substitution" ("Voyeurism" 175; "Elogiar por medio de la representación es un acto de eliminación y sustitución, parece sugerir esta novela").

Tanto en *Elogio* como en *Los cuadernos* las representaciones pictóricas con las que don Rigoberto trata de capturar el espejismo de Lucrecia, funcionan como *suplementos,* en la doble acepción que da Derrida a este término: *suplir* en los dos sentidos de añadir y de sustituir. En *Elogio,* don Rigoberto acude a la pintura para comple(men)tar con las imágenes pictóricas la presencia de Lucrecia. En *Los cuadernos* lo hace para llenar con esas imágenes vicarias el vacío de su ausencia: "Como casi todos los días, se había despertado en la lóbrega humedad del amanecer para celebrar el rito que repetía cacofónicamente desde que doña Lucrecia se fue a vivir al Olivar de San Isidro: soñar despierto, crear y recrear a su mujer al conjuro de esos cuadernos donde invernaban sus fantasmas" (*Los cuadernos* VIII.293). La imaginación de don Rigoberto va a suplir el cuerpo ausente de Lucrecia con representaciones pictóricas y literarias: la Rosalba de Botero, la Dánae de Klimt, la Kiki de Montparnasse de Man Ray, la maja de Goya, la jurista de Virginia, la Rosaura de Botero o del drama de Calderón, y tantas otras.

El conjuro de imágenes pictóricas: bálsamo y elixir para don Rigoberto

El ensueño de don Rigoberto que se pincela en "La noche de los gatos" (*Los cuadernos* I.19–29), provee una excelente ilustración de la forma en que don Rigoberto trata de reparar su rota realidad, conjurando en su mente imágenes que, irremediablemente, sólo consiguen crear en él una ilusión de felicidad pasajera. En este primer ensueño erótico que fragua don Rigoberto en *Los cuadernos,* la visión quimérica de Lucrecia trae a la memoria del protagonista—además de figuras mitológicas como la ninfa del bosque o la sabina raptada (*Los cuadernos* I.25)—tres imágenes de desnudos de mujer presentes en los cuadros, *Nu avec chat* de Balthus y *La Rosalba* de Fernando Botero, y en la madera de Félix Vallotton, *Languor o La Pereza* (que se ve en Fig. 13). Durante la orgía gatuna que Lucrecia, un hombre sin nombre y diez gatos hambrientos representan sobre el escenario de la imaginación de don Rigoberto, Lucrecia termina eclipsándose servilmente. Se retira de la fantasía erótica de su marido para que su lugar lo ocupen otras ficciones. La imagen (fantasmagórica) de Lucrecia actúa como un imán atrayendo otras imágenes al ánimo de su marido, de manera que Lucrecia acaba siendo desplazada por las figuras femeninas pintadas por Balthus, Botero y Vallotton, que acuden a la mente de don Rigoberto para hacerle gozar:

> "Espera, espera," le pidió don Rigoberto. Dócilmente, doña Lucrecia se detuvo y fue como si desapareciera en esas sombras cómplices, mientras a la memoria de su marido volvía la lánguida muchacha de Balthus (*Nu avec chat*) que, sentada en una silla, la cabeza voluptuosamente echada atrás, una pierna estirada, otra encogida, el taloncito en el borde del asiento, alarga el brazo para acariciar a un gato tumbado en lo alto de una cómoda, que, con los ojos entrecerrados, calmosamente aguarda su placer. (*Los cuadernos* I.25)

Soñando despierto, don Rigoberto retrata a la joven desnuda de Balthus en el umbral del goce, un lugar inestable por colisionar en él, el presente deseante del sujeto pictórico con el futuro deseado por el sujeto narrativo, es decir, el anhelo de don Rigoberto de recuperar la presencia plena y carnal de su esposa. Esta reinterpretación verbal del texto pictórico que nos ofrece el narrador, revela los trucos que emplea el escritor para seducir a los lectores y atraparlos en la red del deseo con la ilusión de alcanzar un gozo pleno.

El avance hacia esa tierra prometida que representa la imagen deseada de Lucrecia, va marcado por nuevas trasfiguraciones. Sobre la tela de la mente de don Rigoberto, Lucrecia se transmuta en la voluptuosa Rosalba del pintor colombiano para adueñarse, poco después, de las sutiles líneas del desnudo femenino de Vallotton que se aprecian en Fig. 13:

> Recordó también haber visto, sin prestarles atención, ¿en el libro del animalista holandés Midas Dekkers?, *La Rosalba* de Botero (1968), óleo en el que, agazapado en una cama nupcial, un pequeño felino negro se apresta a compartir sábanas y colchón con la exuberante prostituta de crespa cabellera que termina su pitillo, y alguna madera de Félix Vallotton (¿*Languor*, circa 1896?) en que una muchacha de nalgas pizpiretas, entre almohadones floreados y un edredón geométrico, rasca el erógeno cuello de un gato enderezado. (*Los cuadernos* I.25–26)

Fig. 13
Félix Vallotton (1865–1925).
La Pereza (*La Paresse*) (1896).
Grabado sobre madera.
Fotografía: Gallica.
© bpk, Berlin/ Biblioteca Nacional de Francia, París / Art Resource, NY.

Cada imagen convoca en la mente de don Rigoberto nuevas imágenes, cada alusión pictórica suscita nuevas alusiones. Como sucede en la fantasía sobre el lienzo de Jordaens y en el ensueño de "La noche de los gatos" recién referidos, en el escenario onírico de "La semana ideal" (*Los cuadernos* II.51–74), el deseo de don Rigoberto vuelve a transformar a Lucrecia en una obra de arte: *La maja desnuda* de Goya que vemos en Fig. 14.

Fig. 14
Francisco de Goya y Lucientes (1746–1828).
La maja desnuda (1795–1800).
Óleo sobre lienzo. Alto: 98 cm; Ancho: 191 cm.
© Museo Nacional del Prado, Madrid, España.

Modesto-Pluto, el tímido ingeniero en el que se desdobla el protagonista, contempla maravillado el modo tan sensual y seductor con el que Lucrecia adopta y adapta la típica pose de los cuadros de desnudos femeninos, tan presentes en la tradición pictórica de Occidente en la que se inscribe el lienzo de Goya: "Se tendió de espaldas, se ladeó ligeramente, en una postura lánguida, desinhibida, y acomodó su cabeza en la almohada" (*Los cuadernos* II.60). Esta visión le regala la imagen de Modesto encaramándose desnudo hacia la cama "donde lo esperaba, en lánguida postura—'La maja desnuda de Goya,' pensó don Rigoberto, 'aunque con los muslos más abiertos'—ese cuerpo magnífico" (*Los cuadernos* II.71).

Modesto–don Rigoberto o don Rigoberto–Modesto contemplan el cuerpo magnífico de Lucrecia desde la misma perspectiva, pero al hacerlo a través de otros ojos, don Rigoberto tiene la impresión de estar viendo a su mujer por la primera vez. El desdoble de su ser, el proyectarse en el otro, le procura una sensación de renovación que le resulta un arma muy útil para luchar contra el tedio y la rutina cotidianas. Las líneas, volúmenes y colorido del cuerpo de Lucrecia suscitan en la mente de don Rigoberto semejanzas y diferencias con las figuras femeninas pintadas por Murillo y Rubens: "en la tonalidad azulada, el cuerpo de formas que, sin llegar a excesos rubensianos, emulaban las abundancias virginales de Murillo, extendido de espaldas, una rodilla adelantada, cubriendo el pubis, la otra ofreciéndose, las sobresalientes curvas de las caderas estabilizando el volumen de carne dorada en el centro de la cama" (*Los cuadernos* II.60). Como experimentado crítico de arte, la écfrasis del narrador omnisciente estudia, describe y elogia la técnica pictórica con que el pincel de la imaginación de don Rigoberto recrea los lienzos de Goya o Murillo que se cuelan en su mente para dar certificado de presencia material a sus fantasías.

Cada movimiento de Lucrecia, cada cambio de pose de la modelo, conjura en la memoria de don Rigoberto una nueva imagen, revelando el tremendo anhelo que siente el protagonista por atrapar a Lucrecia en una representación pictórica que la haga presente. Al entreabrir Lucrecia sus muslos para premiar a su amante y a su marido *voyeur* con el bello espectáculo de su sexo, en el recuerdo de don Rigoberto irrumpe la imagen de otro cuadro: *El origen del mundo* (1866) de Gustave Courbet, que se ve en Fig. 15.

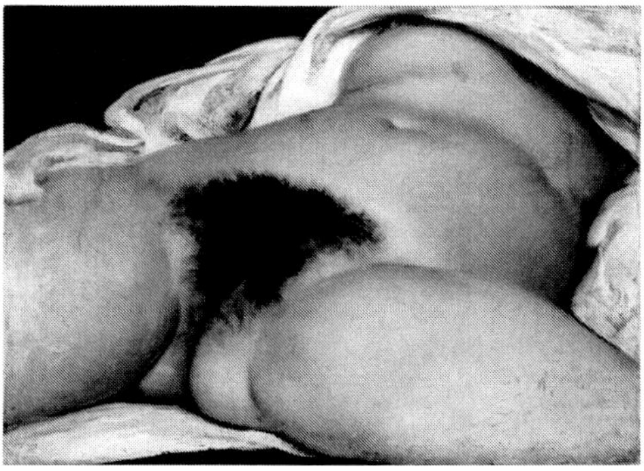

Fig. 15
Gustave Courbet (1819–1877).
El origen del mundo (1886).
Óleo sobre lienzo. 46 x 55 cm. RF1995-10.
Fotografía: Hervé Lewandowski.
Museo de Orsay, París, Francia.

A don Rigoberto le excita sobremanera el gran parecido que percibe entre la figura femenina de Courbet y el cuerpo voluptuoso de su esposa. Este hallazgo hace que el protagonista se sienta "transido de emoción al comprobar que la lozanía del vientre y la robustez de los muslos y el monte de Venus de su mujer coincidían milimétricamente con la decapitada mujer de aquel óleo, príncipe de su pinacoteca privada" (*Los cuadernos* II.61). Una vez más lo que más entusiasma y excita al esteta de don Rigoberto es comprobar el parecido que percibe entre Lucrecia y las mujeres que aparecen pintadas sobre los lienzos que más admira. En ambas representaciones, en la recreación ecfrástica de don Rigoberto y en el lienzo de Courbet, el cuerpo femenino se (re)presenta cosificado, fragmentado y decapitado, exhibiéndose ante la mirada del espectador o espectadora como un objeto material deseado y misterioso. La contemplación de este cuerpo mutilado, príncipe de la colección de don Rigoberto, causa en los lectores-observadores una sensación ambivalente de placer y malestar al mismo tiempo.

La excitación y el goce que experimenta don Rigoberto al avistar entre las sombras nocturnas de su dormitorio el radiante sexo de su esposa, se hace eco de la emoción experimentada por el joven organista del cuadro de Tiziano al rendirse impotente, pero gozoso, a la misteriosa atracción que ejerce sobre él "ese venusino rincón" del cuerpo de la diosa. A ello alude la interpretación que hace Cupido de esta escena de seducción amorosa:

> ¿Qué lo imanta de tal modo en ese triángulo de piel transparente, circulado por venillas azules como riachuelos, al que sombrea el depilado bosquecillo del pubis? Yo no sabría decirlo y creo que él tampoco. Pero algo hay allí que atrae sus ojos cada atardecer con el imperio de una fatalidad o la magia de un sortilegio. Algo como la adivinación de que al pie del soleado montecillo de Venus, en la tierna hendidura que protegen las torneadas columnas de los muslos de la señora, esponjosa, rojiza, y húmeda con el rocío de su intimidad, discurre la fuente de la vida y del placer. (*Elogio* VII.101–02)

Don Rigoberto escudriña el lienzo de *El origen del mundo* (Fig. 15) con la misma intensidad con que Fonchito se fija en la fotografía de Schiele frente al espejo, es decir, "como si quisiera arrancarle algún secreto" (*Los cuadernos* VIII.272).

La importancia de este lienzo en el imaginario pictórico de don Rigoberto reside no sólo en su aplastante carnalidad, sino también en su riqueza alegórica. Al igual que la lente del deseo del rey Candaules aglutinaba el todo corporal de su esposa en las dos partes cilíndricas de su ondulado trasero, en el lienzo de Courbet el cuerpo femenino se concentra en el sexo como una fuente infatigable de vida, de misterio y de placer. Su exposición es una invitación: invitación al goce; invitación al misterio; invitación a entrar en los dominios de lo desconocido, en ese laberinto de amor, misterioso y amenazador, que simboliza Lucrecia, según sugiere la identificación que hace Fonchito entre su madrastra y el cuadro de Szyszlo *Camino a Mendieta 10* (Fig. 5). Esta obra pictórica da alas al vuelo onírico de Lucrecia en el capítulo titulado "Laberinto de amor" (*Elogio* XII.157–61), tal y como veremos un poco más adelante. Con respecto a la fuerza creativa de lo oculto y misterioso, me gustaría citar estas palabras de Efrén Giraldo, que aunque se refieren a *Elogio*, en particular, me parecen muy sugerentes con relación a ambas novelas:

> En la novela se explora la posibilidad de que la palabra dé el beso de Cenicienta a la imagen y empiece a andar por caminos que el artista tal vez no estableció y que, sin embargo, duermen en la superficie de la tela. Esto, por supuesto, hace que en *Elogio de la madrastra*, los mitos y los contenidos históricos de cada pintura se actualicen en la Lima contemporánea de Fonchito y Lucrecia. Con ello, logramos volver al enigma de las imágenes, aunque no resolver su misterio y su mudez, una condena de la que sólo pueden sacarla los relatos que hacen con ellas un archivo del deseo. (265)

Dentro de este "archivo del deseo" que preparan *Elogio* y *Los cuadernos*, que es, en realidad, otra condena, don Rigoberto no sólo se pierde en ese "laberinto de amor" que encarna Lucrecia, sino en una de las principales redes que estructura el deseo masculino: las relaciones lésbicas. En el mundo de *voyeurs* que pueblan las ensoñaciones nocturnas de don Rigoberto, el lesbianismo es una de las atracciones que más cautiva la mirada del protagonista y del lector-observador-varón, su testigo y cómplice. Veamos lo que confesaba el protagonista respecto a sus gustos estéticos en ese "mínimo tratado de estética" que es la carta que le escribe a un lector de *Playboy*: "De Courbet, me interesan las lesbianas y aquel gigantesco trasero que hizo ruborizar a la fruncida Emperatriz Eugenia" (*Los cuadernos* VIII.288).[19] Al espectáculo lésbico que ofrecen la diosa Diana y su favorita al niño pastor en que se transmuta Fonchito en *Diana después de su baño* (*Elogio* V.69–76), se suma la visión de los cuerpos entreverados de Lucrecia y su criada, cuya contemplación trae a la memoria de don Rigoberto el cuadro de su admirado pintor de lesbianas, Courbet, *Pereza y lujuria* o *El sueño* (Fig. 16): "¿Nos estás viendo? —Se burló doña Lucrecia. Con total nitidez, pese a que, a diferencia de su diurno dormitorio, aquél era nocturno, y esa parte de la habitación estaba en penumbra, fuera del alcance de la lámpara de pie" (*Los cuadernos* III.106).

Fig. 16
Gustave Courbet (1819–1877).
Pereza y lujuria o *El sueño* (1866).
Óleo sobre lienzo. 135 x 200 cm. INV3130.
Fotografía: Hervé Lewandowski.
Museo del Petit Palais, París, Francia.

Don Rigoberto observa los cuerpos entrelazados de Lucrecia y Justiniana de la misma manera en que contempla los cuadros de su colección privada. Se aproxima al lienzo para examinar pequeños detalles y retrocede luego para abrazar una visión conjunta de la escena pictórica: "Mientras se besaban, con ímpetu, enredando las lenguas, separándose y juntándose, sus cuerpos anudándose, don Rigoberto levitaba. ¿Estaba orgulloso de su esposa? Por supuesto.

¿Más enamorado de ella que nunca? Naturalmente. Retrocedió a verlas y oírlas" (*Los cuadernos* III.109). Al recrear imaginativamente el lienzo de *Pereza y lujuria* o *El sueño* (Fig. 16), don Rigoberto cubre los cuerpos de las amantes—que con tanta precisión se dibujan sobre el lecho de Courbet—con un velo de sábanas y sombras nocturnas, que al penetrarlo con su deseo le hace sentirse dios y rey absoluto:

> Don Rigoberto no perdía detalle de sus amagos y arremetidas; se enredaba y desenredaba con ellas, estaba junto a la mano que embolsaba un pecho, en cada dedo que rozaba una nalga, en los labios que, luego de varias escaramuzas, se atrevían por fin a hundirse en la sombra enterrada, buscando el cráter del placer, la oquedad tibia, la latiente boca, el vibrátil musculillo. Veía todo, sentía todo, oía todo. Sus narices se embriagaban con el perfume de esas pieles y sus labios sorbían los jugos que manaban de la gallarda pareja. (*Los cuadernos* III.110)

Al igual que rebusca entre sus grabados para dar con imágenes que den vuelo a sus fantasías, don Rigoberto acude a sus cuadernos para extraer de ellos citas e ideas que animen sus ficciones y aviven su imaginación. Al (h)ojear sus libretas don Rigoberto se encuentra con una cita del poeta Philip Larkin: "sex is too good to share with anyone else"; "el sexo es demasiado bueno para compartirlo con alguien." Esta cita trae a su memoria distintas versiones del protagonista del lienzo de Caravaggio, *Narciso*, que se ve en Fig. 17 (*Los cuadernos* IV.129). Recordemos que Narciso es, también, el nombre del hermano gemelo que se inventa don Rigoberto en el ensueño erótico de "Los hermanos corsos" (*Los cuadernos* IV.129–48).

La imagen de Narciso y su reflejo en el agua dibujan una circunferencia, en cuyo interior quedan atrapados tanto el protagonista del cuadro de Caravaggio como su reflejo. Esta composición circular, que encierra a Narciso dentro de sí mismo, refleja asimismo el aislamiento y la soledad de don Rigoberto. En *Elogio* y *Los cuadernos*, el uso de la luz y del claroscuro sirven para delimitar y aislar del resto de la composición un recinto circular en cuyo interior se enmarca la escena pictórica. Este tipo de composición irradia un aura de secretismo y misterio, que cautiva la mirada de los observadores del lienzo de la misma manera que Narciso es cautivado por su propia imagen reflejada en la superficie del agua.

Fig. 17
Caravaggio (1571–1610).
Narciso (1599).
Óleo sobre lienzo. 112 x 92 cm.
Soprintendenza Speciale per il Patrimonio Storico, Artistico ed Etnoantropologico e per il Polo Museale della città di Roma (Supervisión especial del Patrimonio Histórico, Artístico y Etnoantropológico y por el Polo Museale, Roma)

Ya hablamos de esta misma estrategia compositiva con relación a la creación del espacio teatral en el capítulo anterior. Es común que la luz de una lámpara o un velador ilumine las escenas que pintan los sueños de don Rigoberto, circunscribiéndolas en el interior de un "obsceno círculo amarillo," que—como el coito—simboliza "la simplicidad y claridad de los objetos y los actos perfectos" (*Elogio* VI.83).

La clara visión del cuerpo de su hermano Narciso, enredado entre "las bellas formas llenas, la ondulada cabellera color azabache de su amada, las levantadas nalgas que hacían pensar en un gallardo promontorio desafiando el asalto de un mar bravo" (*Los cuadernos* IV.145), trae a la mente de don Rigoberto la fotografía de Man Ray, *La Prière* (1930; *La oración*), que vemos en Fig. 18.

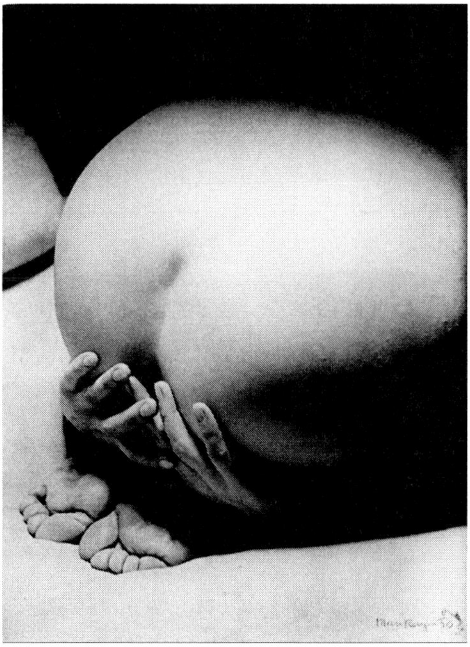

Fig. 18
Man Ray (1890–1976).
La oración (*La Prière*). Negativo, 1930; grabado, 1960.
Grabado en gelatina plateada. 24 x 18.1 cm (9 7/16 x 7 1/8 in).
El Museo de J. Paul Getty, Los Ángeles, California.

"Buscó en sus cuadernos y, en pocos minutos, contemplaba la imagen. Su corazón se encogió, recordando las veces que Lucrecia había posado así para él en la nocturna intimidad, sentada sobre los talones, las dos manos sosteniendo las medias esferas de sus nalgas" (*Los cuadernos* IV.146). El hermoso trasero de Lucrecia vuelve a conjurar aquella otra espléndida grupa de la reina de Lidia, joya de la fantasía erótica que, inspirándose en Jordaens (Fig. 1), fraguaba don Rigoberto en "Candaules, rey de Lidia" (*Elogio* II.27–37). Pero si en aquélla, la recreación que hacía este devoto de las nalgas femeninas acentuaba la sensación de hombría que le producía su conquista por la fuerza, en *La oración* de Man Ray, las redondeadas nalgas de la modelo son ofrecidas en bandeja al observador por unas manos que, generosas, abren la puerta secreta del placer. Los dos hemisferios, cercenados del resto del cuerpo femenino y cuya disociación está acentuada aún más por el efecto del claroscuro, producen en quienes contemplamos la imagen la misma sensación placentera e inquietante, a la vez, que producía el lienzo de Courbet, *El origen del mundo* (Fig. 15). El título de la fotografía, conocida también como *El ruego* o *La súplica,*" añade una nota sacrílega a la imagen, que de ser signo icónico pasa a convertirse en un signo simbólico, cargado de connotaciones religiosas.

Como es paleta común en los lienzos narrativos de *Elogio* y *Los cuadernos*, las imágenes que atraviesan la mente calenturienta de don Rigoberto se van enlazando en una cadena interminable de representaciones. La imagen cegadora de las nalgas de Lucrecia que entela la vista de don Rigoberto en su fantasía del hermano gemelo ya mencionada, es desplazada por las formas redondeadas del trasero pintado por Man Ray, las que a su vez son desterradas por las líneas ondulantes de Kiki de Montparnasse en *Le Violon d'Ingres* (Fig. 19), otra de las musas del fotógrafo norteamericano: "Tampoco desentonaba la comparación con otra imagen de Man Ray que el cuaderno le ofreció, contigua a la anterior, pues la espalda musical de *Kiki de Montparnasse* (1925), era, ni más ni menos, la que en ese momento mostraba Lucrecia al ladearse y revolverse. Las inflexiones profundas de sus caderas lo tuvieron unos segundos suspenso, ido" (*Los cuadernos* IV.146).[20]

Al igual que la figura de Narciso reflejada en el agua, "La espalda musical" de Lucrecia, refleja, repite y reduplica la de Kiki, la reina de los artistas de Montparnasse de entre guerras. Los movimientos acompasados del cuerpo de Lucrecia sobre el lecho de Narciso

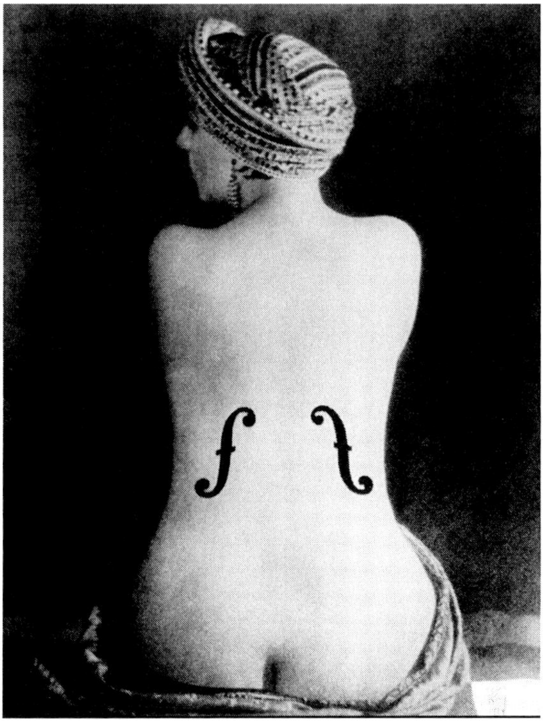

Fig. 19
Man Ray (1890–1976).
El violín de Ingres (*Le Violon d'Ingres*) (1924).
Grabado en gelatina plateada. 29,6 x 22,7 cm. (11 5/8 x 8 15/16 in).
El Museo de J. Paul Getty, Los Ángeles, California.

emulan las inflexiones de la voz del violín. En la imaginación de don Rigoberto, Lucrecia no sólo se torna obra de arte sino composición musical también, trayendo a nuestra memoria aquel otro "violín monologante" que tanto había hechizado al protagonista:

> Se detuvo, fascinado, en la descripción hecha por el diplomático Alfonso de la Serna, de La Sinfonía de los adioses de Haydn, "en la que cada músico, cuando acaba su partitura, apaga la vela que ilumina su atril y se va, hasta que queda sólo un violín, tocando su final melodía solitaria." ¿No era una coincidencia? ¿No casaba de manera misteriosa, como plegándose a un orden

> secreto, el violín monologante de Haydn con el egoísta placentero, Philip Larkin, quien creía que el sexo era demasiado importante para compartirlo. (*Los cuadernos* IV.130)

Si esta referencia que aparece anotada en los cuadernos de don Rigoberto concernía al goce solitario de la masturbación, la del violín de Ingres nos habla de un placer compartido, como el que practica y defiende a ultranza don Rigoberto: "Sin embargo, él, pese a poner el sexo en el más alto sitial, lo había compartido siempre, aun en su período de más ácida soledad: éste" (*Los cuadernos* IV.130). En cuanto a la actividad erótica, don Rigoberto aprobaría la opinión de Octavio Paz cuando en *La llama doble. Amor y erotismo* escribe: "El protagonista del acto erótico es el sexo o más exactamente, los sexos. El plural es de rigor porque, incluso en los placeres llamados solitarios, el deseo sexual inventa siempre una pareja imaginaria… o muchas" (15). El deseo sexual de don Rigoberto inventa a Lucrecia como pareja imaginaria en un encuentro erótico que, con la participación del público observador se convierte en un *ménage a trois*. Junto con don Rigoberto, los lectores escuchamos con nuestros ojos la partitura que Narciso interpreta con su boca y con su lengua, sobre la superficie de ese violín en el que se trueca el cuerpo de Lucrecia (*Los cuadernos* IV.146).

Como gran admirador de las pinturas de Jean-Auguste-Dominique Ingres, Man Ray se inspiró a menudo en los desnudos del pintor francés. De la misma manera en que las fantasías de don Rigoberto recrean las imágenes de los cuadros que las inspiran, el fotógrafo norteamericano reinventa el desnudo clásico original, al pintar dos ranuras en forma de *f* sobre la espalda de su modelo. Lo lúdico de esta imagen de Man Ray se combina con la índole perturbadora de la forma que toma esa espalda, donde los brazos aparecen cercenados. Este efecto de mutilación corporal enlaza las imágenes de *El violín de Ingres* y *La oración* de Man Ray con *El origen del mundo* de Courbet. En estas obras plásticas, al igual que ocurre en los lienzos narrativos de *Elogio* y *Los cuadernos*, se crea una tensión contradictoria y ambivalente entre la cosificación del cuerpo femenino y la idealización de la forma artística.

Esta imagen de Man Ray volverá a saltar a la memoria de don Rigoberto, impregnando su ensoñación erótica "El calzoncito de la profesora" con la espalda musical de Kiki (*Los cuadernos* VI.214–30): "Don Rigoberto cerró los ojos y se le escarpeló la piel, divisando, una vez más, las musicales caderas de la bien proporcionada, marcial figura de la jurista cuando se alejaba" (*Los cuadernos* VI.217).

La cabeza de don Rigoberto está hecha de imágenes y citas. Todas estas referencias artísticas, Caravaggio, Courbet, Man Ray, que estimulan la ensoñación erótica de "Los hermanos corsos" (*Los cuadernos* IV.129–48), nos hablan entre líneas tanto de la flaqueza y fragmentación de la personalidad de don Rigoberto como del poderío de su capacidad imaginativa. El protagonista transciende el goce narcisista de sus soliloquios—o "pajas mentales"—con la viva ilusión de compartir el placer con un cuerpo femenino donde se espejea la imagen ideal e inalcanzable de su esposa ausente (*Los cuadernos* V.168).

"El olor de las viudas" (*Los cuadernos* V.171–91), esa pesadilla mal oliente que descalabra el sueño de don Rigoberto con la visión y el hedor de "las ratas innumerables del templo de Karniji" *(Los cuadernos* V.171), añade una nueva pincelada a su retrato. Las representaciones pictóricas y literarias que la acompañan, alumbran con luz indirecta otro de los temores que asalta al protagonista: la posibilidad de que la casta Lucrecia se case de nuevo. Recordemos que fue su hijo quien primero clavó esta espina en el corazón de don Rigoberto, al decirle para encelarlo que había visto a Lucrecia del brazo de otro hombre, tal y como el propio Fonchito le confiesa a su madrastra: "¿Sabes lo que hice? Decirle que te había visto saliendo de la Virgen del Pilar, elegantísima, del brazo de un señor. Que parecían una parejita en su luna de miel" (*Los cuadernos* V.158). Dentro de este ensueño, don Rigoberto se despierta de su terrorífica pesadilla con la narices aún impregnadas por el olor a rata que le han contagiado esos privilegiados ocupantes de dicho templo hindú.

Con los olores ocurre exactamente lo mismo que ocurre con las imágenes de la colección no permanente del museo de *Los cuadernos*: un olor sustituye a otro olor, al igual que cada nueva imagen fraguada por la fantasía de don Rigoberto desaloja a la anterior. El olor fétido de las ratas es removido por el olor a hembra de Lucrecia, "ese otro olor—benigno, literario, placentero, fantasioso—que empezó a disipar, como el viento del amanecer la neblina nocturna, los hedores ratoniles del sueño. Un olor santo, teológico, elegantísimo, exhalado por la *Introducción a la vida devota*, de Francisco de Sales, en la traducción de Quevedo" (*Los cuadernos* V.173). Este olor de viuda le lleva a pensar, luego, en las mujeres olorosas del pintor vienés, Gustave Klimt, que vemos en Fig. 20, *La carpa dorada*, "hembra-pececito de colores" (*Los cuadernos* V.173) y en la Fig. 22, *Dánae*, cuyo "curvilíneo culo de guitarra" vuelve a concitar en la memoria de los lectores la imagen recién referida de *El violín de Ingres* de Man Ray (Fig. 19).

Fig. 20
Gustave Klimt (1862–1918).
La carpa dorada (1901–1902).
Óleo sobre lienzo. 181 x 67 cm.
© Museo de Arte Solothurn, Dübi-Müller-Stiftung
Solothurn, Suiza.

La orgía de los sentidos que se celebra en *Elogio* y *Los cuadernos* derriba las fronteras sensoriales, dando lugar a esas felices sinestesias que tanto admira don Rigoberto en la *Dánae* de Klimt (Fig. 22), artista soberano en la mezcla colorista de distintas percepciones sensoriales, como recalca el narrador: "Ningún pintor había sabido pintar el olor de las mujeres como el bizantino vienés; sus aéreas y cimbreadas mujeres siempre le habían entrado a la memoria, simultáneamente, por los ojos y la nariz" (*Los cuadernos* V.173).

El olor santo salesiano que emana el cuerpo de Lucrecia funciona como una señal benéfica para don Rigoberto, pues viene a corroborar la (ilusión de la) existencia real y verdadera de su esposa:

> Entonces, no lo había reemplazado. Sí, aún seguía "viuda." Los rumores, infidencias, acusaciones, que llegaban hasta él —incluido el chisme de Fonchito— sobre los recién contraídos amantes de Lucrecia, eran calumnias. Su corazón se regocijó, mientras olfateaba con encarnizamiento el contorno. ¿Estaba ahí? ¿Lo había detectado? ¿Era el olor de Lucrecia? No. Era el de la noche, la humedad, los libros, los óleos, las maderas, las telas y cueros del estudio. (*Los cuadernos* V.173–74)

La presencia fantasmal de Lucrecia termina por desvanecerse, no obstante, con la misma premura que se desvanecen todas y cada una de las ilusiones que se va forjando mentalmente don Rigoberto. Por lo tanto, las imágenes y los olores con los que don Rigoberto mancomuna a su esposa funcionan, también, como signos. Si consideramos los tres tipos de signos descritos por Peirce—icono, símbolo e índice—las referencias pictóricas en *Elogio* y *Los cuadernos* asumen estas tres funciones (en T.L. Short). En primer lugar, las figuras femeninas de los lienzos operan como signos icónicos al relacionarse con la imagen de Lucrecia por medio de la analogía. Esta relación se basa, por ejemplo, en la correspondencia que existe entre las formas redondas y opulentas de Lucrecia y las de las protagonistas femeninas de los cuadros de Rubens o Ingres. Las referencias pictóricas, además de funcionar como iconos al poner a Lucrecia al igual con las protagonistas de los cuadros, operan también como símbolo. Lucrecia encarna los conceptos de la belleza ideal, la lujuria, la vida o la muerte, con los que guarda una relación de convención. Finalmente, el olor a viuda—como signo asociado al cuerpo de Lucrecia—desempeña la función de índice, puesto que se entabla entre el referente y referido una relación causal de contigüidad. Tanto en *Elogio* como en *Los cuadernos* los lectores nos movemos dentro de un mundo ficticio hecho y repleto de signos, de interpretaciones, referencias y asociaciones culturales, literarias y artísticas, que se van encadenando sin cesar y configuran las diversas capas de un lienzo inagotable.

El desnudo de Klimt que vemos en *La carpa dorada* (Fig. 20) nos remite nuevamente al desnudo de Jordaens (Fig. 1). En ambos lienzos la figura femenina se (re)presenta de espaldas con la cabeza vuelta hacia el observador u observadora del cuadro. Sus miradas, tendidas hacia quienes contemplamos el lienzo, nos invitan a entrar en la escena pictórica y participar activamente en su (re)creación. Junto con el sujeto que mira y el objeto mirado, la instancia receptora constituye—como hemos visto reiteradamente—un elemento inseparable del circuito comunicativo que pone en marcha toda obra artística.

Siendo la repetición y la profusión de imágenes—reflejos y contra-reflejos—el dispositivo esencial y recurrente que dispara la narración tanto en *Elogio* como en *Los cuadernos*, en "El calzoncito de la profesora" (*Los cuadernos* VI.214–30), el cilíndrico trasero de Lucrecia vuelve a hacer su entrada majestuosa en el lienzo de la narración. Lo hace ahora ante los ojos del jurista Nepomuceno Riga, para quien Lucrecia se exhibe desnuda, transfigurada en una profesora de leyes de la Universidad de Virginia. La imaginación de don Rigoberto ennoblece las nalgas de su amada con referencias a Praxíteles ("por la armonía"), Renoir ("por lo carnosamente modeladas"), Tiziano, Rubens, Courbet, el moderno Úrculo, "y media docena de maestros forjadores de traseros femeninos (que) parecían haberse apandillado para dar realidad, consistencia, abundancia y, a la vez, finura, suavidad, espíritu y vibración sexual a ese trasero cuya blancura fosforecía en la penumbra" (*Los cuadernos* VI.224–25). Esta cita pone en clara evidencia el afán de estos pintores (y de don Rigoberto) por transmutar el arte en vida, por hacer del simulacro de una realidad, la realidad misma.

Si hasta ahora el cotejo de la figura de Lucrecia con las imágenes femeninas de los cuadros la ennoblecía sobremanera, en la siguiente ensoñación erótica de don Rigoberto, "¡Maldito Onetti! ¡Bendito Onetti!" (*Los cuadernos* VII.253–68), es Lucrecia quien ennoblece el arte al sobrepasar en hermosura a la obra pictórica misma. Cuando don Rigoberto se imagina a su esposa tomando un baño de vapor con la embajadora de Argelia en la intimidad del *hammam* de su residencia en Orrantia, la visión de los cuerpos desnudos de las dos amantes supera en belleza la escena multitudinaria pintada por Ingres en *El baño turco* (Fig. 21):

> Don Rigoberto contempló los dos cuerpos desnudos a través de los ondulantes movimientos de las nubecillas calientes de vapor. Era mejor que *El baño turco* de Ingres, pues, en ese cuadro, el amontonamiento de desnudos descontrolaba la atención —"la maldición colectivista," blasfemó— en tanto que, aquí,

Fig. 21
Jean-August-Dominique Ingres (1780–1867).
El baño turco (1862).
Lienzo sobre tabla. 110 x 110 cm. Diámetro de 108 cm. RF 1934.
Fotografía: Gérad Blot.
Museo del Louvre, París, Francia.

> su percepción podía focalizarse, abarcar de una mirada a las dos amigas, escrutarlas sin perder el más mínimo de sus gestos, poseerlas en una visión integral. Además, en *El baño turco*, los cuerpos estaban secos y aquí, en pocos segundos, doña Lucrecia y la embajadora tenían ya las pieles cubiertas de gotitas transparentes de transpiración. (*Los cuadernos* VII.263)

Esta asociación pictórica introduce una variante en la materialización del deseo de don Rigoberto. Después de haber gozado con lienzos en los que el cuerpo femenino se representaba de forma fragmentaria—*El violín de Ingres*, *La oración* o *El origen del mundo*—, donde la focalización sobre el desnudo femenino era parcial y magnificada, don Rigoberto aspira ahora a recuperar una visión completa e integral del cuerpo de Lucrecia, que combina la totalidad de su cuerpo con una experiencia sensorial también total.

En este festín visual que le brinda su fantasía, don Rigoberto admira la "renacentista suntuosidad" de las formas firmes, duras y redondas de los cuerpos de Lucrecia y la embajadora, formidables ejemplos del "modelo clásico, la gran tradición," de la cual también se nutrió Ingres a la hora de ejecutar sus desnudos femeninos (*Los cuadernos* VII.264). La afición y lealtad de don Rigoberto por las formas clásicas del arte renacentista contribuye a perfilar el rostro contradictorio del protagonista. Aunque don Rigoberto recurre a la fantasía para romper con las ataduras y sentirse completamente libre, su imaginario sigue aún maniatado y sujeto a preceptos y códigos artísticos, para él, intemporales. La estética que informa y conforma el tipo de imágenes que discurre por sus ensueños proviene de la tradición pictórica renacentista, cuyos cánones de belleza don Rigoberto obedece con absoluto servilismo.

La valoración que hace Vargas Llosa de la sensibilidad artística de Fernando Botero puede aportarnos algunas pistas sobre este asunto, ya que ambos, el personaje de don Rigoberto y el pintor colombiano, se inspiran en la misma tradición pictórica renacentista, aunque las implicaciones difieran. Veamos lo que escribió el autor hispanoperuano sobre la obra de Botero, con motivo de una exposición de esculturas suyas a lo largo de la avenida de los Campos Eliseos parisinos:

> Entre los pintores modernos, Botero representa como pocos la tradición clásica, sobre todo la de sus modelos preferidos, los del Cuatrocientos italiano, que no pintaban para expresar

> ninguna disidencia o rebeldía contra el mundo, sino para perfeccionar la vida mediante el arte, proponiendo unos modelos y unas formas ideales a los que debían irse acercando el hombre, la sociedad, para ser mejores y menos infelices. Como en los lienzos renacentistas, en la pintura de Botero hay una aceptación de la vida tal como es, del mundo que nos ha tocado, y un esfuerzo para trasladar la realidad al dominio del arte depurada de todo lo que la afea, empobrece y pervierte. ("Botero: toros en Les Champs Élysées" 107)

Aunque el personaje vargasllosiano y Fernando Botero recurren a los mismos modelos pictóricos del Renacimiento italiano, qué alejado está el sentimiento de don Rigoberto de ese sentimiento de "aceptación de la vida tal como es" que destila—según Vargas Llosa—el clasicismo de Botero. El lema de don Rigoberto es "resistir." Don Rigoberto resiste tenazmente ante los constantes asaltos que complota contra él la sociedad insensible en la que vive, una sociedad inculta, antiestética, pedestre e idiotizada. Don Rigoberto resiste ante la llamada de la tribu, para que su yo individual no acabe diluyéndose dentro de esa masa informe y amorfa que es—para él—la humanidad de su tiempo. En resumidas cuentas, don Rigoberto resiste ante el proceso de banalización promovido por esa cultura del espectáculo que su autor ha radiografiado en uno de sus últimos trabajos ensayísticos (*La civilización del espectáculo*, 2012). Pero su resistencia se lleva a cabo en el territorio de la imaginación. Se trata de resistir soñando, pues—como bien sabe don Rigoberto—sus fuerzas son demasiado flacas para plantar cara a la realidad. Es dentro de este marco imaginario donde su vida adquiere calidad artística. La manía obsesiva que observamos en don Rigoberto de adjetivar, adornar y embellecer constantemente la vida con epítetos esdrújulos, y con alusiones, asociaciones y referencias literarias, pictóricas o musicales, responde a su gran anhelo de transformar su existir dentro de la realidad en una obra maestra que dé sentido a su vida. Pero ¿cómo lograrlo? ¿qué pautas seguir?

En la carta que le escribe al lector de *Playboy* (*Los cuadernos* VIII.283–92), don Rigoberto esboza las líneas generales de su tratado de estética personal. Resumamos telegráficamente algunos de sus principios: (1) SÍ a la experiencia estética como insuperable fuente de placer; (2) SÍ al erotismo como juego privado de la imaginación; (3) NO a la pornografía como abaratamiento del sexo, pasiva y colectivista; (4) un NO rotundo a todo lo que reluce por su artificialidad: "todo lo que brilla es feo";[21] (5) NO a las palabras "nuclearse," "planteo," "visualizar," "societal" y "telúrico"; (6) SÍ a la diversión y al placer: "la obligación de una película y de un libro es entretenerme. [. . .] la obligación de un cuadro también es excitarme"; (7) SÍ a la dificultad artística y técnica: "En lo relativo a pintura y la escultura, mi criterio de valoración artístico es muy simple: todo lo que yo podría hacer en materia plástica o escultural es una mierda"; (8) SÍ a las formas, los ritos, las ceremonias y la imaginación (*Los cuadernos* VIII.283–92). Recordemos que su hijo Fonchito (h)ojea a escondidas los cuadernos de su padre y aprende en ellos a imitar con destreza el estilo colorista de su padre. La serie de mandamientos estéticos que escribe en una de las cartas anónimas que envía a la madrastra, "Prohibiciones a la belleza," da buena prueba de ello (*Los cuadernos* VI.230–31).

Dentro de este proyecto vital de ser y existir estéticamente se ancla el afán de don Rigoberto por hacer de su vida una obra artística. Si su odiado Andy Warhol ("Nunca verás un cuadro de Andy Warhol" escribía su hijo en el anónimo recién mencionado [*Los cuadernos* VI.230]) copiaba y multiplicaba sobre la tela de sus cuadros un mismo y único rostro monocromático—el de Marilyn Monroe, por ejemplo—creando, paradójicamente, un efecto de diferenciación, los distintos rostros de Lucrecia que don Rigoberto pinta sobre la tela de su fantasía terminan, de modo inverso, siendo uno y el mismo. Las imágenes que va secretando su mente de forma incesante persiguen todas ellas un idéntico espejismo: llegar a alcanzar una plenitud total y absoluta, la plena presencia e inmediatez del cuerpo de Lucrecia. En la persecución de su utopía, este esteta soñador (o soñador esteta) precisa reparar el desgarrón de su vida con el hilo de la fantasía; precisa retocar, indefinidamente, la imagen de Lucrecia, reinventándola, redefiniéndola en figuras y poses distintas, según el voluble dictado de su deseo. El destino de Lucrecia es idéntico al destino que corren los libros de la colección artística de su esposo, según explica éste en la carta que escribe a su arquitecto:

> Los cuatro mil volúmenes y los cien grabados que poseo son números inflexibles. Nunca tendré más para evitar la superabundancia y el desorden, pero nunca serán los mismos, pues se irán renovando sin cesar, hasta mi muerte. Lo que significa que por cada libro que añado a mi biblioteca, elimino otro, y cada imagen—litografía, madera, xilografía, dibujo, punta

> seca, mixografía, óleo, acuarela, etcétera—que se incorpora a mi colección, desplaza a la menos favorecida de las demás. (*Los cuadernos* I.17)

Al igual que los libros de su biblioteca nunca serán los mismos al ser, constantemente, renovados, la mujer que ama don Rigoberto no será nunca una y no será nunca la misma. Las imágenes que suscita Lucrecia en la imaginación de su marido se renuevan sin cesar con otras que reemplazan a las caídas en desgracia. Por indiscreción del diosecillo Amor, conocemos las palabras que le susurra don Rigoberto a su esposa cuando hacen el amor: "Tú no eres tú sino mi fantasía." "Hoy no serás Lucrecia sino Venus y hoy pasarás de peruana a italiana y de terrestre a diosa y símbolo" (*Elogio* VII.103).

Está claro que para el esteta de don Rigoberto, Lucrecia sólo alcanza la calidad de "real" si es pasada por el filtro de la representación pictórica, de igual modo que la naturaleza vegetal, animal y humana, en general, sólo tiene sentido y justificación para él "si pasa por el tamiz de la civilización urbana, es decir, si las manufactura y transmuta—no me importa que digamos irrealiza, pero preferiría la desprestigiada fórmula las humaniza—el libro, el cuadro, el cine o la televisión" (*Los cuadernos* II.42).

El anhelo de plenitud de don Rigoberto se vuelve una entelequia. Su intento por recobrar la presencia real de Lucrecia por medio de referencias a cuadros, no hace sino producir imágenes y más imágenes, representaciones y más representaciones. El crítico peruano Roger A. Zapata califica el deseo de don Rigoberto de deseo "mimético," puesto que está modelado según pautas culturales y literarias pre-existentes:

> Él es incapaz de desear por sí solo, necesita que el objeto de su deseo le sea designado por la imagen de otros cuadros, pinturas, maderas, litografías, etc. Su deseo no es más que la voraz canibalización de otros textos e imágenes: es una hambre intertextual que presupone previas lecturas, miradas y sonidos. El mensaje es claro: todo acto de interpretación presupone ya una pre-interpretatación. (211)

Este "hambre intertextual," es decir, esta larga e inútil busca en pos de un deseo de plenitud inalcanzable repite la vibración de las cuerdas vocales del *castrati* que, "en un agudo delgadísimo, se prolongaba indefinida, como una larga herida en la noche barranquina" (*Los cuadernos* V.182). Las abundantes analogías pictóricas que estimulan las fantasías eróticas de don Rigoberto y lo acompañan en su búsqueda utópica, es decir, esa "plusvalía del goce" o "excedente de placer" del que habla Zapata, descubren en su reverso una profunda carencia (220). Por muchas pinceladas y retoques que estas comparaciones artísticas vayan aportando al retrato de Lucrecia, su lienzo continuará por y para siempre inacabado, y el deseo de don Rigoberto por y para siempre insatisfecho. La lección que extrae Zapata de *Los cuadernos* coincide con esta interpretación:

> Acaso la lección más importante de esta novela es que el deseo, en un sentido estricto, es la búsqueda inagotable de algo más, y que no hay un objeto específico que pueda satisfacerlo totalmente, porque la satisfacción del deseo es la desaparición del mismo. Porque, como bien dice Lacan, los deseos se ordenan "en una cadena que se parece a la procesión de los ciegos de Breughel, cada uno sin duda tiene la mano en la mano del que precede, pero ninguno sabe adónde van todos juntos." (221)

El retrato de Fonchito

La primera descripción de Fonchito que el narrador nos ofrece en *Elogio* a los lectores reduplica la imagen del amorcillo de Bronzino, que aparece sobre la cubierta del libro (Fig. 11), como comenté con anterioridad. Este referente pictórico hermana la figura novelística del niño con la de Cupido, sumando al peso de su imagen la gran carga simbólica y mitológica que arrastra desde la Antigüedad este diosecillo alado. Recordemos por un momento la anécdota con que arranca la novela. Lucrecia acaba de cumplir cuarenta años y enternecida por la carta de felicitación que recibe de su hijastro, Alfonso (Foncín, Fonchito), se presenta a medianoche en la alcoba del niño para agradecerle ese lindo detalle. La voz del narrador pinta con palabras la escena que contempla Lucrecia al entrar en la alcoba de su hijastro:

> En el cono amarillento que irradiaba la lamparilla del velador, de detrás de un libro de Alejandro Dumas, asomó, asustada, una carita de Niño Jesús. Los bucles dorados revueltos, la boca entreabierta por la sorpresa mostrando la doble hilera de blanquísimos dientes, los grandes ojos azules desorbitados tratando

> de rescatarla de la sombra del umbral. Doña Lucrecia permanecía inmóvil, observándolo con ternura. ¡Qué bonito niño! Un ángel de nacimiento, uno de esos pajes de los grabados galantes que su marido escondía bajo cuatro llaves. (*Elogio* I.16–17)

A través de los ojos del narrador omnisciente percibimos la fuente de luz que ilumina el rostro del niño, realzando el contorno de su boca, el color dorado de sus rizos y el blanco de sus dientes. Su discurso ecfrástico, atento a la luz, el color, la forma y el volumen de los trazos físicos y síquicos del modelo, se contagia de la fuerza plástica propia del lenguaje pictórico. La inmovilidad de Lucrecia, plantada en el lugar de observadora, fija un punto de mira desde el cual podemos contemplar el rostro angelical de Fonchito como si le viéramos retratado sobre un lienzo.

Además de prestar atención a los detalles que conforman el retrato del niño, la narración intensifica su efecto plástico y visual mediante la apropiación que hace el narrador de un léxico pictórico. Vemos esta simbiosis, es decir, la conjunción del narrar pictóricamente con el pintar narrativamente—en la elección de vocablos con que el narrador describe la carita angelical de Fonchito: "A través de la neblina que le velaba los ojos, doña Lucrecia espió la delineada nariz, los labios dibujados, el pequeño mentón altivo y su hendidura, lo blancos que eran sus dientes" (*Los cuadernos* I.12). Tanto en *Elogio* como en *Los cuadernos* la prosa de Vargas Llosa está salpicada de vocablos procedentes del arsenal lingüístico de la pintura: delinear, trazar, esbozar, dibujar, retratar, pintar, perfilar, difuminar, etc., que subrayan su vinculación con lo pictórico.

Estas dos descripciones del niño traen a la mente de los lectores la imagen pictórica de Bronzino, no sólo por el parecido físico que percibimos entre Fonchito y Cupido (los bucles dorados, los ojos azules, la boca entreabierta y sus blancos dientes), sino también por el desasosiego que suscitan ambas figuras infantiles en quien las contempla. En la representación visual de Bronzino, la descarga erótica que emite el abrazo sensual que enreda los cuerpos de la diosa y su hijo, contradice la plácida sensación de inocencia que transmite el aire angelical del diosecillo. De modo semejante, la comparación de Fonchito con los pajes de los grabados eróticos de su padre, refuta el halo de pureza y candidez que irradia "su carita de Niño Jesús." El desconcierto que experimenta la madrastra cuando el niño, jugueteando, le espeta un beso en la boca, sirve para ilustrar la respuesta contradictoria que suscita en los lectores-contempladores tanto la novela de Vargas Llosa como el lienzo de Bronzino: "¿Comprendía Fonchito lo que estaba haciendo? ¿Debía apartarlo de un tirón? [...] ¡Qué iba a haber malicia en él! Esa carita límpida, sus ojos regocijados, el pequeño cuerpo que se arrebujaba y encogía bajo las sábanas ¿no eran la personificación de la inocencia?" (*Elogio* I.19).

Antes que aceptar la aberración que supondría afirmar la existencia del mal en el corazón de un niño cuyo rostro de arcángel irradia pureza, Lucrecia opta por culparse a sí misma: ¡La podrida eres tú, Lucrecia!" (*Elogio* I.19), pero aún así las dudas no le abandonan. De este modo, el narrador planta la semilla de la incertidumbre en la mente de los lectores con respecto a la verdadera naturaleza de esa "carita donde ojos, boca, nariz, pómulos, orejas y hasta el desorden de los cabellos parecían la obra de un esteta perfeccionista" (*Los cuadernos* II.33). Esta duda acompañará a Lucrecia y a los lectores desde las primeras páginas de *Elogio* hasta las últimas de *Los cuadernos*, sin que ni ella ni nosotros consigamos disiparla jamás del todo.

La identificación de Fonchito con el diosecillo alado redunda también en el relato que imagina el niño inspirándose en el cuadro de Tiziano, *Venus recreándose con el Amor y la Música* (Fig. 3) ya comentado bajo otros enfoques. La voz dúplice de Cupido-Fonchito revela a los lectores el papel que don Rigoberto, su amo, les ha conferido a él y al joven organista que lo acompaña en dicha écfrasis narrativa: "Nuestra tarea consiste en despertar la alegría corporal de la señora, avivando las cenizas de cada uno de sus cinco sentidos hasta volverlas llamarada y en poblar su rubia cabeza de sucias fantasías" (*Elogio* VII.98). He aquí la función de este pequeño sátiro que Vargas Llosa ha pintado con el doble rostro de la inocencia y la maldad: aguijonear el deseo de Venus-Lucrecia con ese elixir afrodisíaco que son las palabras que susurra el diosecillo al oído de la diosa. Sabio en el arte de sintonizar pasión, inteligencia y ternura (*Elogio* VII.98), Cupido-Fonchito traduce en imágenes visuales erógenas las sensaciones imperceptibles que suscita la música del organista:

> Mi sabiduría le traduce en formas, colores, figuras y acciones incitantes las notas del órgano cómplice. Eso es lo que ahora estoy haciendo, semiencaramado en su espalda, mi cremosa carita avanzada como un espigón por sobre su hombro: susurrándole

> fábulas pecaminosas. Ficciones que la distraen y hacen sonreír, ficciones que la sobresaltan y enardecen. (*Elogio* VII.100)

La desnudez voluptuosa de Venus simboliza para el joven organista el objeto imposible de su deseo, ya que—no olvidemos—la satisfacción de su apetito sexual significaría la muerte. Conviene reiterar la advertencia de su amo: "Si aquellos fuelles dejan aunque sea un instante de soplar entenderé que cediste a la tentación de palpar. Entonces, te clavaré esta daga en el corazón y echaré tu cadáver a los sabuesos" (*Elogio* VII.100–01). La gran ironía del escritor hace que el sentido del verbo *tocar* se vuelva dúplice, significando para el organista tanto la vida (tocar el órgano) como la muerte (tocar a Venus-Lucrecia), Eros y Thanatos, simultáneamente. Una vez afinado el cuerpo de Venus-Lucrecia para el amor, el joven músico y Cupido-Fonchito tienen orden de partir para que el amo entre a tomar posesión de su señora" (*Elogio* VII.98). La amenaza de muerte que acecha al organista remite también al—ya aludido—trágico fin del esclavo Atlas, a quien Candaules–don Rigoberto había hecho ejecutar para desagraviar a la reina: "(Como el episodio mortificaba la memoria de Lucrecia, a Atlas lo mandé luego decapitar)" (*Elogio* II.29).

Don Rigoberto decide el destino de todas las criaturas que inventa su fantasía—ya sea Atlas o el joven organista—, pero en el ámbito real de la ficción es Fonchito quien lleva las riendas de la situación novelística. Violando la prohibición de su padre, el niño le usurpa la posesión más valiosa que guarda dentro de su colección de arte: su bella esposa, Lucrecia. No obstante, a diferencia de lo que le ocurre a Atlas y a la madrastra, Fonchito no paga por su transgresión.

Como ya sabemos, con *Los cuadernos,* Vargas Llosa retoma la historia de don Rigoberto y su familia donde la había dejado nueve años antes. Escoge seguir contándola mediante su habitual estrategia de alternar dos formas de narrar (pintando el mundo desde arriba y desde adentro) y dos formas de estar en el mundo (viviendo e imaginando). La perspectiva que adopta el ojo-pincel del narrador de *Los cuadernos* es similar a la que soñaba Schiele, según explica Fonchito a su madrastra en el transcurso de una de sus visitas: "Decía que su sueño era ser un ave de presa. Pintar el mundo desde arriba, verlo como lo vería un cóndor o un gallinazo" (*Los cuadernos* V.156). Por medio de una voz narradora que sobrevuela el paisaje ficticio de *Los cuadernos*, saltando de un punto de vista a otro y reduplicando narrativamente esa perspectiva pictórica "de ave de presa" de los bocetos de Schiele, Vargas Llosa nos da a conocer a los lectores la inesperada llegada de Fonchito a la casa de la madrastra: "Llamaron a la puerta, doña Lucrecia fue a abrir y, retratada en el vano, con el fondo de los retorcidos árboles del Olivar de San Isidro, vio la cabeza de bucles dorados y los ojos azules de Fonchito" (*Los cuadernos* I.9). La lente pictórica que enfoca a Fonchito en estas primeras líneas de *Los cuadernos* es idéntica a la que lo había iluminado en *Elogio*. Allí, sobre el fondo amarillo de la luz de una lámpara aparecía retratada su carita infantil. Aquí, la madrastra ve dibujado su rostro dentro del vano de una puerta que funciona como el marco de un lienzo. La belleza idílica del niño sigue intacta como sigue intacta, también, la doblez de su espíritu.

El retrato de Herbert Reiner que adorna la tapa de *Los cuadernos* (Fig. 12) incide—como hacía la imagen de cubierta de *Elogio* (Fig. 11)—en este rasgo esencial de la personalidad del niño: su duplicidad. Según cuenta Simon Wilson en su monografía *Egon Schiele*, el modelo que utilizó el pintor para *El retrato de Herbert Reiner* era el benjamín de un profesor universitario. Wilson atribuye la expresión tan placentera que manifiesta el rostro del joven al hecho de que el cuadro fuera un encargo que se le hizo al pintor. Aparte del emplazamiento antinatural de las manos y el aspecto casi incorpóreo que tienen, el joven retratado tiene un aire bastante normal para Wilson. No obstante, a mi modo de ver esta supuesta normalidad encierra una nota inquietante y perturbadora. La extraña posición de sus manos y la masa amorfa de ese volumen informe sobre el que reposan, acentúan su presencia protagónica y desestabilizan cualquier sensación de placidez que pudiera transmitir el modelo. La artificialidad en la representación de sus manos, un elemento constante en su obra, parece sugerir la inminencia de algo turbador que amenaza con emerger desde el fondo de la inocencia.

La presencia de ese mal que dormita en las entrañas de Herbert inverna asimismo en Fonchito, tal como lo presiente Lucrecia: "No pudo contener la carcajada. Pero, la risa se le cortó de golpe, porque, como otras veces, intuyó que por debajo de lo que semejaba una niñería, podía anidar algo tenebroso" (*Los cuadernos* VI.200). La imagen enigmática de Fonchito, retocada por el narrador de *Los cuadernos*, continúa gravitando entre la inocencia y la maldad, la pureza y la lujuria, la verdad y el fingimiento, manteniendo cautivos dentro de la incomodidad de su indefinición, tanto a sus padres y Justiniana como a los lectores.

La propensión de Schiele y Fonchito a soñar despiertos y al ensimismamiento, los convierten en dos almas gemelas. En opinión de Frank Withford, la composición de *El retrato de Herbert Rainer*—donde la silueta de Herbert se recorta y enquista sobre un fondo blanquecino—traduce pictóricamente el aislamiento e inadaptación social que sufría el pintor: "Schiele was probably not a pleasant child. He was certainly intensely lonely and withdrawn, fonder of daydreams than mundane reality and convinced that he was generally disliked and misunderstood" (30; "Es muy probable que Schiele no fuera un chico simpático. Era ciertamente profundamente solitario y retraído, más inclinado a los sueños que a la realidad mundana y convencido de que, por lo general, no gustaba ni lo entendían"). Como en el caso de Schiele, Fonchito no es un niño como los otros. Le gusta el arte, la compañía de los adultos y es proclive a los sueños, como muestra la tarjeta de felicitación que le escribe a la madrastra el día de su cumpleaños: "Eres la más buena y la más linda y yo me sueño todas las noches contigo" (*Elogio* I.15). En lugar de asistir a sus clases de dibujo, Fonchito acude por las tardes a casa de Lucrecia para conversar con ella sobre su pintor fetiche, entretenimiento que la madrastra considera poco normal para un niño de su edad. Lo que Lucrecia ignora, sin embargo, es que Fonchito, además de venir cargado con voluminosos libros sobre Schiele, trae escondido bajo el brazo un nuevo tejemaneje. Todo forma parte de su plan secreto: conseguir que sus padres se reconcilien. Para ello va a retomar el papel de instigador del deseo que había representado ya en *Elogio* en guisa de diosecillo alado. Pero ahora, en vez de traducir las notas del organista al lenguaje seductor con que acariciaba el oído de Venus-Lucrecia, Fonchito va a transcribir las imágenes de la vida y obra de Schiele a una prosa con la misma riqueza visual y sensorial.

Fonchito le habla a Lucrecia de Schiele con un lenguaje afrodisíaco que enardece a Lucrecia (y a los lectores espías) de la misma manera que enardecían y sobresaltaban a Venus las ficciones que Cupido le susurraba al oído (*Elogio* VII.100). Lucrecia presiente el peligro que acarrea la labia lubrificante del niño, "no podía permitirle que siguiera hablando con esa fogosidad de las intimidades de Egon Schiele, su corazón le decía que había en ello una trampa, un riesgo, que era indispensable evitar" (*Los cuadernos* II.38). Circunstancias de la biografía de Schiele y alusiones al contenido de sus óleos y acuarelas van a jugar por lo tanto una baza capital, tanto en la estrategia seductora y reconciliadora de Fonchito como en la composición del retrato de este niño tan difícil de catapultar sobre la superficie de un lienzo.

Fonchito como reflejo de Egon Schiele

En *Los cuadernos*, los capítulos titulados "Las cositas de Schiele" (II.31–39), "El juego de los cuadros" (III.75–83), "Fonchito en lágrimas" (IV.113–23), "El anónimo" (VI.193–204) y "El dedo gordo de Schiele" (VII.232–45), arrancan con un segmento en el que el narrador omnisciente relata las visitas que Fonchito le hace a su madrastra las tardes que se fuga de su clase de pintura, mezclando los colores del diálogo con la descripción y la narración. Fonchito charla con Lucrecia sobre sus gustos pictóricos, sus deseos y aspiraciones: "Quiero mostrarte mis dibujos. Y que hablemos de Egon Schiele, de su vida y sus pinturas. Contarte lo que voy a ser de grande y mil cosas. ¿Ya lo adivinaste? ¡Pintor, madrastra! Eso quiero ser" (*Los cuadernos* I.13). Las alusiones por parte de Fonchito al arte y la vida de Schiele responden a su conocimiento e interés por el pintor austriaco en particular, y por la pintura en general, así como al uso específico que pretende darles a fin de conseguir sus propósitos.

Las referencias al pintor en el entramado narrativo de *Los cuadernos* son muy numerosas. Tanto Fonchito como el narrador omnisciente que hace de portavoz suyo se refieren a las posturas, cuerpos forzados y dislocados de las figuras que pinta Schiele (II.31); a su infancia (II.35); a la relación indecente que sostuvo con algunas de sus modelos (II.36); a la sífilis del padre (IV.114); a su obsesión obscena por las niñas (V.153–54); a su encarcelamiento por corrupción de menores (V.154); a su compulsivo afán por autorretratarse (VI.200); a su esquizofrenia (VI.199); a la extraña manía de dibujar siempre sus manos (VII.235) o a la importancia del espejo en la composición de sus obras (VIII.275).

Para entretejer los acontecimientos y personajes de la historia primaria (el triángulo amoroso que forman don Rigoberto, Lucrecia y Fonchito) con los de la historia secundaria (la vida y arte de Schiele), Vargas Llosa recurre a su reconocida técnica de las cajas chinas o los vasos comunicantes, es decir, a la yuxtaposición y superposición entre elementos procedentes de dos realidades distintas, la objetiva y la subjetiva, la vivida y la soñada. Al liar la vida con la ficción, el escritor comparte con los personajes de don Rigoberto y Fonchito su misma manía de mezclar la vida inventada con la real, como observa Lucrecia al comparar a Fonchito con don Rigoberto: "¿No tenía la misma fascinación por la pintura que su padre? ¿La misma buena o mala costumbre de entreverar la vida de los cuadros con la verdadera?" (*Los cuadernos* VI.194).

Fonchito ve la vida de Schiele como reflejo de su propia vida, temiendo que el destino fatídico del pintor se repita en el suyo, según confiesa a su madrastra: "—Porque, siento que me le parezco. Que voy a tener una vida trágica, como la suya," infiriéndose también de sus palabras la función profética del arte (*Los cuadernos* II.31). Al igual que a Schiele, a Fonchito le obsesiona la muerte: "¡No te mueras!" le grita asustado a Lucrecia cuando la ve palidecer por la sorpresa de volver a verlo después de lo ocurrido (*Los cuadernos* I.9). Teme, asimismo, que su padre enloquezca y muera de sífilis como le sucedió al padre de Schiele: "El destino de su papá se está repitiendo en el mío —balbuceó Fonchito" (*Los cuadernos* IV.114). Si a Schiele lo pusieron en la cárcel por corruptor de menores (*Los cuadernos* II.36), a Fonchito también se le acusa de corruptor, aunque él, a diferencia del pintor, no corrompa a niños sino a adultos: "Porque no había sido ella la corruptora, aunque la diferencia de edad la condenara; había sido él, él, el corruptor" (*Los cuadernos* VIII.280). Incluso llega a darle la razón a su madrastra cuando ésta le tilda de Narciso, confesándose tan esquizofrénico como su admirado Schiele: "Yo soy como era él y lo sabes muy bien, porque acabas de decírmelo. Un viejo y un niño. Un angelito y un demonio. O sea esquizofrénico" (*Los cuadernos* VI.201). Los términos de la comparación que Fonchito establece entre su propia vida y la del pintor terminan deshaciéndose del "como" para convertir al niño en su viva reencarnación: "Es que yo soy él, madrastra. Aunque te lo tomes a broma, es así. Siento que soy él" (*Los cuadernos* VII.237). Esta creciente obsesión de Fonchito con Schiele, preocupa cada vez más a su madrastra, según reflejan sus pensamientos: "Estaba pasándose de la raya con su manía de identificarse en todo y a toda hora con ese pintor" (*Los cuadernos* VI.200).

Fonchito instrumentaliza y se sirve de la figura de Schiele para la consecución de sus propios fines. Conseguir que su padre y Lucrecia vuelvan a vivir juntos es el principal de ellos, como ya señalé.[22] Ésta es una empresa difícil a juzgar por la valoración que hace Lucrecia de la situación: "Esa ruptura no tenía arreglo. Había sido demasiado tremendo, no cabía marcha atrás. ¿Sería acaso posible la vida de los tres, juntos de nuevo en la misma casa?" (*Los cuadernos* VI.199). A pesar de lo arduo de su misión, Fonchito va a valerse de sus grandes dotes de embaucador para atrapar a su padre y madrastra en los hilos de la ficción/acción, manipulándolos a los dos como si fueran simples marionetas. En ambos frentes de su plan de ataque—avivar el deseo sexual en la madrastra y derribar el muro de resistencia tras el que se parapeta don Rigoberto—el niño contará con Schiele como principal aliado.

Como aludí con anterioridad, en cada visita a su madrastra Fonchito retoma el antiguo disfraz de amorcillo para soplarle al oído escenas escabrosas de la vida del pintor, acompañándolas con imágenes eróticas de sus cuadros. Su función es idéntica a la que cumplía encarnando a Cupido en la fantasía ecfrástica "Venus con amor y música" ya comentada, plantar pensamientos sucios en la cabeza de Lucrecia para que vuelva a arder de deseo: "—Es que ese niño tiene no sé qué —se excusó Justiniana, encogiendo los hombros—. Hace que a una se le llene la cabeza de pecados" (*Los cuadernos* II.39). El poder que tiene Fonchito para encender la llama del deseo se hace patente durante los juegos que propone a Lucrecia y su criada Justiniana.

En el capítulo precedente analicé cómo estos juegos a imitar cuadros se convierten en una función teatral que improvisa Fonchito, con la participación de la madrastra y Justiniana. Las poses que adoptan son puestas en escena de los lienzos. Conviene recordar que con estos juegos, Fonchito trata de avivar el deseo en Lucrecia para prepararla para el reencuentro con su marido, igual que hacía el diosecillo con la diosa Venus en la écfrasis narrativa sobre el lienzo de Tiziano (Fig. 3). La transformación que sufren los textos pictóricos en estos juegos a imitar cuadros que orquesta Fonchito en las páginas de *Los cuadernos* son, sin embargo, de signo inverso a la que sufrían en *Elogio*. En *Los cuadernos*, Lucrecia y Justiniana concretizan visualmente la descripción verbal que el niño realiza de los dibujos de Schiele. De este modo, Fonchito logra que el fluir narrativo se detenga durante los pocos segundos que dura la pose emulada por ambas, y al detenerse, la ficción queda fija en ese instante de perfección que sólo puede hacer perdurar el lienzo.

Mientras en *Elogio* el sujeto hablante encarnaba y recreaba discursivamente la ilustración pictórica que aparecía en la página precedente, dinamizando lo estático y verbalizando lo visual, en *Los cuadernos* el transcurrir de la vida se detiene. Mientras que en *Elogio* el arte se hacía vida, en *Los cuadernos* la vida se hace arte. Si en *Elogio* los sueños de don Rigoberto, Fonchito y Lucrecia inyectaban vida en las criaturas pintadas por Jordaens, Boucher, Tiziano, Bacon, Szyszlo y Fra Angelico, en *Los cuadernos* Lucrecia, Fonchito y Justiniana se tornan ellos mismos figuras pictóricas. La vida imita el arte y no al revés.

Además del juego a imitar cuadros que anima sus visitas a la madrastra, el niño continúa estos jugueteos a distancia mediante las cartas anónimas que escribe a Lucrecia. Las escribe como un collage de estilos y discursos copiados de los cuadernos de su padre. Por lo tanto, las libretas de don Rigoberto se convierten en el libreto que interpreta Fonchito para componer cada uno de los textos anónimos que hace llegar a su madrastra, con la esperanza de que ella atribuya su autoría a su esposo.

Fonchito redacta la carta titulada "Imperativos de un sediento viajero" como un remedo estilístico de los diez mandamientos del catecismo, enumerando una serie de órdenes encapsuladas en la segunda persona del futuro verbal: te tumbarás, levantarás, fantasearás, etc. *(Los cuadernos* II.50–51). Emulando a su padre, Fonchito ordena a Lucrecia simular la pose de la Dánae del cuadro de Gustave Klimt (Fig. 22), pintor muy admirado por Schiele.

Sus órdenes instrumentan el cuerpo de Lucrecia para satisfacer el deseo del sujeto que lo contempla. Una vez más, el lugar privilegiado del sujeto que mira lo ocupa, primordialmente, un observador masculino. Precisamente, se trata del mismo tipo de mirada fálica que atravesaba a Lucrecia en su sueño "La cita del Sheraton," al fusionarse en dicha mirada el ojo y el falo (*Los cuadernos* IX.311–28): la verga erecta de Schiele que transmutada en ofidio volador "se balanceaba ahora sobre ella, contemplándola con su ojo de gran cíclope" (*Los cuadernos* IX.326).

La imagen de Dánae-Lucrecia se convierte en un signo más entre los muchos signos que simbolizan en *Elogio* y *Los cuadernos* la noción matriz de búsqueda de un ideal inalcanzable. Por una parte, "Imperativos de un sediento viajero" funciona como sucedáneo del deseo insatisfecho de don Rigoberto, su sed insaciable de abrazar a la mujer ideal que prefigura Lucrecia; por otra,

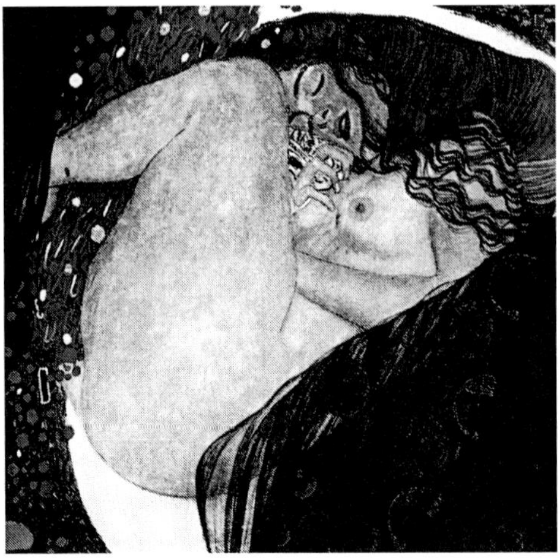

Fig. 22
Gustave Klimt (1862–1918).
Dánae (1907–1908).
Óleo sobre lienzo. 77 x 83 cm.
Galerie Würthle, Viena, Austria.
Cortesía de WikiPaintings.org

establece una relación entre el sujeto que escribe el texto ecfrástico y el objeto pictórico descrito, que es mediada por la mirada de los lectores-observadores. Dentro del *ménàge à trois* que identificaba y estructuraba el triángulo ecfrástico de Mitchell—sujeto interno que mira / objeto mirado / observador(a) externo(a)—, en cuanto objeto feminizado (Dánae-Lucrecia), Lucrecia es atravesada por dos miradas masculinas, la de don Rigoberto–Fonchito y la del observador del lienzo, que la penetran como lo hace las gotas doradas de lluvia que fertilizan su cuerpo (*Picture Theory* 165):

> Frente al espejo, sobre una cama o sofá engalanado con sedas de la India pintadas a mano o indonesio batik de circulares ojos, te tumbarás de espaldas, desvestida, y tus largos cabellos negros soltarás.
>
> Levantarás recogida la pierna izquierda hasta formar un ángulo. Apoyarás la cabeza en tu hombro diestro, entreabrirás los labios y, estrujando con la mano derecha un cabo de la sábana, bajarás los párpados, simulando dormir. Fantasearás que un amarillo río de alas de mariposa y estrellas en polvo desciende sobre ti desde el cielo y te hiende. (*Los cuadernos* II.50)

La recreación ecfrástica del lienzo de Klimt se articula en este texto epistolar mediante una serie de órdenes que Lucrecia recibe de su "amo" desconocido, y que ella ejecuta obediente dando vida ficticia a la imagen pictórica de Dánae. En *Los cuadernos* Lucrecia se vuelve una quimera. Representa la necesidad de la ilusión, esa ilusión que don Rigoberto persigue por toda la novela con el mismo fervor que el sediento viajero busca calmar su sed con el espejismo del agua, como se desprende de esta carta anónima: "mírate en el espejo, dite: 'Soy reverenciada y admirada como la que soy, soy añorada y deseada como los espejismos líquidos de los desiertos por el sediento viajero.' Lucrecia-Dánae, Dánae-Lucrecia" (*Los cuadernos* II.51). Como sucede con el anónimo que inspira la fantasía de Lucrecia en "La cita del Sheraton," estas palabras seductoras la instan a reconocerse en el deseo del otro, a plegarse dócilmente a las órdenes de los otros. Don Rigoberto y su hijo Fonchito pintan a Lucrecia con los trazos y el color de su deseo masculino y la definen con la sintaxis y el léxico de sus propias necesidades, miedos y anhelos. En realidad, Lucrecia significa para su marido lo mismo que ella significaba para Modesto-Pluto—el amante, ya referido, que le inventa don Rigoberto en uno de sus ensueños eróticos: "la irrealidad, la ilusión, la mujer de su memoria y sus deseos," según aclara el narrador omnisciente de *Los cuadernos* (II.57).

He reiterado en páginas anteriores que en *Elogio* y *Los cuadernos* las representaciones pictóricas se van entrelazando entre sí para formar una cadena de imágenes que son posteriormente retomadas, repetidas, reelaboradas, recreadas, y retocadas en distintas etapas de la trama novelística. Las representaciones verbales o discursivas corren la misma suerte. La imagen pictórica del cuadro *Dánae* de Klimt, por ejemplo, es duplicada por esa ilustración "del cuadro de Klimt que el corresponsal fantasma le había enviado (a Lucrecia) en una tosca reproducción de carta postal" (*Los cuadernos* VI.193). Esta re-recreación pictórica se desdobla a su vez en una nueva re-re-recreación ahora verbal, cuando el narrador omnisciente describe la sensación voluptuosa que experimenta Lucrecia al leer la carta de su secreto admirador, acabando por doblegarse a la voluntad de su "corresponsal fantasma":

> "Frente al espejo, sobre una cama o sofá..." Disponía de una cama, no de sedas de la India pintadas a mano ni de un *batik* indonesio, así que incumpliría esa exigencia del amo sin rostro.

> Eso sí, podía satisfacerlo tumbándose de espaldas, desvestida, los cabellos sueltos, encoger la pierna, alojar la cabeza, pensar que era la *Dánae* de Klimt (aunque no se lo creyera) y simular que dormía.... Con una sonrisita burlona y unos ojos cuyos brillos de luciérnaga repetía el espejo del tocador, apartó las sábanas y jugó a seguir las instrucciones. (*Los cuadernos* V.193)

Nuevas referencias al lienzo de Klimt siguen resurgiendo en la superficie narrativa de *Los cuadernos*. Según leemos en el segmento narrativo titulado "El anónimo," en Lucrecia va creciendo la sospecha de que ha sido su hijastro quien le ha estado enviando los anónimos. Cuando el niño llega a la casa del Olivar, la madrastra le culpa de maquinarlo todo y le da la última carta recibida para que el niño la lea en voz alta (*Los cuadernos* VI.193–204). Las preguntas que le hace Fonchito a la madrastra mientras lee la carta, haciéndose el ignorante para encubrir su responsabilidad en el asunto, suponen una nueva reelaboración del texto ya tantas veces recreado: "—Hay dos palabras que no entiendo —dijo, por fin bañándola con su mirada transparente—. Helena y *batik*. ¿Qué quieren decir, madrastra?" (*Los cuadernos* VI.195). La mirada pluvial del niño evoca nuevamente la lluvia dorada que baña y fecunda el cuerpo de Dánae en el lienzo de Klimt (Fig. 22).

Conocedor de la obra de Schiele y de Klimt a través de los libros de la biblioteca de su padre, Fonchito actúa de maestro instruyendo a su pupila sobre la pintura, como antes había hecho el propio don Rigoberto. Sin embargo, ante la grave acusación de su madrastra, Fonchito opta ahora por cambiar de papel. Abrumando a Lucrecia con preguntas, Fonchito voltea la relación maestro-pupila en la de pupilo-maestra, reproduciendo así el tipo de relación que existía entre Schiele y Klimt a decir del niño:

> —¿Tú sabes que Klimt fue el maestro de Egon Schiele? —exclamó de pronto, adelantándose a una pregunta que ella tenía en los labios—. Lo admiraba. Lo pintó en su lecho de muerte. Un carboncillo muy bonito, *Agonía*, de 1912. También pintó ese año, *Los ermitaños*, donde él y Klimt aparecen con hábitos de monjes. (*Los cuadernos* VI.196)

El temor de Fonchito a que la madrastra y su padre se mueran transflora en su alusión a *Agonía*, una obra teñida de dolor y muerte, mientras que su referencia a *Los ermitaños* (Fig. 23) evoca la figura monacal de don Rigoberto, encerrado en la celda de su

Fig 23
Egon Schiele (1890–1918).
Los ermitaños (1912).
Óleo sobre lienzo. 181 x 181 cm.
Colección Rudolf Leopold.
© El museo Leopold, Viena, Austria.

biblioteca con sombras fantasmales que lo acompañan y consuelan de la ausencia de su esposa (*Los cuadernos* I.9). En el tercer capítulo analizaré la manera en que el protagonista encarna a ese esteta de la existencia que es el anacoreta, para emular y traicionar al mismo tiempo sus hábitos y aspiraciones.

Aunque Lucrecia trata de arrancarle a Fonchito una confesión, lo único que consigue es dejarse envolver en la red de mentiras que le tiende la labia pegajosa de su hijastro: "—Quién si no mi papá te podía comparar con una pintura de Klimt —insistió el niño— ¿No ves? Te está recordando esos jueguecitos con cuadros que tenían ustedes en las noches. [...] Cuando te decía hoy eres

Cleopatra, hoy Venus, hoy Afrodita. Y tú te ponías a imitar las pinturas para darle gusto" (*Los cuadernos* VI.197). La conversación de Fonchito y Lucrecia en torno al anónimo, vuelve a poner de relieve la importancia de la simulación, la copia y la representación. Las citas del anónimo que se transcriben en el texto están incompletas ("Frente al espejo, sobre una cama o sofá...") y ello produce un efecto muy singular en los lectores-observadores. Los puntos suspensivos abren huecos en la página escrita, dejan espacios en blanco sobre el lienzo de *Los cuadernos,* que los lectores que contemplamos esta obra deseamos rellenar. Esta necesidad de completar el sentido de la frase nos hace volver la mirada hacia atrás en busca del texto original. Paradójicamente, el texto del anónimo que tomamos por original es también una copia. Como ya indiqué, Fonchito viola la intimidad sacrosanta de los cuadernos de don Rigoberto y lee a escondidas las cartas y anotaciones que guardan sus tapas. El niño escribe esos textos anónimos emulando el estilo almidonado de su padre. Lo que creíamos un retorno al origen y al original (y *El origen del mundo* de Courbet [Fig. 15] es una sugestiva asociación en este sentido, aunque extrapolado al orden de lo pictórico) resulta ser sólo una impostura, una quimera: el original no es más que otra copia. Esta idea suena muy acorde con la lógica de la simulación y reproducción de Jean Baudrillard y con el pensamiento demoledor de orígenes y principios fundadores de Jacques Derrida, puesto que deconstruye el aura sagrado y el aura de lo sagrado que envuelve a estos lienzos narrativos. En última instancia, el arte de la representación es el verdadero protagonista de *Elogio* y *Los cuadernos*: la (re)creación artística como fábrica de ilusiones, de reflejos que a su vez reflejan... en un continuo tráfico de imágenes cuyos puntos de partida y destinación son puras entelequias.

La obra de Egon Schiele que adquiere mayor realce en *Los cuadernos* es, sin duda alguna, *Schiele dibujando a una modelo desnuda frente al espejo* (Fig. 24). El asunto principal que discuten Fonchito y su madrastra en "Fiera en el espejo," es decir, el valor simbólico del espejo, anida en este carboncillo. Este dibujo de Schiele cumple un papel clave para el desarrollo de la trama y para la representación de los procesos de creación y recepción artísticas, en los que el espejo juega un papel simbólico muy relevante (*Los cuadernos* VIII.271–83).

Fig. 24
Egon Schiele (1890–1918).
Schiele dibujando a una modelo desnuda frente al espejo (1910).
Lápiz sobre papel. 55,1 x 35,3 cm.

26276

El espejo: metáfora de los procesos de creación y recepción artísticas

El capítulo se abre con estas palabras de Lucrecia: "Anoche me fui" (*Los cuadernos* VIII.271). Esta escueta frase, que salta inadvertidamente de los labios de la madrastra, remite al placentero clímax orgásmico experimentado en las entretelas del sueño tras recibir la carta anónima recién aludida: "Fuera como fuera, doña Lucrecia se había ido, venido o terminado [...] la noche anterior, gozando intensamente, con un placer extremado, casi doloroso [...] soñando que había acudido a la misteriosa cita del anónimo, cumpliendo con todas la extravagantes instrucciones [...]" (*Los cuadernos* VIII.272). El anónimo de Fonchito cumple la misma función erógena que para don Rigoberto debería cumplir cualquier lienzo: "la obligación de un cuadro también es excitarme" (*Los cuadernos* VIII.287). Mientras Lucrecia revive la excitación que le ha producido la lectura del anónimo, Fonchito diserta sobre la importancia del espejo en el conjunto de la obra pictórica de Schiele, y particularmente en *Schiele dibujando a una modelo desnuda frente al espejo* (Fig. 24), cuya reproducción se inserta al final del anónimo titulado "Estofado de tigre" (*Los cuadernos* VIII.309–10). Al igual que ocurría con *Dánae* de Klimt (Fig. 22) en el anónimo "Imperativos del sediento viajero," en "Estofado de tigre" el corresponsal fantasma de Lucrecia le ordena imitar la pose de la modelo que protagoniza esta obra de Schiele:

> Te desnudarás ante el espejo de luna, conservando las medias, y ocultarás tu hermosa cabeza bajo la máscara de una fiera feroz, de preferencia tigresa o leona. Quebrarás la cadera derecha, flexionarás la pierna izquierda, apoyarás tu mano en la cadera opuesta en la pose más provocativa. Yo te estaré mirando, sentadito en mi silla, con la reverencia acostumbrada. (*Los cuadernos* VIII.278)

Recordemos que en el curso de la conversación que mantienen Lucrecia y su hijastro en la sección titulada "Fiera en el espejo," el niño le revela inadvertidamente su protagonismo en el juego de los anónimos. Al aludir Fonchito a esa "máscara de fiera" que ella debía ponerse para obedecer las órdenes de su admirador secreto, la madrastra descubre el engaño: "¿Escribirme anónimos? ¿Hacerme la pantomima de que eran de tu papá? [...]. —Te ha delatado tu maldito espejo, tu maldito Egon Schiele —gritó todavía doña Lucrecia—. ¿Te creías muy vivo, no? No lo eres, tonto. ¿Cómo sabes que me pedía eso, que me pusiera una máscara de fiera?" (*Los cuadernos* VIII.279). Las alusiones al pintor sirven, por lo tanto, no sólo para pintar el retrato del niño como reencarnación de Schiele sino también para propulsar la intriga.

No obstante, Fonchito volverá a salir airoso de esta encrucijada plantando, una vez más, la semilla de la duda en el inconsecuente ánimo de Lucrecia, tal y como insinúa el narrador: "—Nunca le leí esa carta, nunca le hablé de la máscara —afirmó Lucrecia. Pero, en ese mismo instante, dudó" (*Los cuadernos* VIII.281). Como pasaba con la *Dánae* de Klimt (Fig. 22), sujeta a continuas reelaboraciones—en el sueño de Lucrecia, en el anónimo de Fonchito y en la conversación de ambos sobre el lienzo—, la escena del dibujo *Schiele dibujando a una modelo desnuda frente del espejo* es recreada también en el duermevela de Lucrecia, en el anónimo que le manda su hijastro y en la conversación que mantienen los dos sobre el simbolismo del espejo en esta obra de Schiele. Bien vale para ambas novelas el comentario que hace Willoquet-Maricondi respecto a *Elogio*: "these quotations of art works are used to generate short erotic narratives and thus illustrate the ability of representations to give rise to more representations" ("Voyeurism" 172; "estas citas de obras de arte se usan para engendrar breves relatos eróticos y de este modo, ilustrar la habilidad de las representaciones para originar más representaciones").

Por consiguiente, la preeminencia de esta alusión pictórica y sus múltiples recreaciones subraya, nuevamente, el protagonismo que asume en *Los cuadernos* la representación cómo el único medio a nuestro alcance de aprehender, comprender y transmitir nuestra experiencia de existir en el mundo. Ello sintoniza con la función mágica que cumple la presencia del espejo dentro de la obra del pintor, según explica Fonchito a su madrastra: "gracias al espejo, pintó dos Moas, que, en verdad, eran una: la Moa completa, la Moa con sus dos mitades, esa Moa que nadie podría mirar en la realidad porque 'nosotros sólo vemos lo que tenemos delante, no la parte de atrás de ese delante. ¿Comprendía por qué era tan importante ese espejo para Egon Schiele?'" (*Los cuadernos* VIII.276–77).

Para Vargas Llosa, el espejo es también un objeto primordial en las páginas de *Elogio* y *Los cuadernos*. El reflejo en el espejo representa la ilusión de la imaginación. Las infinitas representaciones que acompañan y consuelan a don Rigoberto son una ilusión de realidad, una trampa o trampantojo con que nos engaña a él y a nosotros la pluma-pincel del autor haciéndonos ver lo que no es. La imaginación de don Rigoberto y su hijo funciona, por lo tanto, como la tabla de cristal de un espejo. Al igual que Narciso se ve reflejado sobre la superficie lisa del agua, al igual que la Moa de Schiele aparece duplicada por la interposición de la luna de un espejo, sobre la pantalla de las mentes fantaseadoras de don Rigoberto y su hijo se proyectan, asimismo, múltiples imágenes de sí mismos. En el reflejo que le devuelve el espejo de su imaginación, don Rigoberto se ve transfigurado en el rey de Lidia, el monstruo de Bacon, Pluto, Nepomuceno, o la figura legendaria del Unicornio: "Un segundo antes de que el cuarto de baño quedara a oscuras, advirtió en uno de los espejos del tocador que sus emociones y devaneos habían trocado ya su humanidad en una silueta beligerante, en un perfil que tenía algo del animal maravilloso de las mitologías medievales: el unicornio" (*Elogio* VI.94).

En cuanto a Fonchito, él se mira en Egon Schiele como en un espejo. Sin embargo, el espejo le devuelve no sólo la imagen del pintor sino la de su propio padre también. En el espejo de *Elogio* y *Los cuadernos* se (con)funden los rostros del padre y del hijo. Quizás ello explique la sensación de extrañeza que experimenta Lucrecia al contemplar este dibujo de Schiele, en el que la figura del pintor aglutina los perfiles de su esposo y su hijastro, dos mitades de un mismo y único ser (la que se ve y la que no se ve): "Mientras lo examinaba, intrigada por algo que no sabía qué era, salvo que no estaba en el cuadro mismo, una presencia, o más bien una ausencia, oía a medias a Fonchito, ya en ese estado de excitación progresiva al que lo llevaba hablar de Schiele" (*Los cuadernos* VIII.275).

Don Rigoberto y Fonchito son representados en *Elogio* y *Los cuadernos* como copias de una misma imagen. Las semejanzas entre ellos son innumerables: los dos son imaginativos, fantaseadores, esquizofrénicos e inadaptados; los dos adoran a Lucrecia, su inspiradora y musa; los dos escriben; los dos tienen la misma manía de enredar la vida—real e imaginaria—con los cuadros. Pero, sin embargo, a pesar de sus muchas similitudes hay un rasgo que los distingue impidiendo que los dos reflejos encajen del todo dentro de una única imagen: la cobardía que muestra don Rigoberto al acatar sumisamente los dictados de la sociedad burguesa en la que medra, contrasta radicalmente con la osadía del niño, quien transgrede las leyes morales bajo el amparo de su inocencia (*Elogio* IV.64): lo que don Rigoberto sólo se atreve a imaginar, Fonchito lo lleva a cabo hasta sus últimas consecuencias.

Como hace Schiele al dibujar dos Moas en *Schiele dibujando a una modelo desnuda frente al espejo*, Vargas Llosa pinta dos mitades de una misma persona (don Rigoberto–Fonchito) como un ideal inalcanzable: ese ser ideal que no necesite ocultarse bajo "la máscara de una fiera feroz" para ser esa fiera en los dominios del mundo imaginado y del mundo real (*Los cuadernos* VIII.278). La alusión a una fiera feroz suscita en la mente de los lectores el recuerdo de la "fiera feroz" de Segismundo, aprisionado en esa torre de marfil construida por su padre, como lo está también el monstruo de Bacon en el interior de su cubo de cristal o don Rigoberto entre las cuatro paredes de su biblioteca. Los versos de Calderón de la Barca resuenan en el fantasear de don Rigoberto como lamentación por su condición dúplice: "'Y sé que soy / un compuesto de hombre y fiera'" (*Los cuadernos* IX.343). Como una nota constante dentro de la melodía que componen *Elogio* y *Los cuadernos* las imágenes literarias, pictóricas y musicales se encadenan reflejándose unas a otras, resonando unas en las otras, de tal manera que emborronan la línea fronteriza que transita don Rigoberto entre la mansa racionalidad y la apasionada irracionalidad.

No obstante, la falta de correspondencia que percibe Lucrecia entre esa especie de máscara que corona la cabeza de la Moa que se posiciona de espaldas y el sombrero que figura en el reflejo de su otra mitad, sugiere la naturaleza engañosa de esta percepción. Veamos lo que piensa la madrastra de dicho dibujo:

> A la señora Lucrecia la inquietaba algo que acababa de identificar. Ah, sí, el sombrero entrevisto de espaldas. Salvo ese detalle, en todo lo demás las dos partes de la delicada, quebrada, sensual silueta de la tahitiana con vellos como arañas en el pubis y en los brazos, se correspondían a la perfección; una vez advertida la presencia del espejo, se reconocían las dos mitades de la misma persona en las dos figuras que observaba el dibujante. En cambio, en el sombrero, no. La de espaldas llevaba en la cabeza algo incierto, inquietante, una especie de capuchón, y, hasta una cabeza de fiera. Eso, una especie de tigre. Nada, en todo caso, que se pareciera al coqueto sombrerito femenino, gracioso, que adornaba la carita de la Moa vista de frente. (*Los cuadernos* VIII.277)

El dibujo de Schiele funciona como trampantojo o *trompe l'œil*, ya que engendra en quienes lo contemplan una sensación de completitud que sólo es ilusoria. El modelo y la copia, la imagen originaria y su reflejo no cuadran, de forma semejante a lo que ocurre entre Lucrecia y sus dobles fantasmagóricas. El reflejo que proyecta en la mente de don Rigoberto cada una de las encarnaciones de Lucrecia, deslumbrándolo con el vívido espejismo de lo real, tampoco llega a coincidir plenamente con ella: la reina de Lidia, Diana, Venus, la profesora de leyes, Rosaura, Dánae… y tantas otras reproducciones del ideal femenino encarnado por Lucrecia, nunca logran (con)fundirse del todo con su idealizada esposa. Paradójicamente, lo que se revela bajo la máscara del exceso, es decir, lo que descubre ese detalle de más que da al traste con la posibilidad de una perfecta correspondencia, es una irreparable carencia. Este exceso que encubre una carencia o la carencia que se disfraza de exceso, se plasma igualmente en el ámbito del lenguaje.

El discurso caudaloso que emplea Vargas Llosa en estas ficciones deja con frecuencia un sedimento de penuria y escasez. ¿Cómo poder, por ejemplo, describir con palabras la forma en que suena, verdaderamente, la voz de Modesto cuando acepta la invitación de Lucrecia a bañarse con ella?: "¿graznido de búho, alarido de lobo, piar de pájaro?" (*Los cuadernos* II.69). O ¿cómo atrapar la visión que inspira en don Rigoberto los pies de su amada?: "'las patitas filipinas,' 'talones malayos' o 'empeines japoneses'" (*Los cuadernos* VIII.298). El sentido último de cada palabra se escurre de la paleta del narrador, de manera que la proliferación y abundancia léxica en la que incurre revela, en cambio, la insuficiencia. Lo que en realidad ponen de manifiesto estas largas enumeraciones que saturan hasta la saciedad el discurso narrativo de *Elogio* y *Los cuadernos* no es únicamente la ilusión de la écfrasis—la correspondencia perfecta entre la imagen y el verbo—, sino también la imposibilidad de frenar la diseminación de sentidos, de alcanzar un sentido que cierre el significado plena y definitivamente.

La prosa de Vargas Llosa refleja, risueñamente, la prosa boscosa del escritor Nicolás Edmé Restif de la Bretonne en *Le pied de Franchette*, que don Rigoberto critica tan duramente, no desde una perspectiva moral o simbólica, sino desde un punto de vista estético e ideológico. Veamos los calificativos que emplea para tratar de definirla: "una prosa que le salía frondosa y vulgar, acarreadora de todos los detritus de la lengua francesa, confusa, repetitiva, laberíntica, convencional, chata, horra de ideas, insensible y, en una palabra que la define mejor que ninguna otra: subdesarrollada" (*Los cuadernos* VIII.300). Si la prosa de Restif de la Bretonne arrastra toda la bazofia del diccionario francés, la del narrador omnisciente de *Los cuadernos* y la de don Rigoberto, como trasuntos los dos del autor, es en cambio una prosa civilizada, que evita o excluye de su léxico cualquier palabra que desentone tanto con el ideario estético ("orgasmo") como ideológico del protagonista ("social").

Al igual que las dobles pictóricas de Lucrecia no logran colmar del todo el deseo de don Rigoberto de tener a su esposa *plenamente* ("Vivía vacío, reemplazando cada noche, cada amanecer, la ausencia de Lucrecia con fantasmas que no bastaban para consolarlo," *Los cuadernos* VIII.305), así la riada de términos que corre por las páginas de ambas novelas no llega jamás a desembocar en un significado pleno y final, tal y como sugerí con anterioridad. El exceso no basta para saciar ese insaciable deseo de imaginar y seguir fabricando ilusiones.

El mundo ficticio que Vargas Llosa construye en *Elogio* y *Los cuadernos* es un mundo-espejo donde las imágenes, las representaciones, los reflejos se repiten, duplican, triplican, centuplican.... Esta repetición favorece el empeño de don Rigoberto de convertir las actividades cotidianas más insignificantes en ritos y ceremonias, de hacer venerable la vida por medio del arte, la civilización y la cultura, de fraguar ilusiones que tienen visos de autenticidad: una práctica ilusionista con la que don Rigoberto se pone a la altura de su creador.

El retrato de Lucrecia

En la orgía artística que desata el deseo de los personajes protagonistas de *Elogio* y *Los cuadernos*, Lucrecia aparece como un lienzo en blanco. Es la tela que aguarda sobre el caballete a que su pintor la invente y reinvente según su capricho. En este sentido, la manera en que el narrador describe en *Los cuadernos* la llegada sorpresa de Fonchito a la casa de su madrastra, invita a identificar a Lucrecia con la blanca superficie del lienzo o de la página. Contemplemos por un momento la escena:

> Llamaron a la puerta, doña Lucrecia fue a abrir, y retratada en el vano, con el fondo de los retorcidos y canosos árboles del Olivar de San Isidro, vio la cabeza de bucles dorados y los ojos azules de Fonchito. Todo empezó a girar.
> [...]
> —Me escapé de la academia —insistió el niño, mostrándole su cuaderno de dibujo, sus lápices de colores—. Te extrañaba mucho, de veras. ¿Por qué te pones tan pálida?
> —Dios mío, Dios mío —doña Lucrecia trastabilleó y se dejó caer en la banca imitación colonial, contigua a la puerta. Se cubría los ojos, *blanca como un papel*. (*Los cuadernos* I.9; énfasis mío)

Si bien el autor implícito de *Elogio* y *Los cuadernos* suele hacer malabarismos verbales para tratar que el "yo" de Lucrecia no se enquiste en la sola posición de objeto sexual para complacencia de la mirada masculina, la evidencia textual juega la mayor parte del tiempo en su contra. Y no lo hace porque no existan circunstancias en las que Lucrecia desempeña el papel de mujer dominadora y manipuladora del deseo masculino, —como lo hace con el pobre de Pluto o con el profesor de leyes de Virginia—sino porque tales representaciones ocurren en el contexto de los ensueños eróticos de su marido, es decir, es el deseo de don Rigoberto el que construye tanto a la Lucrecia vejada y humillada por el esclavo Atlas como a la Lucrecia soberana que juega con sus amantes Nipomuceno Riga o el buen Pluto.

Veamos, ahora, la manera en que el narrador omnisciente, resume desde la óptica de Lucrecia, los años de convivencia de la pareja: "Había sido divertido, excitante, maravilloso, ir descubriendo el mundo de manías, rituales y fantasías de su esposo, ir construyendo a su lado esa vida reservada, a lo largo de diez años" (*Los cuadernos* V.161). Aunque de estas palabras trasflore la idea de cierta agencia por parte de Lucrecia en la construcción de la felicidad matrimonial, lo cierto es que el guión de su vida lo escriben casi siempre los otros. Si—como opina Diane E. Marting—la novela de *Elogio* "is largely short on information about Lucrecia's self-image" (*The Sexual Woman* 248; "contiene poca información sobre la imagen que Lucrecia tiene de sí misma"), en la novela de *Los cuadernos* sólo se oye su voz en el ensueño de "La cita del Sheraton" ya aludido, y en una carta anónima que escribe a su marido, la cual, aunque no está mediada por el narrador omnisciente sí aparece disfrazada, tal y como exige el juego de los anónimos. Como Frederike María Beer, quien—según explica a Lucrecia su hijastro—había tenido el privilegio de ser la única retratada por los más grandes pintores de su época, Schiele y Klimt (*Los cuadernos* VII.238), Lucrecia es narrada, creada y recreada incesantemente, por los dos más grandes fabuladores de Lima, don Rigoberto y su hijo Fonchito. Bien es verdad que Lucrecia parece en contadas ocasiones estar muy consciente de su papel de mujer-objeto, al menos en cuanto al niño se refiere. Los pensamientos que suscitan en la madrastra las frecuentes manifestaciones de cariño por parte de Fonchito dan prueba de ello: "aunque no admitiría en voz alta semejante cosa y menos delante de su marido, cuando se hallaba a solas, como ahora, doña Lucrecia se preguntaba si el niño no estaba efectivamente descubriendo el deseo, la poesía naciente del cuerpo, valiéndose de ella como estímulo" (*Elogio* IV.53).

Tanto don Rigoberto como Fonchito se sirven de Lucrecia e instrumentalizan su cuerpo y su imagen para satisfacer sus propios antojos y apetencias. Desde mi perspectiva es muy difícil ver en Lucrecia ese papel superior como objeto sagrado que—según Ubilluz—la mujer juega dentro de las relaciones de poder hombre-mujer en *Elogio*, y mucho menos aún basando su argumento en la narrativización del cuadro de Jordaens ("The Taming of Bataille" 182). Recordemos que en esta fantasía ecfrástica el rey de Lidia, como sustituto de don Rigoberto, hace que su esposa se incline ante el fornido Atlas para que éste la monte ante sus ojos, mandando luego decapitarlo para borrar la humillación de Lucrecia. ¿Refleja este episodio la superioridad de la reina dentro del marco de las relaciones de poder hombre-mujer? Creo que no.

Como comenté anteriormente, en el interior de las ensoñaciones de don Rigoberto, Lucrecia sí asume a veces la dirección de la función, manipulando a sus amantes como lo hace con el buen Pluto: "lo manejabas con el meñique" le dice orgulloso don Rigoberto a su mujer (*Los cuadernos* II.61). Pero en el ámbito de la realidad ficticia oímos a Lucrecia rogarle a su marido que la proteja de sí misma, ante el miedo de ceder a su propia libido: "Con él (Fonchito), viviremos siempre en peligro, don Rigoberto. Si no quieres que pase otra vez, vigílame, célame, acósame. No quiero acostarme nunca con nadie más, sólo contigo, maridito querido" (*Los cuadernos,* Epílogo 374).

Cada vez que Lucrecia actúa de narradora en *Los cuadernos* lo hace dentro del escenario onírico que ha creado don Rigoberto, y no lo hace tampoco para narrar sus propios sueños sino para narrar los sueños de su esposo. Lucrecia irrumpe en las fantasías de su marido para relatar e interpretar a la vez el guión que ha escrito para ella el deseo de don Rigoberto, sin que ello excluya, claro está, la posibilidad de que ella goce también viéndolo gozar a él, según instruye el libreto. Mientras don Rigoberto se forja nueve sueños eróticos en las páginas de *Los cuadernos* para espantar el tedio y la soledad, la única fantasía que parece emanar de la mente ensoñadora de Lucrecia, "La cita del Sheraton" ya mencionada, no la engendra tampoco su propio deseo sino que obedece los deseos y dictados del autor de la carta anónima que ha recibido. Lo que no impide, sin embargo, que su sacrificio y autoinmolación se salden con un placentero orgasmo. Cuando doña Lucrecia goza, su gozo nace de hacer y ver gozar a otros, de ser objeto—no sujeto—de goce.

Tanto en su soñar como en el soñar de los otros, Lucrecia será la buena samaritana que hará realidad las fantasías de los demás. Encarnando a la diosa Diana, ella y su favorita le regalan al travieso pastorcillo que se oculta entre las ramas, el espectáculo de sus cuerpos entreverados. Como ama generosa, se ofrece a ayudar a su criada a materializar el sueño lésbico que desde hace tiempo perseguía Justiniana: "—Hagamos ese sueño —La señora Lucrecia se enderezó, llevando tras ella a Justiniana—. Durmamos juntas, pero en la cama, es más blanda que el *chaise longue*. Ven Justita" (*Los cuadernos* III.109). Se aviene también a concretizar la ilusión del bueno de Pluto, brindándole siete días de placer en "La semana ideal" (*Los cuadernos* II.51–74) Satisface igualmente el deseo escatológico del castrado Manual, ofreciéndole la música de los contenidos líquidos de su vejiga. Y no cesa de corporeizar las fantasías de su marido acostándose con una jauría de gatos, jugando a las cambiaditas con el hermano gemelo que se inventa su esposo o disfrazándose de hombre para darle gusto. No es de extrañar que don Rigoberto celebre la devoción de su esposa en la carta que escribe a su amigo fetichista: "¡Cara Lucrecia¡ Entre todas las gracias que la adornan, ninguna agradezco tanto como su comprensión de mis debilidades, su sabiduría para ayudarme a cuajar mis fantasías" (*Los cuadernos* VI.210).

Tanto en las fantasías ecfrásticas de don Rigoberto como en sus sueños diurnos, el cuerpo desnudo de Lucrecia se exhibe a la vista de un sujeto-observador en el que confluyen dos miradas: la del personaje que contempla su desnudez desde el interior del lienzo narrativo y la del lector(a) que la contempla desde afuera. Como vimos en el capítulo precedente, la iluminación del lienzo contribuye a delimitar cada una de las escenas pictóricas que componen *Elogio* y *Los cuadernos*. El contraste entre luces y sombras o el haz de una lámpara que encierra en un círculo de luz la desnudez de la mujer, focalizan la mirada de los observadores sobre el motivo principal que se ofrece como estímulo del placer: la sensualidad y el sensualismo del cuerpo femenino.

Mientras Lucrecia entra en el ruedo de lo onírico como esclava y víctima del deseo del otro, en el marco ficticio de su existencia real, aparece a menudo escindida en dos mitades, como la Moa de Schiele. Este conflicto interior se manifiesta, por ejemplo, cuando reflexiona sobre su *affair* con Fonchito: "Mientras más pienso, más increíble me parece. Como si no hubiera sido yo, como si otra hubiera actuado dentro de mí, suplantándome" (*Los cuadernos* VI.202). Doña Lucrecia se debate constantemente entre pensamientos y conductas encontradas, entre la prohibición (pedofilia, incesto) y la transgresión, entre la ley de la razón y la sinrazón del deseo, entre la mortal palidez y las calenturas de su cuerpo. Oigamos las dudas que provoca en su alma el roce (¿inocente?) de los labios del niño contra los suyos: "En la intimidad cómplice de la escalera, mientras regresaba al dormitorio, doña Lucrecia sintió que ardía de pies a la cabeza. 'Pero no es de fiebre,' se dijo, aturdida. ¿Era posible que la caricia inconsciente de un niño la pusiera así? Te estás volviendo una viciosa, mujer" (*Elogio* I.20).

Como he destacado con anterioridad, es el narrador omnisciente el que aporta el mayor número de pinceladas al retrato de Lucrecia. Y un buen número de estas pinceladas aportan un rojo vivo, encendido por el rubor y la excitación que a menudo abrasa el cuerpo y las mejillas de la madrastra: "Le ardieron las mejillas" (*Elogio* XI.148); "—Fuego es el que tiene usted en la cara, señora —repuso Justiniana, con su desparpajo habitual—. Pero, no se preocupe, ese color le queda regio" (*Los cuadernos* II.39). El discurso del narrador, puntuado de interrogaciones y dudas, pinta el alma de Lucrecia con trazos oscilantes y confusos. Además, el empleo narrativo de la técnica del claroscuro, tan frecuente en pintores admirados por don Rigoberto como Caravaggio y sus seguidores, contribuye a realzar los contrastes del fuero interno de la madrastra.

Juan Carlos Ubilluz describe la arquitectura narrativa de la historia central de *Elogio* en estos términos:

> The quasi-omniscient narration of this story often splits into two different points of view in indirect interior monologue: those of Rigoberto and Lucrecia. Through the former, the narrator conveys Rigoberto's thoughts during his prophylactic rituals and his increasing sexual enjoyment of his wife Lucrecia as, unbeknownst to him, she dwells deeper into her affair with Fonchito. Through the latter, he conveys Lucrecia's inner-conflict as she reluctantly allows her stepson to push her beyond the bond of marriage. ("The Taming of Bataille" 180–81)

> La narración cuasi-omnisciente de esta historia con frecuencia se desdobla en dos puntos de vista en un monólogo interior indirecto: los de Rigoberto y Lucrecia. A través del primero, el narrador comunica los pensamientos de Rigoberto durante sus rituales profilácticos y su creciente goce sexual con su esposa Lucrecia, mientras, sin que él lo sepa, ella vive cada vez con más intensidad la aventura amorosa con Fonchito. A través del segundo, comunica el conflicto interno de Lucrecia a medida que, reacia, deja que su hijastro la empuje a transgredir el pacto matrimonial.

Es precisamente el discurso del narrador omnisciente el que nos revela la lucha interna que libra la voluptuosa y voluble Lucrecia entre deseo y prohibición, ley y transgresión, don Rigoberto y Fonchito. Con respecto al perfil psicológico de los tres protagonistas, conviene recordar que tanto don Rigoberto como su hijo despliegan las mismas contradicciones y ambivalencias que muestra la personalidad de Lucrecia. Mientras Fonchito acarrea con su ser contradictorio con cierta ingenuidad, su padre lo hace con orgullo. A pesar de su cobardía, flaqueza e hipocresía, don Rigoberto consigue atesorar pequeñas victorias contra las arremetidas de la duda y la desolación gracias a su extraordinaria imaginación. Sin embargo, doña Lucrecia parece siempre arrastrada por el torbellino de recelos y vacilaciones que levanta en ella la presencia del niño.

En el caso de Lucrecia, lo que sobresale en el retrato que de ella pinta el narrador no es el tono heroico de las conquistas imaginarias de su marido, sino un permanente "mea culpa" que catapulta la inseguridad de cada uno de sus actos y cada una de sus palabras, "sintiendo que en cualquier momento se le quebraría la voz" (*Los cuadernos* I.10). En su trayectoria vital, tampoco suenan las trompetas del triunfo—su transgresión del tabú del incesto quizás sea la única y más sonora—, sin embargo perdura en los lectores su eterna indecisión, su desconfianza en sí misma, su vulnerabilidad y un constante sentimiento de impotencia ante el poder perturbador del niño. Oigamos algunos de los comentarios del narrador sobre la voluble y vulnerable disposición anímica de Lucrecia: "Se sentía dividida por conjeturas contradictorias" (*Los cuadernos* VI.196); "otra vez la colmaba la sensación de ser una mosquita atraída, pese a sus esfuerzos, a las fauces de la araña" (*Los cuadernos* V.153–54). El ojo avizor del narrador se afana en destacar cada una de las disyunciones que surgen entre sus palabras y sus actos, entre lo que dice y lo que siente: "'no quiero, no me gusta,' pero sus brazos enlazaban amorosamente el cuello de su raptor" (*Los cuadernos* I.25). Valga también como ejemplo de este mecanismo discursivo al que recurre constantemente el narrador para recalcar la naturaleza voluble y contradictoria de Lucrecia, los comentarios que introduce al pie de esta conversación entre la madrastra y el niño:

> —Dime que me perdonas madrastra —imploró—. Dímelo, dímelo. La casa no es la misma desde que te fuiste [...] ¿Nunca me vas a perdonar?
>
> —Nunca —dijo ella, con firmeza—. No te perdonaré nunca lo que hiciste, malvado.
>
> Pero, *contradiciendo sus palabras,* sus grandes ojos oscuros reconocían con curiosidad y cierta complacencia, acaso hasta ternura, el enrulado desorden de esa cabellera, las venitas azules del cuello, los bordes de las orejas asomando entre las mechas rubias y el cuerpecillo airoso, embutido en el saco azul y el pantalón gris del uniforme. (*Los cuadernos* I.10; énfasis mío)

A diferencia de don Rigoberto, orgulloso de sus contradicciones, dueño de su voz y señor de sus sueños—aunque sea el narrador el que nos los dé a conocer—la voz de Lucrecia sólo llega a emanciparse de la sujeción del narrador de *Los cuadernos* en una carta que escribe a su marido como respuesta a los anónimos que cree recibir de él. En esta carta, que Fonchito nunca entrega a su padre, doña Lucrecia corrobora su imagen de mujer-fetiche, objeto de placer y culto, emulando al escribirla el estilo huachafo de la pluma de su marido.

"En el cuadro de la sala estás tú" (*Elogio* XI.141)

Ahora bien, me gustaría encaminar estas reflexiones hacia uno de los sueños que protagoniza y relata la propia Lucrecia, "El laberinto de amor" (*Elogio* XII.157–61). Esta fantasía no es únicamente una *puesta en écfrasis* que sirve para caracterizar a la protagonista—ya que se la identifica con el lienzo—, sino que funciona también como representación de los procesos de la creación y recepción artísticas.

"En el cuadro de la sala estás tú" (*Elogio* XI.141), le dice Fonchito a su madrastra después de hacer el amor con ella. Se trata pues de un acertijo sobre el lienzo abstracto de Szyszlo, *Camino a*

Mendieta 10 (Fig. 5) que decora las paredes de la sala.[23] La experiencia del coito con su madrastra brinda a Fonchito algunas de las claves necesarias para comprender lo que es o significa dicho cuadro: "—Entonces, ahora ya sé lo que quiere decir un cuadro abstracto —reflexionó el niño, sin levantar la cara de la almohada—. ¡Un cuadro cochino! Ni me lo olía, madrastra" (*Elogio* XI.143). El lienzo de Szyszlo guarda el misterio de la madrastra entre líneas, volúmenes y colores cuyo vocabulario sólo ahora comienza a comprender Fonchito.

Para la madrastra el cuadro del pintor peruano se transforma, también, en algo distinto: "estuvo contemplando el Szyszlo largo rato. Fue como si nunca lo hubiera visto antes, como si el cuadro, igual que una serpiente o una mariposa, hubiera mudado de apariencia y de ser" (*Elogio* XI.151). Retornan los ecos y las resonancias. Como le había ocurrido a don Rigoberto al sorprenderse de ver por primera vez a su esposa a través de los ojos de Pluto, a Lucrecia le parece ver por vez primera el cuadro de Szyszlo porque lo ve ahora con los ojos del niño. En el juego de reflejos que establece Vargas Llosa con su escritura especular, Fonchito se asemeja a Eduardo Zanelli, el crítico de arte que protagoniza su pieza teatral *Ojos bonitos, cuadros feos*. Eduardo le hace ver a Alicia, una pintora aspirante sobre cuya obra ha escrito una reseña demoledora, lo que hay en el interior de un cuadro abstracto de Piet Mondrian. Cuando Alicia trata de hacerle comprender a su amigo Rubén el sentido del lienzo de Mondrian, éste replica: "Bueno, Eduardo Zanelli debe ser un mago si es capaz de hacerte ver todo eso en un par de cuadritos azules sobre fondo blanco" (509). Como Zanelli, Fonchito es un mago capaz de hacer que la madrastra se vea reflejada sobre la superficie del lienzo. Lucrecia va a incorporar el lienzo de Szyszlo a los juegos nocturnos con su marido, osando alterar el programa ritualista que previamente habían convenido:

> Pero luego de los escarceos iniciales en la oscuridad, cuando, fiel a la liturgia nocturna, don Rigoberto murmuró ilusionado: "¿No me preguntas quien soy?," escuchó esta vez una respuesta que transgredía el pacto tácito: "No. Pregúntamelo tú, más bien." Hubo una pausa atónita, como el congelamiento de la escena de un film. Pero, unos segundos después, don Rigoberto, hombre de ritos, comprendió e inquirió ansioso: "¿Quién, quién eres, cielo?." "La del cuadro de la sala, el cuadro abstracto," respondió ella. [...] "Soy ésa y no sé cómo no te diste cuen-

> ta todavía." "Ayúdame, mi amor," se animó él, reanimándose, moviéndose. "Explícamelo. Quiero entender." Ella se lo explicó y él entendió. (*Elogio* II.152)

Al final de este capítulo doña Lucrecia se siente renacer a una vida que le promete la eternidad. Una eternidad a la que sólo podrá acceder transformándose en símbolo, dentro del sistema religioso y sacrificial que sustenta el lienzo de Szyszlo, *Camino a Mendieta 10* (Fig. 5). En esta écfrasis narrativa, Lucrecia—"la dichosa víctima" del sacrificio que acaba de oficiarse sobre el altar prehispánico de Szyszlo— eleva su voz para consagrar los últimos despojos de la ceremonia, ese mundo en ruinas que (re)presenta el cuadro: un apocalipsis de los "sentidos" en la doble acepción del término entrecomillado. La víctima sacrificial—materia y contenido del lienzo—solicita la mirada de su "esclavo y amo," es decir, del pintor y observador de la obra creada: "Al principio, no me verás ni entenderás pero tienes que tener paciencia y mirar. Con perseverancia y sin prejuicios, con libertad y con deseo, mirar" (*Elogio* XII.157). La Lucrecia del cuadro de Szyszlo ruega que la miren, que la contemplen, puesto que necesita de la instancia receptora para existir como obra de arte. En *Writing for Art: The Aesthetics of Ekphrasis*, Stephen Cheeke alude a este deseo del lienzo de cobrar vida mediante la mirada de quien lo contempla:

> A picture desires to be brought into a relation with a viewer and to be made alive; "one immortal look" will realize the will to live of the image. If we anthropomorphise the image in this way, then every painting desires never to pass out of the light of the eye, to be safe again with the "bond" of the person who stands before it at an exhibition: "Look at me!" But it is a command or plea that only becomes explicit in the presence of someone who is there to look. Only the viewer of paintings, or perhaps the poet who speaks *for* paintings, makes it possible to perceive the drama of this relationship between the image and the human subject. (15)

> Un cuadro desea que lo pongan en contacto con un observador y que se le infunda vida; "una mirada inmortal" satisfará la voluntad de vivir de la imagen. Si damos forma humana a la imagen de este modo, entonces cada lienzo desea no quedar jamás afuera de la luz del ojo, estar de nuevo a salvo con el "resguardo" de la persona que se planta frente a él en una exposición: "¡Mírame!" Pero es un mandato o ruego que sólo se

> vuelve explícito en presencia de alguien que está ahí con el fin de mirar. Solamente quien contempla los lienzos, o quizás el poeta que habla *por* ellos, nos posibilitan percibir el drama de esta relación entre la imagen y el sujeto humano.

La existencia de Lucrecia, como personaje y como obra de arte, depende de la mirada de su marido y de su hijastro. Al igual que Fonchito veía a su madrastra dentro del cuadro de Szyszlo, Lucrecia va a ver a don Rigoberto en el interior del mismo lienzo. Identifica a su querido victimario con la figura totémica que ocupa el ángulo izquierdo de la composición, a la par que—como haría un crítico de arte—transpone a la letra escrita el texto visual de Szyszlo: "El de la izquierda, erecto en el compartimento de visos marrones, el de las medialunas sarracenas en la crisma, engalanado de un manto de plumas vivas, metamorfoseado en tótem, el de los espolones y el plumón bermejo, ése de espaldas que me observa, ¿quién podría ser sino tú?" (*Elogio* XII.158).

El oficiante de este rito ancestral es simultáneamente lector, observador e intérprete del texto pictórico que verbaliza Lucrecia: "Ahora, gozas mirándome gozar y reflexionas. Ahora sabes cómo soy. Ahora te gustaría disolverme en una teoría" (*Elogio* XII.159). La imagen del lienzo exhibe las entrañas, los secretos más íntimos de los participantes en este rito de Eros y Thanatos: "expuesto a la luz todo lo que, en la misa o representación amorosa que concelebramos, compareció, creció, sudó y excretó" (*Elogio* XII.159).

Al igual que hace Vargas Llosa en las páginas de *Elogio* y *Los cuadernos*, Szyszlo desnuda a sus personajes, exponiéndolos con crueldad a una mirada que atraviesa las líneas abstractas del lienzo. En la disolución del cuerpo humano (no de la materialidad de la pintura) que opera la abstracción del lienzo de Szyszlo, está la fuerza significativa y evocativa de esta obra. Ante la maraña indefinida e infinita de posibilidades que presenta el lienzo, es cada instancia receptora la que construye la forma y el sentido, guiada por sus propias experiencias, obsesiones y anhelos. Respecto a la fuerte atracción que ejerce en los lectores-observadores lo misterioso y lo secreto, y con relación, también, a la idea de la interpretación como buceo en el interior de uno mismo, son particularmente interesantes estas palabras del escritor sobre los cuadros de su buen amigo Szyszlo:

> Something always happens in them. Something beyond form and color. A spectacle that is hard to describe, although easily perceived. A ceremony sometimes set forth as an immolation or a sacrifice celebrated on a primitive altar. A barbaric and violent rite in which somebody bleeds to death, disintegrates, gives up and perhaps also feels pleasure. Anyway, something, unintelligible that one must apprehend through the tortuous route of obsession, of a nightmare, of a vision. ("Szyszlo in the Labyrinth" 13)

> Siempre sucede algo en ellos. Algo más allá de la forma y el color. Un espectáculo que es difícil de describir, aunque percibido fácilmente. Una ceremonia concebida a veces como inmolación o un sacrificio celebrado sobre un altar primitivo. Un rito bárbaro y violento en el que alguien se desangra hasta morir, se desintegra, se rinde y quizás siente también placer. De cualquier manera, algo, ininteligible, que ha de aprehenderse a través de la tortuosa ruta de la obsesión, de una pesadilla, de una visión.

Como sugerí con anterioridad, es gracias a su papel de víctima en este "laberinto de amor" que Lucrecia, incomprensiblemente, llega a vislumbrar lo que significa la soberanía de una forma más vívida y personal que en ningún otro momento de su historia ficticia. Una soberanía que radica en la transgresión del tabú y en la disolución de su yo en el tú del otro, como lo expresa trastocando el orden de los pronombres: "Tú eres yo y tú, *tú soy* yo y tú" (*Elogio* XI.160; énfasis mío). Volviendo a la idea que propuse con anterioridad, mientras don Rigoberto se (re)presenta en *Elogio* y *Los cuadernos* como esclavo y amo de su propio deseo, doña Lucrecia luce sobre las páginas de estos libros como ama y esclava del deseo ajeno, que—paradójicamente—termina siendo el suyo propio. El cuerpo sacrificado de Lucrecia, disuelto en tonos marrones, rosáceos y rojizos, se transforma en símbolo: símbolo de una entrega total e incondicional que la eleva a la calidad irreal y atemporal de lo transcendente y sagrado.

En este ambiguo sueño, doña Lucrecia alcanza un estado de lucidez bastante similar al que guía a don Rigoberto dentro del laberinto de sombras que son sus ensoñaciones: "Tenía los ojos cerrados. Había alcanzado, por fin, el estado de lucidez que buscaba. Podía orientarse sin dificultad en ese laberinto de densas sombras" (*Los cuadernos* I.23). Según opina Antonio Muñoz Molina, "las grandes novelas de Mario Vargas Llosa funcionan como laberintos constructivos que han de ir siendo descifrados gradualmente por la inteligencia y la imaginación del lector" (1). La textualidad de *Elogio* y *Los cuadernos* constituye tal laberinto: Dédalo de sensaciones, pasiones y obsesiones, deseos insatisfechos, luces y sombras, contradicciones, imágenes y palabras, a través del cual los lectores avanzamos, a tropezones a veces, guiados por la luz de la memoria, el deseo y la imaginación.

Mario Vargas Llosa y el arte pictórico

El pintor español Cristóbal Toral retrataba así a su amigo Mario Vargas Llosa, poco después de la concesión del Nobel de Literatura al escritor peruano-español en octubre de 2010:

> Aparte de escribir magníficas novelas, ejerce de disciplinado periodista que colabora en más de 20 diarios. Además, es dramaturgo, imparte cursos en universidades y, por si fuera poco, fue candidato a la presidencia de Perú. Yo quiero añadir una cualidad más que se suele olvidar: que sabe escribir sobre pintura. En efecto, no he leído entre todos los análisis y elogios que ha motivado el nuevo Nobel de Literatura, resaltar su faceta de dominar con la pluma esa ficción tan singular que representa la pintura. […] Pues bien, a Mario Vargas Llosa hay que situarlo en la lista de los buenos *escribidores* de pintura. ("Pintor de palabras" 48)

Como crítico de arte, Vargas Llosa ha escrito sobre numerosos pintores y obras. Sus ensayos sobre la pintura hablan de su relación con la cultura visual de su entorno y revelan su fascinación con el modo en que sus artistas predilectos materializan en sus obras la relación entre la realidad y la ficción, la vida y la fantasía. En realidad, si observamos de cerca sus comentarios y reflexiones sobre el arte pictórico, es este aspecto el que marca, por lo general, sus valoraciones. Leyendo las páginas que el novelista dedica al pintor Paul Delvaux en "Señoras desnudas en un jardín clásico,"[24] entendemos las razones por las que el autor de tantos personajes fantasistas admira en Delvaux esa misma capacidad desbordante e irreverente de la imaginación creativa, que supera—en su opinión—a la de Magritte y Ensor: "fue el más obsesivo de los tres, el que sirvió más disciplinadamente y lealmente a sus demonios, el que consiguió congeniar mejor el pacto contra natura entre el academicismo formal y el delirio temático que es el denominador común del terceto y de tantos simbolistas y surrealistas" (192).

Dada su atracción por la fuerza de la pasión y de la imaginación, tampoco es de extrañar que se interese por la obra el pintor peruano Fernando de Szyszlo, una obra de imaginación ilimitada, que explora los límites de la imaginación, según escribe Ana María Escallón en "The Nocturnal Traveller" ("El viajero nocturno"):

> Szyszlo's world includes whatever can be embraced by the imagination, from nature to the frontiers of fantasy, where the word that appeals to the tactile sense may produce rotund images. A world that is possible within the rich imagination of those who are aware of the limits but who actually do not have any; this is where we find the roots of the entire visual universe that can come into being and that we are free to use. (118)

> El mundo de Szyszlo incluye todo lo que puede abrazar la imaginación, desde la naturaleza hasta las lindes de la fantasía, donde la palabra que apela al sentido táctil puede producir imágenes rotundas. Un mundo que es posible dentro de la rica imaginación de quienes son conscientes de los límites, pero que no tienen ninguno en realidad; aquí es donde encontramos las raíces de todo el universo visual que puede engendrarse y que podemos utilizar libremente.

Lo que fascina al autor hispanoperuano en Szyszlo, Delvaux, Botero, Grosz, Toral, Giacometti o Gauguin, es la capacidad que tienen de superar y transcender los límites de la realidad mediante su visión artística del mundo. En cierto modo, esto es previsible en un autor que ha hecho suya la misma divisa. El siguiente comentario de Vargas Llosa sobre Toral, revela entrelíneas las preferencias artísticas del propio escritor:

> lo que a mí más me admira y conmueve en sus cuadros es esa extraña alianza de realidad y fantasía, de dominio técnico y aventura del espíritu que, a la vez que nos instala en un mundo cotidiano inmediatamente reconocible por nuestra experiencia, nos traslada sin embargo a un enclave distinto y subjetivo, que presentimos edificado con fantasmas cuajados en una intimidad secreta, contexto impalpable y sutil, hecho de pesadillas y de sueños, de deseos y de miedos que baña aquella realidad como un velo desrealizador. (in Toral, *La vida en una maleta* 6)

No resulta difícil ver en esta descripción del universo pictórico de Toral, el propio universo artístico vargasllosiano, el cual se revela con todo su esplendor en "La batalla perdida de *Monsieur* Monet." Monet, como lo hacen don Rigoberto y el propio Vargas Llosa, luchó sin cuartel por ganar una batalla perdida de antemano. Su heroísmo radica en la persistencia y tenacidad de su fútil aspiración. Sus continuas derrotas al tratar de atrapar en el lienzo (una ilusión o un simulacro de) la realidad, no le hicieron desistir de su empeño, "siguió combatiendo hasta el final por su utópico afán de pintar lo inefable, de encerrar en una jaula de colores la cara del aire, el espíritu de la luz, el vaho del sol" ("La batalla perdida de *Monsieur* Monet" 294–95). De la misma manera en que el iluso de don Rigoberto admiraba la gran valentía de su amigo fetichista al exhibir y defender públicamente sus manías y fobias, Vargas Llosa es cautivado por la pasión con que Monet persigue un Realismo imposible. Sin embargo, el resultado fallido de su búsqueda se transforma, paradójicamente, en un sorprendente triunfo. Embarcándose en una empresa abocada al fracaso, Monet llega a construir una realidad distinta y autosuficiente, como explica el novelista:

> Los treinta y siete cuadros de su paso por Londres, pese a sus desesperados esfuerzos por documentar las delicuescencias visuales que experimenta la ciudad en el transcurso del día, ya tienen poco que ver con esa realidad exterior. En verdad, lo muestran a él, embarcado en una aventura delirante, y creando sin saberlo, poco a poco, un nuevo mundo, autosuficiente, visionario, de puro color, cuando creía estar reproduciendo en sus telas los cambiantes disfraces con que la luz reviste el mundo tangible. ("La batalla perdida de *Monsieur* Monet" 293)

En estas reflexiones sobre Monet, Vargas Llosa vuelve a afirmar—como lo hace en *Elogio* y *Los cuadernos*—la emancipación de la imaginación, la ficción y la creación artística de su servidumbre a la realidad.

Además no hay que olvidar que el tema de la pintura no sólo ocupa un lugar protagónico en sus ensayos sino también en su pieza teatral, *Ojos bonitos, cuadros feos* (1996) y en otra de sus novelas, *El paraíso en la otra esquina* (2003). En la primera, el escritor hace subir al escenario a Eduardo, un crítico de arte *gay* de *El Comercio*, "cuya pluma endiosa destruye a cualquier artista" (497). Tras el *vernissage* de una exposición de Piet Mondrian, Eduardo y Rubén charlan en el apartamento del primero. La charla gira en torno de Alicia, una pintora amiga de Rubén. Eduardo ha arruinado el futuro artístico de Alicia al escribir una reseña demoledora sobre su exposición de pintura. El título de la reseña es "Ojos bonitos, cuadros feos." Lo que mueve la intriga de esta pieza es una compleja red de deseos y frustraciones: el deseo soterrado de Rubén por vengar a su amiga y la frustración de un crítico de arte que soñaba con ser pintor para hacer lo que Vargas Llosa hace en sus obras, es decir, "dar forma a las pasiones, perfil a las nostalgias, color y volumen a los sueños" (523).

En *El paraíso en la otra esquina*, Vargas Llosa novela la vida de Paul Gauguin y su abuela Flora Tristán. Como don Rigoberto, Gauguin y su abuela persiguen metas irrealizables. Esta novela teje alternativamente dos vidas y dos utopías: la utopía social de Flora, dedicada a la lucha por los derechos de la mujer y del proletariado, y la utopía artística de Gauguin, en su busca entre los tahitianos de un arte puro y primitivo, todavía no contaminado por las convenciones sociales del mundo civilizado.

Para escribir *Elogio* y *Los cuadernos* Vargas Llosa se inspira en los cuadros que guarda en la pinacoteca de su memoria o sobre las paredes de su casa, como es el caso del lienzo de Szyszlo, *Camino a Mendieta 10* (Fig. 5). Pintores y obras sobre los que ha disertado, así como tantas otras que han sido para este amante del arte una gran fuente de placer, saltan lúdicamente a las páginas de estas novelas para constituir un museo de referencias artísticas que enriquecen la vida y fantasías de los personajes, y la de los lectores también. Como pintor de palabras y de sueños, don Rigoberto viste y adorna los ojos, cabellos, pechos, muslos, caderas y pies de Lucrecia con infinitas referencias pictóricas, porque, al igual que le disgusta la naturaleza al natural, no trabajada por el arte y la cultura, tampoco le basta con el cuerpo al natural de su esposa. Las líneas onduladas y los volúmenes generosos de Venus, Diana, la reina de Lidia, Dánae, Rosalba, la maja de Goya, Kiki de Montparnasse… que su deseo e imaginación dibujan sobre la tela de su mente soñadora, no sólo le ayudan a no sucumbir al desaliento y la desilusión que lo embargan desde su separación de Lucrecia, sino que dan cuerpo y realidad a la materia incorpórea de sus ensueños eróticos.

Capítulo tres

La creación de la ilusión mística

La escritura como convers(ac)ión

> ¡Yo quisiera salvar esa distancia,
> ese abismo fatal que nos divide,
> y embriagarme de amor con la fragancia
> mística y pura que tu ser despide!
>
> Salvador Díaz Mirón
>
> *Deseos*

Mario Vargas Llosa encuentra inspiración no sólo en la pintura y el teatro, sino también en la literatura mística. Como hemos visto en los dos capítulos precedentes, el personaje de don Rigoberto acude al arte teatral y pictórico en busca de herramientas con que cincelar en su mente—con golpes de efecto creadores de una viva impresión de realidad—la ilusión de hallarse en compañía de su esposa ausente. Pero no sólo hace eso. Además de soñar despierto con Lucrecia, don Rigoberto escribe cartas, hace anotaciones en sus libretas y relee luego lo que ha escrito. "Los cuadernos" a los que remite el título de la novela cumplen una función primordial. Precisamente en este tercer capítulo analizaré cómo el protagonista recurre a la escritura para cimentar nuevas quimeras. Al escribir las cartas y reflexiones que guardan celosamente sus cuadernos, don Rigoberto realiza un nuevo desdoblamiento. Se convierte simultáneamente en sujeto emisor e interlocutor, en reo y juez de sus propios enunciados. Esta figuración dúplice de sus deseos trae a nuestras mentes el doble autorretrato de Egon Schiele, *Los ermitaños* (Fig. 23), al que aludí en el capítulo precedente, donde la imagen del pintor aparece acompañada, escoltada y vigilada, por su propia sombra, por su propio reflejo.

Como espero mostrar en este último capítulo, el poder ilusionista de la escritura de Vargas Llosa hace que don Rigoberto, al escribir sus cartas, vea *aparecer* ante sus ojos a cada uno de los destinatarios de las mismas. Estas visiones se presentan ante él con la misma nitidez y materialidad con que aparece ante sus ojos el fantasma de Lucrecia, cuando fantasea con ella en la soledad de su biblioteca. La escritura se vuelve así una conversación ilusoria con el receptor virtual que engendra cada uno de sus textos.

Pero además de simular una conversación, los escritos de don Rigoberto son testigos de la conversión del protagonista a una ética y estética que se focaliza en el yo del individuo y en el yo individual, como investigo a partir de Michel Foucault y de las consideraciones desarrolladas por este pensador francés en el ensayo "L'écriture de soi" ("La escritura de sí").[1] En este ensayo, Foucault reflexiona sobre el papel que ha desempeñado la escritura introspectiva dentro del proceso de la ascesis, centrando su investigación en la cultura filosófica anterior al cristianismo. Por consiguiente, mi lectura de *Elogio* y *Los cuadernos* hermana la práctica escritora del personaje de don Rigoberto con la práctica discursiva de ese otro esteta de la existencia que es el anacoreta.[2] Desde mi perspectiva, las anotaciones que hace don Rigoberto en sus cuadernos y las cartas que escribe en ellos se relacionan con los dos tipos de escritura introspectiva descritos por Foucault en "La escritura de sí": los *hupomnêmata* (*hypomnemata* o cuadernos de notas) y la *correspondance* (*correspondencia*).[3]

Además conviene recordar el temprano interés de Vargas Llosa por la literatura libertina francesa, de la que se nutrió también uno de sus escritores predilectos, el novelista Gustave Flaubert (1821–80). En *Elogio* y *Los cuadernos*, mezclando erotismo con misticismo, Vargas Llosa prepara un cóctel explosivo de palabras e imágenes sumamente irreverente y transgresor, como lo habían hecho en el pasado Flaubert y los escritores libertinos dieciochescos. En este sentido, en las dos novelas que aquí nos incumben, el autor hispanoperuano modela la materia narrativa con que esculpe al libertino de don Rigoberto según el patrón compositivo de la literatura de libertinaje francesa, como argüiré un poco más adelante.

La escritura introspectiva como trabajo del *yo* sobre sí mismo

En "La escritura de sí," Foucault investiga el papel que desempeñó la escritura introspectiva y autorreflexiva dentro de una cultura filosófica centrada en el perfeccionamiento moral del yo, en una época anterior al cristianismo. Según Foucault, este tipo de escritura suponía un rígido entrenamiento para conseguir el control y gobierno de uno mismo. Esta práctica escritora cundió en la cultura grecorromana de los dos primeros siglos del Imperio y es el germen de otras formas de escritura (autor)reflexiva posteriores como lo son la epicúrea o la ascética. Para el anacoreta o el asceta, el acto de escribir significa un ejercicio de disciplina y un método de disciplinarse. Mediante la práctica de la escritura el sujeto escribiente puede llegar a un mejor conocimiento de sí mismo y a un mayor dominio sobre su cuerpo y espíritu.

Por encima de todo, los seres humanos somos animales *narrativos*, y por consiguiente, para lograr gobernarnos a nosotros mismos, necesitamos *narrar* y *narrarnos* nuestras vidas. De ahí, la enorme importancia que adquiere la escritura de relatos, diarios íntimos, cartas o citaciones como un método para ordenar el errático devenir de nuestros actos y pensamientos. Por su función reguladora, el acto de escribir resulta una disciplina muy útil para el místico, ya que prepara el alma para el camino hacia la ascesis. Los escritos y lecturas que el asceta realiza en la soledad de su celda cumplen varias funciones. Foucault destaca, en primer lugar, su función policial. La escritura vigila los movimientos del cuerpo y del alma, resguardando al asceta del peligro de caer en la tentación. Este efecto coercitivo que ejerce la práctica escrituraria sobre el sujeto que escribe, radica en el hecho de que, escribiendo, desnudamos el alma ante los otros. Dicho en otros términos, cuando anotamos nuestros actos y pensamientos, la escritura engendra unos ojos que nos vigilan. Al reflexionar por escrito sobre nosotros mismos hacemos *aparecer* la mirada del interlocutor que secreta el texto, cuya sola presencia frena cualquier impulso lascivo, manteniendo a raya al sujeto escribiente por temor a que lo vean pecando. Como ilustración de esta estrategia disuasiva que obra la escritura, Foucault cita al inicio de su ensayo estas palabras del libro de San Atanasio, *Vida y conducta de nuestro padre San Antonio*:

> Voici une chose à observer pour s'assurer de ne pas pécher. Remarquons et écrivons, chacun, les actions et les mouvements de notre âme, comme pour nous les faire mutuellement connaître et soyons sûrs que par honte d'être connus nous cesserons de pécher et d'avoir au cœur rien de pervers. Qui donc lorsqu'il pèche consent à être vu, et lorsqu'il a péché ne préfère mentir pour cacher sa faute? On ne forniquerait pas devant témoins.

> De même, écrivant nos pensées comme si nous devions nous les communiquer mutuellement, nous nous garderons mieux des pensées impures par honte de les avoir connues. Que l'écriture remplace les regards des compagnons d'ascèse: rougissant d'écrire autant que d'être vus, gardons-nous de toute pensée mauvaise. Nous disciplinant de la sorte, nous pouvons réduire le corps en servitude et déjouer les ruses de l'ennemi. ("L'écriture de soi" 416)

> He aquí una cosa que se debe observar para asegurarse de no pecar. Notemos y escribamos, cada uno, las acciones y movimientos de nuestra alma, como si nos los diéramos a conocer mutuamente, y tengamos la seguridad de que por vergüenza de que se los conozca cesaremos de pecar y de albergar nada perverso en el corazón. ¿Quién cuando peca consiente en ser visto, y cuando ha pecado no prefiere mentir para ocultar su falta? No fornicaríamos delante de testigos. De igual manera, escribiendo nuestros pensamientos como si fuéramos a comunicárnoslos mutuamente, nos guardaremos mejor de los pensamientos impuros por vergüenza de haberlos conocido. Que la escritura reemplace a las miradas de los compañeros de ascesis: ruborizándonos al escribir tanto como si fuésemos vistos, guardémonos de todo malo pensamiento. Con esta disciplina, podremos reducir el cuerpo a servidumbre y desbaratar las artimañas del enemigo. ("La escritura de sí" 175)

Nada más aconsejable para el anacoreta que ponerse a escribir a fin de reprimir el ejercicio de otras facultades de orden carnal, que frustrarían el objetivo primordial de la religión, que es "embridar el deseo," según palabras del propio don Rigoberto, "ex-lector enfebrecido de San Agustín, el Cardenal Newman, San Juan de la Cruz y Jean Guitton" (*Los cuadernos* V.168).

En este combate que libran la carne y el espíritu, este tipo de escritura volcada hacia el análisis introspectivo de uno mismo actúa como el haz de una linterna, iluminando todos los rincones de nuestro fuero interno de manera que el mal no encuentre ningún escondite donde anidar. En la reclusión de la celda conventual o monástica, el escribir ofrece compañía al alma solitaria del místico: "ce que les autres sont à l'ascète dans une communauté, le carnet de notes le sera au solitaire," apuntilla Foucault ("L'écriture de soi" 416; "lo que los otros son al asceta en el interior de una comunidad, el cuaderno de notas lo será al solitario" ["La escritura de sí" 176]).

Además, esta vigilancia que ejerce la escritura no sólo opera sobre los actos externos de los individuos, sino también sobre sus pensamientos: "la contrainte que la présence d'autrui exerce dans l'ordre de la conduite, l'écriture l'exercera dans l'ordre des mouvements intérieurs de l'âme" ("L'écriture de soi" 416; "la misma coacción que la presencia del otro ejerce en el orden de la conducta, la ejercerá la escritura en el orden de los movimientos interiores del alma" ["La escritura de sí" 176]). Como es fácil colegir, durante el aprendizaje de este método de vivir éticamente, la autocensura y el autocontrol a que da lugar este tipo de escritura forman un formidable escudo protector contra los embates de los sentidos, tentaciones y malos pensamientos.

Como ocurre con cualquiera de las otras artes, el arte de vivir éticamente se aprende a través de un duro entrenamiento que conlleva, además de la escritura, la realización de otras prácticas disciplinarias: abstinencia, memorizaciones, exámenes de conciencia, meditaciones, lectura, silencios y escuchas de sí y del otro. Entre todas estas disciplinas, la lectura ocupa un lugar significativo en cuanto correlato de la escritura. Leer lo escrito potencia nuevos escritos y da pie a la meditación. Sin embargo, como método de autoayuda la escritura sigue teniendo la mano ganadora en el entrenamiento del yo, tal y como advierte Foucault. Ciertamente, tanto para Séneca como para Epicteto el leer contribuye enormemente al perfeccionamiento del sujeto, pero ambos filósofos coinciden en señalar la función indispensable de la escritura en la consecución de dicho objetivo, en tanto que freno a lecturas bulímicas y vehículo de reflexión personal ("L'écriture de soi" 417; "La escritura de sí" 176–77).

En la formación de un sujeto ejemplar, este tipo de instrucción focalizada en el yo puede seguir un curso lineal o circular. En el primero de los casos, el adiestramiento partiría de la meditación (trabajo espiritual) para, pasando por la escritura (trabajo escriturario), abocar en una prueba real que se debe afrontar (trabajo dentro de la realidad). En el segundo caso, la instrucción se inicia igualmente con la meditación, para, pasando por la escritura, volver de nuevo a la meditación, relanzada incesantemente por nuevas relecturas de lo que se va anotando. Este segundo método entraña una dinámica cíclica que evoluciona en una especie de espiral interminable: meditación que conducirá a nuevos escritos que darán lugar a nuevas reflexiones que producirán nuevos escritos… y así indefinidamente ("L'écriture de soi" 417–18; "La escritura de sí" 176–77).

No obstante, la meta que se persigue con ambos métodos de trabajo sobre el yo, por medio de discursos propios y ajenos, es la de convertir los discursos tenidos por verdaderos en una base racional de acción. Foucault resalta de este modo la función *etopoyética* que cumple la escritura en este tipo de entrenamiento, cuyo fin es mejorar el conocimiento y el autogobierno de sí mismo: "elle est un opérateur de la transformation de la vérité en *êthos*" ("L'écriture de soi" 418; "es un operador de la transformación de la verdad en *ethos*" ["La escritura de sí" 177]).

Los *hypomnemata* o cuadernos de notas

Dentro de los escritos que se focalizan en el yo, Foucault distingue dos modalidades, como indiqué al inicio del capítulo: los *hypomnemata* y la *correspondencia*. Foucault define los *hypomnemata* en estos términos:

> Les *hupomnêmata*, au sens technique, pouvaient être des livres de compte, des registres publics, des carnets individuels servant d'aide-mémoire. Leur usage comme livre de vie, guide de conduite semble être devenu chose courante dans tout un public cultivé. On y consignait des citations, des fragments d'ouvrages, des exemples et des actions dont on avait été témoin ou dont on avait lu le récit, des réflexions ou des raisonnements qu'on avait entendus ou qui étaient venus à l'esprit. Ils constituaient une mémoire matérielle des choses lues, entendues ou pensées; ils les offraient ainsi comme un trésor accumulé à la relecture et à la méditation ultérieures. ("L'écriture de soi" 418)

> Los *hypomnemata* en el sentido técnico podían ser libros de contabilidad, registros públicos, cuadernos individuales que servían de ayudamemoria. Su uso como libro de vida, guía de conducta, habría llegado a ser cosa corriente en todo un público cultivado. En él se consignaban citas, fragmentos de obras, ejemplos y acciones de los que se había sido testigo o cuyo relato se había estado leyendo, reflexiones, razonamientos oídos de otro o surgidos en la mente. Constituían una memoria material de las cosas leídas, oídas o pensadas: las ofrecían, pues, como un tesoro acumulado, a la relectura y meditación ulterior. ("La escritura de sí" 177–78)

Los cuadernos de notas, en tanto que *hypomnemata*, no funcionan únicamente como soportes mnemotécnicos, sino que configuran, además, un rico arsenal de discursos, reflexiones y comentarios legados por el saber y la tradición, a cuya autoridad se puede recurrir en momentos de necesidad, empleándolos como guía de conducta moral y materia de reflexión: "Il s'agit de se constituer un logos *bioèthikos*, un équipement de discours secourables, susceptibles —comme le dit Plutarque— d'élever eux-mêmes la voix et de faire taire les passions comme un maître qui d'un mot apaise le grondement des chiens" ("L'écriture de soi" 419; "Se trata de formar para sí un *logos boethikos*, un bagaje de discursos serviciales, capaces —como dice Plutarco— de elevar por sí mismos la voz y hacer callar las pasiones como el amo aquieta con la palabra el gruñido de los perros" ["La escritura de sí" 178]).

A diferencia de los diarios íntimos, aclara Foucault, los *hypomnemata* no pretenden ni revelar lo oculto, ni decir lo no dicho ni lo indecible, sino que tratan "de capter au contraire le *déjà-dit;* rassembler ce qu'on a pu entendre ou lire, et cela pour une fin qui n'est rien de moins que la constitution de soi" ("L'écriture de soi" 419; "de captar por el contrario lo ya dicho; reunir lo que se ha podido oír o leer, y ello para un fin que es nada menos que la constitución de sí" ["La escritura de sí" 179]). Como arguye Foucault, esta tendencia conservadora de los *hypomnemata* se explica por el respeto que en la época antigua se otorgaba a la tradición:

> à l'intérieur d'une culture très fortement marquée par la traditionalité, par la valeur reconnue du déjà-dit, par la récurrence du discours, par la pratique "citationnelle" sous le sceau de l'ancienneté et de l'autorité se développait une éthique très explicitement orientée par le souci de soi vers des objectifs définis comme: se retirer en soi, s'atteindre soi-même, vivre avec soi-même, se suffire à soi-même, profiter et jouir de soi-même. ("L'écriture de soi" 419)

> en el interior de una cultura fuertemente marcada por la tradicionalidad, por el valor reconocido de lo ya dicho, por la recurrencia del discurso, por la práctica "citacional" bajo el sello de la antigüedad y la autoridad, se desarrollaba una ética explícitamente orientada por la inquietud de sí hacia objetivos definidos como: retirarse en sí, alcanzarse a sí mismo, vivir consigo mismo, bastarse por sí mismo, beneficiarse y gozar de sí mismo. ("La escritura de sí" 179)

Con respecto a los *hypomnemata*, Foucault concluye que la recopilación de estos discursos dispares en el interior de los cuadernos de notas, suele conducir a la formación de un estilo e identidad propias debido a tres razones principales. La primera atañe a la relación de contención y represión mutua que ejercen entre sí la lectura y la escritura. El tomar apuntes sobre lo que se lee sirve de dique a esa lectura bulímica dispersiva a la que aludí anteriormente: "L'écriture des *hupomnêmata* s'oppose à cet éparpillement en fixant des éléments acquis et en constituant en quelque sorte 'du passé,' vers lequel il est toujours possible de faire retour et retraite" ("L'écriture de soi" 420; "La escritura de los *hypomnemata* se opone a esta dispersión fijando elementos adquiridos y constituyendo en cierto modo 'un pasado' hacia el cual es posible volver y retirarse" ["La escritura de sí" 180]).

La segunda razón se refiere al proceso de selección y a la utilización de voces discordantes. En los cuadernos de notas, las citas escogidas combinan la autoridad tradicional de lo dicho con la necesidad singular del momento en que se recurre a ellas: "Le carnet de notes est commandé par deux principes, qu'on pourrait appeler 'la vérité locale de la sentence' et 'sa valeur circonstancielle d'usage'" ("L'écriture de soi" 421; "El cuaderno de notas está regido por dos principios que podríamos llamar: 'la verdad local de la sentencia' y 'su valor circunstancial de uso'" ["La escritura de sí" 180]).

Por último, la tercera razón concierne al hecho de que la disonancia entre las voces de los autores citados no impide el alcanzar un sentido de unidad, que consiste en la constitución de una identidad singular por medio de la recolección de lo ya dicho y mediante la asimilación de lo heterogéneo: "Par le jeu des lectures choisies et de l'écriture assimilatrice, on doit pouvoir se former une identité à travers laquelle se lit toute une généalogie spirituelle " ("L'écriture de soi" 423; "Mediante el juego de lecturas escogidas y de la escritura asimiladora, debe poder uno formarse una identidad a través de la cual se lea toda una genealogía espiritual" ["La escritura de sí" 182]).

La *correspondencia*

Los cuadernos de notas o *hypomnemata*, pueden proporcionar a su vez la materia prima para escribir otros textos que van dirigidos a otros destinatarios. Se trata entonces de la *correspondencia*, el segundo tipo de escritura reflexiva que analiza Foucault. Las cartas influyen en quien las escribe tanto como en quien las lee, de manera que si uno lee lo que ha escrito, ello puede dar lugar, como era el caso de los *hypomnemata*, a una operación de autorreflexión. Esta función doble la hermana con los *hypomnemata*, pero Foucault hace una importante distinción con relación a la *correspondencia*: "Elle est quelque chose de plus qu'un entraînement de soi-même par l'écriture, à travers les conseils et les avis qu'on donne à l'autre: elle constitue aussi une certaine manière de se manifester à soi-même et aux autres. La lettre rend le scripteur 'présent' à celui auquel il l'adresse" ("L'écriture de soi" 425; "Es más que el entretenimiento de uno mismo por la escritura, a través de los consejos y opiniones dados a otros: constituye una cierta manera de manifestarse ante sí y ante los demás. La carta hace al escritor 'presente' a su destinatario" ["La escritura de sí" 184]).

En la correspondencia de Séneca con Lucilio, Marco Aurelio con Fronton, y en algunas cartas de Plinio, Foucault advierte dos constantes: en primer lugar, la mención a las interferencias del alma con el cuerpo (noticias sobre la salud, impresiones más que acciones) y en segundo lugar, la relación de actividades relacionadas con el ocio (el relato de la vida cotidiana). Ambos temas realzan la focalización sobre uno mismo que caracteriza la práctica de la *correspondencia*. En cuanto al hábito de recapacitar sobre lo que se hizo en el día, Foucault le atribuye una función de autocrítica muy necesaria para el cultivo de un yo ético:

> Cette pratique —elle était familière dans différents courants philosophiques: pythagoricien, épicurien, stoïcien— semble avoir été surtout un exercice mental lié à la mémorisation: il s'agissait à la fois de se constituer comme "inspecteur de soi-même" et donc de jauger les fautes communes, et de réactiver les règles de comportement qu'il faut avoir toujours présentes à l'esprit. [...] Il semble donc que ce soit dans la relation épistolaire —et par conséquent pour se mettre soi-même sous les yeux de l'autre— que l'examen de conscience a été formulé comme un récit écrit de soi-même: récit de la banalité, quotidienne, récit des actions correctes o non, du régime observé, des exercices physiques ou mentaux auxquels on s'est livré. ("L'écriture de soi" 428–29)

> Esta práctica —habitual en diferentes corrientes filosóficas: pitagórica, epicúrea, estoica— parece haber sido más que nada un ejercicio mental ligado a la memorización: se trataba a la vez de obrar como "inspector de sí mismo," y por lo tanto de evaluar las faltas comunes y de reactivar las reglas de conducta que se han de tener siempre presentes en el espíritu. [...] Por lo tanto,

> parecería que fue en la relación epistolar —y por consiguiente para ponerse uno mismo bajo la mirada del otro— donde el examen de conciencia se formuló como relato escrito de sí: relato de la banalidad cotidiana, relato de las acciones correctas o no, del régimen observado, de los ejercicios físicos o mentales practicados. ("La escritura de sí" 187–88)

El filósofo francés termina su ensayo marcando un último contraste entre los *hypomnemata* y la *correspondencia.* Al apropiarse los discursos heterogéneos que componen los cuadernos de notas o *hypomnemata,* el sujeto escribiente se constituye como un sujeto (autor)reflexivo que actúa racionalmente. En cambio, al evaluar su rutina cotidiana según unas normas morales de conducta, en la *correspondencia* el yo que escribe se ofrece a la mirada propia y ajena tratando que las dos coincidan. Para el asceta o el anacoreta, estos dos tipos de escritura, los *hypomnemata* y la *correspondencia* son, pues, dos métodos de disciplina muy provechosos para labrarse a mano un "yo" que sea un ejemplo de perfección espiritual y moral.

El arte escriturario de don Rigoberto como "escritura de sí"

Desde mi perspectiva, estos dos modelos de escritura resultan muy útiles a la hora de reflexionar sobre los escritos de don Rigoberto en *Los cuadernos.* Como ya mencioné, el arte escriturario del personaje vargasllosiano lo hermana con el de ese otro artista de la existencia que es el asceta. Ahora bien, aunque los métodos de trabajo sobre el yo son comparables, la vía de perfeccionamiento que ambos emprenden conduce a distintos destinos, como veremos.

Poniendo el foco de atención sobre las cartas, citas y reflexiones que don Rigoberto guarda en "la intimidad tumbal" de sus cuadernos (*Los cuadernos* VI.210), analizaré, en primer lugar, cómo operan conjuntamente dentro de *Los cuadernos* ciertos procedimientos retóricos afines a las experiencias del misticismo y del erotismo. M. Keith Booker ha analizado las interferencias entre la religión y el erotismo en su artículo "The Reader as Voyeur: Culture, Pornography, and Religion in *In Praise of the Stepmother,*" pero nadie hasta hoy ha planteado el análisis de estas novelas según la óptica de mi investigación, es decir, *vis-à-vis* los dos modos de escritura introspectiva descritos por Foucault.

Las imágenes, el léxico, la sintaxis y otros elementos estilísticos y simbólicos frecuentes en la escritura de los místicos españoles, como San Juan de la Cruz, San Agustín o Fray Luis de León, a quienes don Rigoberto lee con avidez, traspasan el discurso narrativo de *Elogio* y *Los cuadernos*, produciendo frecuentes correspondencias entre las experiencias del misticismo y el erotismo (*Los cuadernos* V.168 y VII.252). Algunas de estas zonas de contacto las marcan, como veremos más adelante, la acostumbrada utilización de vocablos e imágenes pertenecientes al universo bélico, el simbolismo de la Noche y las imágenes de ascensión y rapto místico que se infiltran en el tejido de ambas narraciones. En segundo lugar, investigaré cómo las anotaciones y las cartas de don Rigoberto actúan como correlatos de los dos tipos de escritura descritos por Foucault: los *hypomnemata* y la *correspondencia*, respectivamente. Y en último lugar, el tercer aspecto que abordaré en este capítulo—estrechamente vinculado a los dos anteriores—atañe al papel que cumplen estas dos modalidades de escritura dentro de la fábrica de ilusiones de *Elogio* y *Los cuadernos.* Con respecto a las citas y comentarios que don Rigoberto registra religiosamente en sus cuadernos, me interesa ver la función que desempeñan estos *hypomnemata* como un medio de atizar, constantemente, la llama del deseo, a fin de que nunca languidezca en el protagonista la necesidad de soñar y seguir ilusionándose. Con relación a su *correspondencia* consideraré cómo el escribir cartas no sólo le ayuda a desenredar la madeja de sus acciones y pensamientos, sino a dar cierta legitimidad, también, a las transgresiones morales que comete mientras fantasea con su esposa.

Para Vargas Llosa, "Sin erotismo no hay gran literatura" y sin transgresión no hay erotismo, como aprendió de escritores como Gustave Flaubert o Georges Bataille,[4] quienes se inspiraron en la tradición de la literatura libertina del siglo XVIII francés, en la que el escritor peruano-español ha encontrado una rica veta para la creación, como ya he comentado.[5] En su valiosa biografía sobre el autor, *Vargas Llosa. El vicio de escribir* (2002), Juan José Armas Marcelo se refiere a este gusto por la literatura pornográfica y erótica, que arrancó en su época de estudiante universitario (354–55).[6] Sus lecturas medio clandestinas de Aretino, Restif de la Bretonne, Cleland y otros maestros del libertinaje literario le llevaron a apreciar la fuerza transgresora y revolucionaria de tal literatura, a la par que sus limitaciones.[7] Con *Elogio* y *Los cuadernos* Vargas Llosa rinde homenaje a sus maestros del libertinaje francés y a Flaubert, uno de sus principales modelos en el arte de novelar conjugando la carne con el espíritu, lo sagrado con lo profano. Como bien advierte Booker, "Vargas Llosa's suggestion of a complicity between sex and Catholicism may be especially overt and blasphemous, but it is hardly unprecedented" (180; "La sugerencia de una complicidad entre el sexo y el catolicismo por parte de Vargas Llosa puede resultar especialmente patente y blasfema, pero no sin precedentes").

Con estos dos textos preciosistas y exuberantes, Vargas Llosa celebra la exaltación y los excesos de los libertinos, que inyectaron tantos deseos de libertad y de soberanía en la imaginación de Flaubert y del novelista hispanoperuano. En *La orgía perpetua* (1975), el ensayo que consagró a *Madame Bovary*, Vargas Llosa alude oblicuamente a esta influencia:[8]

> Como en la literatura libertina del siglo XVIII —Flaubert fue un lector entusiasta del Marqués de Sade—, el amor está ligado a la religión, o más bien, a la Iglesia y a los objetos del culto. [...] La seducción está trenzada, según el sistema de vasos comunicantes en que lo erótico se contamina de religiosidad y la religión de erotismo, con la descripción que hace el Suizo a los inminentes amantes de las bellezas y tesoros de la catedral. (723)

Podemos extrapolar esta valoración que hace Vargas Llosa de la escritura erótico-religiosa de Flaubert a la condición de su propia escritura: una escritura de ímpetu deicida con la que el novelista suplanta a Dios, para hacerse el dueño y artífice de su propio placer y de su propio des(a)tino.[9]

Siguiendo el ejemplo de sus maestros de la literatura erótica y mística, Vargas Llosa forma el entramado de *Elogio* y *Los cuadernos* trenzando en el discurso narrativo los hilos de la religión y el erotismo. Los significantes de uno y otro de estos dos sistemas de signos se mezclan y superponen. Esta transmigración semiótica ocasiona, por una parte, una placentera diseminación de sentidos; pero, por otra, la fuerte descarga que se produce, cuando la diferencia del potencial semántico entre lo sagrado y lo sacrílego excede de sus límites, causa incómodos cortocircuitos. Valgan como ilustración de esta interferencia lingüística de alto voltaje, unos pocos ejemplos. Primeramente, entra dentro de este espacio electrizante la manera en que la mulata Estrella expresa su gratitud a la Virgen por el goce alcanzado con su éxtasis orgásmico: "'¡Qué rico me corrí, Virgen Santa!.' Y, agradecida, se persignó, sin el menor ánimo sacrílego" (*Los cuadernos* IX.347). La aclaración del narrador sobre lo inocuo del gesto de Estrella, quien signa su placer con la señal de la cruz, funciona como una sutil advertencia a los lectores de que nos encontramos en un peligroso terreno de interpretaciones movedizas y escurridizas. El segundo ejemplo que quiero destacar se refiere a "Manuel el de las prótesis," esa "versión occidental, católica, apostólica y romana" del eunuco que encarna este amante castrado que don Rigoberto le procura imaginativamente a su mujer (*Los cuadernos* V.180). El narrador omnisciente describe así el objeto culpable de su castración a causa de un accidente de moto: "¿Qué lo castró, entonces? El grueso crucifijo punzo-cortante que llevaba encima para convocar la protección divina cuando perpetraba sus proezas motociclísticas" (*Los cuadernos* V.177). La imagen de Manuel atravesado por el punzante crucifijo remite, también, a la imagen de san Sebastián "flechado, crucificado y empalado" que divisaba, "adolorida y gozosa" Lucrecia al ser atravesada por el órgano viril de su esposo. Escena que produce un nuevo deslizamiento asociativo, ya que tal sensación de "ser corneada en el centro del corazón" conjura dos nuevas imágenes: la de la transverberación del corazón de Santa Teresa (*Elogio* I.23) y la del autorretrato de Egon Schiele en guisa de san Sebastián, *San Sebastián* (1915), en el que su cuerpo es atravesado por flechas-pinceles como una alegoría del sufrimiento del pintor durante el martirio de la creación artística.

Para no caer en la prolijidad, me limitaré a señalar un par de ejemplos más que ilustran esta colisión semántica—religión-erotismo—que plaga el discurso de ambas ficciones: la comparación entre la verga oscilante de don Rigoberto y el toque de campana de la iglesia (*Los cuadernos* IX.350), o el modo en el que el narrador de *Elogio* describe a don Rigoberto en un rapto místico "con los ojos cerrados, reverente y extático," escuchando los pechos de Lucrecia con la misma religiosidad con la que el devoto contempla la elevación de la hostia (*Elogio* III.44).

Vargas Llosa ilumina *Elogio* y *Los cuadernos* con una luz intensamente religiosa. Este aura de religiosidad se crea mediante las frecuentes comparaciones que establece el narrador omnisciente entre el ámbito secular y mundano en el que discurre la vida de esta "trinidad" que forman don Rigoberto, Lucrecia y Fonchito (*Los cuadernos* I.19), y esa otra esfera sacrosanta a la que aspira ascender don Rigoberto por medio del refinamiento estético. Además, las numerosas referencias al ámbito de lo religioso y de la religiosidad hacen aun más audible la nota del incesto que suena insistentemente en estas dos narraciones. Dentro del combate espiritual que escenifican ambas ficciones entre el bien y el mal, entre la virtud y el pecado, entre la renuncia carnal y la satisfacción del deseo, el personaje de Fonchito—indefinible e indefinido—representa la indefinición del deseo, la parte maldita de la que hablaba Bataille, que permanece mal dicha o no dicha, innombrable, indecible, reprimida y siempre amenazante (¿inocente o perverso? ¿ángel o demonio?). Con su carita de niño Jesús y su mente maquiavélica, Fonchito está en el corazón de la intriga. Simboliza esa doble cara del bien y del mal que asoma constantemente por las entretelas de estas dos novelas, produciendo un efecto inquietante y desestabilizador, tal y como se infiere de esta breve réplica de Lucrecia a su hijastro: "—No, malo no —dijo— Eres impredecible. Un sabidillo con demasiada imaginación, eso sí" (*Los cuadernos* V.160).

La vía mística de don Rigoberto

> Y, súbitamente, su maltratada fantasía deseó, con desesperación, transmutarse: era un ser solitario, casto, desasido de apetitos, a salvo de todos los demonios de la carne y del sexo. Sí, sí, ése era él. El anacoreta, el santón, el monje, el ángel, el arcángel que sopla la celeste trompeta y baja al huerto a traer la buena noticia a las santas muchachas.
>
> Mario Vargas Llosa
> *Elogio* XIII.177

Las palabras que acabo de citar como epígrafe marcan un cambio de rumbo en la vida imaginativa del protagonista. Don Rigoberto llega a las páginas de *Elogio* y *Los cuadernos* como un ser profundamente desencantado de la religión, en su vertiente más social y comunitaria: "De joven, yo era muy católico, militante y luego dirigente de Acción Católica, influido por pensadores como Jacques Maritain; es decir, un cultor de utopías sociales, convencido de que, mediante un enérgico apostolado inspirado en la palabra evangélica se podía arrebatar al espíritu del mal" (*Los cuadernos* VI.207). Ahora bien, siguiendo un itinerario vital muy similar al que siguió su creador, quien—como es bien sabido—terminó desasiéndose de la utopía marxista-socialista que había abrazado fervorosamente en su juventud, don Rigoberto termina renegando de la ilusión colectivista en la que había creído ciegamente en el pasado (*Los cuadernos* VI.207–08). Su fuerte hostilidad hacia el espíritu gregario es consecuencia de aquella decepcionante vivencia comunitaria, tal y como le confiesa al director del Rotary Club en una de sus cartas: "Desde mis años ya lejanos de militancia en la Acción Católica y a causa de ella —pues fue ésa la experiencia que me abrió los ojos sobre la ilusión de toda utopía social y me catapultó a la defensa del hedonismo y el individuo—, he contraído una repugnancia moral, psicológica e ideológica, contra toda forma de servidumbre gregaria" (*Los cuadernos* V.163). De ahí, su total rechazo a la prédica del padre San Antonio, quien instaba a la sumisión del cuerpo en aras de la salvación espiritual, como veremos más adelante.

Sin embargo, lo que resulta bastante desconcertante respecto a esta conversión o muda ideológica del personaje, es que don Rigoberto pincha el viejo globo de su sueño colectivista para ponerse a inflar en su lugar otro nuevo, tanto o más ilusorio que el primero, aunque de una naturaleza radicalmente opuesta. Lo que el protagonista defiende ahora es el derecho a la plena libertad en cualquier parcela de su vida. Apostatando de su fe en la utopía social, don Rigoberto abraza una nueva utopía de rango exclusivamente privado y personal, como le explica a su amigo fetichista Peter Simplon en una carta:

> Me gustaría contarle [...] cómo descubrir el rol central del fetichismo en la vida del individuo, fue decisivo en mi desencanto con las utopías sociales —la idea de que se podía construir colectivamente la felicidad, la bondad o encarnar cualquier valor ético o estético—, en mi tránsito de la fe al agnosticismo, y en la convicción que ahora me anima, según la cual, ya que el hombre y la mujer no pueden vivir sin utopías, la única manera realista de materializarlas es trasladándolas de lo social a lo individual. (*Los cuadernos* VI.211)[10]

Paradójicamente, el antidoctrinario de don Rigoberto pasa a militar en las filas de otra doctrina: el agnosticismo, definida por el *Diccionario de la Lengua Española* como "doctrina filosófica que declara inaccesible al entendimiento humano toda noción de lo absoluto, y reduce la ciencia al conocimiento de lo fenoménico y relativo" (58). Aún declarándose agnóstico, don Rigoberto no se resigna a abandonar su búsqueda de lo absoluto. Continúa persiguiendo con toda su artillería sensorial el espejismo de una dicha plena. Y para ello, aplica la ciencia y la religión al conocimiento del cuerpo de Lucrecia, a develar—a través de la experiencia del misticismo—los secretos sagrados que éste le esconde.

Por consiguiente, tras su conversión al credo libertario y agnóstico, su alergia a lo "social" lo aparta de la religión institucionalizada pero no de la espiritualidad, para volcarse, en cambio, en un nuevo tipo de religiosidad de sello totalmente personal, cuya doctrina y principios los dicta él mismo en concordancia con sus más hondos deseos y necesidades: "En contra de la institucionalización de los sentimientos y la fe, pero a favor de los sentimientos y la fe" (*Los cuadernos* V.170). Bajo esta nueva concepción suya de la religiosidad, la frontera entre lo ético, lo estético y lo erótico se emborrona. Las experiencias del bien, de la belleza y del gozo confluyen hacia una misma desembocadura: la satisfacción plena y absoluta del deseo. Recordemos el lema que regula la conducta de don Rigoberto, según estipula en su carta al rotario: "Toda actividad que no contribuya aun de la manera más indirecta, a la ebullición testicular y ovárica, al encuentro de espermatozoides y óvulos es despreciable. […] Lo es todo lo que distrae del objetivo verdaderamente esencial de la vida humana, que consiste, a mi juicio, en la satisfacción de los deseos" (*Los cuadernos* V.167). Nada más alejado del fin al que aspira el alma del místico, cuya renuncia al placer es la única garantía de alcanzar su ansiada unión espiritual con Dios, tal y como recalca Elizabeth T. Howe en *Mystical Imagery: Santa Teresa de Jesús y San Juan de la Cruz*: "The ultimate goal of the mystic quest is a permanent union with the object of the soul's Desire, which for the Christian is God" (36; "La meta final de la búsqueda mística es una unión permanente con el objeto deseado por el alma, que es Dios para los cristianos").

Don Rigoberto comparte con el místico el mismo celo de ascensión a las alturas de lo sagrado. Pero para aligerar el peso de su condición animal, este asceta y esteta del placer no recurre a la religión sino al arte, como deja entrever el comentario que hace—en su demoledora diatriba contra deportes y deportistas—con relación a la práctica del sumo japonés, una de las pocas actividades físicas que según su Biblia deportiva se salva de la burla y el vituperio: "Hay otro caso, más remoto todavía para el ámbito cultural nuestro [...] en que el deporte tiene también cierta disculpa. Cuando, practicándolo, el ser humano trasciende su condición animal, toca lo sagrado y se eleva al plano de intensa espiritualidad. Si se empeña en que usemos la arriesgada palabra 'mística,' sea" (*Los cuadernos* IV.127).

No obstante, la vía de ascenso que propone don Rigoberto es de índole radicalmente inversa a la del asceta. Narciso y Eco, lo visual y lo auditivo, la forma plástica y la sonoridad de las palabras se alían en *Elogio* y *Los cuadernos* para dar cuerpo y contexto a un personaje que aspira al éxtasis místico, no por el camino ortodoxo de la renuncia y negación de la carne, sino por medio de la afirmación del goce sensual que procura el sexo transfigurado por el arte. El sexo sublimizado y sublimado por la experiencia artística transforma lo puramente animal en el ser humano en un trampolín que lo lanza a la cima de la experiencia mística y sagrada.

Aunque los fines del asceta y los de don Rigoberto difieran, los métodos y las herramientas para alcanzar el éxtasis místico u orgasmo divino se solapan y confunden—según se desplacen los significantes de un sistema semiótico al otro. Por lo tanto, no es de extrañar que al monstruo del cuadro de Bacon, en el que—como sabemos—se desdobla don Rigoberto en una de sus fantasías ecfrásticas, se le compare con el Arcángel San Gabriel, por la sensación que tiene de ser aéreo cada vez que experimenta un prolongado orgasmo (*Elogio* IX.123). Boland propone una lectura alegórica de esta ensoñación de don Rigoberto, de acuerdo con el pensamiento de Bataille:

> According to Bataille's principle of "the unity of contraries," a human being can use the most depraved activities as a vehicle to attain an ecstatic state comparable to mysticism. In Bataille's universe, human nature is an indivisible amalgam of Good (reason, order, law, discipline and all the controls, taboos and prohibitions that permit men and women to live in social harmony) and Evil (the negative, irrational, rebellious, destructive instincts and passions that humans need to keep under control if civilization is not to be undermined or destroyed). For individuals to experience the highest degree of freedom, which Bataille calls "sovereignty," they must give full rein to their *part maudite* (accursed share), transgress the limits of God and embrace Evil, the supreme manifestation of which is eroticism,

> and extreme form of pleasure that Bataille defines as "the approval of life even in death." ("The Erotic Novels" 107)
>
> Según el principio de "la unidad de contrarios" de Bataille, los seres humanos pueden realizar las actividades más depravadas para alcanzar un estado de éxtasis comparable con el misticismo. En el universo de Bataille la naturaleza humana consiste en una amalgama del Bien (razón, orden, ley, disciplina y todos los controles, tabúes y prohibiciones que permiten que hombres y mujeres vivan en armonía social) y del Mal (los instintos y pasiones negativos, irracionales, rebeldes y destructivos, que los seres humanos han de mantener bajo control a fin de que la civilización no sea socavada o destruida.

La sensación orgásmica se asemeja al rapto místico en el que la materia se desintegra en la fusión espiritual con Dios. La sensibilidad híbrida, irreverente e incluso monstruosa, que resulta de tal tráfico semántico, raya en ocasiones con lo sacrílego y blasfemo, como veremos ilustrado en otras ocasiones a lo largo del análisis.

En *Elogio*, Vargas Llosa comienza a trazar el camino hacia esa plenitud soñada por don Rigoberto. Tras su matrimonio con Lucrecia, su vida y todo lo que existe a su alrededor se ritualiza y estiliza: la casa que ha hecho construir para su nueva familia se transforma en un templo de amor; el cuarto de baño de su alcoba se vuelve sacristía y la cama matrimonial de la pareja se convierte en altar ceremonial: "El cuarto de baño era su templo; el lavador, el ara de los sacrificios; él era el sumo sacerdote y estaba celebrando la misa que cada noche lo purificaba y redimía de la vida" (*Elogio* X.132). En los recintos sagrados del baño y del lecho nupcial, don Rigoberto—transmutado en sumo sacerdote—oficia cada noche una serie de ritos, higiénicos y amatorios, con los que rinde culto a su diosa: la bella y voluptuosa Lucrecia. "His attention to his own body," comenta Alicia Borinsky, "is to be understood as part of his Desire for Lucrecia, his wife, for whom he prepares" ("Whose Paradise Is It?" 104; "Su preocupación por su cuerpo se entiende como parte de su Deseo por Lucrecia, su esposa, para quien se prepara él").[11]

Con el afán de eliminar de su cuerpo toda huella de impureza, imperfección y excrecencia que pudiera conspirar contra su propio gozo y el gozar de su esposa, don Rigoberto se consagra a la limpieza escrupulosa de manos, los lunes; pies, boca y axilas, los martes; orejas, los miércoles; nariz, los jueves; cabellos, los viernes;

ojos, los sábados; y piel, los domingos. Este riguroso programa de aseo corporal a que se somete, día a día, guarda cierta relación con la severa disciplina espiritual del místico, obligado a obedecer un rígido horario de rezos, meditaciones y ejercicios espirituales y de escritura, que actúen de escudo protector contra los reclamos del cuerpo. Esta correspondencia entre el ritual de aseo corporal de don Rigoberto y el ritual de limpieza espiritual del asceta, es recalcada por el narrador de *Elogio* cuando compara la sensación de paz que produce en el protagonista la extirpación de los pelillos maliciosos que invaden sus narices, con la sensación de paz interior que siente el místico: "La tarea demandaba la concentración de un miniaturista oriental a fin de llevarla a cabo con felicidad y sin cortarse. A don Rigoberto le producía un apacible sosiego espiritual, poco menos que el estado de 'vacío y plenitud' descrito por los místicos" (*Elogio* X.131).

Aunque los métodos del rito son equiparables, los fines—claro está—difieren. Siendo el entrenamiento espiritual la vía por la que el asceta trata de alcanzar la perfección en el arte de vivir éticamente, el entrenamiento (o entretenimiento) en el arte amatorio de don Rigoberto persigue, en cambio, la complacencia de los cinco sentidos, como ya he reiterado. Mediante el estudio, la meditación y la oración, el alma del místico aspira a desprenderse de ese lastre corporal que entorpece su ascensión hacia la unión con el Dios amado, unión que—como destaca William Meissner—aparece a menudo representada en las confesiones de los grandes místicos como una "imagen nupcial de unión mística" (353). Mientras el alma del místico vive la unión con Dios como un matrimonio espiritual, don Rigoberto vive la experiencia mística a través de la comunión carnal—real o imaginada—con su amada y diosa, Lucrecia.

Habiéndose acercado a las cimas más altas del placer en el ámbito ficticio de *Elogio*, la ascensión de don Rigoberto es truncada por el desasosiego que inyecta en su alma la pregunta tan turbadora que le hace su hijo Fonchito sobre el sentido de la palabra "orgasmo," más aún cuando don Rigoberto y Lucrecia habían acordado que "jamás se referirían a ese hermoso final del cuerpo a cuerpo erótico con el incivil y clínico 'orgasmo' y menos aún con la lluviosa y beligerante 'eyaculación'" (*Los cuadernos* VIII.272):

> Recordó aquella frase de Fausto que lo había conmovido tanto de niño: "Amo al que desea lo imposible." El hubiera querido

> que fuera su divisa en la vida, y, en cierta forma, aunque de manera secreta, alentaba la sensación de haber alcanzado aquel ideal. ¿Por qué tenía ahora la angustiosa premonición de que un abismo se abría a sus pies? ¿Qué clase de peligro lo amenazaba? ¿Cómo? ¿Dónde? Pensó: "Es absolutamente imposible que Fonchito haya oído decir a Lucrecia 'tuve un orgasmo riquísimo.'" (*Elogio* XIII.173–74)

La terrible Anunciación que le hace al padre ese mini-arcángel San Gabriel que encarna el niño en este particular contexto, da al traste con la "trinidad" gozosa que—según don Rigoberto—formaba hasta entonces su familia: don Rigoberto–el Padre; Fonchito–el Hijo; y Lucrecia–el Espíritu Santo, título bien merecido por servir la madrastra de estímulo erótico a los dos varones de la familia. Recelando de la exaltación con la que el niño solía expresarle su cariño, Lucrecia alude a su propio "papel de inspiradora" en las artes amatorias, que tanto excita la imaginación febril de su marido: "¿O, como fantaseaba Rigoberto atizándose el deseo en sus afanes nocturnos, Alfonsito estaba despertando a la vida sexual y las circunstancias le habían confiado a ella el papel de inspiradora?" (*Elogio* IV.53). Las fantasías pecadoras que tanto enardecen sexualmente a don Rigoberto, quien cree—como sus maestros libertinos—que el erotismo no puede existir sin la transgresión, se tornan pesadilla en el momento en que su hijo las arranca de los sueños para concretizarlas en el ámbito de la realidad.[12] Irónicamente, Fonchito comete la transgresión moral que su padre sólo se había atrevido a imaginar.

Al enterarse de la infidelidad de su esposa, don Rigoberto se encuentra ante una difícil encrucijada. El regocijo (excitación, incluso) que había sentido al fantasear con Lucrecia como instigadora del deseo sexual del chico, se transforma en un terrible tormento. Lucrecia muerde la manzana que le tiende ese encantador de serpientes que encarna Fonchito. Como castigo, la madrastra es expulsada del paraíso conyugal que ella y su esposo habían construido. "Ése es el destino de doña Lucrecia:"—corrobora Armas Marcelo—"ser expulsada del paraíso familiar, sensual y vital de la casa de don Rigoberto, para quien la mujer ha cometido la peor de las vilezas, el pecado innombrable del incesto, el más grande tabú familiar, por los siglos de los siglos" (360–61). Lucrecia cae del pedestal sobre el que don Rigoberto la había colocado como su diosa y musa. "What's wrong with being placed on a pedestal?"

pregunta Lois Tyson (90: "¿Qué hay de malo en que te pongan sobre un pedestal?"), y su respuesta explica perfectamente la caída en desgracia de la madrastra: "For one thing, pedestals are small and leave a woman very little room to do anything but fulfill the prescribed role. [...] For another thing, pedestals are shaky. One can easily fall off a pedestal, and when a woman does, she is often punished" (90; "Por una parte, los pedestales son pequeños y no dejan más espacio a la mujer que para cumplir su papel prescrito. [...] Por otra, los pedestales son poco firmes. Uno puede caerse fácilmente de un pedestal, y cuando es la mujer la que lo hace, con frecuencia se la castiga").

Tras el colapso de la ilusión, este iluso fantasista de don Rigoberto salta a las páginas de *Los cuadernos* como un náufrago de la existencia. Justiniana pinta un justo retrato de su triste condición, culpando a Fonchito del descalabre de la familia: "desde que se separó de tu madrastra parece un alma en pena. ¿No te das cuenta cómo le han caído encima los años en pocos días? ¿Tampoco eso te da remordimientos? Y se ha vuelto un beato y un cucufato como no he visto. Los hombres se vuelven así cuando sienten que va a morirse" (*Elogio* XIV.192). Pinchada la burbuja del placer en cuyo interior había vivido dichoso junto con su esposa, lo que desea ahora este desilusionado hedonista es deshacerse de su lastre corporal para iniciar su ascenso por esa vía solitaria de entrenamiento en el arte de bien vivir, de la que nos hablaba Foucault en "La escritura de sí" (*Elogio* XIII.176–77).

Tras su separación de Lucrecia, don Rigoberto inicia su vida de anacoreta. Se retira del mundo encerrándose entre las cuatro paredes de la celda de su biblioteca, donde escribe, lee, contempla ilustraciones de sus cuadros predilectos y, sobre todo, fantasea con su esposa ausente, como ya todos sabemos. Por su hijastro Lucrecia se entera de la conversión monjil de su marido. Este vuelco en el comportamiento de don Rigoberto hace que Fonchito tema que su padre esté perdiendo la cordura, como le había ocurrido al padre de Egon Schiele. Lucrecia trata inútilmente de disipar los temores del niño:

> [...] A Rigoberto le gustaba encerrarse con sus cuadernos, a leer, oír música, escribir sus citas y reflexiones. ¿Acaso no lo conocía? ¿No había sido siempre así?
>
> —No, no siempre —negó el niño, con firmeza—. Antes me contaba las vidas de los pintores, me explicaba cuadros, me

> enseñaba cosas. Y me leía de sus cuadernos. Contigo se reía, salía, era normal. Desde que te fuiste, cambió. Se puso triste. [...] Lo único que le importa es su escritorio. Encerrarse ahí, horas de horas. Se volverá loco, como el señor Adolf. A lo mejor ya lo está. (*Los cuadernos* IV.120)

Ahora bien, la sensación de angustia y soledad que sufre "el beato" de don Rigoberto al inicio de *Los cuadernos*, es bastante análoga a la zozobra que experimenta el alma del místico ante un Dios esquivo que se oculta, no dejándose ver. Según sugiere el filósofo español Juan José López-Ibor en *De la noche oscura a la angustia*, la experiencia mística arranca de un sentimiento de ansiedad (32–33). En *La mística española*, Patricio Peñalver Gómez coincide con López-Ibor en señalar que para el místico, "el deshacimiento implica una angustia afectiva. El modelo concreto es la angustia de Cristo desamparado por su Padre" (99). Vargas Llosa invierte esta relación, siendo el Hijo (Fonchito) la causa del desamparo del Padre (don Rigoberto).

Al igual que hacen López-Ibor y Peñalver Gómez, Howe radica el origen del viaje místico en la pérdida y en el sentimiento de angustia resultante:

> The mystical journey commences in the pain of purgation in which the soul deprives itself of physical and even spiritual pleasures in order to ready itself for union. The consolations in prayer enjoyed in conversion disappear, so that the soul feels abandoned by the God it has slowly come to love. It is the state of longing and loss that San Juan captures in the anguished query of the Bride to the missing Amado. (195)

> El inicio del viaje místico está en el dolor de la purgación por el cual el alma se priva de placeres físicos e incluso espirituales para prepararse para la unión. Desaparece la consolación que procura la oración en la conversión, de manera que el alma se siente abandonada por el Dios que lentamente ha llegado a amar. Es esta condición de añoranza y de pérdida la que capta San Juan en la angustiada búsqueda del Amado perdido por parte de la Novia.

De un modo semejante, el vuelo místico que emprende don Rigoberto durante su encierro monástico en el escritorio de su casa, se vuelve un método de paliar la angustia y el desamparo que sufre desde su separación de Lucrecia: "Él, aquí, solo, en la noche que terminaba, en su refugio de grabados y cuadernos" (*Los cuadernos* V.190). La lectura que Persino hace del final de *Elogio* anticipa el estado de aislamiento en el que los lectores hallamos a don Rigoberto al principio de *Los cuadernos*:

> Luego de la reproducción de Fra Angelico, el texto llega a su fin en una parte llamada "epílogo." No es éste un epílogo que sugiera el remate de todos los hilos de la trama. Es cierto que la imagen visual de *La Anunciación* marca el fin de la novela y sugiere que el destino de Rigoberto quedará suspendido para siempre en ese estado de religiosidad. Sin embargo, este cierre de la historia es ilusorio, pues el diálogo final entre Fonchito y la criada revela la fisura por la que el relato podría continuar en una historia, que, tal vez, dejará a Rigoberto *sumido en su quietud monástica* [...]. ("Mario Vargas Llosa: la mirada erótica" 60)

"Sumido en su quietud monástica," don Rigoberto retoma en *Los cuadernos* el camino del ascesis guiado, una vez más, por su fiel y ardiente imaginación. El protagonista no se rinde fácilmente a la desesperanza. Acude a su reconocido talento de ilusionista para combatir la desilusión, elaborando nuevas fantasías y escribiendo textos en sus cuadernos que le brindan consuelo. Para dar consistencia material a la sustancia vaporosa con la que están hechos los ensueños y *hacer aparecer* en la soledad de su celda monástica a su mujer ausente, la mente fantasiosa de Rigoberto, además de conjurar el poder mágico del teatro y la pintura—como vimos en los dos capítulos precedentes—moviliza las fuerzas sensoriales de la retórica mística española, según apunté anteriormente: San Juan de la Cruz, San Agustín, Fray Luis de León o *Introducción a la vida devota* de Francisco de Sales se congregan en su mente para aportarle el léxico, la sintaxis y las imágenes con los que expresar sus sentimientos de angustia y concretizar la experiencia mística de sus múltiples álter egos (*Los cuadernos* V.168 y 172; VII.252).

Al hablar de San Juan de la Cruz, Peñalver Gómez destaca que la obra de este "poeta y pensador de la noche" está marcada por, lo que llama, la iconicidad: "una transición coherente de su pensamiento a la figuración material (símbolos, pero también, esculturas, dibujos, a los que San Juan de la Cruz era muy aficionado)" (83). El proceder de don Rigoberto posee esa misma marca de iconicidad. Las visiones de Lucrecia que pueblan sus fantasías eróticas, se transforman no sólo en símbolos del deseo inalcanzable sino en figuraciones materiales: pinturas, fotografías y grabados.

En los escritos de los místicos el elemento visual es de extrema relevancia, como lo es también en la literatura erótica. En el libro ya mencionado, *Ignacio de Loyola. Psicología de un santo,* Meissner realza la pujanza visual de las "visiones notables" y "las apariciones" que experimenta Ignacio de Loyola en la soledad de su celda: "consiste en ver un objeto externo que otros no pueden ver; sensaciones auditivas pueden acompañar la aparición" (355).[13] Tal como ocurre en la experiencia vital del místico, las visiones reclaman un lugar prominente en el imaginario de don Rigoberto. Recordemos que Fonchito temía que las visiones de su padre fueran consecuencia de la sífilis, enfermedad que enloqueció y acabó con la vida de Adolf, el padre de Schiele: "[Schiele] No quería aceptar que su padre tenía visiones" (*Los cuadernos* IV.119).

Las apariciones nocturnas de Lucrecia tienen para don Rigoberto el mismo poderío visual que las apariciones y visiones que sufre el asceta en su rapto místico. La manera en que el narrador omnisciente describe la experiencia del protagonista da prueba de ello: "La visión era tan nítida, la definición de la imagen tan explícita, que don Rigoberto temió: 'Puedo quedarme ciego'" (*Los cuadernos* I.25).

Don Rigoberto recorre el camino del ascesis identificándose con las experiencias místicas que viven los fantasmas que secreta su imaginación: el buen Modesto, el profesor de leyes de Virginia o Manuel, el castrado. De la retórica e imaginería de la literatura mística no sólo se nutren las fantasías de don Rigoberto, sino el discurso del narrador omnisciente, transcriptor y cómplice del sentir del personaje. Al describir el ambiente y las experiencias de esa caterva de *sosias* que pueblan los ensueños de don Rigoberto, la voz narradora crea una atmósfera de intenso misticismo.

La ascensión mística de don Rigoberto y sus dobles imaginarios

Uno de los muchos compañeros de alma que se fabrica don Rigoberto con el material de sus deseos, es el buen Modesto (o Pluto), aquel antiguo enamorado de Lucrecia ya mencionado en los capítulos precedentes, quien sólo cantando era capaz de alcanzar el éxtasis del orgasmo. El viaje imaginario de Pluto y Lucrecia ilustra maravillosamente esa transmigración entre la carne y el espíritu, lo erótico y lo místico, lo sagrado y lo blasfemo—a la que aludí anteriormente—tan presente en la literatura libertina.[14]

La ardiente imaginación del protagonista les prepara a Lucrecia y a su acompañante una semana ideal, viajando juntos por varios países de una rica tradición cultural. Don Rigoberto concibe este viaje como una versión profana de ese viaje místico hacia la unión espiritual con la divinidad que emprende el alma del asceta (Howe 195): "Tu viaje será una gran experiencia para mí," le dice a la visión espectral de su esposa para animarla a aceptar su plan turístico (*Los cuadernos* II.52). Esta fantasía le procurará a don Rigoberto un doble gozo. Gozará con la narración de otra narración que cobra vida ante sus ojos y con la visión de otra visión que se vuelve visible ante él. Dicho con otras palabras, el placer de don Rigoberto brota de una doble experiencia, narrativa y mística. Con relación a la primera, don Rigoberto se deleita escuchando el relato del viaje que Lucrecia ha convenido en hacerle una vez concluido éste. En cuanto a la segunda, el protagonista goza viviendo de forma vicaria la experiencia mística del bueno de Pluto, con quien se identifica. El narrar de Lucrecia y el verse reduplicado en su amante imaginario excitan sobremanera a don Rigoberto, actuando tanto la narración como la visión mística como el más fuerte de los afrodisíacos.

En *Los procesos de conocimiento en San Juan de la Cruz*, Joaquín García Palacios resalta que "toda la obra sanjuanista [...] está caracterizada por una noción de proceso. Un conjunto de fases sucesivas que supone un progresivo adelantamiento desde el punto de partida hasta el de destino" (15).[15] Siendo el alma del místico el punto de partida de este camino hacia la ascesis y la meta final, su unión con Dios, San Juan de la Cruz va a mostrarle a don Rigoberto—con las palabras de García Palacios—"esa angosta senda que le lleve nuevamente al paraíso perdido" (15–16). Claro está que para el hedonista de don Rigoberto, el retorno al paraíso perdido significa su vuelta a aquel "pequeño país" en el que reinaba Lucrecia, es decir, a la cama nupcial de la pareja (*Elogio* X.134).

Llevado por el irresistible deseo de unirse con su amada Lucrecia, don Rigoberto inicia de forma vicaria la vía mística. Según las convenciones de la literatura mística, el viaje hacia la ascesis se organiza por etapas. De morada en morada, de prueba en prueba, el alma del asceta se va desprendiendo de la escoria corporal que entorpece la ascensión, hasta alcanzar finalmente su deseada unión con Dios. Ciertamente, don Rigoberto organiza el itinerario de la experiencia mística de su doble, el bueno de Pluto (Modesto), en tres etapas citadinas: Nueva York, París y Venecia. Si la carrera del alma del asceta hacia su meta final—su unión con Dios—se organiza a través de una serie de pruebas, que examinan su constancia y fortaleza moral, la experiencia mística del buen Modesto se organiza de forma semejante. El amante de Lucrecia será puesto a prueba durante su singular vía mística, la semana ideal que compartirán los dos. De ciudad en ciudad, de (in)decisión en (in)decisión, de prueba en prueba, el buen Pluto va poco a poco haciéndose merecedor de su idealizada Lucrecia.

Tras rendirse a los caprichos de esa "buena samaritana de la Biblia" que encarna su amada, va siendo premiado con trocitos de ese delicioso pastel que es el cuerpo de Lucrecia (*Los cuadernos* II.55). Generosa y sabia dosificadora de su riqueza corporal, un día le permite contemplar sus "piernas, brazos y hombros al aire" (*Los cuadernos* II.59); otro, "los pechos y la colita" (*Los cuadernos* II.59); y así gradual y ritualmente hasta llegar a obsequiarle con la visión íntegra de su desnudez, una desnudez arropada en el canto de su voz dadivosa, ese canto que tanto necesita Pluto para poder gozar:

> —Te portas tan bien que yo también quiero jugar. Voy a hacerte un regalo.
> —¿Ah sí? —se atoró Pluto—. ¿Cuál, Lucre?
> —Mi cuerpo entero —cantó ella—. Entra cuando te llame, a mirar solamente. (*Los cuadernos* II.60)

Al igual que le ocurría al joven organista de la fantasía ecfrástica *Venus con amor y música* (*Elogio* VII.100), al pobre de Pluto se le prohíbe palpar el cuerpo desnudo de su Venus-Lucrecia so pena de ser castigado, mientras ella se divierte jugando con el deseo de su esclavo. ¿Será premiado o castigado? Ahora, le obsequia con un ligero toque de rodilla; luego con el roce de sus pechos y de sus piernas; acto seguido con un beso en el que el buen Pluto le entrega "su viejo amor, su adoración, su fantasía, su salud y (si la tenía) el alma" (*Los cuadernos* I.63). Mediante esta entrega total e incondicional a la amada, el buen Pluto va poco a poco deshabitando su propio ser interior para tratar de alcanzar ese anhelado "estado de 'vacío y plenitud' descrito por los místicos" (*Elogio* IV.131). Don Rigoberto ve aparecer en el rostro del buen Pluto la mueca desgarrada del asceta en su rapto místico: "Y entonces él la miró, no con la mirada fría del perfecto libertino, de Sade, pensó don Rigoberto, sino con la pura, ferviente y apasionada del místico en el momento del ascenso y la visión" (*Los cuadernos* II.63). Esta escena de la vía mística de Pluto funciona como un "cuadro de visión," en los que—como explica Victor Ieronim Stoichita—para facilitar al creyente-observador el traspaso del mundo al cielo, de lo terrenal a lo espiritual, la imagen del místico se presentaba en estado de contemplación con su mirada elevada hacia lo alto: "la forma que emplean generalmente los pintores de la Contrarreforma para representar (exteriormente) la experiencia interior de la visión cristaliza en la colocación del vidente en el plano inferior de la representación, y en el superior la de su visión" (*El ojo místico* 29–30).

El alma del buen Pluto prosigue su ascesis purificadora besando las piernas de Lucrecia "hasta las rodillas" (*Los cuadernos* II.64) y acariciando luego cada resquicio de su cuerpo mientras los dos se bañan entreverados—como figuras de Schiele—en el jacuzzi de su hotel veneciano (*Los cuadernos* II.68). El rapto místico o la apoteosis final la alcanza Pluto al término de la última noche que pasan juntos en la *suite* del Hotel Cipriani, donde la experiencia erótico-mística del doble fantasmagórico de don Rigoberto culmina en un éxtasis de gozo, canturreando arrebatado *O sole mío*, *Caminito*, *Juan Charrasqueado*, *Allá en el rancho grande* y *Madrid* de Agustín Lara, ese *pot pourri* de cursilerías que tanto hace reír a la altiva Lucrecia y sonreír de seguro a los lectores de *Los cuadernos* (II.73).

Este trance que experimenta de forma vicaria don Rigoberto, gracias a su doble imaginario, aparece reduplicado—como imagen reflejada en el espejo—en el trance en el que se sume el alma de don Rigoberto durante la contemplación de los pechos bailarines de Lucrecia y su amiga y amante, la embajadora de Orán (*Los cuadernos* VII.264). Y se repite nuevamente cuando se arrodilla ante los adorados pies de su esposa en recogida acción de gracias: "'Gracias, Lucrecia mía —rezó con unción—, por las horas de placer que yo les debo, desde aquella vez que los descubrí, en la playa de Pucusana, y, bajo el agua y las olas, los besé.' Transido, don Rigoberto volvió a sentir los salobres, ágiles deditos moviéndose en la gruta de su boca, y las arcadas por el agua marina que tragó" (*Los cuadernos* VIII.301). Lo sublime de la experiencia del devoto protagonista frente a su estremecedora visión se confunde con lo innoble de sus ahogos, en ese irreverente oxímoron de lo alto con lo bajo, lo divino con lo humano, lo patético con lo cómico, que figura en ambas novelas para enlazar experiencias y sensibilidades opuestas, y establecer el tono ambivalente y ambiguo que predomina en ellas.

El itinerario que acabo de delinear repite la vía mística de la lírica de San Juan de la Cruz, según la define De Guibert: "esa ardiente aspiración a una igualdad de amor y a una unión consumada en una completa desnudez del espíritu, esa anticipación del Bienamado como si a uno se le acercara a través de velos que se volvían cada vez más finos, ese avance hacia una visión clara" (56, citado en Meissner 353).

La segunda ascensión mística que realiza don Rigoberto con ayuda de sus dobles imaginarios, ocurre en su ensueño nocturno de "El calzoncito de la profesora" (*Los cuadernos* VI.214–30). En esta ensoñación, don Rigoberto se ve *desdoblado* en un alumno de leyes de la universidad de Virginia y *proyectado*, también, en la persona del jurista y antiguo profesor suyo Nepomuceno Riga. Nepomuceno está de paso por la universidad con motivo de un congreso y la doctora Lucrecia lo está alojando generosamente en su casa. Tras cenar con su bella anfitriona, el jurista se da cuenta de que el calzoncito de la profesora Lucrecia reposa sobre uno de los peldaños de la escalera que conduce a su habitación. ¿Cómo interpretar ese signo? Indeciso y perplejo, decide llamar por teléfono a su antiguo discípulo para pedirle consejo. Rigoberto lo anima con estas palabras: "—Pero, entonces, profesor, le pasa lo mejor que puede pasarle a un huésped. Ha recibido usted una invitación de su anfitriona. Está claro" (*Los cuadernos* VI.218).

Aquí comienza la vía mística de Nepomuceno. Durante el ascenso hacia la deseada unión con la amada, el alma del jurista tropieza con ese primer obstáculo, el calzoncito de Lucrecia: "En el segundo peldaño se detuvo, se inclinó, sus agarrotados dedos asieron el precioso objeto—¿de seda?, ¿de hilo?—, se lo llevó a la cara y lo husmeó, como un animalito averiguando si ese objeto desconocido es comestible" (*Los cuadernos* VI.223). Los paréntesis interrogadores del narrador omnisciente (¿de seda? ¿de hilo?) frenan el avance del discurso narrativo, del mismo modo que el calzoncito de la profesora frena el ascenso del jurista, prolongando, demorando (el placer de) su ansiada unión con "la catedrática más guapa de Virginia" (*Los cuadernos* VI.219).

Nepomuceno continúa su ascensión y al llegar al cuarto de Lucrecia queda deslumbrado por la radiante aparición del "esférico trasero" de Lucrecia. Transido y arrobado, cae de rodillas ante ella:

"El noble maestro, desorbitado, observaba y adoraba en silencio ese prodigio" (*Los cuadernos* VI.226). El cuerpo desnudo de Lucrecia se expone ante los ojos de Nepomuceno como se expone el Santísimo Sacramento ante la mirada de los fieles. Sobrecogido por la contemplación de tal belleza, Nepomuceno se pone a llorar de desconsuelo y felicidad:

> —¿Por qué está usted llorando, buen amigo? ¿Qué le ocurre?
>
> [...] Lo que hasta entonces habían sido sólo unos mudos lagrimones bajando por sus mejillas, mudaron en sollozos resonantes, desgarrados suspiros, catarata de babas y mocos que trataba de contener con las dos manos —en su desorden mental no encontraba el pañuelo, ni el bolsillo donde estaba el pañuelo— mientras, ahogándose, se explayaba en esta confesión:
>
> —Ay, Lucrecia, Lucrecia, perdóneme, no puedo contenerme.
>
> [...] En vez de desahogarlo, su discurso lo había ido conmoviendo más y ahora lo atragantaban los sollozos. Dejó la cabeza en la orilla de la cama y siguió llorando, siempre arrodillado, suspirando, sintiéndose triste y alegre, acongojado y dichoso. (*Los cuadernos* VI.228–29)

De esta devoción intensa y llorosa, participa igualmente Fonchito, a juzgar por el modo en que le describe a Justiniana la emoción sentida al ver bañarse desnuda a su madrastra: "Es tan, tan linda... Se me salen las lágrimas, igualito que cuando comulgo" (*Elogio* IV.59). Las lágrimas bañan de nuevo el rostro de don Rigoberto mientras contempla conmovido el espectáculo amoroso que le ofrecen su mujer y el bueno de Pluto. Lucrecia trata de consolarlo y acunarlo con el bálsamo de su voz: "—Cálmate, Rigoberto. No llores más, amor mío, alma mía. Ya está, ya pasó, nada ha cambiado. ¿No has hecho lo que querías? Entraste. Me viste, te acercaste, lloraste, te perdoné. ¿Me puedo enojar yo, contigo? Sécate las lágrimas, estornuda, duérmete. Arrorró, mi niño, arrorró" (*Los cuadernos* VI.229).

Estas experiencias lacrimógenas de los personajes aluden al generoso "don de las lágrimas" que recibe de Dios el alma del místico. Como explica Meissner, San Ignacio de Loyola era depositario de este don:

> Uno de los más notables dones místicos de Ignacio era el así llamado don de las lágrimas. La devoción era tan intensa al oficiar la misa o recitar el brevario que sus ojos se llenaban de lágrimas.

> A menudo debía hacer una pausa entre las frases o palabras porque sus ojos estaban llenos de lágrimas y no podía ver. (363)

Además del "don de las lágrimas" recibido por los personajes de *Elogio* y *Los cuadernos*, conviene destacar en estas novelas otros dos elementos propios de la literatura mística. En primer lugar, la cualidad de la pasividad contemplativa que—de acuerdo con Meissner—conforma uno de los estados más importantes de la experiencia mística. En segundo lugar, la presencia de figuras literarias como el oxímoron y la antítesis ("triste y alegre," "acongojado y dichoso")—dos procedimientos retóricos propios del discurso místico—que remite a la combinación de los principios del dolor y del placer en la experiencia del misticismo, según arguye Howe (194). Figuras del lenguaje como la paradoja, la antítesis y el oxímoron sirven para reflejar las tensiones contrarias que sufre el alma del místico, durante un proceso de negación del cuerpo que lo conduce a la afirmación del espíritu. Don Rigoberto goza y sufre, saltando del potro de la felicidad al del suplicio en el transcurso de sus ensueños eróticos (*Los cuadernos* IV.143).

El lenguaje místico del exceso

La estética del exceso que signa tanto la experiencia de las lágrimas como el éxtasis místico, caracteriza igualmente el lenguaje místico, tal y como explica Peñalver Gómez en *La mística española*:

> la busca mística del *exceso*, del don sin reserva o "sin tasa" (en expresión de la época) de los locos amores correspondidos de Dios y el alma. Si el amor de Dios [...], la unión afectiva más que contemplativa, está en el centro de la experiencia de los Místicos, el exceso, lo hiperbólico, el éxtasis o el rapto rompen toda contención. (45)

Guillermo Lescano Allende afirma con mucho acierto que "tanto *Elogio de la madrastra* como *Los cuadernos de don Rigoberto* se sostienen por el lenguaje" (44–45). Lescano Allende se refiere, asimismo, a la retórica del exceso, lúdica e exhibicionista, que prima en ambas novelas: "La gracia y la eficacia de ambas narraciones radican en el tejido verbal, en el juego, en el desperdicio de *palabras-semen*, en la abundancia que se regocija y se exhibe a sí misma" (45). En *Elogio* y *Los cuadernos*, Vargas Llosa emula a los místicos al derrochar una exhuberancia expresiva que da carnalidad al lenguaje y deleita a los lectores: el uso de metáforas, de extensas tiradas enumerativas, hipérboles o largas cadenas de sinónimos. No cabe duda que este arte de embellecer el lenguaje que practican tanto el narrador omnisciente como don Rigoberto, responde igualmente al proyecto vital del protagonista: hacer de su vida una obra de arte.

Por ejemplo, como buen discípulo de su autor, Fito Cebolla prodiga "su versación en materia de sinónimos" para describir los pezones de Lucrecia: "—Tiesos, duros, rectos, empinados, airosos, erguidos, soberbios, erizados, encolerizados" (*Los cuadernos* III.97); al igual que Candaules–don Rigoberto insiste en la singularidad de la grupa de su esposa con un derroche de sustantivos: "Digo y repito: grupa. No trasero, ni culo, ni nalgas, ni posaderas, sino grupa" (*Elogio* II.27). Valgan como ejemplo del uso de la hipérbole, las últimas palabras del rey Candaules en *Elogio* y las explicaciones que da don Rigoberto al ecologista de la Asociación "Clorofila y Bosta" en *Los cuadernos*:

> Después de todo, no me desagrada la idea de que, una vez que haya corrido el tiempo, tragándose todo lo que ahora existe y me rodea, para las generaciones del futuro sólo perdure, sobre las aguas del naufragio de la historia de Lidia, redonda y solar, munificente como la primavera, la grupa de Lucrecia la reina, mi mujer. (*Elogio* II.37)

> Para entendernos, daría mi vida (algo que no debe ser tomado a la letra pues es un decir obviamente hiperbólico) por salvar los álamos que empinan su alta copa en *El Polifemo* y los almendros que encanecen *Las Soledades* de Góngora y por los sauces llorones de las églogas de Garcilaso o los girasoles y trigales que destilan su miel áurea en los Van Gogh, pero no derramaría una lágrima en loor de los pinares devastados por los incendios de la estación veraniega y no me temblaría la mano al firmar el decreto de amnistía a favor de los incendiarios que carbonizan bosques andinos, siberianos o alpinos. (*Los cuadernos* II.42)

Ejemplos de esta promiscuidad lingüística abundan en ambos textos. Si bien "todo lo que brilla es feo" para el esteta de don Rigoberto (*Los cuadernos* VIII.286), la prosa de *Elogio* y *Los cuadernos* se exhibe exuberante, irreverente y juguetona. Para el propio autor, en cambio, existe una importante distinción entre

Elogio y *Los cuadernos* en cuanto al tipo de lenguaje utilizado, considerándolo una presencia mucho más opaca en la primera que en la segunda:

> *Elogio de la madrastra* es un juego con muchas alusiones a las imágenes eróticas de la pintura. Para mí escribir esa novela fue un experimento divertido que me permitió emplear un lenguaje muy rico y preciosista que no utilizo jamás en mis obras, en las que el lenguaje es muy funcional, siempre en relación con lo que quiero contar. En el *Elogio* había un juego formal que permitía contar la historia con un lenguaje rebuscado, muy poco realista. En *Los cuadernos de Don Rigoberto,* sin embargo, el erotismo es más intelectual. Hay juego, pero en menor medida que en *Elogio de la madrastra.* Allí el lenguaje ya no es el mismo, no podía serlo. La historia tenía más pretensiones realistas y el lenguaje es, no diré más crudo, pero sí que está menos presente. En *Elogio* el lenguaje es casi un espectáculo por sí mismo, una presencia que se interpone entre el lector y la historia. (Vargas Llosa, "Sin erotismo no hay gran literatura" 3)

Mi opinión difiere de la del autor. Siendo distinta la manera en la que el lenguaje se hace visible en cada una de estas novelas, lo cierto es que su protagonismo en *Los cuadernos* es tanto o más significativo que en su predecesora. En *Los cuadernos,* el lenguaje cobra una presencia sumamente viva para los lectores. Salta a la vista como un espectáculo donde Vargas Llosa sorprende con sus trucos técnicos, con sus mezclas de voces, tiempos y espacios, y con una plétora de juegos lingüísticos, que transmiten su gozo propio y hacen gozar igualmente al público lector. Desde mi perspectiva, tanto en *Elogio* como en *Los cuadernos,* el lenguaje adquiere una poderosa presencia que, sin embargo, no aplasta ni desencamina la historia que cuenta, sino que la realza haciendo las veces de una pátina abrillantadora. La enriquece y embellece, como la cultura y la civilización enriquecen y embellecen la vida de don Rigoberto, además de contribuir con su lubricidad al erotismo y con sus excesos al humorismo que exhalan ambas narraciones. Vargas Llosa se divierte jugando con la sonoridad de las palabras, con los adjetivos rimbombantes, con las dobleces del sentido, con los cursis diminutivos (como en "Menú diminutivo"), con las huachaferías y el barroquismo de algunos pasajes, incluso con lo escatológico elevado al rango de un ritual sagrado. En estas ficciones la seriedad de ciertas temáticas (el incesto, la insatisfacción, el cinismo, el papel que juega el arte en la vida, el derecho a la libertad y al placer, el poder ilusorio y elusivo de las ideologías, la religión, la muerte, etc.), no está reñida con el humorismo hilarante y crudo en ocasiones, que tiñe la visión que tiene don Rigoberto de sí mismo y de su sociedad.

Como ilustración de las variaciones estilísticas que se combinan en *Elogio* y *Los cuadernos* me remito a tres ejemplos: a la voz del monstruo de Bacon en *Elogio*, a uno de los anónimos que escribe Fonchito imitando el estilo de los escritos de su padre y a la carta que escribe Lucrecia a su marido en el estilo huachafo de Corín Tellado. Los dos últimos proceden de *Los cuadernos*. En el siguiente monólogo, la cabeza deforme del cuadro de Bacon habla con orgullo de su labor de maestro para jovencitos:

> Conmigo aprendieron que todo es y puede ser erógeno y que, asociada al amor, la función orgánica más vil, incluidas aquéllas del bajo vientre, se espiritualiza y ennoblece. La danza de los gerundios que conmigo bailan—eructando, orinando, defecando—los acompaña después como un melancólico recuerdo de tiempos idos, ese descenso a la mugre (algo que a todos tienta y que tan pocos osan emprender) que hicieron en mi compañía. (*Elogio* IX.124)

El tono escatológico de las palabras del monstruo baconiano, su "descenso a la mugre" del lenguaje, contrasta con el lirismo barroco de las primeras líneas del anónimo que escribe Fonchito imitando el estilo de su padre. El anónimo, titulado convenientemente "El fetichismo de los nombres," despliega una serie de metáforas sonoras deslumbrantes que remiten al nombre del protagonista: "¡Rigoberto! Es viril, es elegante, es broncíneo, es italiano. [...] ¡Rigoberto! Reidora cascada de aguas transparentes. ¡Rigoberto! Amarilla alegría de jilguero celebrando el sol" (*Los cuadernos* I.29).

La carga lírica de la prosa de Fonchito choca con el estilo cursilón, a lo Corín Tellado, de la carta que Lucrecia escribe a su marido: "Jugar de nuevo contigo, aunque a la distancia, me ha hecho bien, me ha hecho mal. He sentido, de nuevo, que era tuya y tú mío. Cuando terminaba el juego, mi soledad aumentaba y me entristecía aún más. ¿Está perdido, para siempre, lo perdido?" (*Los cuadernos* VII.242). Éstos y otros ejercicios de estilo—en los que se combina el exceso del lenguaje místico con una prosa fetichista y preciosista—producen irónicamente el mismo tipo de escritura brillante que tanto aborrece don Rigoberto: una escritura que luce y reluce por sí misma y para sí misma (*Los cuadernos* VIII.286).

En cierto sentido el exceso del lenguaje místico es previsible como contrapunto a la imposibilidad de expresar lo inefable, de representar lo irrepresentable. El gran problema de la escritura mística es—en palabras de Peñalver Gómez, "la indecibilidad e indecidibilidad del Deus absconditus" (93). Otros estudiosos de la literatura mística han coincidido en resaltar este mismo desafío: transmitir con palabras una experiencia inenarrable.[16] Paradójicamente esta necesidad de dar a ver lo que no puede ser visto fomenta en los místicos el uso de un lenguaje encarnado y en carne viva. Si el asceta se descarna para confirmar su espiritualidad, su lenguaje ha de hacerse carnal para comunicar su experiencia mística. El lenguaje, sensual y sensorial, que utiliza Vargas Llosa en *Elogio* y *Los cuadernos*, aspira también a dar cuerpo a la escritura, a revelar lo velado, a hacer visible lo invisible y presente lo ausente.

Me parece sugestiva la estrecha correspondencia que existe entre la forma en que López-Ibor se refiere al inefable encuentro del yo con Dios, preguntando y preguntándose la misma pregunta que los lectores de *Elogio* hemos oído pronunciar a don Rigoberto en el escenario de sus fantasías: "¿quién soy yo?" Con esta pregunta, López-Ibor ahonda en la condición del sujeto para realzar lo arduo que es para ese "yo," no sólo comprender sino expresar también su experiencia mística (28).

El narrador omnisciente de *Elogio* y *Los cuadernos* tiene la misma misión. Emulando el estilo de escritura de los místicos, utiliza un lenguaje profundamente sensorial, metafórico y simbólico para rozar con la palabra el alma de una experiencia indescriptible.

La noche como símbolo

> ¡Oh Noche que guiaste!
> ¡Oh Noche amable más que la alborada!
> ¡Oh Noche que juntaste
> Amada con amada
> Amada con el Amado transformada!
>
> San Juan de la Cruz, *Noche Oscura*
> (en José Carlos Nieto)

Además de vivir de forma vicaria la experiencia mística del bueno de Pluto y la de los otros trasuntos suyos que desfilan por el escenario de sus ensoñaciones (Narciso, Fito, etc.), don Rigoberto encuentra en la Noche un alma cómplice, que aviva y protege sus experiencias visionarias. La noche vela su escritura y ofrece el telón de fondo sobre el que don Rigoberto proyecta sus fantasías eróticas. En su investigación sobre el papel de la noche en la poesía mística de San Juan de la Cruz, María Jesús Mancho Duque nos dice: "La 'oscuridad' es el medio único y necesario por el que el alma se encamina hacia la infusión de la luz divina, la cual sólo emerge de la tiniebla" (49). En *Canciones entre el alma y el esposo*, el alma de San Juan de la Cruz pregunta apesadumbrada: "¿Adónde te escondiste / Amado, y me dexaste con gemido? / Como el ciervo huiste, / habiéndome herido; / salí tras ti clamando, y eras ido" ("Cántico espiritual," en Nieto 304). En *Los cuadernos* don Rigoberto pregunta anhelante al fantasma de Lucrecia:

> —¿Volverás mañana? [...]
> —Y pasado y traspasado —respondió la muda silueta que se perdía—. ¿Acaso me he ido? (*Los cuadernos* I.29)

La noche vela la escritura de las cartas y reflexiones que guardan los cuadernos de notas del protagonista y ofrece el telón de fondo sobre el que don Rigoberto proyecta sus fantasías eróticas. Al anochecer don Rigoberto vive la única vida que verdaderamente cuenta para él, la que—construida de visiones y alucinaciones—le permite ir al encuentro de su amada esposa:

> El único rincón de vida se lo deparaba la noche, cuando se adormilaba y en su conciencia se abría la puerta de los sueños, como debía ocurrirle en su desolada torre de piedra, en ese bosque extraviado, a Segismundo. Él también había encontrado allá que la vida verdadera, la rica, la espléndida vida que se plegaba y hacía a sus caprichos, era la vida de a mentiras, la que su mente y sus deseos secretaban —despierto o dormido—, para sacarlo de su celda y escapar a la asfixiante monotonía de su encierro. (*Los cuadernos* IX.345)

Estos dos soñadores, Segismundo y don Rigoberto, se encierran en su torre de piedra, el primero, y en su biblioteca, el segundo, para construirse oníricamente otra vida "de a mentiras," dolorosa y placentera, como vía de escape a la sordidez y mediocridad de sus vidas verdaderas (*Los cuadernos* IX.345). Soñando y escribiendo, don Rigoberto puebla de fantasmas la soledad de sus noches. Para

San Juan de la Cruz, la Noche representa el proceso hacia un futuro oscuro e incierto pero prometedor, donde se satisfaga la deseada unión del alma con Dios. Este proceso es un proceso negativo: negación del sujeto y de todo lo que existe a su alrededor. Sólo a través de "esa operación de aniquilamiento exterior e interior" de todo lo existente y del yo existente, que arranque de raíz toda forma de existencia inmediata, puede el alma deshabitada del místico acceder a su fusión con Dios.

Como el místico, "habitante meditativo de todas las noches" (Peñalver Gómez 80), don Rigoberto aguarda impaciente la llegada de la noche para que borre los contornos de su realidad. Don Rigoberto entorna los ojos para adentrarse en esa oscuridad restauradora de la que habla Pascal Quignard: "Si derrière la fascination, il y a l'image qui manque, derrière l'image qui manque, il y a encore quelque chose: la Nuit. Maintenant je désire m'engloutir dans cette nuit qui d'entrée de jeu communiqua sa couleur à ces pages" (*La Nuit sexuelle* [*La noche sexual*] 11; "Si detrás de la fascinación está la imagen que falta, detrás de la imagen que falta hay algo más: la Noche. Ahora deseo desaparecer en esta noche que desde el principio del juego comunicó su color a estas páginas"). Como hace el sujeto hablante de Quignard, don Rigoberto entra en el negro de la noche para recobrar los colores de Lucrecia, para hacerla aparecer, oírla hablar. Paradójicamente, la noche simboliza la visión clara. La noche no vela sino que revela, enseñándonos a *ver* cuando miramos el objeto de nuestro deseo, tal y como advierte Quignard en *La Nuit sexuelle*: "Il s'agit d'un voir contraire au fait d'être ébloui. Voir comme quand on dénude l'autre. Voir comme quand on désobscure ce que est recelé. Voir comme quand on exhume l'altérité sexuelle. Alors la nudité devient *visiblement* nocturne" (16; "Se trata de un ver contrario al hecho de ser cegado. Ver como cuando se desnuda al otro. Ver como cuando uno des-oscurece lo que está encubierto. Ver como cuando uno exhuma la alteridad sexual. Por lo tanto la desnudez se vuelve visiblemente nocturna"). En cada una de sus fantasías, don Rigoberto desnuda a Lucrecia, tratando de revelar el enigma que ella significa para él. Lucrecia es un ideal que se oculta ante don Rigoberto, no dejándose nunca ver en toda su plenitud, como también se esconde el Dios amado del alma del místico que lo busca.

La noche alberga los ensueños que escudan a don Rigoberto contra el tedio y la mediocridad que le rodean. Lo que distingue a don Rigoberto del gremio de funcionarios y empleados que tanto desprecia, son esas noches liberadoras suyas, según aclara a su corresponsal burócrata:

> Imagino la comezón que lo recorre, esa curiosidad biliosa con la que se pregunta: "¿Y qué es lo que hace en esas noches que lo inmuniza contra mí, que lo salva de ser lo que yo soy?" ¿Quiere saberlo? Ahora que estoy solo —separado de mi mujer, quiero decir— leo mis cuadernos con cartas como ésta, pero sobre todo, fantaseo, sueño, construyo una realidad mejor, depurada de todas las escorias y excrecencias —usted y su baba— que hacen a la existente tan siniestra y sórdida como para inducirnos a desear una distinta. (*Los cuadernos* IX.333)

Es a Lucrecia a quien don Rigoberto consagra sus noches y "las exaltaciones, ficciones y pasiones que las pueblan" (*Los cuadernos* VIII.295). Si para el místico, las noches significan privación, a don Rigoberto lo colman de dicha. Mientras el místico purifica su alma para unirse espiritualmente con Dios, don Rigoberto purifica su cuerpo para acoplarse carnalmente con su bienamada. Las ceremonias de purificación que oficia don Rigoberto tienen lugar en el ámbito privado y social de su existencia. En el primero, don Rigoberto trata de doblegar los excesos antiestéticos de su cuerpo—pelos, suciedad, excrecencias—con ritos de aseo personal que recuerdan los flagelos purificadores con que el asceta doma su cuerpo. En el dominio de lo social, don Rigoberto purifica el espacio de sus ensueños echando fuera de su círculo mágico—como hacía el jugador de Sumo en el cuadrilátero— a todas esas escorias humanas que viven esclavas de sus pulsiones gregarias, tal y como le espeta al gusano burócrata en la carta recién citada. Don Rigoberto se fabrica esa otra vida deseada con el maná inagotable de sus sueños diurnos y con el tesoro de sus cuadernos de notas, cuya elaboración lo hermana—como he sugerido—con ese otro amante de la vida solitaria y practicante de la escritura de sí que es el anacoreta.

Los *hypomnemata* o cuadernos de notas de don Rigoberto

> A Rigoberto le gustaba encerrarse con su grabados, con sus libros, con sus cuadernos, a leer, oír música, escribir sus citas y reflexiones.
>
> Mario Vargas Llosa
> *Los cuadernos* IV.141

> La fantasía corroe la vida, gracias a Dios.
>
> Mario Vargas Llosa
> *Elogio* IV.138

Retorno al pensador francés y a su ensayo "La escritura de sí" para analizar, a continuación, qué papel desempeña en el viaje místico que organizan *Elogio* y *Los cuadernos*, los comentarios y citas que recogen los cuadernos de notas del protagonista, lo que Foucault ha dado en llamar *hypomnemata.*

Como sabemos, después de su separación de Lucrecia, don Rigoberto pasa horas y horas encerrado en su escritorio entre libros, grabados y cuadernos de notas. Considerando lo que argüía Foucault respecto a la escritura como entrenamiento del yo en el arte de vivir éticamente, podemos trazar algunos paralelos y divergencias entre don Rigoberto y el asceta. "Lo primero que tiene que hacer el alma para ir al conocimiento de Dios [...] es el ejercicio del conocimiento de sí," escribe San Juan de la Cruz en su *Cántico espiritual* (4.1, citado en García Palacios 20). A través del conocimiento de sí mismo, el alma del místico avanza en su recorrido hacia Dios, aprendiendo a distinguir entre lo que favorece el logro de su objetivo y lo que lo estorba.

Al igual que el anacoreta, don Rigoberto lleva a cabo un trabajo introspectivo por medio de la escritura. Pero su entrenamiento persigue un fin muy distinto al que persigue el asceta. Don Rigoberto no practica la escritura para aprender el arte de bien vivir sino para vivir bien. Recordemos que, según el catecismo del protagonista, ética y estética son indistinguibles. De manera que el fin ético del asceta es para don Rigoberto un fin lúdico. Don Rigoberto escribe y (re)lee lo escrito no para embridar el deseo sino para darle rienda suelta: "En la muerma tarde de ese domingo de invierno, en su estudio frente al cielo nublado y el mar ratonil, don Rigoberto espigó anhelosamente sus cuadernos en pos de ideas que atizaran su imaginación" (*Los cuadernos* IV.129).

A diferencia de la función policial y coercitiva que ejercen los *hypomnemata* sobre la experiencia vital del místico, don Rigoberto encuentra en sus cuadernos de notas, en los libros y en la escritura, una herramienta muy poderosa para librar la imaginación de cualquier atadura. Desde muy niño, el propio Vargas Llosa descubrió en la lectura un vehículo propicio para dar vuelo a sus fantasías, tal y como corrobora Javier Tusell en su *Retrato de Mario Vargas Llosa*: "Esa propensión a fantasear, a soñar, a vivir una vida puramente mental e imaginaria, encontró una herramienta para ponerla en movimiento" (70). Para el autor, los libros son la herramienta que despabila la capacidad imaginativa.

En virtud de lo antecedente, una de las funciones capitales de los *hypomnemata* de don Rigoberto es la de avivar su imaginación, proporcionándole los materiales para fraguar sus ensoñaciones eróticas: "Sus manos, que pasaban las hojas de otro cuaderno provocando al azar, a ver si por segunda vez acertaba o establecía una relación entre lo encontrado y soñado que sirviera de combustible a su fantasía, se detuvieron de pronto [...]" (*Los cuadernos* VI.221). En vez de frenar el deseo, sus escritos actúan con la fuerza afrodisíaca de la "yohimbina" que su hermano gemelo contrabandeaba, "para mantener la potencia sexual del lujurioso jeque Abdelaziz Abu Amid, a quien sus cuatro esposas legítimas y las ochenta y dos concubinas de su harén tenían algo fatigado" (*Los cuadernos* IV.133).

El propio escritor ha hecho hincapié en la importancia de esta dimensión estimulante de la literatura erótica. Oigamos lo que dice al respecto: "Un libro erótico, a la vez que produce un placer estético, es un libro que tiene también que hacer las veces de un afrodisíaco. Si no te crea una sensación de entusiasmo y de apetito sexual no termina de cumplir enteramente su función" (Vargas Llosa, "Sin erotismo no hay gran literatura" 3).

Con relación a la función afrodisíaca de sus *hypomnemata* o cuadernos de notas, hay que señalar otro aspecto central que distingue la experiencia mística-hedonista de don Rigoberto de la del anacoreta. Recordemos que Foucault subrayaba el carácter dialogante de la escritura de sí, dado que la práctica de este tipo de escritos provoca un deslinde en el sujeto escribiente, que se desdobla en sujeto emisor y sujeto receptor de su propia escritura. El acto de escribir instaura así la mirada del otro y esta mirada disuade al sujeto escribiente de cometer actos pecaminosos o entretener malos pensamientos, como apostillaba el padre San Antonio con estas palabras ya citadas que reitero: "On ne forniquerait pas devant témoins. De même, écrivant nos pensées comme si nous devions nous les communiquer mutuellement, nous nous garderons mieux des pensées impures par honte de les avoir connues" ("L'écriture de soi" 416; "No fornicaríamos delante de testigos. De igual manera, escribiendo nuestros pensamientos como si fuéramos a comunicárnoslos mutuamente, nos guardaremos mejor de los pensamientos impuros por vergüenza de haberlos conocido" ["La escritura de sí" 175]). La escritura es pues una forma de exhibicionismo. La acción de escribir nos expone a la mirada del otro y al sentirnos vigilados por ella nos retraemos de pecar, ya que el pecado tiene como calidad inherente el secretismo.

A diferencia del papel coercitivo que desempeña dentro de la experiencia ascética la mirada del otro, dentro de la experiencia vivencial de don Rigoberto dicha mirada se vuelve afrodisíaca. No funciona ahora como arma disuasiva contra cualquier veleidad pecaminosa ni como escudo protector frente a las emboscadas del mal. Muy al contrario, la intrusión de un mirón o *voyeur* en el ámbito privado e íntimo de sus sueños eróticos, enardece sobremanera su deseo. Los ojos del otro se hacen táctiles. La mirada roza el cuerpo contemplado acentuando el sensualismo de lo narrado y actuando como elíxir. Esto ocurre, como ya vimos, en aquella primera fantasía de don Rigoberto basada en el cuadro de Jordaens (Fig. 1). El hecho de saberse espiado por los ojos lascivos de su ministro Giges mientras Candaules–don Rigoberto se acopla con la reina, no aminora el placer del rey sino, por el contrario, lo intensifica en extremo.

La mirada del otro aumenta el poder erógeno de cada uno de los sueños narrados y de la narración, contradiciendo el dictamen de San Antonio: "On ne forniquerait pas devant témoins" (en Foucault, "L'écriture de soi" 416; "No fornicaríamos delante de testigos" ["La escritura de sí" 175]). Los textos que escribe sobre su mente la ávida mecanógrafa de su fantasía, implantan una mirada que no ocasiona en don Rigoberto rubor sino ardor, que no apaga su deseo sino que lo enciende: la mirada de Giges que ritma el cabalgar de Candaules–don Rigoberto sobre el potro de su esposa; la del pastor Foncín–Fonchito que espía los escarceos amorosos de Diana-Lucrecia y su favorita–Justiniana, la de Fonchito escudriñando a su madrastra desnuda desde el techo del cuarto de baño; la de Rigoberto no perdiendo ripio del *ménage à trois* que interpretan para él Narciso, Ilse y Lucrecia; y por último, la mirada implicada y cómplice del público lector. Éstas y otras muchas miradas, secretas y cómplices, que atraviesan a los personajes de *Elogio* y *Los cuadernos*, provocan en ellos (y en nosotros, los lectores) el efecto de un potente elíxir afrodisíaco, azuzando el apetito sexual en vez de apagarlo.

A estos contrastes en la manera en que operan los *hypomnemata* o cuadernos de notas para el místico y para don Rigoberto, conviene añadir otra distinción relativa a la idea de la escritura de sí como muro de contención frente a los pensamientos lascivos. Mientras que el ejercicio de la escritura se convierte para el asceta en la forma de amurallarse contra las tentaciones y los pensamientos impuros, para don Rigoberto, en cambio, asiduo "practicante de los malos pensamientos" (*Los cuadernos* V.167), escribir significa abrirles de par en par la puerta de su mente hospitalaria. En su carta al deportista, don Rigoberto defiende beligerantemente el derecho a practicarlos:

> ¿Quién ha dicho que una *mente sana* es un ideal deseable? "Sana" quiere decir, en este caso, tonta, convencional, sin imaginación y sin malicia, adocenada de estereotipos de la moral establecida y la religión oficial. ¿Mente "sana," eso? Mente conformista, de beata, de notario, de asegurador, de monaguillo, de virgen y de boyscout. Eso no es salud, es tara. Una vida mental rica y propia exige curiosidad, malicia, fantasía y deseos insatisfechos, es decir, una mente "sucia," malos pensamientos, floración de imágenes prohibidas, apetitos que induzcan a explorar lo conocido y a renovar lo conocido, desacatos sistemáticos a las ideas heredadas, los conocimientos manoseados y los valores en boga. (*Los cuadernos* IV.128)

Por lo tanto, a diferencia de la pluma disciplinaria del asceta, esas "pajas mentales" que son—en boca de don Rigoberto—los soliloquios de sus cuadernos (*Los cuadernos* V.168), no funcionan como autoflagelo del cuerpo contra los malos pensamientos, sino que los invitan al festín de su fantasía. Lucrecia participa traviesa del mismo goce transgresor que experimenta su marido, según atestiguan sus balbuceos: —"'Pensamientos sucios,' susurró, la boca contra la almohada, 'escabrosos.' '¡Jajajá!' Se sentía de buen humor y un calorcito delicioso corría por sus venas, como si su sangre se hubiera transubstanciado en vino tibio" (*Elogio* IV.54–55).

Mientras el asceta acude a la escritura con el fin de reducir el cuerpo y la mente a la servidumbre, don Rigoberto los eleva a la categoría de dueños soberanos, emancipando su cuerpo de los escrúpulos del espíritu. Esto le ocurre durante el ensueño protagonizado por su hermano gemelo, Narciso. Don Rigoberto acaba por vencer los reparos que siente en un principio, ante la proposición indecente de su hermano de intercambiarse a sus respectivas esposas, Lucrecia e Ilse: "Cuerpo y espíritu de don Rigoberto habían terminado por disociarse; mientras éste divagaba, tratando de averiguar si llegaría hasta las últimas consecuencias en el juego propuesto por Narciso, su cuerpo jugaba ya, con desparpajo, emancipado de escrúpulos" (*Los cuadernos* IV.142).

Todos los discursos ajenos que entran al servicio de don Rigoberto elevan la voz, pero no lo hacen para "faire taire les passions comme un maître qui d'un mot apaise le grondement des chiens," como pretendía Plutarco (Foucault, "L'écriture de soi" 419; "hacer callar a las pasiones como el amor aquieta con una palabra el gruñido de los perros" ["La escritura de sí" 178]), sino para avivarlas, "para propiciar ese entrevero de los cuerpos llamado amor físico, cópula, pecado, al que los humanos (él no se excluía) concedían tanta importancia" (*Los cuadernos* IV.136).

Las fantasías eróticas que urde el gran ilusionista de don Rigoberto con la magia de sus cuadernos le proporcionan, también, un gran consuelo. A semejanza de aquel Varguitas, que a los once años encontraba solaz en sus lecturas, don Rigoberto encuentra en las páginas de sus cuadernos un cómodo refugio contra la soledad y el desencanto. A fin de ilustrar este poder consolador y curativo que tiene lo anotado en sus cuadernos, transcribo algunos párrafos reveladores: "¿Era el olor de Lucrecia? No. Era el de la noche, la humedad, los libros, los óleos, las maderas, las telas y los cueros. [...] La depresión se apoderó de él. Vinieron a consolarlo unos versos de Neruda, al volver una página de ese mismo cuaderno" (*Los cuadernos* V.174); "desde la partida de su mujer, no había noche en que el desvelo no lo impulsara a incorporarse todavía a oscuras, a buscar entre los papeles y garabatos de su escritorio bálsamo para su nostalgia y soledad" (*Los cuadernos* VI.220).

Sus cuadernos de notas no sólo le consuelan sino que ejercen en su adolorido ánimo un efecto curativo y benéfico, apartando incluso de su espíritu la sombra de la locura y la idea del suicidio:

> En el primer cuaderno que abrió, saltó y lo mordió una frase oportunísima: "Mis feroces despertares al alba tienen siempre como acicate una imagen de ti, real o inventada, que inflama

> mi deseo, enloquece mi nostalgia, me levanta en vilo y arrastra a este escritorio a defenderme contra la aniquilación, amparándome en el antídoto de mis cuadernos, grabados y libros. Sólo esto me cura." (*Los cuadernos* VIII.293)

Además de servirle de elíxir afrodisíaco, consuelo y cura, las anotaciones hechas en sus cuadernos cumplen la misma función mnemotécnica que Foucault atribuía a los *hypomnemata*. Las citas que guardan sus libretas le ayudan a llenar los vacíos de su memoria. Cuando don Rigoberto no es capaz de recordar *Le pied de Franchette*, cuya lectura le había deparado tantos momentos felices, sus cuadernos acuden en su ayuda: "Gracias a las anotaciones del cuaderno, don Rigoberto iba recordando la historia de la novelita" (*Los cuadernos* VIII.303). Cuando el protagonista se pierde entre los vericuetos de sus elucubraciones, no logrando recordar por qué el nombre de Nicolás Edmé sobresale en su mente, sus cuadernos acuden, una vez más, para auxiliarlo, como testimonia la voz del narrador: "Don Rigoberto no recordaba nada de eso; sus cuadernos sí. Ahí estaban los datos acusatorios y las fulminaciones implacables" (*Los cuadernos* VIII.305).

Esta cita pone de manifiesto, además, una de las estrategias frecuentemente empleadas por el narrador de *Los cuadernos* con el fin de establecer un lazo afectivo entre don Rigoberto y sus escritos: la personificación de sus *hypomnemata*. Humanizados, los cuadernos de notas de don Rigoberto se convierten en compañeros espirituales. Esta estrategia humanizadora es reiterada a lo largo de toda la narración. Los cuadernos de don Rigoberto sufren sus mismas inquietudes, sienten sus mismas zozobras. Vemos esta sintonía emocional, por ejemplo, cuando don Rigoberto, alarmado ante la posibilidad de que (la visión espectral de) Lucrecia acepte el programa indecente del bueno de Pluto, presiente que sus *hypomnemata* lo acompañan también en su sentimiento: "En la lechosa madrugada, le pareció que sus cuadernos esperaban el desenlace con la misma impaciencia que su atormentado espíritu" (*Los cuadernos* II.49–50).

Las numerosas citas que llenan las páginas de sus cuadernos de notas, ennoblecen la vida de don Rigoberto (*Los cuadernos* VI.226), nutren su imaginación, estimulan su deseo, consuelan sus penas y lo premian—como por azar—con la imagen o referencia que más necesita en un momento determinado. Lo que resulta paradójico sin embargo es que todas estas voces que resuenan en las páginas de sus cuadernos de notas, constituyen una comunidad de apoyo para este acérrimo enemigo del colectivismo y de toda acción social. Recordemos su incurable alergia a todo lo que pueda ser calificado de "social": "pongo la palabra entre comillas, para subrayar el desagrado que me causa" (*Los cuadernos* VI.195).

Según argüía Foucault en "La escritura de sí," la función de los cuadernos de notas no se limita únicamente a la de ayudamemoria o soporte mnemotécnico, sino que los *hypomnemata* constituyen asimismo un valioso depósito de discursos, glosas, comentarios y reflexiones, legados por el pasado para mejora del presente. *Los cuadernos de don Rigoberto* forman una rica memoria individual y colectiva, a pesar de la animadversión que lo colectivo y social provocan en el protagonista. Sus libretas, no sólo preservan la memoria de la música que un día escuchó,[17] de los libros leídos o de los cuadros contemplados, sino que constituyen, también, la reserva cultural de toda una época marcada por un pasado común y una misma tradición: Borges, Larkin, Strachey, Azorín, Shakespeare, Highsmith, Onetti, Calderón de la Barca, Neruda, Vallejo, Fray Luis de León, San Juan de la Cruz, y tantos y tantos otros autores con los que don Rigoberto conversa en la soledad de su escritorio.[18] Con la autoridad de todas estas voces, el protagonista de *Elogio* y *Los cuadernos* construye un refugio de palabras al que acudir, no sólo cuando siente necesidad de evasión, consuelo o ayuda para llenar los vacíos de su memoria, sino también cuando necesita entender y entenderse. Don Rigoberto va en busca de sus cuadernos cuando necesita comprender el significado de los asaltos de su subconsciente, cada vez que su ego consciente baja la guardia descuidando sus defensas.

Pueden servirnos de ejemplo las dos anécdotas siguientes. La primera ocurre durante la ensoñación titulada "¡Maldito Onetti! ¡Bendito Onetti!" (*Los cuadernos* VII.253–68). Interrumpiendo el flujo de su soñar despierto, don Rigoberto se precipita sobre sus cuadernos en pos de alguna anotación que le ayude a entender por qué *La vida breve* de Juan Carlos Onetti se había metido en su sueño diurno, para inquietarlo con esa frase de "obscena eufonía: 'Ablación de mama,'" que tanto le hacía temer por los hermosos pechos de Lucrecia (*Los cuadernos* VII.255). El narrador omnisciente describe la escena de este modo: "Y, sin calzarse las zapatillas ni ponerse la bata fue a oscuras, tropezando, a revisar los cuadernos de su escritorio. Estaba seguro de haber dejado testimonio de esa perturbadora lectura, que, ¿por qué?, había sobreflotado esa noche de su subconsciencia para estropearle el sueño" (*Los cuadernos* VII.255). La intromisión de Onetti en el ensueño de don Rigoberto no hace sino reflejar el hondo pesimismo que ahoga al protagonista vargasllosiano, hermanándolo con Brausen, el personaje-narrador de la novela del escritor uruguayo:

> Recordó que estaba solo, en el amanecer húmedo de Barranco, separado de hacía cerca de un año de Lucrecia, y lo impregnó el atroz pesimismo novelesco de Juan María Brausen. Sintió, también, lo que leía en el cuaderno: "la seguridad inolvidable de que no hay en ninguna parte mujer, un amigo, una casa, un libro, ni siquiera un vicio, que puedan hacerme feliz." Era esa soledad atroz, no la escena del pecho canceroso de Gertrudis, lo que había desenterrado de su subconsciencia aquella novela; él estaba ahora sumido en una soledad tan ácida y un pesimismo tan negro como los de Brausen. (*Los cuadernos* VI.259)

La referencia a Onetti sirve también para escenificar sobre la página de sus cuadernos el mismo drama que padece don Rigoberto en su vida, sometido como está a un constante vaivén entre el sueño y la realidad, entre la ilusión y la desilusión. Por culpa del maldito Onetti, que le descubre la mentira y fragilidad de las ilusiones, don Rigoberto se hunde en la desilusión para emerger segundos después como un ave fénix, envuelto en una nueva y poderosa ilusión, gracias también al bendito Onetti. El modelo que le ofrece Brausen, ese espléndido fabulador "capaz de defenderse de la realidad enfrentándole el sueño y de aniquilar la horrible verdad de la vida con la hermosa mentira de la ficción" —tal y como rezaban sus cuadernos—, llena a don Rigoberto de un gozo exultante (*Los cuadernos* VII.260). Ahora bien, su sentimiento de felicidad es efímero. Poco después, otra cita surge de sus cuadernos para sembrar una nueva inquietud en su espíritu: "Era un verso de *If*, el poema de Kipling: *If you can dream —and not make dreams your master*. Una oportuna advertencia. ¿Seguía siendo dueño de sus sueños, o éstos lo gobernaban ya, por abusar tanto de ellos desde su separación de Lucrecia?" (*Los cuadernos* VII.261).

Esta última referencia resulta muy significativa si contrastamos el proyecto vital de don Rigoberto con el del anacoreta. Aludí con anterioridad al hecho de que la función de los *hypomnematas* en la vida ascética, consiste en proveer al místico con un método con el que perfeccionar el cultivo de sí a fin de lograr el dominio del cuerpo y del espíritu. Las dudas que rodean al personaje vargasllosiano lo atan a la posición de un sujeto, fragmentado y contradictorio, que es incapaz de recomponer a través de su largo y reiterativo itinerario místico-hedonista. El yo egoísta y ambivalente de don Rigoberto dista mucho de ese otro yo, ético y coherente, que consigue esculpir el anacoreta al término de su ascesis. A este asunto retornaré un poco más adelante.

El segundo ejemplo que quiero destacar para ilustrar el uso que don Rigoberto da a sus cuadernos de notas como medio de conocimiento de sí y de los otros, refleja, también, la inestabilidad psicológica que caracteriza al protagonista. Se trata ahora de la fantasía que don Rigoberto imagina en "El sueño es la vida" (*Los cuadernos* IX.335–53). En esta ensoñación se le cuelan los nombres de Rosaura y Estrella, dos personajes calderonianos de *La vida es sueño*. Intrigado por esta intromisión y por el interés que suscita en él el súbito recuerdo de una función de la obra vista en Madrid, don Rigoberto corre en busca de sus cuadernos con la esperanza de hallar en ellos alguna referencia, cita o comentario, que le ayude a desentrañar la razón de tan insólita conexión onírica: "Algunas notas deberían quedar de la lectura. A cuatro patas sobre la alfombra del estudio, don Rigoberto revisó y descartó cuaderno tras cuaderno. Éste no, éste no. Tenía que ser éste. Éste era el año" (*Los cuadernos* IX.341–42). El fantasear de don Rigoberto va acompañado de varias citas de sus cuadernos que reproducen algunos fragmentos de *La vida es sueño*. El drama de Calderón anima, por consiguiente, las reflexiones de don Rigoberto sobre esa invisible frontera que existe entre la vida y el sueño, la realidad y la ficción. En el *ménage à trois* que inventa su imaginación en esta fantasía erótica, don Rigoberto vive una excitante aventura co-protagonizada por su esposa Rosaura-Lucrecia y la mulata Estrella, quien a punto está de arrancarle una de sus orejas en el frenesí de su éxtasis orgásmico, como indiqué en el segundo capítulo.

En lugar de espantar los malos pensamientos, los *hypomnemata* de don Rigoberto los engendran e inspiran, dejándose el protagonista vencer por ellos: "estaba seguro de haber sido visitado desde entonces, varias veces, por la tentación de ver alguna vez a Lucrecia ataviada con botas, sombrero emplumado, casaca de guerrero, a la hora del amor" (*Los cuadernos* IX.340). Con una caricatura discursiva del rapto místico, don Rigoberto se despide de este sueño agarrándose a la visión espectral de su esposa como su único camino de salvación: "se aferró al cuerpo desnudo de Lucrecia, con desesperación, para aprovechar esos últimos segundos, en procura de un imposible placer, con el presentimiento grotesco de que en cualquier momento, acaso en el del éxtasis, sentiría aterrizar sobre sus orejas las súbitas manos de la mulata" (*Los cuadernos* IX.353). Entre la noche gozosa y el triste amanecer, entre el sueño y la vigilia, entre su doble actuación de emisor y receptor de sus propios escritos, don Rigoberto se debate por entender y entenderse. Dentro de este laberinto de sombras, los cuadernos de notas le servirán de maestro y guía.

De acuerdo con los argumentos de Foucault en "La escritura de sí," los *hypomnemata* constituyen un libro de vida. Es decir, ofrecen modelos de conducta a emular o rechazar. Cada cuaderno de notas es un arca cuyos cajones guardan ricos vestigios del saber y del acerbo cultural de otros tiempos, así como recuerdos, vivencias y sueños propios. La lectura y relectura rescata del olvido esta memoria individual y colectiva al re-actualizarla en otros contextos, de manera que la experiencia y el ejemplo de los otros sirvan para formar, guiar y mejorar la conducta de uno(a).

El papel didáctico de los *hypomnemata* de don Rigoberto es sumamente relevante y revelador. Las voces de Borges, Kipling, Onetti, Calderón, junto con otras muchas mencionadas previamente, tejen un tupida red de discursos, protectora de la tradición y promotora de nuevos saberes. Las citas escritas por don Rigoberto aguardan pacientes dentro de sus cuadernos a que el protagonista las rescate y las reutilice como soporte de sus elucubraciones y como lección de conducta moral. Don Rigoberto busca y rebusca, entre las páginas de sus cuadernos citas y referencias que lo guíen por ese túnel en el que se ha convertido su vida desde su separación de Lucrecia. Las citas de sus cuadernos lo ayudan a conjurar múltiples visiones de su esposa que acuden a su llamado y alivian su soledad: "Como casi todos los días, se había despertado en la lóbrega humedad del amanecer para celebrar el rito que repetía cacofónicamente desde que doña Lucrecia se fue a vivir al Olivar de San Isidro: soñar despierto, crear y recrear a su mujer al conjuro de esos cuadernos donde invernaban sus fantasmas" (*Los cuadernos* VIII.293).

La reapropiación que hace don Rigoberto de los discursos ajenos para dar respuesta a sus propias necesidades coyunturales, revela el "valor circunstancial de uso" al que se refería Foucault, como uno de los principios que rige el uso de citas: el recurso a una determinada cita responde a una circunstancia particular ("L'écriture de soi" 421; "La escritura de sí" 180). Cuando se apodera de don Rigoberto la duda de si su esposa aceptará o no interpretar el papel de adúltera que su fantasía le ha asignado en "La semana ideal," sus cuadernos vienen a exculparla con esta cita de Borges: "En el adulterio suelen participar la ternura y la abnegación" (*Los cuadernos* II.43). Cuando se siente desconcertado por la proposición que le hace su hermano gemelo de intercambiarse a sus esposas en "Los hermanos corsos," sus cuadernos le obsequian con una serie de citas que subrayan la naturaleza ambivalente de Narciso, su referente mítico: ¿solista del placer? ("Sex is too good to share it with anyone else" del poeta Philip Larkin, *Los cuadernos* IV.129; "el sexo es demasiado bueno para compartirlo con alguien"); ¿un pobre loco? ("capricho viene de cabra" según Azorín, *Los cuadernos* IV.130); ¿intrigante y traidor? (los versos del *Mercader de Venecia* de Shakespeare: "El hombre que no lleva música en sí mismo / Ni se emociona con la trenza de dulces sonidos / Es propenso a la intriga, el fraude y la traición," *Los cuadernos* IV.131).

Sumado a este "valor circunstancial de uso" de los *hypomnemata* está su valor como instrumento de formación de la identidad. Foucault destacaba la manera en que el anacoreta se beneficia de todas estas voces discordantes y dispersas para crear una voz propia y singular, para componer armónicamente una identidad propia. En este sentido, los *hypomnemata* de don Rigoberto desempeñan un papel de índole inversa. Las citas que anota en sus cuadernos no son ese mecanismo que se activa para operar la formación de un yo, íntegro y coherente, sino un modo de reforzar su yo contradictorio, previamente consolidado.

Los contrastes y ambigüedades propios de la literatura mística, reflejados en el frecuente uso que hacen los místicos de las figuras antitéticas como la paradoja y el oxímoron, se ajustan como un guante a la personalidad oscilante y ambivalente del protagonista, cuya especialidad—según desvela el narrador—eran los "sentimientos difusos y contradictorios" (*Los cuadernos* III.89). Las citas que escribe don Rigoberto en sus cuadernos—al igual que sus cartas, como se verá un poco más adelante—no forman sus creencias sino que las corroboran y apuntalan, además de mostrarse ante los ojos del receptor (y de nosotros los lectores) como un sujeto tremendamente ambivalente.

Si la escritura de los *hypomnemata* era para el asceta un valioso instrumento de *conocimiento*, para don Rigoberto, lo será de *reconocimiento.* En su caso, no se trata de forjarse una identidad sino de dar legitimidad a la ya existente, la de un yo hedonista y libertario. Hace uso de las citas no para formar sino para afianzar sus creencias, tal y como reflejan estas palabras que le escribe al director del Rotary Club: "Permíteme, a propósito, que te transcriba una de las citas que atestan mis cuadernos, pues sintetiza maravillosamente lo que pienso" (*Los cuadernos* V.163). Ejemplos de este uso de citas y referencias para solidificar una fe ya consolidada lo son, entre otros, el aforismo de Borges con que los cuadernos de don Rigoberto apoyan el hedonismo del personaje: "El deber de todas las cosas es ser una felicidad; si no son una felicidad son inútiles o perjudiciales" (*Los cuadernos* IV.138), así como la cita tan oportuna del Monsieur Teste de Válery, medio borrada por una lágrima que don Rigoberto había dejado caer mientras la leía, que calza perfectamente con el sentir combativo y desafiante de don Rigoberto: "*Tout ce qui m'était facile m'était indifférent et presque ennemi*" (*Los cuadernos* IV.142; "*Todo lo que me resultaba fácil me era indiferente y casi hostil*").

Don Rigoberto acude a la escritura para fabricar imágenes y sensaciones que destronen otras que le desasosiegan, de la misma manera que fantasea con el cuerpo de Lucrecia para desplazar y borrar "toda otra imagen, consideración, preocupación" (*Los cuadernos* IX.349). Esto ocurre, por ejemplo, en el episodio antes referido de "Olor a viudas," cuando trata de desprenderse del hedor que un mal sueño le ha dejado adherido al cuerpo, convocando otras imágenes más placenteras: "'Estoy embutido de olor a rata' se asuntó. Saltó de la cama en pijama [...], y corrió a su estudio, a ver si hojeando algún libro, escrutando un grabado, oyendo música o garabateando sus cuadernos, otras imágenes venían a exorcizar a las sobrevivientes de la pesadilla" (*Los cuadernos* V.172). Unas citas lo tranquilizan, otras lo inquietan. Las citas que recogen los cuadernos de don Rigoberto traducen el constante vaivén que ritma el estado emocional del protagonista, su incesante ir y venir entre la realidad y la fantasía, la esperanza y la desesperanza, la ilusión y el desencanto.

Además de servir para atizar la imaginación de don Rigoberto, sus cuadernos escenifican también su desvarío, su loco afán por satisfacer plenamente su deseo. La persecución incesante que emprende el protagonista de una imagen ideal de Lucrecia que colme su deseo y felicidad, lo condena a la insatisfacción. En *La fable mystique*, Michel de Certeau se refiere a esta noción de desbordamiento que es inherente al deseo: "le désir crée un excès. Il excède, passe et perd les lieux, il fait aller plus loin. Il n'habite nulle part, il est habité" (411; "el deseo crea un exceso. Excede, pasa y pierde los lugares, hace ir más lejos. No habita en ninguna parte, es habitado"). El deseo de don Rigoberto está marcado asimismo por el exceso y el desbordamiento. El aluvión de imágenes pictóricas y literarias que fluye por la mente fantasiosa de don Rigoberto, supliendo y suplantando el cuerpo ausente de Lucrecia con esa danza derridiana de significantes en busca de un significado último inalcanzable—a la que aludí con anterioridad—acompaña el movimiento frenético con que don Rigoberto pasa las páginas de su cuaderno en busca de citas que casen con la turba de imágenes que se atropellan en su mente: "las manos de don Rigoberto pasaban rápido las hojas del cuaderno en pos de una anotación que correspondiera a la secuencia de imágenes ya claramente en movimiento en su mente febril" (*Los cuadernos* V.179). Michel de Certeau asocia lo místico con el movimiento incesante, con la carencia y con la insatisfacción: "Est mystique celui ou celle qui ne peut s'arrêter de marcher et qui, avec la certitude de ce qui lui manque, sait de chaque lieu et de chaque objet que ce n'est pas ça, qu'on ne peut pas résider ici ni se contenter de cela" (411; "Es un/una místico aquél o aquélla que no puede dejar de caminar y que, seguro de lo que le falta, sabe de cada lugar y de cada objeto que no es eso, que no puede residir aquí ni se contentar con aquello"). La abrumadora proliferación y el continuo atropello de imágenes y referencias con las que don Rigoberto persigue atrapar la ilusión de plenitud, revelan en realidad una honda carencia e insatisfacción, como propuse antes. El arrebato con que Rigoberto (h)ojea las páginas de sus cuadernos en pos de un perfecto e imposible acoplamiento entre la palabra escrita y la imagen soñada, entre el deseo erótico y su consumación, se relaciona, al otro lado del espejo, con el rapto místico que experimenta el asceta al alcanzar la perfecta unión de su alma con Dios.

La *correspondencia* de don Rigoberto

> … ahora que estoy solo —separado de mi mujer quiero decir— leo, contemplo mis grabados, reviso y alimento mis cuadernos con cartas como ésta, pero sobre todo, fantaseo, sueño, construyo una realidad mejor, depurada de todas las escorias y excrecencias —usted y su baba— que hacen a la existente tan siniestra y sórdida como para inducirnos a desear una distinta.
>
> Mario Vargas Llosa
>
> *Los cuadernos* IX, "La baba del gusano" 333

Las citas y anotaciones con que don Rigoberto llena las páginas de sus libretas, no sólo conforman ese capital cultural con que cuenta el protagonista de *Elogio* y *Los cuadernos* para mejorar y embellecer su vida personal, como acabo de argüir, sino que constituyen, también, la materia prima de la que se servirá para la redacción de esas nueve cartas que componen su correspondencia epistolar. Cartas que—como veremos a continuación—operan como tratados sistemáticos, en los que don Rigoberto expone las razones y métodos para combatir el gran mal de su época: el auge del colectivismo y la despersonalización, además de ayudarle a sobrellevar su duelo por la pérdida de Lucrecia. Por consiguiente, las nueve cartas redactadas por el protagonista, resultado lógico de ese proceso de elaboración más sistemática al que suelen someterse los *hypomnemata*, se enclavan dentro de la segunda forma de escritura "para sí y para el otro" que Foucault califica de *correspondencia*. En cada una de estas cartas Rigoberto reelabora y re-contextualiza las citas que previamente ha escrito en sus cuadernos de anotar la vida, de modo que éstas van a formar el soporte ideológico de las razones y razonamientos que esgrime en defensa de su ideología liberal e individualista, considerada por él como la única vía de acceso al placer.

Por lo general, las cartas que uno escribe suelen ir dirigidas a un destinatario distinto del sujeto emisor de la mismas. Ahora bien, este sujeto emisor puede también hacer las veces de destinatario, con el sólo acto de leer el texto escrito antes de enviarlo. Teniendo en cuenta que el sujeto escribiente puede asumir esta doble función de emisor y destinatario al mismo tiempo, la *correspondencia* puede facilitar, también, el entrenamiento del yo que promovían los *hypomnemata*. Como sabemos, los cuadernos de don Rigoberto recogen nueve cartas-manifiesto que el protagonista ha escrito sin ninguna intención de enviarlas a sus destinatarios. Este gesto le permite, por una parte, utilizar la escritura epistolar como un método de afianzar su propio sistema de valores y creencias, y por otra, presentar su caso contra la utopía social ante el banquillo de los lectores, quienes ocupamos los asientos que han dejado vacantes sus corresponsales.

En el acto de escribir y sobre el escenario de la escritura, don Rigoberto se desdobla en emisor y destinatario de su propia correspondencia, fraguando con la redacción de sus cartas la poderosa ilusión de conversar con un interlocutor virtual. Muy convenientemente, como recién he sugerido, estas cartas se convierten en un oportuno pretexto para que don Rigoberto proclame lo que piensa sobre sí mismo y sobre la sociedad en la que vive. De este modo, sus cartas se convierten en confesión y profesión de fe. En ellas, el hedonista e individualista de don Rigoberto revela sus creencias estéticas, éticas y sociales, defendiéndolas con pasión y método a la vez mediante una dialéctica de combate, siempre exuberante e irónica, y en ocasiones, hasta injuriosa.

En el aislamiento de la celda monacal de su biblioteca, este don Quijote aburguesado blande su pluma—en lugar de la espada—para batirse a muerte contra los enemigos del individualismo y la libertad, sus dos grandes ideales, en defensa de los cuales emplea todas las armas retóricas de que dispone:[19]

> Como el mundo avanza tan de prisa hacia la desindividualización completa, la extinción de ese accidente histórico, el reinado del individuo libre y soberano, que una serie de azares y circunstancias hiciera posible (para un reducido número de personas, desde luego, y en un número aun más reducido de países), estoy movilizado en zafarrancho de combate, con mis cinco sentidos y las veinticuatro horas del día para demorar lo más que pueda, en lo que a mí concierne, esa derrota existencial. La batalla es a muerte y totalizadora; todo y todos participan en ella. (*Los cuadernos* V.164)

Para hacer esta declaración de guerra en la carta al rotario, don Rigoberto se apropia del mismo léxico e imaginería bélicos que empleaban los místicos para expresar su permanente combate espiritual (Howe 223).[20] Al igual que el caballero andante de Cervantes, don Rigoberto persigue fervorosamente un quimérico ideal de libertad y soberanía individual. Sin embargo, a diferencia de personaje cervantino, quien deja atrás las comodidades de su hogar para salir a luchar contra toda injusticia social, el caballero fantasista de Vargas Llosa se parapeta tras las cuatro paredes de su cómoda biblioteca, para librar su particular contienda contra "lo social" sobre las páginas en blanco de sus cuadernos y de su mente.

Por consiguiente, las cartas se transforman en un espléndido escenario sobre el que se representa la batalla que libra el "yo" individual e individualista de don Rigoberto, contra el "usted y los suyos" de esos otros sujetos colectivos y colectivistas que encarnan los destinatarios de su correspondencia. Esta batalla entre bandos opuestos recuerda a la librada por el joven organista del cuadro de Tiziano (Fig. 3)—ya comentado—, entre su deseo de mirar el vedado pubis de la diosa Venus y su renuncia al placer para la salvación de su alma (*Elogio* VII.102). Su combate es el mismo combate interior que experimenta, también, el santo jurista don Nepomuceno Riga—doble imaginario de don Rigoberto—ante la posibilidad de protagonizar un lance amoroso y transgresor con la profesora Lucrecia. Como observa el narrador, don Nepomuceno se sentía "escindido entre la ilusión de esa aventura —¿la primera, en una vida de coitos matrimoniales y reproductores?— y su cobardía enmascarada tras el rigor de unos principios éticos, convicciones religiosas y prejuicios sociales. ¿Cuál de las fuerzas que batallaban en su espíritu vencería? ¿El deseo o el miedo?" (*Los cuadernos* VI.220). Vargas Llosa transforma e invierte, de este modo, los términos que definen el combate espiritual del alma del asceta—¿el bien o el mal?—, pero no la imperiosa necesidad de posicionarse en uno u otro bando y la angustia que produce la toma de una determinada postura ética.

Como señalé en el primer capítulo de esta investigación, cada una de las nueve fantasías eróticas que imagina el protagonista en *Los cuadernos* es una *puesta en escena* de un mismo y único guión: la búsqueda del goce. De modo semejante, cada una de las nueve cartas que escribe don Rigoberto en esta misma novela es, también, una *puesta en escena* de un mismo y único conflicto ideológico y moral: la salvaguarda de la libertad y soberanía individual. Tanto sus ensueños eróticos como sus reflexiones epistolares son variaciones de una misma composición. En el caso de su correspondencia, cada carta suele seguir el mismo modelo compositivo. Primeramente, a cada uno de sus corresponsales (excepto al fetichista Peter Simplon), la pluma de don Rigoberto le asigna la función de antagonista. Su discurso epistolar define los dos bandos de la contienda: yo y los míos (el amigo fetichista es uno de sus aliados) y usted y los suyos. Este breve fragmento de su carta a la feminista es un buen ejemplo de esta dialéctica opositora: "Todo parece indicar que usted y sus seguidoras forman parte de esa grey y, por lo tanto, es mi deber participarle mi antagonismo y hostilidad a través de esta carta, que, por lo demás, tampoco pienso llevar al correo" (*Los cuadernos* III.87). La misma estrategia transflora en su carta al director de la Asociación Ecologista "Clorofila y Bosta." Oigamos sus palabras burlonas y sinceras:

> Sé que ofendo sus más caras creencias, pues no ignoro que *usted y los suyos* —¡otra conspiración colectivista!— están convencidos, o van camino de estarlo, de que los animales tienen derecho y acaso alma, todos sin excluir al anófeles palúdico, la hiena carroñera, la sibilante cobra y la piraña voraz. Yo confieso paladinamente que para mí los animales tienen un interés comestible, decorativo y acaso deportivo [...]. (*Los cuadernos* II.40; énfasis mío)

Exceptuando la misiva admirativa que envía a Peter Simplon, su "compañero" en el orgullo de sus fantasmas (*Los cuadernos* III.207), las siete restantes se convierten en feroces diatribas lanzadas contra varios ejemplares de dicha "conspiración colectivista": un ecologista, una feminista, un deportista, un rotario, un patriota, un lector de revistas pornográficas y un burócrata, éste último el más despreciado de todos por verlo don Rigoberto como un calco suyo: "sé lo que soy y lo que hago y desprecio esa parte de mí mismo tanto o más que lo que desprecio en usted" (*Los cuadernos* IX.332).

Una vez revelado el rostro del enemigo, el segundo paso de esta dinámica epistolar de don Rigoberto consiste en movilizar toda su artillería pesada de citas y argumentos, a fin de salvaguardar su ideología individualista y libertaria e infligir el mayor número de bajas posible en la ideología social y colectivista del contrario. En sus cartas don Rigoberto deja bien sentadas sus convicciones y los fundamentos de su posicionamiento ideológico, que no son—según explica a su arquitecto—ni "rapto de humor" ni "pose cínica," por muy extremas que parezcan (*Los cuadernos* I.18).[21] Veamos cuáles son algunos de los principios que defiende don Rigoberto en su correspondencia: "Afirmaré que estoy por la eliminación de todo obstáculo legal a que la mujer acceda a las mismas responsabilidades del varón y a favor del combate intelectual y moral contra los prejuicios en que se apoya el recorte de los derechos de las mujeres," confiesa el protagonista a la feminista (*Los cuadernos* III.83); "Estoy teóricamente a favor de que los seres humanos hagan el amor al derecho y al revés, solos o por parejas o en promiscuos contubernios colectivos (ajjjj) [...]," aclara magnánimo al descerebrado deportista (*Los cuadernos* IV.126).

Su plan de ataque es minar las bases del razonamiento contrario y cogerle la delantera al adversario, anticipando sus peros u objeciones para desarmarlos de antemano. Las dos citas siguientes son una excelente ilustración del modo habitual en que opera la retórica epistolar de don Rigoberto, anticipando cargas/cargos en contra para desactivarlos antes de que explosionen. En la primera se dirige al rotario y en la segunda, al gusano burócrata:

> Te oigo: ¿y si, a diferencia de ti, desquiciado Rigoberto, vendiendo pólizas de seguros contra incendios, robos o enfermedades, un hombre se realiza y goza? ¿Y, si, asistiendo a almuerzos rotarios y contribuyendo con óbolos pecuniarios a levantar letreros en las carreteras con la consigna "Despacio se va más lejos" materializa sus más ardientes deseos y es feliz, ni más ni menos que tú hojeando tu colección de grabados y libros impropios para señoritas o en esas pajas mentales que son los soliloquios de tus cuadernos? ¿No tiene cada cual derecho a sus deseos? Sí, los tiene. Pero, si los más caros deseos (la palabra más bella del diccionario) de un ser humano consisten en vender seguros y afiliarse al Rotary Club (o afines) ese bípedo es un cacaseno. El caso del noventa por ciento de la humanidad, de acuerdo. Veo que vas comprendiendo, asegurador. (*Los cuadernos* V.168)

> Usted me dirá, también: "Si odia tanto los horarios de oficina, las cartas y las pólizas, los informes legales y los protocolos, las reclamaciones, los permisos y los alegatos ¿por qué no tuvo el coraje de sacudirse todo eso de encima y vivir la vida verdadera, la de su fantasía y sus deseos, no sólo en las noches, también en las mañanas, mediodías y tardes? [...] La pregunta es pertinente —me la he formulado muchas veces— pero también lo es mi respuesta: "Porque el mundo de fantasía, de placer, de deseos de libertad, mi única patria querida, no hubiera sobrevivido indemne a la escasez, la estrechez, las angustias económicas, el

> agobio de las deudas y la pobreza. Los sueños y los deseos son incomestibles. Mi existencia se hubiera empobrecido, vuelto caricatura de sí misma." (*Los cuadernos* IX.331)

El discurso epistolar de don Rigoberto no sólo se anticipa a las razones del contrario para contrarrestar su efecto, también cuenta con aliados poderosos: "tengo a la ciencia de mi parte" (*Los cuadernos* III.84) y, si no, se los fabrica él mismo, citando autores y libros que apoyan sus ideas y aportando casos que las ilustran. Sus diatribas suelen incluir también un resumen de su pensamiento o tesis, como está ejemplificado en los fragmentos que cito a continuación extraídos de las cartas que escribe al ecologista, a la feminista y al rotario, respectivamente: "Para ser breve, resumiré mi pensamiento —mis fobias, en todo caso— explicándole que si eso que usted llama 'peste urbana' avanzara incontenible y se tragara todas las praderas del mundo y el globo terráqueo [...], lo aprobaría," le suelta al ecologista (*Los cuadernos* II.42–43). Sobre lo que piensa del feminismo, concluye: "Resumiendo, le diré que todo movimiento que pretenda trascender (o relegar a segundo plano) el combate por la soberanía individual, anteponiéndole los intereses de un colectivo —clase, raza, género, nación, sexo, etnia, iglesia, vicio y profesión— me parece una conjura para embridar aún más la maltratada libertad humana" (*Los cuadernos* III.87). Y al director del Rotary Club le espeta: "Ésta es mi tesis: ser rotario es un pretexto para pasar unos buenos ratos masculinos, a salvo de la vigilancia, servidumbre o formalidad que, según ustedes, impone la cohabitación con la mujer" (*Los cuadernos* V.166).

El programa liberal que defiende a muerte (figurativamente hablando) el protagonista de *Elogio* y *Los cuadernos* es reiterado y catapultado en cada carta, así como la cobardía e hipocresía que caracteriza a este valiente y noble soñador. En la reclusión de la celda de su escritorio, don Rigoberto se engarza en una lucha febril contra las ideologías colectivas que abanderan los destinatarios de sus cartas, embajadores de esos "-ismos"—nacionalismo, patriotismo, feminismo, ecologismo, etc.—que provocan en él impulsos homicidas, como comunica vivamente a su corresponsal patriota con la figura poética de la onomatopeya:

> Por eso, cuando alguien dice, a mi alrededor, "el chino," "el negro," "los peruanos," "los franceses," "las mujeres" o cualquier expresión equivalente con pretensiones de definir a un ser

> humano por su pertenencia a un colectivo de cualquier orden y no como una circunstancia desechable, tengo ganas de sacar el revólver y —pum pum— disparar. (*Los cuadernos* VII.248)

La opinión de Corral respecto a las novelas de Vargas Llosa, en general, se muestra sumamente relevante con respecto a *Elogio* y *Los cuadernos*, en particular: "no se puede leerlas inocentemente, sino como una batalla filosófica mediatizada por el lenguaje, más que por las balas" (215). El tono insultante que *en crescendo* va adquiriendo su correspondencia traiciona el talante antidogmático y benevolente del que presume el libertario de don Rigoberto. Veamos algunas de las lindezas con que adorna la personalidad de sus corresponsales. Al deportista lo tilda de "descerebrado, cacaseno y subnormal" (*Los cuadernos* IV.124); el patriota es "un lastre viviente que arrastra la civilización desde los tiempos del caníbal tatuado" (*Los cuadernos* VII.246); al lector de *Playboy* lo acusa de ser "la punta de lanza de esa gran operación desacralizadora y banalizadora del sexo en que se manifiesta la barbarie contemporánea" (*Los cuadernos* VIII.291–92). Y al burócrata, por último, lo decora con una serie de metáforas como "hidra reglamentarista, oruga tramitadora, rey del papel sellado" (*Los cuadernos* IX.329). Don Rigoberto considera a todos ellos un mal necesario, una maldición y bendición similar a la que representaba el bendito y maldito Onetti de sus ensueños y a la que representa sobretodo su querido y odiado burócrata. Los necesita para mantener vivo su combate como le confiesa a este último: "Ahora bien, pese a que mi vida ha sido un suplicio de Tántalo, una lucha diaria y moral entre el lastre burocrático de mi existencia y los ángeles y demonio secretos de mi ser, usted no me ha vencido" (*Los cuadernos* IX.332). Prolongar su combate significa para don Rigoberto prolongar su placer, ya que—como le hace saber al gusano burócrata—"sin usted aquí, emputeciendo, envenenando y recortando la libertad humana, ésta no sería tan apreciada por mí, ni volaría tan alto mi imaginación, ni mis deseos serían tan pujantes, pues todo eso nace como rebeldía contra usted" (*Los cuadernos* IX.334).

Como se desprende de la correspondencia de don Rigoberto, la conversación monologante que entabla en sus cartas funciona menos como método de cultivo de sí mismo, que como medio de proclamar su fe en una utopía individual. Si dentro de sus sueños eróticos diurnos opera el mecanismo de la identificación, haciéndose don Rigoberto uno con los varios amantes imaginarios de su esposa, en las cartas que escribe interviene el mecanismo de la distinción o "el cultivo de la diferencia," al que se refiere Juan Carlos Ubilluz como base de toda utopía individual ("Mario Vargas Llosa" 95).[22]

Aunque con muy distintos fines, don Rigoberto—al igual que el asceta—recurre a la escritura epistolar para hacer un examen de sí mismo, de sus actos, de sus creencias, deberes y obligaciones. En la experiencia del asceta este examen de sí conduce a la formación de su yo ético, en cambio, en el caso de don Rigoberto, apuntala su ya formado yo ideológico. Estos pequeños tratados que forman cada una de sus cartas, no sólo refuerzan sus creencias sino que sirven para dar legitimidad a los abusos y transgresiones que comete el protagonista soñando despierto. Dicho de otro modo, las cartas son la razón de la sinrazón de sus sueños eróticos. En cierta manera, al combinar lo práctico con lo teórico—las transgresiones sociales y morales que imperan en las fantasías que nutren los *hypomnemata* de don Rigoberto con las teorías legitimadoras de su *correspondencia*—Vargas Llosa emula el modelo de escritura de los libertinos del siglo XVIII francés. En el artículo "Historia de un libertino" ya citado, Oviedo ha relacionado la novela de *Los cuadernos* con el modelo de la literatura libertina, ya que su estructura dual repite la estructura que suele armar el armazón de los libros característicos del género libertino:

> En sus libros casi no hay copulación sin discusión y crítica de las grandes cuestiones que agitaban las mentes más ilustradas. Por eso, la principal convención del modelo narrativo libertino es la de lograr que la actividad física y la especulación metafísica se cedan por turnos el primer plano de la escena para hacernos gozar y pensar (no necesariamente en ese orden). (36)

El sistema compositivo de *Elogio* y *Los cuadernos*, basado en la alternancia entre el *eros* (placer sexual/textual) y el *logos* (la racionalización de la necesidad de gozar) debe mucho a este modelo. Sin embargo, al asemejar la historia de *Los cuadernos* con el modelo libertino, Oviedo se decanta hacia lo teorizante:

> la historia de *Los cuadernos de don Rigoberto* está presentada como una serie de situaciones, declaraciones, notas, tomas de posición, que ilustran o encarnan las ideas que defiende el personaje; la acción tiene un sesgo expositivo; los acontecimientos ocurren de manera metódica y perfectamente calculada; son

> parte de una argumentación ideológica, no muy distinta a la que alimentaba los ayuntamientos carnales y las escenas licenciosas de la novela libertina. ("Historia de un libertino" 46–47)

Mi interpretación, en cambio, considera los dos lados de la acción: la acción en el ámbito de la realidad de los personajes, es decir, ese lado más expositivo (declaraciones, notas, cartas) y la acción en el ámbito de su imaginación (fantasías eróticas). A mi modo de ver, la escritura de Vargas Llosa tiende un puente entre los "ayuntamientos carnales" reales e imaginados de esa escena licenciosa que representan *Elogio* y *Los cuadernos*, y los otros acontecimientos que cotejan, comentan y reflexionan sobre dicha escena. El envés de la sinrazón (metódica y calculada) que se entrona en el soñar despierto de don Rigoberto, lo constituye la razón teorizante y especulativa que gobierna su actividad epistolar. Si el *creer* de don Rigoberto en la ilusión de soberanía individual vivifica sus ensueños eróticos, el *hacer creer* a sus corresponsales en dicho espejismo motiva su correspondencia.

El modelo de la literatura libertina sumado al tono pesimista de las cartas que redacta don Rigoberto, nos remiten de nuevo a la—ya apuntada—influencia que Flaubert y su *Correspondance* ejerció y continúa ejerciendo en Vargas Llosa. Las cartas de Flaubert en los trece tomos publicados por Conard lo acompañaron en 1962 como "el mejor amigo para una vocación literaria," según confiesa el propio escritor en *La orgía perpetua* (731).[23] La naturaleza de las cartas que escribe don Rigoberto en *Los cuadernos* encaja a la perfección con la descripción que hace el autor de la correspondencia flaubertiana: "unas cartas en las que reina el pesimismo más sombrío y chisporrotean las maldiciones contra el hombre en general y contra muchos hombres particulares y donde la humanidad parece, con unas pocas excepciones (casi todas escritores), una masa canalla y grotesca" (*La orgía perpetua* 731). Una masa igualmente canalla, gregaria y servil, constituye el blanco de las bombas que lanza don Rigoberto con sus misivas-misiles.

Con estos nueve textos epistolares don Rigoberto no sólo encuentra una plataforma para dar a conocer sus ideas libertarias, sino que halla otro instrumento con que fabricar(se) una nueva entelequia, como mencioné al principio del capítulo. Sus escritos simulan y disimulan un diálogo con el otro, a pesar de que ese otro se nos revele, en realidad, como el reflejo fiel o distorsionado de él mismo. Por medio del ilusionismo verbal de su escritura epistolar, el alma solitaria de don Rigoberto se solaza en *Los cuadernos* con la ilusoria compañía de esos incautos del colectivismo que aparecen ante él como blanco de sus diatribas, salvo su amigo fetichista de "Exaltación y defensa de las fobias" (VI.204–14): el maestro de obras de "Instrucciones para el arquitecto" (I.16–19); el director de la Asociación ecologista "Clorofila y Bosta" (II.39–43); la señora feminista de "La rebelión de los clítoris" (III.96–102); el "descerebrado, cacaseno y subnormal" de su "Diatriba contra el deportista" (IV.123–29); el director del Rotary Club de "Carta al rotario" (V.162–71); el señor o señora patriota de "Ni caballito de totora, ni torito de pucará" (VII.245–52); el consumidor de revistas pornográficas de "Carta al lector de *Playboy*" (VIII.283–92); y por último, el burócrata de "La baba del gusano" (IX.387–95).

Para desarmar los argumentos de sus enemigos, don Rigoberto, gran estratega en la oratoria, se sirve del mismo léxico e imágenes bélicos que emplean los místicos para comunicar su combate espiritual, como he argumentado previamente. La correspondencia de don Rigoberto se convierte, por lo tanto, en la *puesta en vivo de una convers(ac)ión* quimérica que escenifica su combate personal contra la utopía colectivista.

Al principio de este capítulo hablé del lugar prominente que ocupan las visiones dentro de la experiencia mística. Recordemos que Meissner distinguía las visiones notables de las visiones intelectuales. Las primeras—fundamentalmente visuales—, causan la aparición de una entidad que otros no pueden ver, pudiendo ir acompañadas también de sensaciones auditivas. En las segundas, el efecto obra sobre el entendimiento, sin ninguna ramificación sensorial o imaginativa. A partir de esta distinción, me parece sugestiva la posibilidad de emparentar los *hypomnemata* o cuadernos de notas de don Rigoberto—en tanto que estímulo de la imaginación protagonista—, con este primer tipo de visiones notables, que incluyen las apariciones de Lucrecia y otros figurantes en el escenario de sus fantasías eróticas. Al segundo tipo de visiones, las intelectuales, correspondería su *correspondencia*, ya que sus cartas proveen a don Rigoberto con un escenario idóneo sobre el cual representar sus doctas lucubraciones filosóficas.

Conviene también revisitar la distinción que hacía Foucault entre los *hypomnemata* y la *correspondencia*, con base a la idea de "hacerse ver" o de "personarse." Según el autor de "La escritura de sí," la *correspondencia* es más que un ejercicio de entrenamiento en el cultivo de sí a través de consejos dados a otro. Constituye, además, una cierta manera de manifestarse ante sí y ante los demás, de *hacerse* presente y *hacer* presente. Escribiendo sus cartas, y en sus cartas, don Rigoberto se ve a sí mismo y se da a ver ante sus corresponsales. Con su correspondencia el protagonista trata de reconciliar dos miradas distintas, la que él proyecta sobre sí mismo y la que los otros proyectan sobre él, de manera que ambas coincidan. Como ya indiqué, es mediante la escritura de sí y mediante la suma de voces dispares que confluyen en ella, que el asceta logra constituirse una identidad singular, es decir, un yo moral, coherente y ejemplar.

Por encima de la masa de voces que se cuelan en sus cuadernos de notas y en sus cartas, don Rigoberto se esfuerza, también, por hacer oír su voz singular, oponiéndose a "la disolución del yo individual en lo amorfo gregario" (*Los cuadernos* V.150). Ahora bien, la escritura de sí de don Rigoberto contribuye a formar un sujeto de índole muy distinta. Por medio de sus *hypomnemata* y de su *correspondencia*, don Rigoberto exhibe con orgullo un yo ambiguo y contradictorio: "¿Y entonces? ¿En qué quedamos?," pregunta retóricamente en su carta al rotario, "Yo me quedo en mi contradicción, que es, también, después de todo, una fuente de placer para un espíritu díscolo e inclasificable como el mío" (*Los cuadernos* V.170).

Don Rigoberto se (re)presenta ante los lectores como un sujeto escindido entre su soñar despierto y su mediocre realidad de asegurador, entre la temeridad de sus yos inventados y la cobardía de su yo real, entre el día y la noche, entre los ángeles y los demonios de su contradictorio ser, entre la ilusión de eternidad que le proporcionan sus rituales amatorios e higiénicos, y su ineludible mortalidad. De la naturaleza contradictoria del trío protagonista surge el dinamismo de *Elogio* y *Los cuadernos*, dos narraciones que, paradójicamente, parecen estar ancladas en el inmovilismo del rito y de la repetición. Un inmovilismo que simboliza también el estático éxtasis final del místico, la inefable experiencia de unión espiritual con Dios, meta final de una larga y penosa vía de negación y vaciamiento. El discurso onírico de Fonchito en "Venus con amor y música" relaciona el estado contemplativo de Venus-Lucrecia con dicha experiencia de unión mística con Dios:

> A la señora el tañido del órgano la aquieta y la recoge; una blanda inmovilidad parecida al éxtasis la embarga y ella entonces

> entrecierra los ojos para reconcentrarse más en la melodía que, a medida que la invade, aleja de su espíritu las preocupaciones y rencillas de la jornada y lo vacía de todo lo que no sea audición, sensación pura. (*Elogio* VII.99)

La reconcentración de Lucrecia redunda en la de don Rigoberto, quien al fantasear con su esposa entrecierra siempre los ojos, a fin de que la aparición o la visión de su esposa resulte más clara y nítida en la pantalla interna de su mente. Llena sus noches de insomnio con fantasías que alejan su propia sombra de oficinista y conjuran la presencia fantasmagórica de Lucrecia. Sus cuadernos y cartas velarán también las noches de insomnio del protagonista. Sus *hypomnemata* son el aguijón que lo incita a realizar los gestos de rebeldía y transgresión que comete en el ámbito de sus ensueños, mientras que su *correspondencia* aportará las razones y las pruebas que lo exoneren de culpa. Tanto como anhela el alma del místico llegar a alcanzar su unión con Dios, don Rigoberto aspira a alcanzar las cimas de la (a)moralidad con la ayuda de sus cartas y citas, como le confiesa modestamente a su amigo fetichista: "Nada admiro tanto como que alguien sea capaz de ir a la cárcel y exponerse a la infamia por sus manías. Yo no soy de ésos. He organizado mi vida secretamente y en familia para llegar a las alturas morales que usted ha alcanzado en público" (*Los cuadernos* VI.207). Para don Rigoberto—como para su creador—el erotismo exige refinamiento, sensibilidad literaria y artística, clandestinidad y sobre todo, una aptitud "transgresora." Escuchemos la opinión de Vargas Llosa sobre el vocablo recién entrecomillado:

> Transgresora es una palabra que en este caso hay que tomar con pinzas, pues dentro del contexto erótico no significa negación de la regla moral o religiosa imperante, sino ambas cosas a la vez: su reconocimiento y su rechazo, mezclados de manera indisoluble. Violando la norma en la intimidad, con discreción y de común acuerdo, la pareja o el grupo llevan a cabo una representación, un juego teatral que inflama su placer con un aderezo de desafío y libertad, a la vez que preserva al sexo el estatuto de quehacer velado, confidencial y secreto. ("La desaparición del erotismo," *La civilización del espectáculo* 115)

Esta noción de lo privado y lo público remite a otro de los planteamientos de Foucault en "La escritura de sí." La reflexión debe derivar en acción: "à savoir l'élaboration des discours reçus et reconnus comme vrais en principes rationnels d'action" ("L'écriture de soi" 418; "a saber, la elaboración de los discursos recibidos y reconocidos como verdaderos en principios racionales de acción" ["La escritura de sí" 177]). El cultivo del individuo por medio de los ejercicios de meditación y de escritura debe desembocar en un trabajo en el mundo. Si bien el trabajo sobre uno mismo es fundamental, es importante su reverberación en los otros. Al hablar sobre la vía mística de San Juan de la Cruz, Peñalver Gómez hace un comentario que viene muy a cuento con respecto a esta doble vertiente del entrenamiento de sí por la escritura, la lectura y la meditación: un trabajo sobre sí mismo y un trabajo dentro de la comunidad: "Ahora bien la ruina de la representación, la destrucción de lo imaginario y del entendimiento, condiciones efectivamente de la vía mística sanjuanista, no lleva ésta a una Deidad—sino a la afirmación de una socialidad: 'el amor a los hermanos'" (102).[24]

Muy distinta es la resolución de don Rigoberto. La vía mística del personaje de Vargas Llosa no es una vía de negación ni vaciamiento, sino de afirmación y relleno. Don Rigoberto rescata de las ruinas la imaginación y la representación, a fin de reinventarse y de reinventar continuamente su pequeña utopía individual. Don Rigoberto no se propone ser un modelo de conducta moral: "Yo no pretendo ser un pilar de la sociedad," le dice claramente al burócrata en su carta (*Los cuadernos* IX.332).[25] Su deseo se vuelca en transformar su vida en una obra de arte que le procure goce. Gracias a la escritura, el arte y la ficción, don Rigoberto crea un espacio en el que poder reinventarse cada día en pos de una ilusoria y esquiva comunión entre realidad y deseo.

Epílogo

Resistir soñando

> noche tras noche sueño realidades
> que me dejan honores y condenas
> los párpados son como mis postigos
> y yo invento paisajes pese a todo.
>
> Mario Benedetti
> "Sueño realidades"

Leer, según Orhan Pamuk, significa apropiarnos de otros mundos donde la felicidad es posible: "To carry a book in your pocket or in your bag, particularly in times of sadness, is to be in possession of another world, a world that can bring you happiness" ("On Reading: Words and Images" 110; "Llevar un libro en tu bolsillo o en tu bolsa, particularmente en tiempos de tristeza, es poseer otro mundo, un mundo que te puede aportar felicidad"). Encerrado en su biblioteca, don Rigoberto se fragua un mundo imaginario con ayuda de sus grabados, libros y cuadernos de notas. El protagonista de *Elogio* y *Los cuadernos* se escuda en la ficción para protegerse de la vida y la vida le da razones para buscar la felicidad con la ficción.

Con sus trucos estilísticos y su prestidigitación verbal, el gran ilusionista de Mario Vargas Llosa nos hace vivir la ilusión de asistir a una representación teatral, contemplar una obra pictórica o presenciar una convers(ac)ión, mientras leemos las páginas de estos dos libros. La mente imaginativa de don Rigoberto, *alter ego* del autor, se transmuta simultáneamente en escenario, lienzo y celda monástica, donde su mundo fantasmagórico cobra vida tangible.

Como he analizado en el primer capítulo de esta aventura interartística, don Rigoberto recurre al teatro para la *puesta en escena* de sus fantasías. Sus cuadernos de citas se convierten en casa de citas, a la que acude cada anochecer la figura fantasmagórica de Lucrecia para compartir con él la narración y el espectáculo erótico de sus fantasías. Fantaseando, don Rigoberto se forja la ilusión de estar en compañía de su esposa ausente. La ve irrumpir sobre las tablas del escenario de su biblioteca para actuar para él, para dar corporeidad a sus deseos más secretos. Las tretas teatrales que emplea la "mecanógrafa" de su imaginación producen en él—y en el público lector—un efecto de realidad tan poderoso como la realidad misma.

Para fortalecer el poder ilusorio de la ilusión, la prosa encarnada de Vargas Llosa suplementa el discurso teatral con el lenguaje pictórico. En el segundo capítulo abordé la relación imagen-texto dentro del díptico formado por *Elogio* y *Los cuadernos*. En ambas narraciones, el escritor suma a los procedimientos teatrales los pictóricos (uso de ilustraciones, narraciones ecfrásticas, referencias a pintores y cuadros, lenguaje plástico), con el fin de enriquecer la experiencia estética y vital de los personajes, y la de todos nosotros, sus lectores. En *Elogio*, las imágenes de los lienzos lubrifican los escarceos amorosos de don Rigoberto y su esposa, mientras que en *Los cuadernos*, le ayudan a llenar el vacío de su ausencia. En ambas narraciones la écfrasis narrativa pinta con palabras el desnudo voluptuoso de Lucrecia sobre la mente hedonista y lúdica de su esposo.

A las fuerzas ilusionistas del teatro y la pintura, se suma la literatura e imaginería místicas. En la contienda que el protagonista libra contra la soledad y la sociedad de su tiempo, la vivencia mística le ofrece un modelo de existencia y de existir a espaldas de ese mundo que tanto detesta. Como he argumentado en el tercer y último capítulo de esta investigación, don Rigoberto—encerrado en la celda monástica de su biblioteca para leer las citas de sus cuadernos (*hypomnemata*) y escribir su *correspondencia*—encarna la figura del anacoreta según es perfilada por Michel Foucault en "La escritura de sí." Si en el primer y segundo capítulo me centré en las ficciones imaginarias que engendran las mentes de los personajes de *Elogio* y *Los cuadernos*, en el tercero el foco se desplazó hacia los escritos del protagonista. Como hace el asceta, don Rigoberto se sirve de la escritura para reflexionar sobre el mundo, sobre sí mismo y sobre los demás. Las citas que escribe en sus cuadernos o *hypomnemata* avivan la llama de sus fantasías, al mismo tiempo que su *correspondencia* epistolar le provee una plataforma inmejorable, cómoda y segura, desde la que proclamar su fe individualista, hedonista y libertaria. Escribiendo en la soledad de su celda, don Rigoberto vive también la ilusión de hallarse en presencia del interlocutor que secreta cada uno de sus escritos. Esta confrontación con los demás le es imprescindible para afirmarse como individuo soberano y para intensificar el placer que le procuran sus constantes rebeldías y transgresiones imaginarias.

Para don Rigoberto—como para su creador—la lectura de un buen libro, la contemplación de un bello lienzo, la asistencia al teatro o la vivencia de la exaltación mística, son experiencias que nos arrancan del aquí y del ahora y nos trasladan a mundos imaginarios donde podemos materializar nuestros sueños y deseos. Sin embargo estos paréntesis de felicidad son siempre breves y pasajeros. Don Rigoberto es muy consciente de que el combate que libra contra la realidad es un combate que está perdido de antemano, pero aún así no cede en sus esfuerzos por vivir sus ilusiones, porque—repitiendo las palabras que Valentín oye decir a su querida Marta en la novela de Manuel Puig, *El beso de la mujer araña*—"este sueño es corto pero es feliz" (287).

El ansia de don Rigoberto por transcender los estrechos límites de su existencia a través de la literatura, el arte y la fantasía, unido a su afán por alcanzar una plenitud imposible, lo convierten en un insatisfecho crónico. Siempre inconforme con la realidad, recurre a la ficción como una vía de escape y como bombona de oxígeno. El teatro, la pintura y la literatura mística le sirven para embellecer con representaciones oníricas la presencia corpórea de Lucrecia en *Elogio* y para llenar con esas mismas representaciones el hueco que ha dejada su ausencia en *Los cuadernos*. Podríamos decir de Lucrecia lo que Juan Villoro dice del pequeño león de hojalata que desde la repisa de su alcoba animaba sus fantasías de niño: "Era difícil verlo sin atribuirle alguna historia: pedía ser completado. No dormía, velaba para ser soñado" ("El león y el búho," *La investigación del tiempo* 1).

Doña Lucrecia vive en las páginas de *Elogio* y *Los cuadernos* para ser completada y para ser soñada. Es un pretexto para la forja de fantasías e ilusiones por parte de don Rigoberto y de su hijo Fonchito. Las dos Lucrecias, la real y la inventada, son en realidad una y la misma. Ambas comparten la misma naturaleza ilusoria e irreal de las figuras de los lienzos que tanto gustan a don Rigoberto, tal y como intuye el propio protagonista al hacer estas reflexiones sobre el cuadro de Vermeer, *Diana y sus compañeras*: "Todo es sutil y carnal, de una delicada sensualidad que disimula la perfección de las formas y la suavísima bruma que baña la escena, dotando a las figuras de esa calidad desrealizada y mágica que tienes tú, Lucrecia, cada noche en carne y hueso, y también tu fantasma, cuando visitas mis sueños" (*Los cuadernos* VIII.308).

A pesar de la persistencia de don Rigoberto en suplir la vida con la ficción para que no se apague la llama de la ilusión, los triunfos de su imaginación son de muy corta duración. A la exaltación sucede en seguida el desaliento:

> "Mentira," dijo en voz alta, golpeando la mesa del escritorio. La vida no era un sueño, los sueños eran una endeble mentira, un embeleco fugaz que sólo servía para escapar transitoriamente de las frustraciones y la soledad, y para apreciar mejor, con más dolorosa amargura, lo hermosa y sustancial que era la vida verdadera, la que se comía, tocaba y bebía, tan superior y plena comparada al simulacro que mimaban, conjurados, los deseos y la fantasía. (*Los cuadernos* IX.352)

Aunque por momentos don Rigoberto caiga en la decepción, lo que siempre le salva del abismo es su infatigable tesón en seguir forjándose ilusiones con su fértil imaginación. El protagonista de *Elogio* y *Los cuadernos* forma parte de ese repertorio vargasllosiano de personajes fracasados, que son—según opina Efraín Kristal— los más memorables del autor:

> Vargas Llosa's most important characters almost always fail in their aims and aspirations and they sometimes contribute to the failures of others. These failures exemplify the central message of Vargas Llosa's novels from *Time of the Hero* to *The Notebooks of Don Rigoberto*: the hopes and desires of an individual are always greater than his or her ability to fulfill them. Unhappiness and suffering are therefore as inevitable as the two responses with which individuals try to cope with their unavoidable feelings of dissatisfaction—rebellion and fantasy. (197)

> Los personajes más importantes de Vargas Llosa suelen fracasar casi siempre en sus metas y aspiraciones, y a menudo contribuyen a los fracasos de otros. Estos fracasos ejemplifican el mensaje central de las novelas de Vargas Llosa, desde *La ciudad y los perros* hasta *Los cuadernos de don Rigoberto:* las esperanzas y los deseos de un individuo son siempre superiores a su capacidad de realizarlos. La infelicidad y el sufrimiento son por lo tanto tan inevitables como las dos respuestas que tenemos para tratar

> de sobrellevar los irremediables sentimientos de insatisfacción: la rebelión y la fantasía.

Don Rigoberto responde a los golpes de la vida con la fantasía y la rebelión mental. Ni la realidad logra derrotarlo del todo, ni la ilusión consigue desbancar por completo la realidad. Las ficciones que escribe imaginariamente le permiten escapar del cerco que le tiende la realidad, pero esa experiencia de libertad es siempre efímera. La vida de don Rigoberto, como la de su autor y como la de todos nosotros, sus lectores, está ritmada por un constante vaivén entre la esperanza y la desesperanza, entre la necesidad de ilusionarnos y el descalabro resultante.

Un descalabro que en el caso de Vargas Llosa podríamos relacionarlo con el descalabro de sus sueños presidenciales. Recordemos que entre la publicación de *Elogio* en 1988 y la de *Los cuadernos* en 1997 se deslizan unos nueve años marcados por una experiencia muy significativa en la vida del escritor: la ilusión de asumir la presidencia del Perú y la consecuente decepción por la derrota electoral de 1990.

La idea germinal de *Elogio* surgió como una aventura interartística entre Vargas Llosa y su amigo, el pintor peruano Fernando de Szyszlo, según ha revelado el propio autor:

> *Elogio de la madrastra* fue un proyecto con un pintor; con Fernando de Szyszlo tuvimos la idea de este libro a cuatro manos. La idea era que tuviera que ver con ceremonias, con la pintura, con el erotismo, y entonces yo recordé una idea que me daba vueltas desde hacía mucho tiempo. No sé de dónde me venía: o de algo que leí o de algo que vi. Era la idea de un inocente, un niño, que llega a provocar una gran corrupción. (*Obra Reunida. Narrativa breve* 715)

Este proyecto a cuatro manos no medró, pero el escritor prosiguió con su solo novelístico hasta finalizar la composición de su novela. Habiendo aparecido *Elogio* poco antes de que Vargas Llosa iniciara su campaña presidencial, la novela fue instrumentalizada por sus opositores para poner en entredicho la moralidad del autor, tal y como apunta Iván Thays: "*Elogio* fue usada en la campaña electoral de 1990 para acusar al autor de 'pornógrafo'" ("Provocadoras diatribas" 311). La aparición de *Los cuadernos* siete años después de esta experiencia política tan decepcionante, significa un ajuste de cuentas con dicho episodio de la vida del escritor. Desengañado de la vieja utopía social que había perseguido de joven, la nueva utopía individual de don Rigoberto es un grotesco reflejo del ideario liberal del *Fredemo* (Frente Democrático), bajo cuya plataforma se presentó como candidato a la presidencia Mario Vargas Llosa. Del resumen que hace Fernando Iwasaki de los principios del Movimiento Libertad en *Mario Vargas Llosa: entre la libertad y el infierno*, extraigo algunas frases que repiten el credo libertario de don Rigoberto: "La crisis de valores comenzará a superarse cuando la decadencia moral que socava nuestra existencia sea reemplazada por una cultura de la Libertad [...]" (22); o la siguiente cita un poco más extensa:

> El Perú precisa de una Cultura de la Libertad en la que se reconozca la igualdad de talentos y capacidades en hombres y mujeres, donde puedan coexistir sin menosprecio todas las sangres de nuestro país, en la que el éxito se vuelva una aspiración corriente, donde la creatividad y la emulación alienten el progreso, en la que el creyente y el agnóstico se respeten mutuamente, donde se consolide—en suma—*la soberanía individual* para decidir en todos los ámbitos y sin avasallar la Libertad de los demás. (26; énfasis mío)

Respecto a la derrota electoral de Vargas Llosa, Iwasaki escribe en sus reflexiones finales: "El desenlace estaba previsto desde mucho antes entonces, acaso desde que el propio Vargas Llosa sentenció que 'todo escritor peruano es a la larga un derrotado.' Su vocación le predispuso al sacrificio, su lucidez le hizo abominable para sus enemigos y la coherencia incompatible con los políticos. El epílogo no podía ser de otro modo" (148). El personaje de don Rigoberto experimenta el mismo sentimiento de incomprensión al vivir en una sociedad que—según él—camina hacia la deshumanización. Con don Rigoberto, el escritor se fragua un *alter ego* que es su rostro y su caricatura a la vez. Con don Rigoberto, Vargas Llosa se ríe de sí mismo y del ideario liberal que abandera para mostrarnos los peligros de la radicalización de cualquier idea por muy digna que ésta sea. Con el humor corrosivo e hiperbólico de *Los cuadernos*, Vargas Llosa se redime a sí mismo de aquella derrota política, celebrando el poder lúdico del escritor y de la ficción. Con don Rigoberto, el escritor nos muestra, finalmente, que las ilusiones que nos hace vivir la ficción, aunque breves y transitorias, son enormemente poderosas, ayudándonos a superar derrotas, a resistir soñando y a vivir mejor, y en ocasiones, incluso, a promover cambios en los individuos y en la sociedad.

Soñando, don Rigoberto compensa la humillación que siente cada día trabajando como "gusano burócrata" a fin de preservar su acomodada vida de pequeño burgués: "Los sueños y los deseos son incomestibles" (*Los cuadernos* IX.331), se justificaba el protagonista en su carta al burócrata. Soñando, don Rigoberto estimula el deseo sexual para llegar a la cúspide del goce junto con su esposa. Soñando, don Rigoberto mitiga la soledad y tristeza que le embarga tras su separación de Lucrecia. Soñando, don Rigoberto se resiste al deterioro físico y a la muerte.

Con don Rigoberto, este gran maestro en la creación de personajes desmesurados que es Vargas Llosa, ha estampado otro chiflado monumental más en el álbum de seres tragicómicos que pueblan sus ficciones, tan grandiosos como ridículos dada la desmesura de sus manías y obsesiones. De no sentir Vargas Llosa una tremenda fascinación por quienes persiguen sus sueños hasta el límite de la cordura, no sobreviviría en la memoria de los lectores la conmovedora caricatura del escribidor Pedro Camacho, consagrado en las páginas de *La tía Julia y el escribidor* (1976) al sublime oficio de regurgitar radioteatros las veinticuatro horas del día; ni el iluminado profesor Aldo Brunelli, embarcado en una singular cruzada a favor de los balcones mudéjares de la antigua Lima en la pieza teatral de *El loco de los balcones* (1993). Tampoco recordaríamos al Pantaleón de *Pantaleón y las visitadoras* (1973), iluso capitán empecinado en hacer funcionar con la exactitud relojera de un cuartel, el caos lujurioso del burdel que regenta para desahogo de la tropa; ni recorreríamos el mundo en busca de sueños inalcanzables con Gauguin y Flora Tristán en *El paraíso en la otra esquina* (2003); Tampoco compartiríamos el idealismo de ese personaje solitario que vaga por las páginas de *La guerra del fin del mundo* (1981), un frenólogo adscrito a las ideas libertarias que junto al personaje del periodista, obsesionado por traducir en palabras la experiencia, constituyen la cara y cruz de la persona del escritor. Dentro de esta fauna de personajes excéntricos brilla con luz propia don Rigoberto.

Como ha escrito Vargas Llosa en su ensayo sobre Onetti ya mencionado, lo que distingue a Juan María Brausen, protagonista-narrador de *La vida breve* de Onetti, es su deseo de "salir de sí mismo y de la vida tal como es mediante un movimiento de la fantasía para vivir por unos minutos o unas horas un sucedáneo de la realidad real, ésa que no escogemos, la que nos es impuesta fatalmente por la razón del nacimiento y las circunstancias, una vida que tarde o temprano sentimos como una servidumbre y una prisión de la que quisiéramos escapar" (*El viaje a la ficción* 15–16). Esta proclividad de Brausen a la fantasía es considerada por don Rigoberto como "su manera de defenderse de la realidad enfrentándole el sueño, de aniquilar la horrible realidad con la hermosa mentira de la ficción'" (*Los cuadernos* VII.260). Para don Rigoberto la ficción ejerce la misma función redentora que para el personaje onettiano.

Con la historia de *Elogio* y *Los cuadernos*, Vargas Llosa nos brinda su versión particular del mito de Pandora. Encarnando él mismo al todo poderoso Zeus, el autor envía a don Rigoberto el regalo envenenado de Lucrecia, "la perfección hecha mujer": una criatura maravillosa que el novelista ha modelado a imagen de un ideal inalcanzable (*Los cuadernos* VIII.301). Seducido por los dones de (ese espejismo que es) Lucrecia, don Rigoberto la hace su esposa—como hiciera Epimeteo en la leyenda mítica casándose con Pandora sin saber que ésta era el instrumento con que Zeus se vengaría de su hermano, Prometeo, y sin saber que en su corazón Hermes había introducido el mal y el engaño. Pandora, curiosa y desobediente, abrirá el cofre que su esposo le había prohibido tocar. Doña Lucrecia, desafiante, desobedecerá la ley del Padre, rompiendo lo irrompible: el tabú del incesto. Como responsable de todas las miserias y grandezas humanas, Lucrecia-Pandora sólo logrará retener dentro del cofre prohibido la ilusión, tan necesaria como engañosa para los seres humanos. Y es la ilusión la que impera dentro de este festín de imágenes, reflejos, simulacros, referencias y representaciones, que ofrecen *Elogio* y *Los cuadernos*. Aunque sólo sea durante el tiempo que dura su lectura, estas novelas nos hacen vivir a los lectores una hilera de ilusiones al mismo tiempo que exhiben con orgullo los artificios que producen sus golpes de efecto:

(1) *La ilusión de realismo:* estas novelas revelan la ilusión de un realismo entendido como imitación de la realidad y no como invención de lo real. A ello alude el propio escritor al comentar sobre el gran logro artístico de Monet: "Lo que consiguió—demostrar que 'el realismo' no existe, que es una mera ilusión, una fórmula conven-

cional para decir, simplemente, que el arte tiene raíces en lo vivido, pero que sólo se plasma cuando crea un mundo distinto, que niega, no que reproduce el ya existente—fue todavía más importante que lo que buscaba" ("La batalla perdida de *Monsieur* Monet" 295). La fuerza mágica del relato de *Elogio* y *Los cuadernos* crea en su protagonista y en nosotros los lectores, la ilusión de vivir realidades ficticias que (a)parecen (como) réplicas del mundo real cuando en verdad constituyen réplicas a ese mundo que adjetivamos de real.

(2) *La ilusión de la soberanía individual:* la aspiración soberana del "yo" de don Rigoberto se revela como una entelequia. Para poder ser y existir en calidad de sujeto independiente, al "yo" de don Rigoberto no le queda más remedio que enredarse en la mirada y en el deseo del otro. Raúl Guadalupe de Jesús se refiere a este mismo espejismo de soberanía en "El idiota de la familia: Mario Vargas Llosa y la imposible coartada del ser," pero lo traslada al ámbito de lo literario, destacando el modo en que dicha aspiración de autonomía choca con la naturaleza dialógica del lenguaje:

> El acto de empatía y co-valoración afectiva lleva a la obra literaria a tener como horizonte al otro. [...] pues si toda obra literaria está presidida por este acto de empatía es totalmente ilusorio plantearse la soberanía de lo literario frente al mundo social, ya que si el horizonte del hecho literario es el otro, como acto de comunicación, por el hecho de que la obra literaria va dirigida a un público social mediante la cual se quiere transmitir verbalmente experiencias, ideas, emociones, etc. asistimos a un lazo elemental de comunicación e indeterminación. (209)

De la misma manera en que la Lucrecia del cuadro de Szyszlo necesitaba de la instancia receptora para existir como obra de arte, el sujeto supuestamente soberano de don Rigoberto necesita de la mirada del otro para certificar su propia existencia. Para poder satisfacer sus propios deseos, don Rigoberto necesita verse reflejado en los figurantes que pueblan sus ensoñaciones. Para afirmarse como sujeto epistolar, don Rigoberto necesita del interlocutor que conjura cada uno de sus escritos.

(3) *La ilusión de plenitud:* don Rigoberto sueña con combinar deseo y realidad en una única experiencia plena y dichosa, pero este sueño resulta ser un sueño imposible. Como hemos visto a lo largo de esta investigación, el protagonista persigue un ideal de belleza y plenitud que lo evade constantemente. En busca de

la consecución de dicho ideal, por la mente de don Rigoberto desfilan numerosas imágenes femeninas que no llegan a colmar del todo el vacío representacional dejado por su esposa. El halo de irrealidad que envuelve por igual a la Lucrecia real y a la imaginada hace que ninguna de las dos logre adquirir una presencia plena. Tanto en *Elogio* como en *Los cuadernos* el término *plenitud* no alcanza jamás ese punto álgido donde se agote su último significado. Lucrecia es deseada por don Rigoberto "como los espejismos líquidos de los desiertos por el sediento viajero" (*Los cuadernos* II.51). La sed de plenitud de don Rigoberto es y será siempre insaciable.

(4) *La ilusión de la écfrasis:* en tanto que imitación, la ilusión de la écfrasis está relacionada con la ilusión de plenitud recién aludida. En *Ekphrasis: The Illusion of the Natural Sign*, Krieger describe así el espejismo de la écfrasis:

> So the claim of naive imitation no longer applies, not even in a genre like ekphrasis, which seems to have been created expressly for mimetic purposes. The genre is thus used to allow the *fiction* of an ekphrasis, a make-believe imitation of what does not exist outside the poem's verbal creation of it. Literal ekphrasis has moved, via the power of words, to an illusion of ekphrasis. The ekphrastic principle has learned to do without the simple ekphrasis in order to explore more freely the illusionary power of language. (19)
>
> Así la pretensión de una cándida imitación ya no cuenta, ni incluso en un género como la écfrasis, que parece haber sido creado expresamente para fines miméticos. De este modo el género es usado para permitir la *ficción* de una écfrasis, una falsa imitación de lo que no existe fuera de la creación verbal que realiza el poema. La écfrasis literal se ha vuelto, por el poder de las palabras, una ilusión de écfrasis. El principio ecfrástico ha aprendido a arreglárselas sin la simple écfrasis para poder explorar con mayor libertad el poder ilusorio del lenguaje.

El anhelo ecfrástico de *Elogio* y *Los cuadernos* asigna al lenguaje narrativo la imposible tarea de representar lo que es literalmente irrepresentable. En su aspiración a abrazar la imagen visual toda écfrasis es, en realidad, la ilusión de la écfrasis.

(5) *La ilusión de movimiento, de cambio y de fragmentación:* en un universo ficticio donde las estructuras narrativas, los personajes y las situaciones se repiten, donde todo se vuelve reduplicación,

reflejo, rito, ceremonia y juego, la sensación que perdura en los lectores es, en cambio, la del inmovilismo. Al reflexionar sobre el efecto de la repetición en la poesía de Alejandra Pizarnik, Samuel Monder concluye que "basta concebir la repetición de un solo instante para que tiemblen todas nuestras cronologías" ("La última impureza: una poética de lo pictórico en Alejandra Pizarnik" 21). Las numerosas repeticiones que modulan la composición de ambas novelas de Vargas Llosa hacen temblar, por igual, los relojes y las cronologías. Esta anulación del tiempo se relaciona con la última de las ilusiones que engendran estas dos ficciones.

(6) *La ilusión de inmortalidad: Elogio* y *Los cuadernos* nos hablan también de la ilusión de salirnos del tiempo para eternizarnos en un instante en el que no quepa ni el deterioro corporal ni la muerte. Refiriéndose a la primera de estas novelas en "The Reader as Voyeur: Culture, Pornography, and Religion in *In Praise of the Stepmother*," M. Keith Booker pone en realce la futilidad de todo empeño por transcender nuestra condición material:

> The story of Rigoberto, Lucrecia, and Alfonsito thus functions as a sort of allegory of the futility of human attempts to escape physical reality through various idealist dreams of eternal perfection. In particular, the book functions as a radical critique of two particular strategies for escaping reality—the notion of art as an ideal aesthetic realm divorced from the real, and the use of religion (specifically Catholicism) as a vehicle for denying the physical in favor of the spiritual. (176)

> La historia de Rigoberto, Lucrecia y Alfonsito funciona de este modo como una especie de alegoría de la futilidad de los esfuerzos humanos por escapar de la realidad física a través de varios sueños idealistas de perfección eterna. En particular, el libro funciona como una crítica radical de dos estrategias particulares para escapar de la realidad—la noción del arte como un reino estético ideal divorciado de lo real, y el uso de la religión (específicamente el catolicismo) como vehículo para negar lo físico a favor de lo espiritual.

Imaginar, escribir o crear son para Vargas Llosa modos de combatir la muerte, según afirma en una entrevista con Elena Hevia para *Revista el Mundo*: "En un momento dado uno se elige como escritor porque así se enriquece su vida y también porque escribiendo, como ocurre con todos los que tienen una actividad creativa, se tiene la ilusión secreta de combatir la muerte" (63). Estas palabras resultan tan significativas como las que dirige a su amigo, el escultor español Víctor Ochoa, durante una conversación entre los dos artistas sobre la función del arte, publicada por Ochoa con el sugestivo título de *Víctor Ochoa, escultor. ¿Cuándo se acaba una obra? Conversación con Mario Vargas Llosa:*

> ¿Tú no crees que hay una lucha contra la usura, contra el tiempo que carcome, que devora, que extingue las cosas? Cuando haces una escultura o cuando un autor escribe una novela o escribe un poema, no estás inconscientemente tratando de crear algo que resista al tiempo, que sobreviva al paso del tiempo. Una manera de que se prolongue donde es imposible prolongarse, indefinidamente, en la vida. Yo creo que en eso, sí que se parecen todos los creadores. No importa cuál sea el género, el material que utilicen. Si tienen éxito, de alguna manera, ganarán esa batalla al tiempo y sobreviven y dejan algo que de alguna manera los prolonga. ¿No es verdad? (21)

En la soledad de su biblioteca, don Rigoberto se agarra a la fantasía para espantar la idea del suicidio y de la muerte. Entre las cuatro paredes de su cuarto de baño libra cada noche una inútil batalla contra el envejecimiento y el deterioro de su cuerpo. Como su autor, el protagonista de *Elogio* y *Los cuadernos* sobrevive al cataclismo de la existencia gracias a su pasión por la literatura, el arte y la música. Su viva imaginación le permite beber en esas fuentes para construirse un sueño de inmortalidad, fugaz pero feliz. Al igual que a don Rigoberto le fascinaba la facilidad con que el mago Gran Richardi "sacaba pañuelos de su sombrero de copa" en el circo de su infancia (*Los cuadernos* IV.136), a los lectores de *Elogio* y *Los cuadernos* nos fascina ver la manera en que Vargas Llosa saca de su escritura ficciones que se levantan ante nuestros ojos con la fuerza visual y sensorial de la realidad, sin perder el poder evocador de los sueños.

El escritor acude al teatro, la pintura y la literatura mística para crear el férreo universo ficticio de *Elogio* y *Los cuadernos* con la insustancialidad de las ilusiones y los sueños, para exaltar "hasta extremos deicidas el derecho del ser humano de insurgir contra lo establecido en razón de sus deseos, de cambiar el mundo valiéndose de la fantasía, aunque fuera por el efímero período de una lectura o un sueño" (*Los cuadernos* VIII.300). Este impulso irresistible de imaginar, soñar e inventar la vida, acucia no sólo al autor y a los personajes de *Elogio y Los cuadernos*, sino también a todos nosotros, sus lectores, en tanto que copartícipes en la orgía teatral, pictórica y mística a la que nos invita su lectura: una ilusión tan necesaria como pasajera.

En su lección inaugural al prestigioso Collège de France, publicada bajo el título de *La littérature, pour quoi faire?,* Antoine Compagnon aboga por reemplazar las típicas y tópicas preguntas sobre la especificidad del fenómeno literario o sobre su utilidad ("¿qué es la literatura? ¿para qué sirve la literatura?"), por la simple pregunta de "¿qué puede la literatura?" (45). *Elogio* y *Los cuadernos* parecen decirnos que la imaginación, el arte y la literatura pueden lo que no puede la realidad, la suplantan, complementan o mejoran, respondiendo a la necesidad de todos y cada uno de nosotros de imaginar otra vida posible e imaginarnos "otro," de traspasar los límites que la realidad nos impone para hacer de nuestra pequeña vida una gran obra de arte. "Hágame otro. Uno que no sea como soy yo" le pide uno de los suplicantes a "la milagrosa," en la novela homónima de la escritora mexicana Carmen Boullosa (34). Para Mario Vargas Llosa, el poder imaginativo de la ficción es, en realidad, el único capaz de realizar tan extraordinario milagro.

Apéndices

Apéndice uno

Bosquejo estructural de *Elogio de la madrastra*

CAPÍTULO UNO: **El cumpleaños de doña Lucrecia** (narración en tercera persona omnisciente punteada de diálogos, 13–23)†

CAPÍTULO DOS: **Candaules, rey de Lidia** (narración en primera persona a cargo de Candaules–don Rigoberto, 25–37)

[Fig. 1] El texto narrativo es precedido por el cuadro de Jacob Jordaens, *Candaules, rey de Lidia, muestra su mujer al primer ministro Giges* (1648)

CAPÍTULO TRES: **Las orejas del miércoles** (narración en tercera persona omnisciente, 39–48)

CAPÍTULO CUATRO: **Ojos como luciérnagas** (narración en tercera persona omnisciente punteada de diálogos, 49–65)

CAPÍTULO CINCO: **Diana después de su baño** (narración en primera persona a cargo de la diosa Diana–Lucrecia, 67–76)

[Fig. 2] El texto narrativo es precedido por el cuadro de François Boucher, *Diana después de su baño* (1742)

CAPÍTULO SEIS: **Las abluciones de don Rigoberto** (narración en tercera persona omnisciente, 77–94)

CAPÍTULO SIETE: **Venus con amor y música** (narración en primera persona a cargo del diosecillo–Fonchito, 95–106)

[Fig. 3] El texto narrativo es precedido por el cuadro de Tiziano Vecellio, *Venus recreándose con el Amor y la Música*

CAPÍTULO OCHO: **La sal de sus lágrimas** (narración en tercera persona omnisciente punteada de diálogos, 107–17)

† La paginación corresponde a la cuarta edición en Tusquets Editores de enero 1991. La novela apareció en 1988 en la colección La Sonrisa Vertical de Tusquets Editores, la colección de erótica dirigida por Luis G. Berlanga.

CAPÍTULO NUEVE: **Semblanza de humano** (narración en primera persona a cargo del monstruo–don Rigoberto, 119–25)

[Fig. 4] El texto narrativo es precedido por el cuadro de Francis Bacon, *Cabeza I* (1948)

CAPÍTULO DIEZ: **Tuberosa y sensual** (narración en tercera persona omnisciente, 127–38)

CAPÍTULO ONCE: **Sobremesa** (narración en tercera persona omnisciente punteada de diálogos, 139–53)

CAPÍTULO DOCE: **Laberinto de amor** (narración en primera persona a cargo de Lucrecia, 155–61)

[Fig. 5] El texto narrativo es precedido por el cuadro de Fernando de Szyszlo, *Camino a Mendieta 10* (1977)

CAPÍTULO TRECE: **Las malas palabras** (narración en tercera persona omnisciente punteada de diálogos, 163–77)

CAPÍTULO CATORCE: **El joven rosado** (narración en primera persona a cargo de María, 179–98)

[Fig. 6] El texto narrativo es precedido por el fresco de Fra Angelico, *La Anunciación* (c. 1437)

EPÍLOGO (narración en tercera persona omnisciente punteada de diálogos, 187–98)

PINACOTECA (199)

Apéndice dos

Bosquejo estructural de *Los cuadernos de don Rigoberto*

CAPÍTULO UNO

El regreso de Fonchito (visita de Fonchito a Lucrecia; narración en tercera persona omnisciente punteada de diálogos, 9–16)[†]

Instrucciones para el arquitecto (carta de don Rigoberto al arquitecto que le construye la casa para recalcarle la prioridad que concede a su biblioteca, 16–19)

La noche de los gatos (fantasía erótica de don Rigoberto en la que Lucrecia retoza con gatos para complacer a un amante zoológico; mezcla de diálogo y narración, 19–29)

El fetichismo de los nombres (carta lúdica anónima destinada a don Rigoberto, firmada por "la fetichista de los nombres," 29–30)

*__Reproducción de la obra de Schiele__: *Autorretrato agachado* (30)

CAPÍTULO DOS

Las cositas de Egon Schiele (visita de Fonchito a Lucrecia; narración en tercera persona omnisciente punteada de diálogos, 31–39)

Clorofila y Bosta (carta de don Rigoberto al director de la Asociación Ecologista "Clorofila y Bosta" negándose a contribuir monetariamente, 39–43)

El sueño de Pluto (fantasía erótica de don Rigoberto en la que Lucrecia acepta pasar una semana de placer entre Nueva York-París-Venecia con un viejo amor de juventud, Pluto; mezcla de diálogo y narración, y transcripción de una carta, 43–50)

Imperativos del sediento viajero (carta anónima destinada a Lucrecia, de un amo y esclavo a su esclava y ama, 50–51)

† La paginación corresponde a la primera edición de la novela en Alfaguara, 1997.

La semana ideal (fantasía erótica de don Rigoberto en la que Lucrecia le cuenta los pormenores eróticos del viaje con Pluto; mezcla de diálogo y narración, 51–74)
*__Reproducción de la obra de Schiele:__ *Desnudo de dos muchachas abrazadas* (74)

CAPÍTULO TRES

El juego de los cuadros (visita de Fonchito a Lucrecia; narración en tercera persona omnisciente punteada de diálogos, 75–83)
La rebelión de los clítoris (carta de don Rigoberto a una señora feminista, 83–88)
Borrachera con carambola (ensoñación erótica de don Rigoberto en la que Lucrecia, tras salvar a su criada, Justiniana, del intento de violación de Fito Cebolla, termina haciendo el amor con ella; mezcla de diálogos y narración, 88–111)
Amor a las orejas voladoras (carta anónima destinada a don Rigoberto, firmada por "la loquita de tus orejas,"111–12)
*__Reproducción de la obra de Schiele:__ *Dos jovencitas yaciendo entreveradas* (112)

CAPÍTULO CUATRO

Fonchito en lágrimas (visita de Fonchito a Lucrecia; mezcla de diálogo y narración, 113–23)
Diatriba contra el deportista (carta de don Rigoberto a un señor deportista, 123–29)
Los hermanos corsos (fantasía erótica de don Rigoberto en la que cuenta una orgía protagonizada por él, Lucrecia, un hermano gemelo e Ilse, la mujer de éste; narración y diálogo, 129–48)
Arpía leonada y alada (carta anónima destinada a Lucrecia firmada por "el caprichoso de las arpías," 148–49)
*Reproducción de la obra de Schiele: *Muchacha durmiendo* (149)

CAPÍTULO CINCO

Fonchito y las niñas (visita de Fonchito a Lucrecia, narración y diálogo, 150–62)
Carta al rotario (carta de don Rigoberto al director del Rotary Club, 162–71)
El olor de las viudas (ensoñación erótica de don Rigoberto en la que Lucrecia cede al excitante capricho del castrado Manuel de verla y oírla orinar; narración y diálogo, 171–91)

Menú diminutivo (carta anónima destinada a don Rigoberto, firmada por "la cocinerita sin juanetes," 191–92)
*__Reproducción de la obra de Schiele:__ *Retrato de Erich Lederer, en cuclillas* (192)

CAPÍTULO SEIS

El anónimo (visita de Fonchito a Lucrecia; narración y diálogo, 193–204)
Exaltación y defensa de las fobias (carta de don Rigoberto a su amigo fetichista, Peter Simplon, 204–14)
El calzoncito de la profesora (fantasía erótica de don Rigoberto en la que Lucrecia, convertida en una profesora de leyes de Virginia, corrompe al jurista Nepomuceno Riga, amigo de don Rigoberto; narración y diálogo, 214–30)
Prohibiciones a la belleza (carta anónima destinada a Lucrecia con una serie de mandamientos estéticos, 230–31)
*__Reproducción de la obra de Schiele:__ *Autorretrato doble* (231)

CAPÍTULO SIETE

El dedo gordo de Egon Schiele (visita de Fonchito a su madrastra, 232–45)
Ni caballito de totora, ni torito de pucará (carta de don Rigoberto al señor o señora patriota; narración y diálogo, 245–52)
¡Maldito Onetti! ¡Bendito Onetti! (fantasía erótica de don Rigoberto en la que Lucrecia hace el amor con la embajadora de Argelia, tomando un baño de vapor; narración y diálogo, 253–68)
Juegos invisibles (carta anónima destinada a don Rigoberto, firmada por "la fantasmita enamorada," 269–70)
*__Reproducción de la obra de Schiele:__ *Desnudo de mujer tumbada* (270)

CAPÍTULO OCHO

Fiera en el espejo (visita de Fonchito a su madrastra; narración y diálogo, 271–83)
Carta al lector de *Playboy* o tratado mínimo de estética (carta a ese "suicidado vivo" que es para don Rigoberto el lector de esta revista pornográfica, 283–92)
Un piececito (fantasía erótica de don Rigoberto en la que los pies de Lucrecia enloquecen a un fetichista francés del siglo XVIII; narración y diálogo, 292–308)

Estofado de tigre (carta anónima destinada a Lucrecia, de un amante a su amada, 309–10)
*Reproducción de la obra de Schiele:** *Schiele, dibujando a una modelo desnuda frente al espejo* (310)

CAPÍTULO NUEVE

La cita del Sheraton (Lucrecia le cuenta a Justiniana los pormenores de la cita; narración y diálogo, 311–28)

La baba del gusano (carta de don Rigoberto al parásito burócrata, 328–34)

El sueño es la vida (fantasía erótica de don Rigoberto en la que él y su mujer, el día antes de su reconciliación se revuelcan en un prostíbulo con una mulata que le arranca a don Rigoberto una oreja; narración y diálogo, 335–53)

La víbora y la lamprea (carta anónima destinada a don Rigoberto, de la víbora a la lamprea, en la que se transcribe una cita de San Basilio de *La perfecta casada*, 353–54)
*Reproducción de la obra de Schiele:** *Hombre y mujer* (354)

EPÍLOGO

Una familia feliz (reconciliación familiar; narración y diálogo, 357–84)
*Reproducción de la obra de Schiele:** *Desnudo masculino, de pie y con taparrabo rojo* (384)

Notas

Introducción

1. En 1993 el gobierno español concedió a Vargas Llosa la ciudadanía española. Ver al respecto el artículo de Andreu Manresa, "El escritor peruano Mario Vargas Llosa obtiene la nacionalidad española" en la edición electrónica de *El País*. En 2010 el escritor aceptó la tercera nacionalidad, "la que metafóricamente le ofreció el ministro de Cultura de República Dominicana, José Rafael Lantigua, durante el acto en que el presidente caribeño, Leonel Fernández, impuso al Premio Nobel de Literatura la Orden de Cristóbal Colón en el grado de Gran Cruz Placa de Plata" (Iban Campo, *El País.com*).

2. El 3 de febrero de 2011 el rey de España, Juan Carlos I, otorgó a Mario Vargas Llosa, Premio Nobel de Literatura de 2010, el título de Marqués de Vargas Llosa, para sí y sus sucesores, de acuerdo con la legislación nobiliaria española (Boletín Oficial del Estado, 4 de febrero de 2011). Junto con Vargas Llosa también fueron nombrados marqueses el seleccionador de fútbol Vicente Del Bosque, el catedrático Aurelio Menéndez y el empresario Juan Miguel Villar Mir (Mabel Galaz, "Vargas Llosa y Del Bosque ya son marqueses").

3. En un *chat* en *El País.com*, un internauta preguntó al autor por qué no cultivaba con asiduidad la poesía y he aquí su respuesta: "La cultivé de joven y, para vergüenza mía, hasta la publiqué. Pero dejé de escribirla cuando me di cuenta de lo que dice Borges: 'En poesía sólo se admite la excelencia'" ("Entrevista digital," 10 de marzo de 2000). Recordemos también que el escritor inauguró la octava edición del Festival Internacional de Poesía de Granada 2011 con un discurso en el que habló de su relación personal con la poesía y otras cuestiones vinculadas con la literatura en general.

4. Manuel Arturo Odría Amoretti nació el 26 de noviembre de 1887 en Tarma, Perú, y murió el 18 de febrero de 1974 en Lima. En 1948 lideró una junta militar que depuso al presidente José Bustamante, siendo proclamado presidente provisional. Disolvió la legislatura, declaró la ley marcial y procedió a implantar medidas para mejorar la economía peruana y corregir la inestabilidad política, persiguiendo para ello la ayuda técnica y las inversiones privadas de Estados Unidos. Dimitió temporalmente el uno de junio de 1950 para presentarse a unas elecciones sin ningún opositor, y fue investido presidente el 28 de julio de ese mismo año. Su gobierno autoritario se caracterizó por sus tácticas políticas represivas para acallar la oposición y desarmar toda disidencia. Su mandato duró hasta el año 1956, cuando se vio forzado a convocar elecciones libres a las que no se presentó para su reelección (Wikipedia, la enciclopedia libre).

5. El 26 de enero de 1983 aparecieron en la localidad de Uchuraccay los cuerpos destrozados de siete periodistas peruanos. ¿Culpabilidad de los guerrilleros de Sendero Luminoso? ¿Culpabilidad de las fuerzas armadas? ¿Culpabilidad de los campesinos de la Sierra peruana? Vargas Llosa fue nombrado por el presidente Fernando Belaúnde Terry para presidir una Comisión Investigadora de la muerte de los siete periodistas y el fotógrafo que les acompañaba. El 4 de marzo, Vargas Llosa entregó el Informe en el que se exculpaba a las fuerzas armadas de cualquier tipo de intervención en el suceso, responsabilizando de la masacre a un grupo de campesinos de la sierra que tomaron a los periodistas por guerrilleros de Sendero Luminoso (Escalante, "Vargas Llosa y el esclarecimiento de la masacre de Uchuraccay, Perú").

6. A partir de ahora me referiré a estas novelas en la forma abreviada de *Elogio* y *Los cuadernos*. Las ediciones que manejo son la cuarta de Tusquets de 1991 para *Elogio* y la primera de Alfaguara de 1997 para *Los cuadernos*.

7. Vargas Llosa opta por no precisar la edad de Fonchito. Robert W. Gaston escribe al respecto: "The child's age is difficult to gauge: he is said to be frail and small, yet sexually active, and may well be visualized as adolescent rather than prepubescent" (217; "La edad del niño es difícil de discernir: se dice que es frágil y pequeño, pero activo sexualmente, y podemos perfectamente imaginarlo como adolescente más que preadolescente"). Fonchito protagoniza también el cuento *Fonchito y la luna* en Alfaguara infantil. En este cuento Fonchito es un niño audaz, que se las ingenia para regalarle la luna a su amiguita Nereida a cambio de un beso en la mejilla.

8. En la edición de *Los cuadernos* que manejo, la primera en Alfaguara de 1997, las ilustraciones de los dibujos de Schiele se injertan al pie del texto de las cartas, pero puede que en otras ediciones ocupen un lugar distinto.

9. Entre los críticos que relacionan su escritura con la corriente naturalista más que con el realismo, cabe citar a Birger Angvik y Julio César Fernández Carmona. En *La narración como exorcismo*, Angvik analiza las obras del escritor que se centran en la temática del Perú. Según su opinión, Vargas Llosa rompe con la tradición literaria peruana formalmente, dadas sus innovaciones técnicas, pero la continúa temáticamente al estar vinculada su obra con la corriente tradicional del naturalismo y el determinismo moral y social. En *El mentiroso y el escribidor*, el crítico peruano Fernández Carmona, niega con vehemencia que la obra de Vargas Llosa sea realista, ubicándola dentro de los parámetros de una poética formalista-naturalista que, en lugar de crear un espacio para la libertad creativa, la ata al método formal y al determinismo. El rigor científico del que alardea este crítico queda diezmado por el tono de encono y animadversión personal que tiñe su análisis. Valga como ejemplo esta valoración parentética que hace del escritor: "Y, más bien, él (Mario Vargas Llosa)—con una soberbia sólo comparable a su exacerbado egoísmo—dice que… " (107).

10. En su interesante artículo sobre Flaubert y Vargas Llosa, Elizabeth Sánchez Garay destaca la valoración que hacía el escritor de este tipo de realismo no mimético respecto a la escritura de Flaubert: "Para el escritor peruano, con Madame Bovary la noción de 'realismo' dejó de ser sinónimo de imitación fiel del mundo, como antaño se creía, y eso le otorgó a la narrativa una libertad que antes no tenía" (62–63).

11. Respecto a la utilización de "el elemento añadido" como manipulación de la realidad que confiere autonomía a la ficción, ver el artículo de Nohora

Viviana Cardona Núñez, "El 'elemento añadido' en *Los cuadernos de don Rigoberto* y *Elogio de la madrastra*."

12. Jonathan Culler explica así la lógica del suplemento derridiano: "El suplemento es un extra no esencial, añadido a algo completo por sí mismo, pero el suplemento añade para completar, para compensar la falta con la que supone se completa a sí mismo. Estos dos significados diferentes del suplemento están unidos por una lógica poderosa, y en ambos significados el suplemento se presenta como algo exterior, extraño a la naturaleza 'esencial' de lo que recibe la adición o en lo que se sustituye" (*Sobre la deconstrucción* 94).

13. La soberanía de la escritura proclamada por Vargas Llosa calza a la perfección con el programa artístico del creacionismo según lo define Jean Franco: "En primer lugar el poeta deja de querer imitar el mundo real o de reflejar el orden divino. La palabra, liberada de su instrumentalidad como medio de comunicación, asume propiedades mágicas. Las palabras sugieren, asombran, se contradicen así mismas, se disparan del modo más inesperado. El poeta inventa combinando nuevas palabras y estas combinaciones sugieren nuevos ámbitos de experiencia" (270). El empeño deicida del poeta creacionista coincide plenamente con el papel suplantador de Dios que según Vargas Llosa interpreta todo escritor. Para Huidobro, "el hombre sacude su esclavitud, se rebela contra la Naturaleza como otrora Lucifer contra Dios" ("Teoría del creacionismo," prólogo de Antonio de Undurraga a la antología *Vicente Huidobro, poesía y prosa*).

14. Jean Franco establece la liberación de la palabra como "la base común de muchos de los movimientos de vanguardia de los años veinte," mencionando entre ellos el ultraísmo y el creacionismo (270).

15. Estos críticos destacan entre los miembros del *boom* las figuras de Gabriel García Márquez y Mario Vargas Llosa: "Gabo y Mario, el poeta y el arquitecto, el mago de la palabra y el constructor de universos" (Esteban y Gallego 20).

16. Quizás sea sintomático de esta susodicha valoración de "novelita" que con frecuencia se le atribuye a *Elogio* el hecho de que, dentro de la Biblioteca Mario Vargas Llosa que ha constituido la editorial Alfaguara, *Elogio de la madrastra* no aparezca en un tomo independiente como otras de sus novelas, sino formando parte de un volumen titulado *Obra Reunida. Narrativa breve*, en compañía de *Los jefes, Los cachorros, ¿Quién mató a Palomino Molero?* y *El hablador*.

17. Los trabajos referidos son: "Contenido y técnica en *Elogio de la madrastra*" de Corina Mathieu (1994); "Erotismo e Historia en *Elogio de la madrastra*" de Fernando Reati (1995); "Erotic Parricide in Vargas Llosa's *Elogio de la madrastra*" de Rafael Lampugnani (1988); "Violencia y deseo mimético en *Elogio de la madrastra*" de Sylvia Carullo (1993); "Un patibolario elogio di Vargas Llosa" de Giuseppe Bellini (1989); "*Elogio de la madrastra*: un discurso erótico de símbolos, máscaras y sensaciones" de Jorge Valdivieso (1990); "*Elogio de la madrastra* de Mario Vargas Llosa, un relato modernista" de Concepción Reverte Bernal (1992) y "The Painting of Desire: Representations of Eroticism in Mario Vargas Llosa's *Elogio de la madrastra*" de Rosemary Geisdorfer Feal (1990) y "In Ekphrastic Ecstasy: Mario Vargas Llosa as the Painter of Desire," también de esta última crítico (1995).

18. Valga citar, por ejemplo, el análisis ya mencionado de M. Keith Booker, "The Reader as Voyeur: Culture, Pornography, and Religion in *In Praise of the Stepmother*," en su libro *Vargas Llosa among the Postmodernists* (1994); "In Ekphrastic Ecstasy" de Rosemary Geisdorfer Feal, en el libro redactado en colaboración con Carlos Feal, *Painting on the Page* (1995); "Mario Vargas Llosa: la mirada erótica (*Elogio de la madrastra*)" de María Silvina Persino, en *Hacia una poética de la mirada* (1999); "Mario Vargas Llosa and the End(s) of Sexual Freedom" de Diane E. Marting, en *The Sexual Woman in Latin American Literature: Dangerous Desires* (2001); "The Taming of Bataille in Vargas Llosa's *Elogio de la madrastra*" de Juan Carlos Ubilluz, en *Sacred Eroticism* (2006); y "*Elogio de la madrastra*: zona heterotópica o modelo para armar en torno al arte visual" de Hedy Habra, en *Mundos alternos y artísticos en Vargas Llosa* (2012).

19. La publicación de *Los cuadernos* por Alfaguara pone fin a un largo período de fidelidad editorial del autor con Seix Barral. Comenta Armas Marcelo: "Los textos publicitarios con los que los nuevos editores presentan la novela con la que MVLL ingresa en sus filas son un canto a ese cambio e inciden con efecto multiplicador, una y otra vez, en la definición de la novela, en varios estereotipos que, sin embargo llaman la atención a los lectores del peruano. Por ejemplo, 'un acontecimiento literario,' 'de esta novela hablará todo el mundo,' 'es un verdadero elogio del erotismo,' 'un arte de amar en sus formas más variadas y profundas, en sus niveles estéticos más refinados.' Se repiten, como efecto llamada y como no podía ser menos, los términos, encendidos como luminosos y guiñando sus múltiples neones en la carretera: 'insólita bibliografía del placer,' 'sucesión de escenarios sensuales,' 'pinacoteca del deseo, excitante y rica… con el tonificante añadido del humor,' 'contra las crisis que siempre acechan tras los desenfados amorosos'" (*Vargas Llosa. El vicio de escribir* 430).

20. Las cartas que Koo analiza son "Diatriba contra el deportista" (IV.123–29), "Carta al rotario" (V.162–71) y "Carta al lector de *Playboy* o tratado mínimo de estética" (VII.283–92).

21. El VII Coloquio Literario de la Feria Internacional del Libro de Monterrey sobre Vargas Llosa (18–19 de octubre de 2007), fue organizado por la Feria Internacional del Libro de Monterrey, la cátedra de investigación Literatura latinoamericana contemporánea, el Departamento de Estudios Humanísticos, la carrera de Lengua y Literatura Hispánicas y la Rectoría de la Zona Metropolitana de Monterrey del Tecnológico de Monterrey. Los doctores Pol Popovic y Fidel Chávez Pérez organizaron el encuentro, el cual reunió a un grupo selecto de estudiosos de su obra. Vargas Llosa participó con una conferencia que abrió la sesión del viernes, 19 de octubre.

22. A mediados de los años ochenta, Raymond Leslie Williams concluía su monografía sobre el escritor con estas palabras: "Vargas Llosa is a modern rather than post-modern writer. In contrast to the purely self-reflective and frequently empty narcissism of the post-modernist, he is a novelist of substance" (*Mario Vargas Llosa* 173; "Vargas Llosa es un escritor moderno más que posmoderno. En contraste con el narcisismo del posmodernista, puramente autorreflejo y frecuentemente vacío, él es un novelista de sustancia"). Aunque Vargas Llosa no había aún publicado *Elogio* ni *Los cuadernos* cuando Williams escribió estas palabras, sí había publicado *Pantaleón y las visitadoras*, *La tía Julia y el escribidor* e *Historia de Mayta*. El giro que da Williams en cuanto a la valoración de la escritura de Vargas Llosa no indica en realidad un cambio en su forma de entender la obra del novelista, sino más bien un cambio en su forma de entender el posmodernismo, capaz ahora de expresar sustancias de más hondo calado de lo que su antiguo espíritu narcisista permitía.

23. Con referencia a sus piezas teatrales, ver la nota 1 del primer capítulo de este estudio.

24. Respecto a las novelas y dramas que Vargas Llosa ha escrito inspirándose en el tema de la pintura y en pintores, y a sus ensayos sobre arte, remitirse a la sección "Mario Vargas Llosa y el arte pictórico" en el segundo capítulo de este estudio.

25. Principalmente, las ideas que orientarán estas reflexiones provienen de críticos y teorizadores de las artes teatrales y *performativas* como Fernando de Toro, Umberto Eco, Erika Fischer-Lichte, Marvin Carlson, Cormac Power, Gustavo Geirola, Javier del Prado, entre otros.

26. Tocante a la deuda que Vargas Llosa ha contraído con las obras y actitudes de los libertinos del siglo XVIII, consultar los ensayos de José Miguel Oviedo, "La formación de un libertino" e "Historia de un libertino."

27. He analizado el tema de la mortalidad y naturaleza pasajera de todo lo humano característico del género pictórico de *Vanitas* en mi artículo "*Elogio de la madrastra* y *Los cuadernos de don Rigoberto*: una Vanitas contemporánea."

Capítulo uno
La creación de la ilusión dramática: el espectáculo de la ficción

1. Las piezas teatrales de Vargas Llosa han sido llevadas al escenario por una cincuentena de compañías teatrales de países de todo el mundo, tales como Francia, Polonia, Costa Rica, Alemania, Chile, Inglaterra, La República Dominicana, Argentina, Noruega, Paraguay, España, Puerto Rico y los Estados Unidos. *La ciudad y los perros*, *Pantaleón y las visitadoras* y *La fiesta del chivo* han sido objeto también de montajes libres por parte de diferentes directores. *La señorita de Tacna* (1981), se representó ese mismo año en el teatro Blanca Podestá (Argentina) con Norma Aleandro. La dirección corrió a cargo del director Emilio Alfaro. Compañías de más de veinticinco países han llevado a cabo representaciones de este drama. *Kathie y el hipopótamo* (1983), fue presentada en el Festival internacional de teatro de Caracas, bajo la dirección de Emilio Alfaro y con Norma Aleandro. *La Chunga* (1986), fue llevada a la escena por Luis Peirano en el teatro Canout de Lima con Delfina Paredes en el papel estelar. *El loco de los balcones* (1992), obra dedicada al autor peruano Ricardo Blume, se representó en el Gate Theatre de Londres poco después de la publicación del libro. *Ojos bonitos, cuadros feos* (1996), fue escrita en 1994 para la BBC de Londres. Tras su publicación Luis Peirano dirige su puesta en escena en el teatro del Centro cultural de la Pontificia Universidad Católica del Perú, con los actores Hernán Romero y Salvador del Solar. La obra está dedicada a la memoria de Lorenzo de Szyszlo. *Odiseo y Penélope* (2006), presentada en el Festival de Teatro Clásico de Mérida. *Al pie del Támesis* (2008), ha sido dirigida por Luis Peirano en Lima, con Alberto Isola y Bertha Pancorvo. *Las mil y una noches* (2008), ha sido representada en diversos escenarios de España (*Mario Vargas Llosa. La liberté et la vie* 123–25). Consultar también el libro de Elena Guichot Muñoz: *La dramaturgia de Mario Vargas Llosa: contra la violencia de los años ochenta; la imaginación a escena.*

2. En Barcelona y bajo la dirección de Joan Ollé, Vargas Llosa y la actriz española Aitana Sánchez Gijón colaboraron en la puesta en escena y lectura dramatizada de varios textos del escritor. En Lima, fue la actriz peruana Vanessa Saba quien compartió papel con el escritor. Vargas Llosa ha tenido a la actriz española, Aitana Sánchez Gijón, por compañera de reparto en *Odiseo y Penélope* (2006) y en *Las mil y una noches*, estrenada en Madrid en julio de 2008 y llevada luego a teatros de Sevilla y Santa Cruz de Tenerife (*Mario Vargas Llosa. La liberté et la vie* 124).

3. En los apéndices 1 y 2 que aparecen al final de este libro, ofrezco un esquema detallado de los distintos tipos de discurso y materiales narrativos con los que Vargas Llosa monta cada una de estas novelas.

4. Randolph D. Pope habla del efecto que produce esta técnica de desdoblamiento: "By intersecting and intercalating time and space, not as sequential but as relatively simultaneous, the text suggests a profound skepticism, a deep irony, about certainty. One could claim that the chronological order ultimately ascertains itself in the mind of the reader, showing that a belief was wrong, a strategy misguided, and expectations foolish. Still, the structure of the writing shows that each moment affirms its own belief in itself, and becomes therefore profoundly double-coded and simultaneously affirmative and hesitant" (24; "Cruzando e intercalando tiempo y espacio, no de forma secuencial sino casi simultánea, el texto sugiere con respecto a la certeza un profundo escepticismo, una honda ironía. Se podría afirmar que lo que finalmente se instaura en la mente de los lectores es el orden cronológico, mostrando que una creencia era errónea, una estrategia equivocada, y las expectaciones insensatas. Aún así, la estructura de la escritura muestra que cada momento reafirma su fe en sí, inmerso profundamente en un doble código a la vez afirmativo y dubitativo"). Oviedo destaca también este patrón dual como el formato básico que sostiene el edificio narrativo de la mayoría de las novelas de Vargas Llosa: una estructura de contrapunto "que se apoya en la interacción de al menos dos historias alternas y el juego de sus divergencias y convergencias" ("Una transición clave del realista" 16).

5. En las direcciones respecto al decorado y vestuario de *La señorita de Tacna* (1981), Vargas Llosa escribe: "dos decorados comparten el escenario: *la casa de los abuelos*, en la Lima de los años cincuenta, y *el cuarto de trabajo de Belisario*, situado en cualquier parte del mundo, en el año 1980" (*Teatro. Obra reunida* 19). El cuarto de trabajo de Belisario (reflejo de la biblioteca de don Rigoberto), donde el personaje escribe su novelita romántica, pertenece al ámbito de la realidad real de Belisario, mientras que todo lo que ocurre en la casa de los abuelos, forma parte de los recuerdos del personaje-escritor.

6. Es importante la presencia del escritor uruguayo en *Los cuadernos* como referente literario del acerbo cultural de don Rigoberto. El autor ha escrito un ensayo sobre la obra de Onetti titulado *El viaje a la ficción* (2008). Ver al respecto la nota 32 en este mismo capítulo.

7. Don Rigoberto es Candaules en el lienzo de Jacob Jordaens, *Candaules, rey de Lidia, muestra su mujer al primer ministro Giges*; Lucrecia es la Diana-Lucrecia del cuadro de François Boucher, *Diana después de su baño*; Fonchito es el diosecillo Amor de la tela de Tiziano Vecellio, *Venus recreándose con el Amor y la Música*; don Rigoberto se metamorfosea en la figura monstruosa del óleo de Francis Bacon, *Cabeza I* y Lucrecia se convierte en la víctima de la pintura abstracta de Fernando de Szyszlo, *Camino a Mendieta 10*. En el último de sus sueños, don Rigoberto se proyecta en la figura del arcángel San Gabriel del cuadro de Fra Angelico, *La Anunciación*, aunque en este caso, no es don Rigoberto quien narra su propio sueño sino la joven elegida la que hace de portavoz suyo.

8. Con respecto a lo "huachafo" consultar, por ejemplo, el artículo de Ellen Spielmann, "Los costos de una huachafería limeña: Boucher, Tiziano y Bacon en manos de Vargas Llosa."

9. La inclusión de estas ilustraciones al final de cada uno de los textos de las cartas anónimas que escribe Fonchito corresponde a la edición de *Los cuadernos* que manejo (Alfaguara, 1997). Puede que en otras ediciones de la novela estas reproducciones tengan una ubicación distinta.

10. En su ensayo de sesgo sicoanalítico y feminista, "In Ekphrastic Ecstasy," Feal examina con inteligencia y elocuencia el papel que ejercen distintos tipos de mirada (*look, glance, gaze*) dentro de los lienzos y dentro de las écfrasis imaginarias de los protagonistas de *Elogio*.

11. Sobre las nociones de saber y poder en Michel Foucault consultar *La volonté de savoir* y *Leçons sur la volonté de savoir*. Con relación a este tema, ver también, Michel de Certeau, "Le lieu d'où l'on traite de la culture."

12. En la pinacoteca que Vargas Llosa incluye al final de *Elogio* se lee la fecha de 1648 para este cuadro de Jordaens, sin embargo, la crítico holandesa R.-A. d'Hulst afirma que el único cuadro conocido de Jordaens sobre el tema del rey Candaules es el que se conserva en Estocolmo con fecha de 1646 (230). Según esta crítico la historia del rey Candaules no era un tema muy corriente pero de vez en cuando era tratado por pintores holandeses y flamencos del siglo XVII. Candaules, rey de Lidia en el siglo VII antes de Cristo, fue asesinado y sucedido por Giges. La leyenda griega ofrece dos versiones de la historia. Según una de ellas, Candaules se vanagloriaba de la espléndida belleza de su mujer. Ante el escepticismo de su favorito, Candaules permitió a Giges que se escondiera en la cámara real para admirar a la reina desnuda sin que ella se percatara. Al descubrir la reina a Giges y herida en su pudor, ésta le obligó a escoger entre la propia muerte o matar al rey y tomarla por esposa. Giges escogió lo segundo. Jordaens decide pintar la escena en la que la reina se despoja de su ropa, "Thus he was able to paint another of his many ideal female nudes: of winning appearance, soft and luxurious in form, her skin gleaming in the bright light" (Hulst 232; "De este modo pudo pintar otro de sus muchos desnudos femeninos: con apariencia triunfante, de formas suaves y lujosas, con piel resplandeciente bajo la luz brillante").

13. Para una explicación clara y sucinta sobre esta dialéctica entre presentación e interpretación dentro del marco de la semiótica, consultar la parte II, "Presentation and Interpretation" (43–62), en el libro de Jacqueline Martin y Willmar Sauter, *Understanding Theatre: Performance Analysis in Theory and Practice.*

14. Habra considera que este escenario voyeurístico que se repite en las fantasías de don Rigoberto, representa metafóricamente el deseo secreto del protagonista de incluir la mirada de su hijo en sus coitos conyugales: "Sin pretender definir el deseo de los personajes se pudiera suponer que la obsesión voyeurística de don Rigoberto escondiera el deseo de involucrar a su hijo en la perversidad de la pareja" ("Revelación anamorfótica" 182).

15. En "In Ekphrastic Ecstasy," Feal compara la iconografía del lienzo sobre el rey Candaules con su versión discursiva, para mostrar la gran libertad con que Vargas Llosa interpreta narrativamente la escena pintada por Jordaens al modelar con ella los sueños de don Rigoberto.

16. Feal analiza elocuentemente esta ambigüedad en su imprescindible ensayo, concluyendo que, pese al ejercicio de libertad que el público, como lectores y observadores de la escena, podemos vislumbrar en el gozo perverso de Lucrecia, esta libertad es una libertad condicional, acondicionada al ámbito de los sueños de don Rigoberto, ya que en la realidad de la ficción la transgresión de Lucrecia la condena al exilio u ostracismo social ("In Ekphrastic Ecstasy").

17. Diana, divinidad itálica de la naturaleza y los bosques, asumió la mitología de la Artemisa griega. Recordemos la leyenda griega del pobre Acteón: "Un día que recorría los bosques acompañado de su jauría, sorprendió a la casta diosa bañándose desnuda en las aguas de un río. La diosa, enfurecida, le roció con agua y Acteón quedó transformado entonces en ciervo. Sus perros se lanzaron en su persecución sin reconocerle y después de darle caza, le despedazaron y devoraron" (R. Martin 1).

18. Esta mirada espía de Foncín reduplica la mirada furtiva de Fonchito contemplando a Lucrecia desnuda en el baño. La mirada del niño vuelve a proyectarse en el espejo borroso de su imaginación como poderoso estímulo sexual en los coitos con su marido: "En el fondo del torbellino placentero que eran ella, la vida, como asomando y desapareciendo en un espejo que pierde su azogue, se delineaba a ratos una carita intrusa, de ángel rubicundo" (*Elogio* I.22).

19. El título que da el Museo del Prado a la obra de Tiziano es *Venus recreándose con el Amor y la Música*. Según la página oficial del museo, "se conservan cinco composiciones dedicadas a Venus y la Música obra de Tiziano, y todas ellas se ajustan a un mismo modelo, variando el acompañante entre un organista y un tañedor de laúd y el perro por Cupido (Museo del Prado, Staatliche Mussen de Berlín, Metropolitan Museum de Nueva York y Fitzwilliam Museum de Cambridge). Las pinturas han sido interpretadas de diversas maneras, siendo para algunos historiadores simples escenas eróticas y para otros alegorías neoplatónicas de los sentidos, entendiendo la vista y el oído como instrumentos de conocimiento de la belleza y la armonía. Se cree que la obra fue entregada en enero de 1548 a Carlos V (1500–1558) por Tiziano en Augsburgo, quien se la regalaría al cardenal Granvela, perteneciendo posteriormente al conde de Cantecroix y al emperador Rodolfo II, quien terminaría regalando el cuadro a Felipe III (1578–1621). En España, el erudito Cassiano del Pozzo cita la obra por primera vez en el Alcázar de Madrid en 1626, apareciendo también en sus inventarios de 1666, 1686 y 1700. Ingresó en las colecciones del Museo del Prado en 1827" (http://www.museodelprado.es/coleccion/galeria-on-line/galeria-on-line/obra/venus-recreandose-con-el-amor-y-la-musica/?no_cache=1).

20. En la década de los sesenta Vargas Llosa desconfió del humor, ya que como alumno de Sartre consideraba que lo humorístico diluía el peso social y crítico de una obra. Con *Pantaleón y las visitadoras* aprendió a servirse del humor como punta de lanza en su denuncia contra el fanatismo y el autoritarismo. Oviedo describe este itinerario: "El humor apenas sí se había dejado notar en algunos pasajes de sus novelas y algo más notoriamente en *Los cachorros*; no era un factor esencial en el clima tenso y urgente de sus relatos, ni afín a personajes que resistían con dientes apretados las tremendas presiones de su medio social. Había una razón de fondo que explicaba esa ausencia: en su primera etapa creadora, el autor creía que el humor afectaba la verosimilitud que la historia debía conservar, pues agregaba cierta artificiosidad o distanciamiento intelectual que 'enfriaba' el relato. Este prejuicio o aversión fue vencido cuando comprobó que el mejor modo de contar la historia de Pantaleón era subrayar precisamente su naturaleza ridícula; es decir, resolvió aprovechar sus matices grotescos, no evitarlos. Así, Vargas Llosa aprendió a narrar de otro modo, que luego aprovecharía en novelas tan distintas entre sí como *¿Quién mató a Palomino Molero?* (1986) y *Elogio de la madrastra* (1988)" ("Una transición clave del realista" 22–23). En *La narración como exorcismo*, Birger Angvik considera que el humor es la marca distintiva de una segunda etapa en la creación novelística de Vargas Llosa posterior a 1971, que comienza con *Pantaleón y las visitadoras*, pero sorprende que no mencione en absoluto ni *Elogio* ni *Los cuadernos* al resaltar la importancia de lo cómico.

21. Con respecto a la influencia de la literatura libertina en Vargas Llosa, consultar "La formación de un libertino" e "Historia de un libertino" de Oviedo, "Elogio de don Rigoberto: un estudio sobre el erotismo en Mario

Vargas Llosa" de Lescano Allende y "The Taming of Bataille in Vargas Llosa's *Elogio de la madrastra*" de Ubilluz.

22. En su entrevista con Leopoldo Bernucci, Vargas Llosa explica cómo se gestó inicialmente la idea de *Elogio* como un trabajo interartístico a dos manos, es decir, en colaboración con el pintor peruano y buen amigo del escritor, Fernando de Szyszlo (Bernucci 373). Sin embargo, cuando este plan inicial hizo aguas, el novelista decidió escribir la novela de modo que los cuadros adquirieran en ella un papel protagónico.

23. Para una lectura de ambas novelas bajo el enfoque de la Deconstrucción, consultar mi artículo "*Différance* en Mario Vargas Llosa: Elogio de presencia y cuadernos de ausencia."

24. Con respecto a la presencia del niño, Habra afirma: "Aunque ella (Lucrecia) no lo reconociera, Foncín está bien presente en este cuadro. En efecto, hay tres miradas implícitas simbolizadas por tres lunas y tres ventanillas. Al aludir a las lunas, la narradora une los tres niveles de la obra, diciendo: 'La luna real es la del centro, retinta como ala de cuervo; las que la escoltan, color del vino turbio, ficción"' (159). Se piensa en la trama principal, el arte visual y las transposiciones. Las tres ventanas corresponden a la tríada de las miradas tanto de las voces narrativas como de los protagonistas, aunque Lucrecia pensara en su pareja, al decir 'Esos tres miradores ... son nuestros ojos' (160), es obvio que el 'catalizador' erótico es inseparable de este cuadro" ("Revelación anamorfótica" 180–81).

25. En *Los cuadernos*, don Rigoberto se identificará nuevamente con la figura del arcángel cuando en una de sus ensoñaciones habla del sentimiento de elevación espiritual que le causa el ver, tocar y besar los codos de las muchachas: "Soy feliz viéndolos y tocándoselos; besándoselos, asciendo a arcángel" (*Los cuadernos* VI.210).

26. Para Bauman, cualquier *performance* implica una conciencia de desdoblamiento, mediante la cual la acción ejecutada se contrasta con un modelo previo de dicha acción. Generalmente es la instancia observadora la que establece la comparación, pero lo importante es la conciencia de estar realizando un acto *performativo* con relación a algún tipo de modelo ("Performance," *International Encyclopedia of Communications*).

27. "Súbitamente imaginó a doña Lucrecia desnuda, jugueteando con una docena de gatitos de Angora que se frotaban contra los recodos de su hermoso cuerpo, maullando, y, temeroso de experimentar una prematura erección, se apresuró a lavarse las axilas" (*Elogio* VI.92).

28. Remitirse a la nota 5 de este capítulo.

29. En la escenografía de *Elogio* observamos, también, la delineación en forma circular del espacio visible donde aparece el rostro de Fonchito: "En el cono amarillento que irradiaba la lamparilla del velador, de detrás de un libro de Alejandro Dumas, asomó, asustada, una carita de Niño Jesús" (I.16).

30. El rito es una de las seis fórmulas de la teatralidad que establece Geirola: "Distinguíamos entonces una lógica de seis estructuras de la teatralidad, conformadas como una política de la mirada: seducción, ceremonia, rito, contra-rito, teatro y fiesta" ("Visualidad/Visibilidad" 52).

31. Bajo una óptica feminista y psicoanalítica (Freud, Lacan), Feal ha analizado la representación del conflicto edípico sobre el decorado de *Elogio* en "In Ekphrastic Ecstasy." Respecto a este tema consultar también el primer capítulo del libro de Roy Charles Boland, *Mario Vargas Llosa: Oedipus and the "Papa" State* y el artículo de Rafael Lampugnani, "Erotic Parricide in Vargas Llosa's *Elogio de la madrastra*."

32. Vargas Llosa ha consagrado su último ensayo a la obra del escritor uruguayo Juan Carlos Onetti (1909–1994). En este ensayo, cuya idea surgió tras un curso sobre Onetti ofrecido en la Universidad de Georgetown, el escritor investiga las relaciones entre la realidad y la ficción que se dan en sus principales obras. "Onetti a écrit toute sa vie, même dans les moments les plus difficiles. Il a toujours été assis devant une feuille, écrivant, annotant sur des petits bouts de papier [...], il y avait là une affirmation de la vie et un optimisme pour le travail, la littérature et la création par le biais de l'imagination" (*Mario Vargas Llosa. La liberté y la vie* 49; "Onetti escribió toda una vida, incluso en los momentos más difíciles. Siempre estuvo sentado ante una cuartilla, escribiendo, anotando en pequeños trozos de papel [...], había allí una afirmación de la vida y un optimismo por el trabajo, la literatura y la creación por medio de la imaginación").

33. En esta escena resuena el eco de aquel placer que *El baño turco* del pintor Ingres había suscitado ya en el protagonista de *Elogio*. En "In Ekphrastic Ecstasy," Feal examina el modo en que Vargas Llosa des-construye la clásica distinción entre el desnudo femenino (*nude*) y la mujer en cueros (*naked*) (211–12).

34. Tocante a la clasificación de los signos teatrales y su función dentro del sistema del código teatral, consultar el Libro I en Fischer-Lichte, *Semiótica del teatro*: los signos que remiten a la actividad del actor: (a) signos de la lengua (lingüísticos y paralingüísticos) y (b) signos cinéticos (mímicos, gestuales y proxémicos); los que refieren al aspecto del actor (máscara, peinado, vestuario), al espacio escénico (decorado, accesorios, luz) y los signos acústicos no verbales (ruidos y música).

35. Para una clara y sucinta explicación sobre los conceptos de *performatividad* y *performance*, consultar el segundo capítulo del libro de Erika Fischer-Lichte, *The Transformative Power of Performance: A New Aesthetics*: "Explaining Concepts: Performativity and Performance" (24–37).

36. Angvik destaca la importancia de lo teatral para Alberto en *La ciudad y los perros*, su necesidad de imitar modelos culturales y su imitación del padre. En la novela se presentan situaciones narrativas en las que los personajes ensayan sus partes o se preparan para una interpretación teatral. Angvik destaca también la manera en que los papeles de los personajes están establecidos por las convenciones sociales de la "ciudad" (*La narración como exorcismo* 90).

37. Con respecto al trasfondo edípico que sostiene la relación entre don Rigoberto, Lucrecia y Fonchito, consultar los trabajos de Boland, *Mario Vargas Llosa: Oedipus and the "Papa" State* y "Padres e hijos en las novelas de Mario Vargas Llosa." También, Habra, "El arte como espejo" y Rafael Lampugnani, "Erotic Parricide in Vargas Llosa's *Elogio de la madrastra*."

38. Este ensayo se encuentra publicado en la edición que Galaxia Gutenberg ha realizado del texto teatral del autor, *Odiseo y Penélope*. "El viaje de Odiseo" es un ensayo autobiográfico, donde Vargas Llosa describe sus experiencias teatrales.

39. Los textos dramáticos que se incluyen en esta antología son *La señorita de Tacna* (1981), *Kathie y el hipopótamo* (1983), *La Chunga* (1986), *El loco de los balcones* (1993), *Ojos bonitos, cuadros feos* (1996). La antología no incluye la pieza teatral *Odiseo y Penélope* (2007) y otras posteriores a la publicación de este libro. Consultar nota 2 de este capítulo.

40. "La única obra clásica que pude ver fue *La dama boba*, de Lope, montada por Ricardo Blume [...] en aquellos tiempos el teatro en España parecía congelado, fuera de su tiempo, enfermo de superficialidad, provincialismo y engolamiento," escribe el autor con respecto al teatro en España ("El viaje de Odiseo" 126).

41. Con respecto a Bertolt Brecht comenta el autor: "Yo tenía sentimientos encontrados con Brecht: admiraba su talento dramático, sobre todo cuando, en obras como *La ópera de tres centavos*, parecía emanciparse del embridamiento ideológico, pero su tesis sobre el teatro pedagógico y las técnicas de la distanciación me dejaban totalmente escéptico" ("El viaje de Odiseo" 127).

42. El espectáculo teatral *La verdad de las mentiras* ha sido representado en varias capitales españolas y latinoamericanas: Barcelona, Madrid, Lima y Santiago de Chile. La actriz española Aitiana Sánchez Gijón compartió escenario con Vargas Llosa y lo ha vuelto a hacer en la puesta en escena del último drama del autor, *Odiseo y Penélope*, donde Vargas Llosa hace de Odiseo y ella de Penélope.

43. La cuidada edición de Galaxia Gutenberg de este texto dramático de Vargas Llosa, *Odiseo y Penélope*, incluye ilustraciones de Frederic Amat, escenógrafo del espectáculo, y una serie de fotografías de Ros Ribas tomadas durante los ensayos y la representación misma.

44. Respecto a la *puesta en escena* del proceso de creación literaria sobre las tablas del escenario teatral, consultar el artículo de Feal, "La ficción como tema: la trilogía dramática de Mario Vargas Llosa." Esta crítico asocia la manera de hacer teatro de Vargas Llosa con la tradición de Pirandello: "Siguiendo la tradición pirandelliana, Mario Vargas Llosa pone de relieve en sus obras *La señorita de Tacna* (1981), *Kathie y el hipopótamo* (1983) y *La Chunga* (1986) el proceso mismo de la creación literaria, quebrando así la ilusión de verosimilitud teatral o novelística" (137).

45. En el debate sobre el erotismo en *Elogio* y *Los cuadernos* participan un buen número de críticos. Consultar los estudios de Ubilluz, Berg, Feal, González Boixo, Reati y Lescano Allende. Para Seguín *Elogio* es una novela erótica que cuenta con escenas que podrían ser pornográficas, por no ser indispensables como los capítulos 2 (Jordaens), 5 (Boucher), 7 (Tiziano), 12 (Szyszlo) y 14 (Fra Angelico), "su omisión no cambiaría fundamentalmente la obra" (283). A diferencia de Seguín, González Vigil destaca la suma importancia de esos capítulos considerados superfluos por aquél. Este crítico se resiste en cambio a calificarla como "novela erótica," dado su juicio negativo del género: "El erotismo de *Elogio de la madrastra* es de orden muy superior, en calidad humana y en mérito artístico, al que banalizan y comercializan las 'novelas eróticas,' las cuales se inscriben entre las formas más burdas de la subliteratura" (290). Consultar los testimonios del propio autor sobre el erotismo, recogidos por Rodríguez Marcos para el suplemento cultural de *El País,* Babelia. El autor vuelve a este tema en el capítulo IV de su libro de ensayos *La civilización del espectáculo* (2012): "La desaparición del erotismo" (105–28).

Capítulo dos
La creación de la ilusión pictórica: El *trompe l'œil* de la ficción

1. "Ekphrastic hope and fear express our anxieties about merging with others. Ekphrastic indifference maintains itself in the face of disquieting signs that ekphrasis may be far from trivial and that, if it is only a sham or illusion, it is one which, like ideology itself, must be worked through. This 'working through' of ekphrastic ambivalence is, I want to suggest, one of the principal themes of ekphrastic poetry, one of the things it *does* with the problems staged for it by the theoretical and metaphysical assumptions, about media, the senses, and representations that make up ekphrastic hope, fear, and indifference" (Mitchell, *Picture Theory* 163–64; "La esperanza y el miedo ecfrásticos expresan nuestra angustia a fusionarnos con los otros. La indiferencia ecfrástica se mantiene ante signos inquietantes de que la écfrasis no es en absoluto trivial y que, si es sólo un simulacro o ilusión, es un simulacro o ilusión con el que hay que enfrentarse, como ocurre con la ideología misma. Este 'vérselas' con la ambivalencia ecfrástica es, como me gustaría sugerir, uno de los temas principales de la poesía ecfrástica, una de las cosas que ésta hace con los problemas que le presentan las asunciones teóricas y metafísicas sobre los medios de comunicación, los sentidos, y las representaciones que inventan la esperanza, el miedo y la indiferencia ecfrásticas").

2. Homi K. Bhabha aborda esta noción en "The Postcolonial and the Postmodern: The Question of Agency."

3. Sobre la relación texto-imagen en *Los cuadernos* remitirse a mis dos ensayos "Egon Schiele y *Los cuadernos de don Rigoberto* de Mario Vargas Llosa: iconotextualidad e intermedialidad" y "*Elogio de la madrastra* y *Los cuadernos de don Rigoberto*: una Vanitas contemporánea"; "In Ekphrastic Ecstasy" y "The Painting of Desire" de Feal; "Mario Vargas Llosa: la mirada erótica" de Persino; "Fernando de Szyszlo en *Elogio de la madrastra* de Mario Vargas Llosa: el peligro del arte" y "Concealing Peru in Mario Vargas Llosa's *Elogio de la madrastra*" de Marting; "Pictorial Representations and Ekphrasis in *Elogio de la madrastra*" de Gaston; "Revelación anamorfótica en *Elogio de la madrastra,*" "*Elogio de la madrastra*: zona heterotópica o modelo para armar en torno al arte visual" y "*Los cuadernos de don Rigoberto*: súper-texto o zona iconotextual heterotópica" de Habra; y "The Taming of Bataille in Vargas Llosa's *Elogio de la madrastra*" de Ubilluz.

4. "El arte como espejo: función y trascendencia de la creación artística en *Los cuadernos de don Rigoberto*" de Habra; "Mario Vargas Llosa: Literature, Art, and Goya's Ghost" de Boland; y mi artículo "Egon Schiele y *Los cuadernos de don Rigoberto* de Mario Vargas Llosa: iconotextualidad e intermedialidad."

5. Con respecto a la influencia del modernismo en *Elogio*, consultar el artículo de Concepción Reverte Bernal, "*Elogio de la madrastra* de Mario Vargas Llosa, un relato modernista."

6. "Si Flaubert era un fetichista de los botines de su mujer, él (Mario Vargas Llosa) lo es de su prosa" (Senabre 11).

7. Consultar el Apéndice 1, incluido al final de esta investigación, donde se ofrece un esquema detallado de la organización de la materia narrativa en esta novela.

8. Con respecto a la relación que guardan ambas novelas con el género de la Naturaleza muerta y de vanitas, consultar mi artículo: "*Elogio de la madrastra* y *Los cuadernos de don Rigoberto*: una Vanitas contemporánea."

9. Curiosamente *Mario Vargas Llosa and the Persistence of Memory* es el título bajo el cual Miguel Ángel Zapata publica una recopilación de ensayos sobre el autor, haciendo hincapié en el papel de la memoria personal e histórica como impulso motor de la narrativa de Vargas Llosa.

10. Sólo se dan dos anomalías. La primera corresponde a la ilustración de la página 74, que no aparece como es habitual al pie del anónimo correspondiente ("Imperativos del sediento viajero" 50–51), sino al final de la fantasía de don Rigoberto "La semana ideal" (51–74). La segunda, se trata de la ilustración de la página 384 con la que el escritor sella el fin de la novela.

11. En "La obra de arte en la época de su reproductibilidad técnica," Walter Benjamin analiza el impacto que la reproducción tecnológica ha causado en cuanto a la concepción misma del arte y sus funciones dentro de las sociedades post-industriales modernas.

12. Obras catalogadas en Jane Kallir, *Egon Schiele: The Complete Works*.

13. Consultar el Apéndice 2 al final de esta investigación para ver un esquema detallado de la organización del material narrativo en *Los cuadernos*.

14. La ironía de estas palabras radica en el hecho de que "ese sistema tan conveniente para la seguridad del hogar" no podrá proteger a don Rigoberto de la asechanza de su hijo Fonchito, quien le usurpa su lugar en el lecho matrimonial.

15. En el libro editado por Antonio Monegal, *Literatura y pintura*, se incluye una versión abreviada y reducida por el autor del capítulo 1 de este libro de Krieger, cuyo título original es: "The Problem of Ekphrasis: Image and Words," "El problema de la écfrasis: imágenes y palabras, espacio y tiempo—y la obra literaria" (139–60). La traducción es de Ana Romero.

16. Guillaumin da el nombre de *sexage* a este tipo de apropiación, que se configura de cuatro maneras: (1) la apropiación del tiempo de la mujer; (2) la apropiación de los frutos de su cuerpo; (3) el deber sexual de la mujer y (4) la obligación que tiene la mujer de ocuparse de los varones de la familia y de cualquier miembro familiar que necesite ayuda. A la mujer se la incapacita así para desarrollarse como individuo independiente y autónomo (74–79).

17. Para profundizar en esta cuestión, ver Luce Irigaray, *Ce sexe qui n'en est pas un*. En inglés, *This Sex Which Is Not One.* Trad. Catherine Porter.

18. Desde una perspectiva lacaniana, Habra realiza un interesante análisis de las versiones ecfrásticas de los lienzos a fin de ver lo que hay bajo ciertas manchas, que representan el espacio del deseo escondido en las fantasías, pero que solamente se hacen visibles adoptando otra perspectiva: "Las diferencias entre la versión ekfrástica y la pintura original cobran importancia porque revelan el punto anamorfótico—que Lacan denomina significado fálico—inherente en ella y que sólo se distingue si se mira desde determinada perspectiva" ("Revelación anamorfótica" 177).

19. "When the Swedish pornographic magazine *Private* conducted a survey of its readers, they found that 'the men who replied [...] wanted to see mainly lesbians, a big percentage there" (Benson 412; "Cuando la revista pornográfica sueca *Private* condujo una encuesta entre sus lectores, encontraron que 'los hombres que respondieron [...] deseaban ver principalmente lesbianas, un gran porcentaje allí"). Sirviéndose de las herramientas teóricas del psicoanálisis lacaniano y freudiano, Peter Benson examina en "Between Women: Lesbianism in Pornography" el funcionamiento de la fantasía lésbica como estructuración del deseo masculino.

20. El título *Le Violon d'Ingres (El violín de Ingres)* además de referir al pintor francés Jean-August-Dominique Ingres, en cuyos desnudos se inspira el artista norteamericano, alude también a una expresión en la lengua francesa que significa *hobby* o pasatiempo. Si tocar el violín era un pasatiempo de Ingres, el de don Rigoberto es el de jugar con su voluptuosa esposa Lucrecia.

21. He aquí los artistas brillantes que don Rigoberto expulsa de su reino estético. Escritores: Umberto Eco, Carlos Fuentes, Milan Kundera y John Updike. Pintores: Andy Warhol, Matta y Tàpies. Compositores: Maurice Ravel y Erik Satie. Cineastas: Orson Welles, Buñuel, Berlanga, John Ford, Kurosawa (*Los cuadernos* VIII.286).

22. Empeño que remite al parentesco de Fonchito con Cupido, nombre que los romanos dieron al Eros griego, quien según la teología órfica "es un ser doble, bisexual, capaz de unificar con su poder los aspectos diferenciados, incluso contrarios, de un mundo concebido como una fragmentación y degradación del Ser inicial," representado por ese huevo primordial símbolo de la feliz plenitud del que surgió con sus alas doradas Eros, dividido luego en el Cielo y la Tierra (R. Martin 165). Fonchito, como instigador del deseo de Lucrecia, va a representar el mismo papel unificador de Cupido. Habiendo sido él mismo la razón de la separación de su padre y la madrastra, va a hacer todo lo imaginable para que se reconcilien.

23. En "Fernando de Szyszlo en *Elogio de la madrastra*," Marting investiga el papel que desempeña en la novela el lienzo de Szyszlo. De forma algo reduccionista, concluye que Vargas Llosa ignora en *Elogio* lo peruano para potenciar la elegancia abstracta de su condición estética: "Pero *Elogio de la* *madrastra* une inseparablemente la temática de la traición supuestamente femenina con el dominio europeo de la cultura hasta el punto que la abstracción elegante y la sofisticación ekfrástica aparezcan como rechazo de la mujer y de lo autóctono peruano" (312).

24. Vargas Llosa escribió "Señoras desnudas" con motivo de la retrospectiva sobre Paul Delvaux (1987–14), organizada por el Museo Real de Bellas Artes de Bruselas en 1997. Forma parte de la antología *El lenguaje de la pasión*, que reúne una selección de textos aparecidos en la columna "Piedra de toque," en el diario *El País* y en una serie de publicaciones afiliadas, entre 1992 y 2000.

Capítulo tres
La creación de la ilusión mística: la escritura como convers(ac)ión

1. Todas las citas en español del texto de Foucault provienen de la traducción de Tomás Abraham, "La escritura de sí," publicada en el libro *Los senderos de Foucault*. A partir de ahora me referiré al ensayo de Foucault como "La escritura de sí," de acuerdo con la traducción de Abraham.

2. Con frecuencia utilizo indistintamente los términos de *anacoreta, místico* y *asceta,* para referirme a un individuo que se entrega por entero a la vida espiritual mediante la contemplación y la penitencia.

3. A partir de ahora utilizaré los términos de *hypomnemata* y *correspondencia* que emplea Tomás Abraham en su traducción al español de este ensayo de Foucault. Referirse a la nota 1.

4. En cuanto a la influencia de Bataille en la concepción vargasllosiana del erotismo y en la caracterización de los personajes de *Elogio* y *Los cuadernos*, leer el ensayo de Boland, "The Erotic Novels: *In Praise of the Stepmother* and *The Notebooks of Don Rigoberto*." Consultar también "*Elogio de don Rigoberto*: un estudio sobre el erotismo en Mario Vargas Llosa" de Guillermo Lescano Allende y el libro de Efraín Kristal, *Temptation of the Word: The Novels of Mario Vargas Llosa.*

5. "Los escritos de Georges Bataille son profundamente revulsivos, muy desafiantes con las últimas convenciones. A la vez son más lúgubres y siniestros. Los suyos son más textos de perversión que de asunción del placer, pero es uno de los escritores modernos en los que el erotismo va acompañado de una gran audacia artística" (Vargas Llosa, "Sin erotismo no hay literatura" 2).

6. Oviedo destaca la importancia de la literatura libertina en la formación literaria de Vargas Llosa (Restif de la Bretonne, Sade, Aretino, Andrea de Nerciat), realzando el carácter revolucionario de la misma: "los textos que hoy consideramos pornográficos, en el Siglo de las Luces eran la más poderosa literatura antiautoritaria que podía existir: desafiaban a Dios mismo" ("Historia de un libertino" 34).

7. El propio autor revela el origen de su pasión por la literatura erótica: "Conseguí un trabajo de ayudante de bibliotecario de un club social de Lima muy activo, el Club Nacional, el de la gente rica. Mi maestro de historia era el bibliotecario de ese club y me contrató como ayudante. Mi labor consistía en ir dos horas al día a fichar los libros que se adquirían. En esa época ya no se hacían muchas adquisiciones, así que yo aprovechaba esas horas leyendo libros de la biblioteca del club, que en el pasado había adquirido libros eróticos de gran calidad. [...] Allí descubrí la tradición erótica al más alto nivel literario: Sade, Restif de la Bretonne, John Cleland, el autor de *Fanny Hill*, Sacher-Masoch, Casanova, por supuesto, allí estaban los tres tomos de sus memorias... Estaban todos" (Vargas Llosa, "Sin erotismo no hay gran literatura" 2).

8. A propósito de la importancia de Flaubert en la concepción artística de Vargas Llosa, y la relación entre Emma Bovary y el autor, consultar el interesante artículo de Elizabeth Sánchez Garay, "La pasión perpetua de Mario Vargas Llosa por *Madame Bovary*."

9. De "escritura deicida" calificó Vargas Llosa la escritura suplantadora de Dios de Gabriel García Márquez, en su ensayo sobre el escritor colombiano *Gabriel García Márquez: historia de un deicidio* (1971). Raymond L. Williams titula su monografía de 2001 sobre la novelística del escritor: *Vargas Llosa: otra historia de un deicidio*.

10. Con respecto al tema del individualismo y la utopía individual en la obra de Vargas Llosa, consultar los siguientes ensayos: "Individualism as Theme and Strategy in Mario Vargas Llosa and His Critics: A Review Essay" de Stephen Gregory; "La búsqueda de la utopía y el conflicto ideológico en la novela de Vargas Llosa" de Eduardo E. Parrilla Sotomayor; "Del individuo y de la colectividad: fundamentos y alcance del discurso erótico-ideológico en *Los cuadernos de don Rigoberto*" de Roland Forgues.

11. Como Borinsky, Persino interpreta también el cuidado corporal de don Rigoberto como rito de preparación para la celebración de otro rito: el amatorio. Para Persino, estos ritos de limpieza manifiestan "un deseo de perfeccionar el instrumento que le proporciona el supremo placer: su propio cuerpo" ("Mario Vargas Llosa: la mirada erótica" 54).

12. "Sin erotismo no hay literatura," ha afirmado reiteradamente Vargas Llosa. Y el erotismo no existiría sin la transgresión: "La liberalidad de costumbres, que es un progreso moral para la sociedad, ha jugado tradicionalmente en contra de la literatura erótica. Ha hecho que el erotismo pierda la carga de inconformismo, de desafío a la moral establecida que tenía cuando los de talante erótico eran libros para leer a escondidas, volúmenes que estaban en los infiernos de las bibliotecas, lo que les daba una aureola especial" ("Sin erotismo no hay gran literatura" 2). Con respecto al tema del erotismo y la transgresión consultar las obras de Georges Bataille, *L'érotisme* y *La part maudite*.

13. Además de las visiones notables, Meissner distingue las visiones imaginativas, donde "el objeto es visto pero no es sentido como presente externamente" y las visiones intelectuales, "donde el efecto actúa en el entendimiento sin componentes sensoriales o imaginativos" (355).

14. Persino ve en este aspecto un elemento más que sustenta la reelaboración paródica del género erótico que lleva a cabo Vargas Llosa en *Elogio*: "La historia del ojo de Bataille, por ejemplo, transita incesantemente por este terreno en donde la religión y el sexo establecen un contacto blasfemo, escandalizador de la moral cristiana. Ese escándalo provocará, a su vez, una intensificación de la transgresión que debe de estar presente en la imaginación erótica" ("Mario Vargas Llosa: la mirada erótica" 59).

15. Joaquín García Palacios distingue tres etapas en el camino de ascensión: (1) fase humana de funcionamiento de las distintas partes del alma: fase de lo humano, lo natural, lo sensitivo, que hay necesidad de negar; (2) fase intermedia de purgación: (a) esfuerzo activo del alma por vaciarse de todo lo que no puede entregar a Dios y (b) por intervención divina que lleva a cabo la purificación pasiva del alma. El fin de esta fase es conseguir la desaparición de la actividad sensual; (3) el alma vuelta completamente hacia Dios: tras el vacío y oscuridad de las sucesivas purificaciones, el alma está dispuesta para que de la total oscuridad surja la luz. Está lista para su Unión con Dios (22–23).

16. Con respecto a lo inefable de la experiencia mística, Meissner escribe: "Las imágenes y el lenguaje son inadecuados para transmitir la riqueza e intensidad de la experiencia" (356). López-Ibor coincide al decir: "La experiencia mística auténtica es inefable" (25); ver también Howe (38).

17. Hay en *Los cuadernos* referencias a la música de Pergolesi (I.24), "las trompetas Wagnerianas" (IV.148), "la sinfonía de los adioses: de Haydn, Gardel, Mahler, Wagner o Schonber (VIII.288). "Si la música se hace demasiado presente, y, porque comienza a gustarme demasiado o porque hace mucho ruido, me distrae de mis propios pensamientos y reclama mi atención y la consigue—citaré a la carrera a Gardel, Pérez Prado, Mahler, todos los merengues y cuatro quintas partes de las óperas—es mala música y queda desterrada de mi estudio" (*Los cuadernos* VIII.288).

18. De las lecturas de don Rigoberto (como de las del propio autor, a juzgar por sus numerosas declaraciones acerca de ellas) están ausente las obras de escritoras. Resulta curioso que entre las referencias a escritores que guardan los cuadernos de don Rigoberto, aparecen sólo dos escritoras, Corín Tellado y Patricia Highsmith, de quien piensa lo siguiente al ver lo escrito sobre ella en los cuadernos: "¿Qué hacía esa subescritora para cinéfilos, entrometida en sus cuadernos? Ni siquiera recordaba cuándo y por qué había escrito aquel comentario sobre *El diario de Edith*, libro que tampoco recordaba" (*Los cuadernos* VI.221). Lo mismo ocurre en su discurso del Nobel, donde las escritoras brillan por su ausencia.

19. En cuanto al trasunto cervantino de la novela, consultar el artículo periodístico de Javier Agreda, "Quijotesco Rigoberto."

20. Como ejemplo de la imaginería bélica empleada por los escritores místicos, valgan las líneas iniciales del libro de Santa Teresa de Jesús, *Camino de Perfección*: "… como uno que está en una batalla: sabe que si le vencen, no le perdonarán la vida; y que ya que no muere en la batalla, ha de morir después —es averiguado, a mi parecer, que peleará con mucho más ánimo y no temerá tanto los golpes, porque lleva delante lo que le importa la Victoria" (XXXIX/XXIII.5; citado en Howe 223).

21. Don Rigoberto hace esta matización en la carta que manda a su arquitecto, para que éste no tome por "pose o fingimiento" la excentricidad de sus convicciones: "Confío en que no tome lo que acaba de leer —la preponderancia que concedo a cuadros y libros sobre bípedos de carne y hueso— como rapto de humor o pose de cínico. No es eso, sino una convicción arraigada, consecuencia de difíciles, pero, también, muy placenteras experiencias" (*Los cuadernos* I.18).

22. Ubilluz señala dos ventajas que tienen las utopías individuales sobre las sociales: "Primero, en vez de imponer un ideal al sujeto que homogenice su diferencia como lo hacen las utopías sociales, las individuales se basan en el cultivo de esta diferencia. Segundo, a diferencia de las irremediablemente cruentas y totalitarias utopías sociales, las individuales no constituyen un peligro para el otro o la sociedad," como creen tanto don Rigoberto como su autor ("Mario Vargas Llosa" 95).

23. "Aparte del interés que tiene seguir paso a paso una vida humana tan difícil y áspera, y lo excitante que resulta para el adicto flaubertiano rehacer de mano del propio autor la homérica gestación de sus obras, conocer de cerca sus lecturas, odios, frustraciones, tener la sensación de, rompiendo el tiempo y el espacio, haber penetrado en el círculo de íntimos, los testigos de su vida—Maxime, Bouilhet, Louise, George Sand, Caroline–, creo que la correspondencia de Flaubert constituye el mejor amigo para una vocación literaria que se inicia, el ejemplo más provechoso con que puede contar un escritor joven en el destino que ha elegido" (Vargas Llosa, *La orgía perpetua* 730–31).

24. Lo que nos dice Meissner de San Ignacio de Loyola ejemplifica este camino del yo hacia los otros: "su más temprano impulso fue despreciar al mundo, retirarse para dedicarse a la oración y contemplación, romper totalmente con el pasado y todos los apegos del bienestar humano. Pero a medida que pasaban los años, crecientemente avanzó hacia una integración de su vida ascética y dones místicos en las exigencias de la vida de servicio en la Compañía que había fundado y conducido" (358).

25. *Pilares de la sociedad* es el título de un óleo de George Grosz de 1926. Qué distinto el llamado que hacía Grosz al compromiso social, del aislamiento y ostracismo de don Rigoberto: "Come out of your rooms, even if you find it an effort, pull down your individual barriers, let yourselves be caught up by the ideas of working people and help them in the struggle against a corrupt society" (Mark Vallen, http://www.art-for-a-change.com/Express/ex10.htm; "Salgan de sus cuartos aunque les cueste, echen por tierra sus barreras individuales, déjense atrapar por las ideas del proletariado y ayúdenles en su lucha contra una sociedad corrupta").

Obras citadas o consultadas

Agreda, Javier. "Quijotesco Rigoberto." *Mario Vargas Llosa: el fuego de la literatura.* Ed. Néstor A. Tenorio Requejo. Lima, Perú: Arteidea, 2001. 309–10. Esta reseña apareció en *Domingo*, Suplemento de *La República* [Lima] 8 de junio de 1997.

Angvik, Birger. *La narración como exorcismo. Mario Vargas Llosa, Obras (1963–2003).* Lima, Perú: Fondo de Cultura Económica, Tierra Firme, 2004.

Antognazzi, Carlos. "Manifiesto hedonista o el regreso de Vargas Llosa." *Nuevo Mundo* 14 de mayo de 2001. http://www.svc.uu.es/sites/romlr/rigoberto.html.

Aranguren, José Luis L. *San Juan de la Cruz.* Madrid: Júcar, 1973.

Arbour, Rose–Marie. "La mort, un vide pour la représentation, un corps pour la peinture." *De l'interprétation en arts visuels.* Ed. Nycole Paquin. Montréal: Triptyque, 1994. 39–54.

Armas Marcelo, Juan José. *Vargas Llosa. El vicio de escribir.* Madrid: Alfaguara, 2002.

Barthes, Roland. *El placer del texto.* Madrid: Siglo XXI, 2007.

Bataille, Georges. *L'érotisme.* Paris: Minuit, 1957. En español, *El erotismo.* Barcelona: Tusquets, 1992.

———. *La historia el ojo.* Madrid: Tusquets, 2002.

———. *La part maudite.* Paris: Minuit, 1967.

Bauman, Richard. "Performance." *International Encyclopedia of Communications.* Ed. Erik Barnouw et al. Oxford: Oxford UP, 1989.

Béjar, Eduardo. "La fuga erótica de Mario Vargas Llosa." *Symposium* 46.4 (1993): 243–55.

Bellini, Giuseppe. "Un patibolario elogio di Vargas Llosa." *Rassegna Iberística* 35 (1989): 17–28.

Benedetti, Mario. *Insomnios y duermevelas.* Buenos Aires: Seix Barral, 2002.

Benjamin, Walter. "La obra de arte en la época de su reproductibilidad técnica." *Discursos interrumpidos I.* 1972. Trad. Jesús Aguirre. Madrid: Taurus, 1990. 15–57.

Benson, Peter. "Between Women: Lesbianism in Pornography." *Textual* 7.3 (1993): 412–27.

Bensoussan, Albert. "El pequeño teatro de Mario Vargas Llosa: de Pantaleón Pantoja a don Rigoberto." *Ínsula* 624 (1998): 5–8.

Berg, Walter Bruno. "Erotismo y humor en Vargas Llosa y Bryce Echenique: *Elogio de la madrastra* y *Tantas veces Pedro.*" *Literatura peruana hoy: crisis y creación.* Ed. Karl Kohut. Frankfurt: Vervuert y Madrid: Iberoamericana, 1998. 62–72.

Berger, John. *Ways of Seeing*. London: Penguin, 1972.

Bergez, Daniel. *Littérature et peinture*. Paris: Armand Colin, 2004.

Bernucci, Leopoldo M. "Entrevista a Mario Vargas Llosa." *Hispania* 74.2 (1991): 370–74.

Bhabha, Homi K. "The Postcolonial and the Postmodern: The Question of Agency." *Location of Culture*. New York: Routledge, 1994: 171–97.

Boland, Roy Charles. "The Erotic Novels. *In Praise of the Stepmother* and *The Notebooks of Don Rigoberto*." *The Cambridge Companion to Mario Vargas Llosa*. Ed. Efraín Kristal y John King. Cambridge, UK: Cambridge UP, 2012. 102–15.

———, ed. *Mario Vargas Llosa. Antípodas* (Special Issue) 1 (diciembre 1988).

———. "Mario Vargas Llosa: Literature, Art, and Goya's Ghost." *Mester* 29 (2000): 93–115. En español, "Mario Vargas Llosa: arte, literatura, Egon Schiele y el fantasma de Goya." *Mario Vargas Llosa. Escritor, ensayista ciudadano y político*. Ed. Roland Forgues. Lima, Perú: Editorial "Minerva" Miraflores, 2001. 479–512. También como "Demonios artísticos. Arte, literatura, Egon Schiele y Goya." Cap. 8 de *Una rara comedia: visión y revisión de las novelas de Mario Vargas Llosa*. Portales, NM: Research UP, 2003. 135–61.

———. *Mario Vargas Llosa: Oedipus and the "Papa" State*. Madrid: Voz, 1988.

———. "Padres e hijos en las novelas de Mario Vargas Llosa." Ed. Boland. *Love, Sex and Eroticism in Contemporary Latin American Fiction*. Madrid: Voz Hispánica, 1992. 85–97.

———. "Parricidio colectivo: la visión moral en las novelas peruanas de Mario Vargas Llosa." *Una rara comedia: visión y revisión de las novelas de Mario Vargas Llosa*. Portales, NM: Research UP, 2003: 121–34.

Booker, M. Keith. "The Reader as Voyeur: Culture, Pornography, and Religion in *In Praise of the Stepmother*." *Vargas Llosa among the Postmodernists*. Gainesville: UP of Florida, 1994. 162–82.

Bonzini de Ataia, Cecilia. "*Elogio de la madrastra* de Mario Vargas Llosa o la voluntad del goce compartido." *Celehis: Revista del Centro de Letras Hispanoamericanas* 5.6–8 (1996): 65–73.

Borinsky, Alicia. *Ver/ser visto: notas para una analítica poética*. Barcelona: Antoni Bosch, 1978.

———. "Whose Paradise Is It? Pleasures and Ridicule in Mario Vargas Llosa's *Aunt Julia and the Scriptwriter* and *In Praise of the Stepmother*." *Mario Vargas Llosa and the Persistence of Memory*. Ed. Miguel Ángel Zapata. Lima, Perú y Hempstead, NY: Universidad Nacional Mayor de San Marcos y Hofstra U, 2003. 101–06.

Boullosa, Carmen. *La milagrosa*. 1993. México, DF: Era, 1994.

Bryson, Norman. *Vision and Painting: The Logic of the Gaze*. New Haven: Yale UP, 1983.

Buydens, Mireille. *L'image dans le miroir*. Collection Essais 20. Bruxelles: Lettre volée, 1998.

Calzadilla, Sagrario A. Rosario. "Mario Vargas Llosa y *Elogio de la madrastra*: una atenta mirada al universo arguediano." *Proceedings of the 23rd Louisiana Conference on Hispanic Languages and Literatures*. Baton Rouge, LA: Dept. of Foreign Languages and Literatures, Louisiana State U, 2003. 153–62.

Campbell, Olga G. "*Elogio de la madrastra*: alegoría del amor o novela erótica." *Mario Vargas Llosa: Opera Omnia*. Ed. Ana María Hernández de López. Madrid: Pliegos, 1994. 23–29.

Campo, Iban. "La tercera nacionalidad de Vargas Llosa." *El País* (edición electrónica) 30 de diciembre de 2010. http://www.elpais.com/articulo/cultura/tercera/nacionalidad/Vargas/Llosa/elpepucul/20101230elpepucul_1/Tes.

Cardona Núñez, Nohora Viviana. "El 'elemento añadido' en *Los cuadernos de don Rigoberto* y *Elogio de la madrastra*." *Perú en el espejo de Vargas Llosa*. Puebla, México: Universidad de las Américas, 2008. 103–11.

Carlson, Marvin. *Performance: A Critical Introduction*. London y New York: Routledge, 1996.

Carrascal, José María. "Un Nobel merecido." *ABC.es* (edición electrónica) 8 de octubre de 2010.

Carullo, Sylvia. "Violencia y deseo mimético en *Elogio de la madrastra*." *Hispanic Journal* 14.2 (1993): 157–66. También en *Texto Crítico* 1.1 (1995): 57–68.

Castro-Klarén, Sara. *Understanding Mario Vargas Llosa*. Columbia: U of South Carolina P, 1990.

Certeau, Michel de. *La fable mystique*. Paris: Gallimard, 1982.

———. "Le lieu d'où l'on traite de la culture." 1972. *La Culture au pluriel*. Ed. Luce Giard. Paris: Seuil, 1993. 193–203.

Cheeke, Stephen. *Writing for Art: The Aesthetics of Ekphrasis*. Manchester y New York: Manchester UP, 2008.

Coaguila, Jorge, ed. *Mario Vargas Llosa: entrevistas escogidas*. Lima, Perú: Cultura Peruana, 2004.

Compagnon, Antoine. *La littérature, pour quoi faire?* Paris: Collège de France/Fayard, 2007.

Company Gimeno, Salvador. "Un elogio total." *Explicación de Textos Literarios* 25.2 (1996–97): 129–39.

Corral, Wilfrido H. *Vargas Llosa. La batalla en las ideas*. Madrid: Iberoamericana, 2012; Frankfurt am Main: Vervuert, 2012.

Cueto, Alonso. "La realidad y el sueño." *El Cultural* (edición electrónica) 15–21 de octubre de 2010: 15. http: //www.el-cultural.es.

Culler, Jonathan. *Sobre la deconstrucción: teoría y crítica después del estructuralismo*. Trad. Luis Cremades. Madrid: Cátedra, 1984.

De Guibert, Joseph. *The Jesuits: Their Spiritual Doctrine and Practice*. Chicago: Institute of Jesuit Sources, Loyola UP, 1964.

Eco, Umberto. "Semiotics of Theatrical Performance." *Drama Review* 21 (1977): 107–12.

Escalante, M. H. "Vargas Llosa y el esclarecimiento de la masacre de Uchuraccay, Perú." *Soy Periodista.com* (edición electrónica) 9 de octubre de 2010. http://www.soyperiodista.com/tematicas-activas/comente-el-nobel-de-literatura-/nota4060-vargas-llosa-y-el-esclarecimiento-de-la-masacre-de.

Escallón, Ana María. "The Nocturnal Traveller." *Fernando de Szyszlo*. Bogotá: Alfred Wild, 1991. 115–18.

———. "Reflections with De Szyszlo: An Interview." *Fernando de Szyszlo*. Bogotá: Alfred Wild, 1991. 15–52.

Escudero, Javier, y Julio González. "Entrevista. Rosa Montero ante la creación literaria: 'escribir es vivir.'" *Arizona Journal of Hispanic Cultural Studies* 4 (2000): 211–24.

Esteban, Ángel, y Ana Gallego. *De Gabo a Mario*. Madrid: Espasa-Calpe, 2009.

Feal, Rosemary Geisdorfer. "In Ekphrastic Ecstasy: Mario Vargas Llosa as the Painter of Desire." En Rosemary Geisdorfer Feal y Carlos Feal, *Painting on the Page: Interartistic Approaches to Modern Hispanic Texts*. New York: State U of New York P, 1995. 197–235.

———. "La ficción como tema: la trilogía dramática de Mario Vargas Llosa." *Texto Crítico* 13.36–37 (1987): 137–45.

———. "The Painting of Desire: Representations of Eroticism in Mario Vargas Llosa's *Elogio de la madrastra*." *Revista de Estudios Hispánicos* 24.3 (1990). 87–106.

Fernández Carmona, Julio César. *El mentiroso y el escribidor*. Lima, Perú: Fondo Editorial del Pedagógico de San Marcos, 2007.

Figueroa, Margarita. "Narración y discurso teatral." *Proceedings of the Louisiana Conference on Hispanic Languages and Literatures* 23 (2003): 77–82.

Fischer, Wolfgang Georg. *Egon Schiele 1890–1918: Desire and Decay*. Köln: Taschen, 1998.

Fischer-Lichte, Erika. "Explaining Concepts: Performativity and Performance." Cap. 2 de *The Transformative Power of Performance: A New Aesthetics*. New York: Routledge, 2008. 24–37.

———. "From Theater to Theatricality: How to Construct Reality." *Theater Research International* 20.2 (1995): 97–105.

———. *Semiótica del teatro*. Trad. Elisa Briega Villarrubia. Madrid: Arco/Libros, 1999. Traducción de *Semiotik des Theaters*, Tübingen: Gunter Narr, 1983. 3 vols. En inglés, *The Semiotics of Theater*. 1983. Trad. Jeremy Gaines y Doris L. Jones. Bloomington y Indianapolis: Indiana UP, 1992.

———. *The Show and the Gaze of Theatre: A European Perspective*. Iowa City: U of Iowa P, 1997.

———. *Theatre, Sacrifice, Ritual: Exploring Forms of Political Theatre*. London y New York: Routledge, 2005.

———. *The Transformative Power of Performance: a New Aesthetics*. New York: Routledge, 2008.

Forgues, Roland. "Del individuo y de la colectividad: fundamentos y alcance del discurso erótico-ideológico en *Los cuadernos de don Rigoberto*." *Mario Vargas Llosa. Escritor, ensayista, ciudadano y político*. Ed. Forgues. Encuentro Internacional Pau-Tarbes (Francia), del 23 al 26 de octubre de 2001. Lima, Perú: Editorial "Minerva" Miraflores, 2001. 304–25.

———. "Vargas Llosa y *La verdad de las mentiras*." *Mario Vargas Llosa. Vida que es palabra*. Ed. Albert Bensoussan. México: Nueva Imagen, 2006. 200–09.

Foucault, Michel. "L'écriture de soi." *Dits et écrits. 1954–1988*. Vol. 4. Paris: Gallimard, 1994. 415–30. 4 vols. También en el número dedicado a *L'Autoportrait*, *Corps Ecrit* 5 (1983): 3–23.

———. "La escritura de sí." *Los senderos de Foucault*. Trad. Tomás Abraham. Buenos Aires: Nueva Visión, 1989. 175–89.

———. *Leçons sur la volonté de savoir. Cours au Collège de France (1970–1971)*. Ed. Daniel Defert. Paris: Gallimard–Le Seuil, 2011.

———. *La volonté de savoir*. Vol. 1 de *Histoire de la sexualité*. Paris: Gallimard, 1976.

Franco, Jean. *Historia de la literatura hispanoamericana*. Trad. Carlos Pujol. Barcelona: Ariel, 1975.

Galaz, Mabel. "Vargas Llosa y Del Bosque ya son marqueses." *El País.com* (edición electrónica) 24 de abril de 2011. http://www.elpais.com/articulo/gente/tv/Vargas/Llosa/Bosque/marqueses/elpepugen/20110204elpepuage_1/Tes.

Gandelman, Claude. *Reading Pictures, Viewing Texts*. Bloomington y Indianapolis: Indiana UP, 1991.

García Palacios, Joaquín. *Los procesos de conocimiento en San Juan de la Cruz.* Salamanca: Ediciones Universidad de Salamanca, 1992.

Gaston, Robert W. "Pictorial Representation and Ekphrasis in *Elogio de la madrastra.*" *Antípodas* 8–9 (1996–97): 216–29.

Geirola, Gustavo. "Bases para una semiótica de la teatralidad: espacio, imagen y puesta en escena." *Gestos* 8.15 (1993): 25–40.

———. "Visualidad/Visibilidad: la teatralidad del teatro y el fetichismo. Luminarias de Evelina Fernández." *Gestos* 13.25 (1998): 51–73.

Genette, Gérard. *Figures II.* Paris: Seuil, 1969.

Ghrenassia, Patrick. *L'illusion.* Paris: Quintette, 1995.

Giraldo, Efrén. "*Elogio de la madrastra* de Mario Vargas Llosa, obra de arte total, límites y vecindades." *Revista Co-herencia* 8 (2011). 239–68.

Gómez-Vidal, Elvire. "Poética de la figura femenina en la obra de Mario Vargas Llosa." *Mario Vargas Llosa: perspectivas críticas.* Ed. Pol Popovic Karic y Fidel Chávez Pérez. México: Miguel Ángel Porrúa y Tecnológico de Monterrey, 2010. 281–314.

González Boixo, José Carlos. "La dramaturgia de M. Vargas Llosa desde la intertextualidad." *Literatura de dos mundos. El encuentro.* Ed. Victorino Polo García. Murcia: V Centenario. Comisión de Murcia, 1993. 259–69.

———. "El erotismo como ficción: *Elogio de la madrastra* de Mario Vargas Llosa." *La literatura hispanoamericana con los cinco sentidos.* Ed. Eva Varcárcel. Actas del V Congreso Internacional de la AEELH. La Coruña, España: Universidad de la Coruña, 2002. 317–27.

González Vigil, Ricardo. "Vargas Llosa: mito y poesía del amor." *Mario Vargas Llosa: el fuego de la literatura.* Ed. Néstor Tenorio Requejo. Lima, Perú: Arteidea, 2001. 289–92.

Granés, Carlos. *La revancha de la imaginación: antropología de los procesos de creación. Mario Vargas Llosa y José Alejandro Restrepo.* Madrid: Consejo Superior de Investigaciones Científicas, 2008.

Gregory, Stephen. "Individualism as Theme and Strategy in Mario Vargas Llosa and His Critics: A Review Essay." *Antípodas* 1 (1988): 232–49.

Guadalupe de Jesús, Raúl. "El idiota de la familia: Mario Vargas Llosa y la imposible coartada del ser." *Revista de Estudios Hispánicos* 30.1 (2003): 191–210.

Guichot Muñoz, Elena. *La dramaturgia de Mario Vargas Llosa: contra la violencia de los años ochenta, la imaginación a escena.* Sevilla: Consejo Superior de Investigaciones Científicas, Universidad de Sevilla y Diputación de Sevilla, 2011.

Guillaumin, Colette. "The Practice of Power and Belief in Nature." *Sex in Question: French Materialist Feminism*. Ed. Diana Leonard y Lisa Adkins. London: Taylor & Francis, 1996. 72–108.

Gutierrez, Angela Maria Rossas Mota de. "*Elogio de la madrastra*: alegoría dos años 80." *Revista de Letras* 34 (1994): 121–30.

Habra, Hedy. "El arte como espejo: función y trascendencia de la creación artística en *Los cuadernos de don Rigoberto*." *Confluencia: Revista Hispánica de Cultura y Literatura* 18.2 (2005): 160–71.

———. "*Los cuadernos de don Rigoberto:* súper-texto o zona iconotextual heterotópica." Cap. 3 de *Mundos alternos y artísticos en Vargas Llosa*. Madrid: Iberoamericana, 2012; Frankfurt am Main: Vervuert, 2012. 69–102.

———. "*Elogio de la madrastra*: zona heterotópica o modelo para armar en torno al arte visual." Cap. 2 de *Mundos alternos y artísticos en Vargas Llosa*. Madrid: Iberoamericana, 2012; Frankfurt am Main: Vervuert, 2012. 41–68.

———. "Postmodernidad y reflexividad estética en *Los cuadernos de don Rigoberto*." *Chasqui* 30.1 (2000): 81–93.

———. "Revelación anamorfótica en *Elogio de la madrastra*." *La Chispa '97: Selected Proceedings*. Ed. Claire Paolini. New Orleans, LA: Tulane U, 1997. 175–85.

Hevia, Elena. "Mario Vargas Llosa: escribiendo se tiene la ilusión secreta de combatir la muerte." *Revista el Mundo* 15 de abril de 1999: 56–63.

Howe, Elizabeth Teresa. *Mystical Imagery: Santa Teresa de Jesús y San Juan de la Cruz*. New York: Peter Lang, 1988.

Huidobro, Vicente. "Arte poética." *Obras completas de Vicente Huidobro*. Santiago, Chile: Andrés Bello, 1976. 219.

Hulst, R.-A. d'. *Jacob Jordaens*. Trad. P.S. Falla. Ithaca, NY: Cornell UP, 1982.

Irigaray, Luce. *Ce sexe qui n'en est pas un*. Paris: Minuit, 1977. En inglés, *This Sex Which Is Not One*. Trad. Catherine Porter. Ithaca, NY: Cornell UP, 1985.

———. "This Sex Which Is Not One." Trad. Claudia Reeder. *The Critical Tradition*. Ed. David E. Richter. 2ª ed. Boston: Bedford, 1998. 1466–71.

Iwasaki Cauti, Fernando. "Lolita en los Andes: o Vargas o el ardor." *Mester* 29 (2000): 126–32.

———. *Mario Vargas Llosa: entre la libertad y el infierno*. Barcelona: Estelar, 1992.

Jesús, Santa Teresa de. *Camino de perfección*. Ed. José María Aguado. 2 vols. Madrid: Espasa-Calpe, 1969.

Joly, Martine. *Introduction à l'analyse de l'image*. Paris: Nathan, 1993.

Kallir, Jane. *27 Masterworks*. New York: Harry N. Abrams, 1995.

———. *Egon Schiele: The Complete Works*. New York: Harry N. Abrams, 1990.

Knafo, Danielle. *Egon Schiele: A Self in Creation: A Psychoanalytic Study of the Artist's Self-Portraits*. London y Toronto: Associated U Presses, 1993.

Koo, Pedro G. "Not between Men: Repudiando el deseo homosexual en *Los cuadernos de don Rigoberto* de Mario Vargas Llosa." *Cincinnati Romance Review* 24 (2005): 34–50.

Krapp, John. "Figural Castration in Mario Vargas Llosa's *In Praise of the Stepmother*." *Hispanófila* 121 (1997): 35–43.

Krieger, Murray. *Ekphrasis: The Illusion of the Natural Sign*. Baltimore: John Hopkins UP, 1992.

———. "Picture and Word, Space and Time: The Exhilaration and Exasperation—of *Ekphrasis* as a Subject." *Ekphrasis: The Illusion of the Natural Sign*. Baltimore: Johns Hopkins UP, 1992. 1–30.

———. "El problema de la écfrasis: imágenes y palabras, espacio y tiempo—y la obra literaria." *Literatura y Pintura*. Trad. Ana Romero. Ed. Antonio Monegal. Madrid; Arco/Libros, 2000. 139–60. Trad. española de Krieger, "Picture and Word."

Kristal, Efraín. *Temptation of the Word: The Novels of Mario Vargas Llosa*. Nashville: Vanderbilt UP, 1998.

Lampugnani, Rafael. "Erotic Parricide in Vargas Llosa's *Elogio de la madrastra*." *Antípodas* 1 (1988): 209–18.

Lescano Allende, Guillermo. "Elogio de don Rigoberto: un estudio sobre el erotismo en Mario Vargas Llosa." *Mario Vargas Llosa: perspectivas críticas*. Ed. Pol Popovic Karic y Fidel Chávez Pérez. México: Miguel Ángel Porrúa y Tecnológico de Monterrey, 2010. 13–50.

Lessing, Gotthold Ephraim. *Laocoön: An Essay on the Limits of Painting and Poetry*. 1766. Trad. Edward Allen McCormick. Baltimore y London: Johns Hopkins UP, 1984.

Lichtenstein, Jacqueline. *La couleur éloquente*. Paris: Flammarion, 1989.

Litvak, Lily. *Imágenes y textos. Estudios sobre la literatura y pintura 1849–1936*. Amsterdam y Atlanta: Rodopi, 1998.

López-Ibor, Juan José. *De la noche oscura a la angustia*. Madrid: RIALP, 1973.

Lorente-Murphy, Silvia. "Lo diabólico en *Elogio de la madrastra*." *Mario Vargas Llosa: Opera Omnia*. Ed. Ana María Hernández de López. Madrid: Pliegos, 1994. 31–39.

Lund, Hans. *Text as Picture: Studies in the Literary Transformation of Pictures.* Trad. Kacke Götrick. Lewiston: Edwin Mellen, 1992.

Mancho Duque, María Jesús. *El símbolo de la noche en San Juan de la Cruz.* Salamanca: Ediciones Universidad de Salamanca, 1982.

Manguel, Alberto. "The Double Man." *Times Literary Supplement* 7 de agosto de 1998: 7–8.

Manresa, Andreu. "El escritor peruano Mario Vargas Llosa obtiene la nacionalidad española." *El País* (edición electrónica) 3 de julio de 1993. http://elpais.com/diario/1993/07/03/cultura/741650401_850215.html.

Marmotel, Jean-François. "Illusion." *Supplément à L'Encyclopédie* [...]. 4 vols. Amsterdam: M. Rey, 1776–77.

Martin, Jacqueline, y Willmar Sauter. *Understanding Theatre: Performance Analysis in Theory and Practice.* Stockholm: Almqvist & Wiksell International, 1995.

Martin, René. *Diccionario de la mitología griega y romana.* Trad. Alegría Gallardo Laurel. Madrid: Espasa-Calpe, 1996.

Martí-Peña, Guadalupe. "*Différance* en Mario Vargas Llosa: elogio de presencia y Cuadernos de ausencia." *Mario Vargas Llosa: perspectivas críticas.* Ed. Pol Popovic Karic y Fidel Chávez Pérez. México: Miguel Ángel Porrúa y Tecnológico de Monterrey, 2010. 365–402.

———. "Egon Schiele y *Los cuadernos de don Rigoberto* de Mario Vargas Llosa: iconotextualidad e intermedialidad." *Revista Iberoamericana* 66.190 (2000): 93–111.

———. "*Elogio de la madrastra* y *Los cuadernos de don Rigoberto*: una Vanitas contemporánea." *Bulletin of Hispanic Studies* 81 (2004): 55–88.

———. "El teatro del ser: dualidad y desdoblamiento en la escenificación narrativa de *Los cuadernos de don Rigoberto* de Mario Vargas Llosa." *Revista Canadiense de Estudios Hispánicos* 28.2 (2004): 355–75.

Marting, Diane E. "Concealing Peru in Mario Vargas Llosa's *Elogio de la madrastra.*" *Chasqui* 27.2 (1998): 38–53.

———. "Fernando de Szyszlo en *Elogio de la madrastra* de Mario Vargas Llosa: el peligro del arte." *Alba de América* 20.37–38 (2001): 299–314.

———. *The Sexual Woman in Latin American Literature: Dangerous Desires.* Gainesville: UP of Florida, 2001.

Mathieu, Corina. "Contenido y técnica en *Elogio de la madrastra.*" *Mario Vargas Llosa: Opera Omnia.* Ed. Ana María Hernández de López. Madrid: Pliegos, 1994. 41–49.

Meissner, William. *Ignacio de Loyola. Psicología de un santo*. Trad. Nora Muchnik. Madrid: Anaya y Mario Muchnik, 1995. Trad. español de *Ignatius of Loyola: The Psychology of a Saint*. New Haven: Yale UP, 1992.

Melville, Stephen, y Bill Readings, eds. *Vision and Textuality*. Durham: Duke UP, 1995.

Michaud, Stéphane, ed. *De Flora Tristán a Mario Vargas Llosa*. Paris: Presses Sorbonne Nouvelle, 2004.

Mitchell, W. J. Thomas. *Iconology: Image, Text, Ideology*. Chicago y London: U of Chicago P, 1986.

———. *Picture Theory: Essays on Verbal and Visual Representation*. Chicago: U of Chicago P, 1994.

Monder, Samuel. "La última impureza: una poética de lo pictórico en Alejandra Pizarnik." *Literatura y otras artes en América Latina*. Actas del XXXIV Congreso del Instituto Internacional de Literatura Iberoamericana. Iowa City, 2 al 6 de julio de 2002. Ed. Daniel Balderston et al. Iowa City: U of Iowa, 2004. 17–22.

Monegal, Antonio, ed. "Diálogo y comparación entre las artes." *Literatura y pintura*. Madrid: Arco/Libros, 2000. 9–21.

Montero, Rosa. *La loca de la casa*. Madrid: Alfaguara, 2003.

———. "Los truenos verbales: entrevista con Mario Vargas Llosa." *La Nación Line* 14 de mayo de 2001. 9 páginas. http://www.lanacion.com.ar/suples/cultura/970426/c-02.htm.

Mulvey, Laura. "Visual Pleasure and Narrative Cinema." *The Critical Tradition*. Ed. David E. Richter. 2ª ed. Boston: Bedford, 1998. 1444–53.

Muñoz Molina, Antonio. "El lector en el laberinto." *El País* (edición electrónica) 8 de octubre de 2010. Encontrado 15 de agosto de 2013. http://elpais.com/diario/2010/10/08/cultura/1286488804_850215.html.

Nieto, José Carlos. *San Juan de la Cruz, poeta del amor profano*. Navacerrada, Madrid: Swan, Avantos y Hakeldama, 1988.

Nobelprize.org. "Mario Vargas Llosa—Facts." *Nobelprize.org*. Nobel Media AB 2013. Encontrado 30 de julio de 2013. http://www.nobelprize.org/nobel_prizes/literature/laureates/2010/vargas_llosa-facts.html.

Ochoa, Víctor. *Víctor Ochoa, escultor. ¿Cuándo se acaba una obra? Conversación con Mario Vargas Llosa*. Salamanca: Ediciones Universidad de Salamanca, 2006.

Onetti, Juan Carlos. *El pozo*. 1939. Montevideo: Arca, 1973.

———. *La vida breve*. 1950. Barcelona: Edhasa, 2006.

Ossers Cabrera, Manuel A. "Justiniana: un personaje secundario de pertinencia humana." *Mario Vargas Llosa: Opera Omnia*. Ed. Ana María Hernández de López. Madrid: Pliegos, 1994. 51–56.

Ossipova, Marina P. "El símbolo como medio de conceptualización en el lenguaje místico de San Juan de la Cruz." *DICENDA: Cuadernos de Filología Hispánica* 17 (1999): 139–56.

Oviedo, José Miguel. *Dossier Vargas Llosa*. Santiago de Surco, Lima, Perú: Taurus, 2007.

———. "La formación de un libertino." *Mario Vargas Llosa. Vida que es palabra*. Ed. Albert Bensoussan. México: Nueva Imagen, 2006. 280–88.

———. "Historia de un libertino." *Dossier Vargas Llosa*. De Oviedo. Santiago de Surco, Lima, Perú: Taurus, 2007. 33–48.

———. *Historia de la literatura hispanoamericana. De Borges al presente*. Vol. 4. Madrid: Alianza, 2001.

———. *Mario Vargas Llosa: la invención de una realidad*. Barcelona: Seix Barral, 1982.

———. "Una transición clave del realista: de *Conversación en la catedral* a *La tía Julia y el escribidor*." *Dossier Vargas Llosa*. De Oviedo. Santiago de Surco, Lima, Perú: Taurus, 2007. 13–29.

Pamuk, Orhhan. "On Reading: Words or Images." *Other Colors*. Trad. Maureen Freely. New York: Alfred A. Knopf, 2007. 110–12.

Paz, Octavio. *La llama doble. Amor y erotismo*. México: Seix Barral, 1993.

Peñalver Gómez, Patricio. *La mística española [Siglos XVI y XVII]*. Madrid: Akal, 1997.

Peralta, Braulio. "El erotismo y las formas: entrevista con Mario Vargas Llosa." *La Jornada Semanal* 18 de mayo de 1997. http://www.jornada.unam.mx/1997/may97/970518/sem-adam.html.

Parrilla Sotomayor, Eduardo E. "La búsqueda de la utopía y el conflicto ideológico en la novela de Vargas Llosa." *Mario Vargas Llosa: perspectivas críticas*. Ed. Pol Popovic Karic y Fidel Chávez Pérez. México: Miguel Ángel Porrúa y Tecnológico de Monterrey, 2010. 315–63.

Pereda, Rosa. "No es inocente imaginar." Entrevista a Luis Landero. *El País* (suplemento cultural *Babelia*) 30 de enero de 1999: 4–5.

Persino, María Silvina. "Mario Vargas Llosa: la mirada erótica." Cap. 1 de *Hacia una poética de la mirada: Mario Vargas Llosa, Juan Marsé, Elena Garro y Juan Goytisolo*. Buenos Aires: Corregidor, 1999. 19–67.

———. "El rey Candaules en *Elogio de la madrastra* de Mario Vargas Llosa." *Revista de la Universidad Autónoma de México* 53.573–74 (1998): 17–21.

Pineda, Victoria. "El 'tú' en 'Retrato de poeta' de Luis Cernuda." *Trans* 8 (2009): 9. http://trans.univ-paris3.fr.

Pitol, Sergio. *El arte de la fuga*. México: Era, 1996.

Prado, Javier del. "Aproximación al concepto de teatralidad." *Los géneros literarios. Curso superior de narratología: narratividad-dramaticidad.* Ed. María Concepción Pérez. Sevilla: Universidad de Sevilla, 1997. 31–44.

Pope, Randolph. "How One Becomes What One Is (NOT?): Vargas Llosa's Autobiographical Myth." *Mario Vargas Llosa and the Persistence of Memory*. Ed. Miguel Ángel Zapata. Hempstead, NY: Hofstra U, 2006.19–26.

Power, Cormac. *Presence in Play: A Critique of Theories of Presence in the Theatre*. Amsterdam y New York: Rodopi, 2008.

Puig, Manuel. *El beso de la mujer araña*. 1976. Barcelona: Seix Barral, 1989.

Quignard, Pascal. *La nuit sexuelle*. Paris: Flammarion, 2007.

Reati, Fernando. "Erotismo e Historia en *Elogio de la madrastra*." *Quaderni Ibero-Americani* 78 (1995): 33–43.

Reverte Bernal, Concepción. "*Elogio de la madrastra* de Mario Vargas Llosa, un relato modernista." *Revista Iberoamericana* 58.159 (1992): 567–80.

Rivera-Rodas, Óscar. *El metateatro y la dramática de Vargas Llosa: hacia una poética del espectador*. Purdue University Monographs in Romance Languages 41. Amsterdam/Philadelphia: John Benjamins, 1992.

Rodis-Lewis, Geneviève. *Épicure et son école*. Paris: Gallimard, 1975.

Rodríguez Marcos, Javier. "Mario Vargas Llosa: sin erotismo no hay literatura." *El País* (suplemento cultural *Babelia*) 4 de agosto de 2001: 2–3.

Sánchez, Hernán. "Erotismo, cultura y poder en el *Elogio de la madrastra* de Mario Vargas Llosa." *Anales de Literatura Hispanoamericana* 23 (1994): 315–23.

Sánchez Garay, Elizabeth. "La pasión perpetua de Mario Vargas Llosa por *Madame Bovary*." *Mario Vargas Llosa: perspectivas críticas*. Ed. Pol Popovic Karic y Fidel Chávez Pérez. México: Miguel Ángel Porrúa y Tecnológico de Monterrey, 2010. 59–79.

Sanjinés, José. "La sensualidad de la forma y la forma de la sensualidad en *Elogio de la madrastra*." *Mario Vargas Llosa: Opera Omnia*. Ed. Ana María Hernández de López. Madrid: Pliegos, 1994. 57–70.

Santos-Rivero, Virginia. "Claves plásticas y expresivas de *La Noche Oscura*." *EPOS* 18 (2002): 479–93.

Saravia, A. J. "Message et littérature." *Poétique* 17 (1970): 1–13.

Seguín, Carlos Alberto. "Elogio a la madrastra." *Mario Vargas Llosa: el fuego de la literatura*. Ed. Néstor Tenorio Requejo. Lima, Perú: Arteidea, 2001. 283–87.

Senabre, Ricardo. "Mario Vargas Llosa. Tributo a un Nobel." *El Cultural* (edición electrónica) 15 de octubre de 2010. http://www.elcultural.es/version_papel/LETRAS/27975/Mario_Vargas_Llosa_Tributo_a_un_Nobel.

Short, T. L. *Peirce's Theory of Signs*. Cambridge: Cambridge UP, 2009.

Spielmann, Ellen. "Los costos de una huachafería limeña: Boucher, Tiziano y Bacon en manos de Vargas Llosa." *Revista de Crítica Literaria Latinoamericana* 28.56 (2002): 53–67.

States, Bert O. *The Pleasure of the Play*. Ithaca y London: Cornell UP, 1994.

Steiner, Wendy. *The Colors of Rhetoric: Problems in the Relation between Modern Literature and Painting*. Chicago y London: U of Chicago P, 1982.

Stoichita, Victor Ieronim. *El ojo místico: pintura y visión religiosa en el Siglo de Oro español*. Madrid: Alianza, 1996.

———. *Ver y no ver: la tematización de la mirada en la pintura contemporánea*. Madrid: Siruela, 2005.

Tenorio Requejo, Néstor, ed. *Mario Vargas Llosa: el fuego de la literatura*. Lima, Perú: Arteidea, 2001.

Thays, Iván. "Provocadoras diatribas." *Mario Vargas Llosa: el fuego de la literatura*. Ed. Néstor A. Tenorio Requejo. Lima, Perú: Arteidea, 2001: 311–14. Esta nota periodística apareció en *Debat* [Lima] julio–agosto de 1997.

Toral, Cristóbal. *La vida en una maleta: autorretrato de un pintor*. Madrid: Temas de Hoy, 2002.

———. "Pintor de palabras." *Magazine* (Suplemento de *El mundo*). Domingo, 24 de octubre de 2010: 48.

Torgovnick, Marianna. *The Visual Arts, Pictorialism, and the Novel: James, Lawrence, and Woolf*. Princeton: Princeton UP, 1985.

Toro, Fernando de. *Semiótica del teatro*. Buenos Aires: Galerna, 2008.

Tusell, Javier. *Retrato de Mario Vargas Llosa*. Barcelona: Círculo de lectores, 1990.

Tyson, Lois. *Critical Theory Today: A User-Friendly Guide*. 2ª ed. New York y London: Routledge, 2006.

Ubilluz, Juan Carlos. "The Apollinian Machiavelli in *Los cuadernos de don Rigoberto*." Cap. 6 de *Sacred Eroticism: Georges Bataille and Pierre Klossowski in the Latin American Erotic Novel*. Lewisburg, PA: Bucknell UP, 2006. 247–93.

Ubilluz, Juan Carlos. "Mario Vargas Llosa: el erotismo convertido en piedra angular del capitalismo tardío." *Revista de Literatura Ajos & Zafiros* 7 (2005): 89–100. Aparece también en forma revisada en *Nuevos súbditos. Cinismo y perversión en la sociedad contemporánea*. Lima, Perú: Instituto de Estudios Peruanos, 2010.

———. "The Taming of Bataille in Vargas Llosa's *Elogio de la madrastra*." Cap. 4 de *Sacred Eroticism: Georges Bataille and Pierre Klossowski in the Latin American Erotic Novel*. Lewisburg, PA: Bucknell UP, 2006. 180–205.

Undurraga, Antonio de. "Teoría del creacionismo." Prólogo a *Vicente Huidobro, poesía y prosa*. Madrid: Aguilar, 1957. 19–179.

Valdivicso, Jorge. "*Elogio de la madrastra*: un discurso erótico de símbolos, máscaras y sensaciones." *Estudios en homenaje a Enrique Ruiz-Fornells*. Ed. Juan Fernández Jiménez y José Labrador Herraiz. Erie, PA: Asociación de licenciados y doctores españoles en Estados Unidos, 1990. 666–71.

Vallejo, Javier. "El teatro imaginario." *El País* (suplemento cultural *Babelia*) 7 de agosto de 1999: 10.

Vallen, Mark. "George Grosz." Sin fecha. Encontrado 14 de agosto de 2013. http://www.art-for-a-change.com/Express/ex10.htm.

Vargas Llosa, Mario. *Al pie del Támesis*. Lima, Perú: Alfaguara, 2008.

———. "La batalla perdida de *Monsieur* Monet." *El lenguaje de la pasión*. 2000. Madrid: Santillana, 2007. 290–95.

———. "Botero: toros en Les Champs Élysées." *Mario Vargas Llosa. Vida que es palabra*. Ed. Albert Bensoussan. México: Nueva Imagen, 2006. 105–07.

———. *La casa verde*. Barcelona: Seix Barral, 1966.

———. *La Chunga*. 1986. *Teatro. Obra reunida*. Madrid: Alfaguara, 2006. 253–363.

———. *La ciudad y los perros*. Barcelona: Seix Barral, 1963.

———. *La civilización del espectáculo*. Madrid: Alfaguara, 2012.

———. *Contra viento y marea (1962–1982)*. Barcelona: Seix Barral, 1983.

———. *Conversación en la catedral*. Barcelona: Seix Barral, 1969.

———. *Los cuadernos de don Rigoberto*. Madrid: Alfaguara, 1997.

———. "La desaparición del erotismo." Cap. 4 de *Civilización del espectáculo*. Madrid: Alfaguara, 2012. 105–16.

———. "Entrevista digital." *El País.com*. 10 de marzo de 2000. http://www.elpais.com/edigitales/entrevista.html?encuentro=33&k.

———. "Elogio de la literatura y la ficción." "Mario Vargas Llosa—Nobel Lecture." *Nobelprize.org*. Nobel Media AB 2013. 7 diciembre de

2010. 22 septiembre 2013. http://www.nobelprize.org/nobel_prizes/literature/laureates/2010/vargas_llosa-lecture.html.

———. *Elogio de la madrastra.* 1988. 4ª ed. Barcelona: Tusquets, 1991.

———. "La erección permanente." *El lenguaje de la pasión.* 2000. Madrid: Santillana, 2007. 283–89.

———. *La fiesta del Chivo.* Madrid: Alfaguara, 2000.

———. *Fonchito y la luna.* Ilus. Marta Chicote Juiz. Colección Alfaguara Infantil. Madrid: Alfaguara, 2010.

———. "Foro con Vargas Llosa." *El País.com (*edición digital*)* 14 de marzo de 2000.

———. "Frida Kahlo: resistir pintando." *El lenguaje de la pasión.* 2000. Madrid: Santillana, 2007. 237–43. También en *Mario Vargas Llosa. Vida que es palabra.* Ed. Albert Bensoussan. México: Nueva Imagen, 2006. 108–10.

———. *Gabriel García Márquez: historia de un deicidio.* Barcelona: Seix Barral, 1971.

———. "Giacometti en La Coupole." *Mario Vargas Llosa. Vida que es palabra.* Ed. Albert Bensoussan. México: Nueva Imagen, 2006. 121.

———. *La guerra del fin del mundo.* Barcelona: Seix Barral, 1981.

———. *El hablador.* Barcelona: Seix Barral, 1987.

———. *El héroe discreto.* Madrid: Alfaguara, 2013.

———. *Historia de Mayta.* Barcelona: Seix Barral, 1984.

———. "Huellas de Gauguin." *Mario Vargas Llosa. Vida que es palabra.* Ed. Albert Bensoussan. México: Nueva Imagen, 2006. 124–26.

———. *Kathie y el hipopótamo.*1983. *Teatro. Obra reunida.* Madrid: Alfaguara, 2006. 127–252.

———. *Lituma en los Andes.* Barcelona: Planeta, 1993.

———. *El loco de los balcones.* 1993. *Teatro. Obra reunida.* Madrid: Alfaguara, 2006. 365–482.

———. *Mario Vargas Llosa. La liberté et la vie.* Catálogo de la exposición homónima à la Maison de l'Amérique Latine, Paris, 14 de septiembre–6 de noviembre de 2010. Ed. Jean-François Colau. Paris: Maison de l'Amérique Latine, Gallimard, 2010.

———. "Mario Vargas Llosa—Nobel Lecture." *Nobelprize.org.* Nobel Media AB 2013. 7 diciembre de 2010. 22 septiembre 2013. http://www.nobelprize.org/nobel_prizes/literature/laureates/2010/vargas_llosa-lecture.html.

———. "Las mentiras verdaderas" (15–17*). La señorita de Tacna.* 1981. *Teatro. Obra reunida.* Madrid: Alfaguara, 2006. 11–125.

Vargas Llosa, Mario. *Las mil noches y una noche*. México: Alfaguara, 2009.

———. *Obra reunida. Narrativa breve*. Madrid: Alfaguara, 1999.

———. *Odiseo y Penélope*. Barcelona: Círculo de Lectores/Galaxia Gutenberg, 2007.

———. *Ojos bonitos, cuadros feos*. 1996. *Teatro. Obra reunida*. Madrid: Alfaguara, 2006. 483–555.

———. *La orgía perpetua: Flaubert y "Madame Bovary."* Madrid: Taurus, 1975.

———. "El país de las mil caras." *Sables y utopías: visiones de América Latina*. Madrid: Aguilar, 2009. 29–45.

———. *Pantaleón y las visitadoras*. Barcelona: Seix Barral, 1973.

———. *El paraíso en la otra esquina*. Madrid: Alfaguara, 2003.

———. *El pez en el agua*. Barcelona: Alfaguara, 1993.

———. "El pintor en el burdel." Cap. 4 de *Civilización del espectáculo*. Madrid: Alfaguara, 2012. 116–22.

———. *¿Quién mató a Palomino Molero?* Barcelona: Seix Barral, 1986.

———. *Sables y utopías: visiones de América Latina*. Madrid: Aguilar, 2009.

———. "Semilla de los sueños." *Letras libres* noviembre de 2010: 66–71.

———. "La señora Dalloway. La vida intensa y suntuosa de lo banal." *La verdad de las mentiras*. Barcelona: Seix Barral, 1990. 51–59.

———. "Señoras desnudas en un jardín clásico." *El lenguaje de la pasión*. 2000. Madrid: Santillana, 2007. 191–97. También en *Mario Vargas Llosa. Vida que es palabra*. Ed. Albert Bensoussan. México: Nueva Imagen, 2006. 118–20.

———. *La señorita de Tacna*. 1981. *Teatro. Obra reunida*. Madrid: Alfaguara, 2006. 11–125.

———. "Sin erotismo no hay gran literatura." *El País* 4 de agosto de 2001. *Babelia* 2.

———. *El sueño del celta*. Madrid: Alfaguara, 2010.

———. "Szyszlo in the Labyrinth." *Fernando de Szyszlo*. Bogotá: Alfred Wild, 1991. 11–13.

———. *Teatro. Obra reunida*. Madrid: Alfaguara, 2006.

———. "El teatro como ficción" (131–34). *Kathie y el hipopótamo*. 1983. *Teatro. Obra reunida*. Madrid: Alfaguara, 2006. 131–52.

———. *La tía Julia y el escribidor*. Barcelona: Seix Barral, 1977.

———. *Travesuras de la niña mala*. Madrid: Alfaguara, 2006.

———. "La verdad de las mentiras." *La verdad de las mentiras*. Barcelona: Seix Barral, 1990. 5–20.

———. *El viaje a la ficción. El mundo de Juan Carlos Onetti*. Madrid: Alfaguara, 2008.

———. "El viaje de Odiseo." *Odiseo y Penélope*. Barcelona: Círculo de Lectores/Galaxia Gutenberg, 2007. 119–55.

Vauday, Patrick. *La peinture et l'image*. Paris: Pleins Feux, 2002.

Villoro, Juan. "El león y el búho" en *La investigación del tiempo*: 1. 4 pp. *ClubCultura.com*. Sin fecha. Encontrado el 14 de agosto de 2013. http://www.clubcultura.com/clubliteratura/clubescritores/villoro/teatro_mirada/teatro_felguerez01.html

Vuillemin, Jean-Claude. "Baroque: pertinence ou obsolescence?" *Racine et/ou le classicisme*. Actes du Colloque conjointement organisé par la North American Society for Seventeenth-Century French Literature et la Societé Racine, U of California, Santa Barbara, 14–16 de octubre de 1999. Ed. Ronald W. Tobin. Biblio 17. Tübingen: Gunter Narr, 2001. 479–96.

———. "Du texte dramatique au texte spectaculaire: Rotrou dramaturge baroque." *Seventeenth-Century French Studies* 16 (1994): 135–53.

———. "Réflexions sur la réflexivité théâtrale." *L'Annuaire Théâtral* 45 (2010): 119–35.

Wagner, Peter. *European Culture Studies in Literature and the Arts. Icons-Texts-Iconotexts: Essays on Ekphrasis*. Berlin y New York: Walter de Gruyter, 1996.

Williams, Raymond Leslie. *Mario Vargas Llosa*. New York: Ungar, 1986.

———. *Vargas Llosa. otra historia de un deicidio*. 2000. México: Taurus, 2001.

Willoquet-Maricondi, Paula. "Mario Vargas Llosa's *In Praise of the Stepmother* and the Virtual Body of the Text." *Literature Interpretation Theory* 9.3 (1998): 263–79.

———. "Voyeurism, Totalization, and the Hyperreal in Vargas Llosa's *In Praise of the Stepmother*." *Cincinnati Romance Review* 17 (1998): 171–76.

Wilson, Simon. *Egon Schiele*. London: Phaidon, 1993.

Witford, Frank. *Egon Schiele*. London: Thames and Hudson, 1981.

Wolf, Bryan. "Confessions of a Closet Ekphrastic." *Yale Journal of Criticism* 3.2 (1990): 181–204.

Wood, Michael. "On the Love Boat." *New York Review of Books* 45.12 (1998): 31–32.

Yushimito del Valle, Carlos. "*Elogio de la madrastra*: perversión e inocencia en el mundo del deseo." *Espéculo: Revista de Estudios Literarios* 24 (julio–octubre de 2003). http://pendientedemigracion.ucm.es/info/especulo/numero24/elogio.html.

Zapata, Miguel Ángel. *Mario Vargas Llosa and the Persistence of Memory.* Hempstead, NY: Hofstra U, 2006.

Zapata, Roger A. "*Los cuadernos de don Rigoberto* o la búsqueda del placer." *Mario Vargas Llosa y la crítica peruana*. Ed. Miguel Ángel Rodríguez Rea. Lima, Perú: Universidad Ricardo Palma/ Universitaria, 2011. 203–21.

Zunzunegui, Santos. *Pensar la imagen*. Madrid: Cátedra, 1992.

Índice alfabético

Ilusionismo verbal en *Elogio de la madrastra* y *Los cuadernos de don Rigoberto* de Mario Vargas Llosa

Entre los múltiples modos de acercarse a un autor tan polifacético y prolífico como el escritor peruano Mario Vargas Llosa, quien ganó el premio Nobel de 2010, Guadalupe Martí-Peña ha elegido ver al novelista como ilusionista. Estudia ese mundo de fantasías y ensueños, ese campo de guerra aparentemente inofensivo donde la literatura, el teatro, y la pintura se alían con el escritor, el soñador, y el ilusionista para derrocar la realidad. Centrándose en *Elogio de la madrastra* y *Los cuadernos de don Rigoberto,* así como el efecto de la ilusión en el proceso de la lectura, arguye que Vargas Llosa hace uso de patrones teatrales, pictóricos y místicos para hacernos experimentar lo irreal como real, el sueño como realidad y la magia de la ficción como un acto que nos otorga poder.

Con base a los estudios interartísticos, la semiótica y las teorías de la recepción, analiza cómo estos textos producen en los lectores la triple ilusión de presenciar una obra dramática, contemplar un cuadro o entreoír una convers(ac)ión mística. El primer capitulo del libro se concentra en la teatralidad que anima ambos textos. Partiendo de las teorías sobre la recepción y la semiótica teatral, Martí-Peña investiga el modo en que el autor transforma la narración en actuación, la ficción en *performance*, y el leer en ver, haciendo que los lectores experimenten la palabra escrita como una representación viva ante sus ojos. En el segundo reflexiona sobre la función que desempeña la pintura en la materialización de los deseos e ilusiones de los personajes. Combinando estética pictórica y narración, y bajo el lente de las teorías sobre la relación imagen-texto, examina las distintas funciones que desempeñan los cuadros dentro del sistema lingüístico donde operan. En el último capítulo, compara los escritos de Rigoberto con la escritura de autoexamen que Michel Foucault describe en "L'écriture de soi." Mientras que el asceta trata de transformar su vida en una obra de perfección moral alejando de él las ilusiones, Rigoberto trata de transformar su existencia en una obra de arte congregando fantasías eróticas. Ambos textos encapsulan el principal ingrediente activo en la escritura de Vargas Llosa: la ficción no es sumisión ante la vida sino por el contrario insurrección contra ella. El ilusionismo verbal se convierte en la táctica más eficaz para llevar a cabo tal rebelión.

Sobre el autor

Guadalupe Martí-Peña imparte cursos de narrativa hispanoamericana contemporánea y de crítica literaria en The Pennsylvania State University. Su investigación se centra en escritores cuyas obras combinan prácticas culturales de la alta y baja literatura, además de estudios interartísticos y el género policiaco. Publicó la primera bibliografía anotada sobre Manuel Puig, y participó en la edición crítica de *El beso de la mujer araña* (Colección Archivos) de Puig. Ha colaborado también en dos monografías, *Mario Vargas Llosa: perspectivas críticas* y *El mundo femenino en la obra de Manuel Puig*, y sus artículos han aparecido en *Bulletin of Hispanic Studies, The Journal of Iberian and Latin American Studies, Romance Notes, Revista Iberoamericana, Revista Canadiense de Estudios Hispánicos, Hispamérica* y *Chasqui.*

Guadalupe Martí-Peña, The Pennsylvania State University (University Park), currently teaches courses in Spanish-American Contemporary Narrative and Cultural/Literary Critical Theory. Her research interests include Spanish American writers whose intertextual writings bridge the gap between high and low cultural practices (especially Manuel Puig and Mario Vargas Llosa), as well Inter-Art Discourses and Detective Fiction. She published the first comprehensive annotated bibliography on Puig's criticism, which led to her collaboration in the critical edition of *El beso de la mujer araña* under the direction of Argentine critics José Amícola and Jorge Panesi. She has also collaborated in two monographic works on Vargas Llosa and Puig (*Mario Vargas Llosa: perspectivas críticas* and *El mundo femenino en la obra de Manuel Puig*). She is the author of several articles in such journals as *Bulletin of Hispanic Studies, The Journal of Iberian and Latin American Studies, Romance Notes, Revista Iberoamericana, Revista Canadiense de Estudios Hispánicos, Hispamérica* and *Chasqui.*